International Trade

21世纪高等院校经济管理类规划教材

国际贸易理论与政策

□ 毛在丽 朱金生 主编

□ 吕杜 朱畅 汪玲 赵亮 副主编

人民邮电出版社

北京

图书在版编目（CIP）数据

国际贸易理论与政策 / 毛在丽，朱金生主编. -- 北京 : 人民邮电出版社，2014.12（2020.1重印）
21世纪高等院校经济管理类规划教材
ISBN 978-7-115-37138-6

Ⅰ. ①国… Ⅱ. ①毛… ②朱… Ⅲ. ①国际贸易－经济理论－高等学校－教材②国际贸易政策－高等学校－教材 Ⅳ. ①F74

中国版本图书馆CIP数据核字(2014)第249879号

内 容 提 要

本书的理论部分按照历史和学科发展的逻辑，对国际贸易理论各流派的观点进行了全面的梳理和分析，不仅涵盖了传统的古典和新古典贸易理论、新贸易理论，还介绍了新经济地理学和新新贸易理论等国际贸易前沿理论；本书的政策部分在对国际贸易政策进行概述的基础上，回顾了各主要历史阶段世界不同类型的国家所进行的贸易政策实践，然后主要从关税措施和非关税措施这两大类国际贸易政策出发对具体措施进行了详细的分析，并在最后主要讨论了构成现今国际贸易秩序的两大主题：区域经济一体化和世界贸易组织。

本书提供了课件、教案、习题答案、模拟试卷和丰富的教学案例，索取方法见本书末页"配套资料索取说明"。

本书针对应用型本科国际贸易类专业编写，也可作为高职高专国际贸易专业课教材或国际贸易从业者参考用书。

♦ 主　　编　毛在丽　朱金生
　　副主编　吕　杜　朱　畅　汪　玲　赵　亮
　　责任编辑　万国清
　　责任印制　彭志环

◆ 人民邮电出版社出版发行　　北京市丰台区成寿寺路 11 号
　　邮编　100164　　电子邮件　315@ptpress.com.cn
　　网址　http://www.ptpress.com.cn
　　北京九州迅驰传媒文化有限公司印刷

♦ 开本：787×1092　1/16
　　印张：17.75　　　　　　　2014 年 12 月第 1 版
　　字数：429 千字　　　　　2020 年 1 月北京第 5 次印刷

定价：39.90 元

读者服务热线：(010)81055256　印装质量热线：(010)81055316
反盗版热线：(010)81055315
广告经营许可证：京东工商广登字 20170147 号

前　　言

国际贸易是国际间经济交往最古老和最主要的方式，它促进了国际分工和世界市场的形成，也推动了各国经济和世界经济的发展。在世界经济发展的进程中，西方国家之所以能够后来居上并至今保持领先地位，尽管原因很多，但对国际贸易高度重视并制定正确的贸易政策无疑是其中一个重要因素。

进入 21 世纪以来，世界经济贸易格局发生了很大变化，中国于 2001 年加入了世界贸易组织，并于 2013 年取代美国成为世界第一大贸易国。这是中国在 20 世纪 70 年代末顺应国际贸易自由化潮流，主动进行改革开放，积极融入世界经济后取得的最新成就。对外贸易极大地推动了中国经济社会的发展，但中国对外贸易的发展并非一帆风顺。与贸易自由化相伴相生的贸易保护主义给中国对外导向型经济的发展带来了不小的障碍，而 2008 年以来的国际金融危机导致西方许多国家经济衰退，并主要通过对外贸易影响了我国的经济增长。面对这些新的形势，切实提高对国际贸易理论的认识和正确选择对外贸易政策是十分重要的。

国际贸易理论与政策是伴随着国际贸易实践的发展而逐渐建立并发展起来的，且随着时代的进步被不断注入新的内涵。为了充分体现国际贸易在理论与政策领域的最新发展，我们在大量参阅国际贸易最新论著和国内外相关教材的基础上，结合多年来在国际贸易教学领域的实践，编写了本书。

国际贸易理论与政策是经济管理类专业的核心课程，也是国际经济与贸易专业的必修课程。本书的理论部分针对应用型本科学生的特点，不仅对各不同流派的贸易理论按照历史和学科发展的逻辑进行了全面梳理和分析，介绍了自由贸易理论和保护贸易理论的主要流派及其观点，揭示其演变条件和内在联系，而且对国际贸易理论领域的一些前沿研究成果做了深入浅出的分析讲解。本书主要涵盖了古典和新古典贸易理论、新贸易理论、新经济地理学、新新贸易理论的主流思想和观点，对这些贸易理论的分析始终围绕着三个基本问题而展开：

第一，国际贸易原因。研究国际贸易原因是要回答各种形式的国际贸易为什么会产生，其经济学依据或者说其产生的动因是什么。当然，不同的流派对此有不同的回答。

第二，国际贸易格局。国际贸易格局包括贸易地理格局和贸易商品格局，它是要回答为什么一些国家要出口这类商品进口那类商品，而另一些国家则否，其内在原因和主要差异是什么，这种商品流向的格局能否改变。

第三，国际贸易利益。国际贸易利益，是指出口国和进口国在国际贸易中的利益分配以及国际贸易对福利水平的影响。这是国际贸易的结果，也是影响国际贸易能否持续和扩大的动力所在。

本书的政策部分在对贸易政策进行概述的基础上，回顾了各主要历史阶段世界不同类型的国家所进行的贸易政策实践，然后主要从关税措施和非关税措施这两大类出发对国际贸易政策的具体措施进行了详细的介绍，并在最后主要讨论了构成现今国际贸易秩序的两大主题：区域经济一体化和世界贸易组织。

其实，国际贸易的理论与政策是一个不可分割的有机整体。一方面，对贸易理论的分析归根到底都会落脚于提出相应的贸易政策，以促进国家经济的发展和国民福利的提高。另一方面，受贸易理论的指导制订出的贸易政策在付诸实施后会对国家乃至世界经济产生影响，这种影响作用于人们的思想，会推动贸易理论的进一步完善与发展。

本书在编写中试图突出以下七个特点。

一是针对性。本书主要针对应用型本科院校国际贸易专业的学生编写，因此注重教材在理论内容上的全面性和讲解上的深入浅出。对于复杂的理论模型，本书不进行复杂的公式推导和图形解说，而是用通俗易懂的语言向学生介绍理论的来龙去脉、逻辑思路、核心思想、价值评判及其在实践中的应用。当然，对于那些有志于进行专业性理论探索的学生来说，本书也是一本不错的入门级教材。

二是严谨性和科学性。本书注重对内容，尤其是理论的考证，对所有的理论内容都进行了认真细致的分析与核实，并注明了理论的原始著述来源及作者。除了编者本人所著，本书对引用的数据、论据和案例都进行认真的考据，并标明了出处，一般不用来源不明或出处无法考证的内容。对于数据和内容的引用，本书尽可能地从国际或国内官方网站和著名媒体中获取，如世界贸易组织、世界银行、联合国贸发会议、美国商务部、中华人民共和国中央人民政府门户网站、中国海关总署、国家质量监督检验检疫总局、新华社、人民日报等。

三是注重跟踪国际贸易理论与政策领域的最新发展动态。例如在理论内容上，我们向读者介绍了最新的将企业异质性、国际贸易、国际投资结合起来进行综合分析的新新贸易理论，该理论包括异质企业贸易模型和企业内生边界模型，并为大家讲解了为什么有的企业会从事出口而另一些企业不从事，以及是什么因素决定了企业是选择以出口方式还是国外直接投资方式进入到海外市场，使学生对国际贸易理论的研究前沿有一个大体的了解，激发学生对国际贸易理论的学习和探索热情。在政策内容上，一般的教材都会罗列非关税壁垒的主要类型，但是却没有进行完整、系统、规范化的分类。本书创新性地采用了最新的 2013 年联合国贸发会议的标准化分类方案，将进口非关税措施分为技术性措施和非技术性措施两大类，以及更加分为卫生与植物卫生措施、技术性贸易壁垒、装船前检验和其他手续、价格控制措施、数量控制措施等共 16 组措施，使学生对非关税措施有一个科学、系统而又完整的认识。

四是注意理论性、应用性和新颖性的结合。本书在知识点上紧扣近年来国际贸易与经济领域的热点问题与实践，如除了传统的贸易保护主义，本书对新贸易保护主义也做了深入的解析，通过导入案例分析了美国奥巴马政府于 2008 年国际金融危机后在贸易保护方面的所作所为，为学生直观地呈现出新贸易保护主义给世界包括中国带来的影响；在关税措施方面，除了对新形式的关税，如碳关税进行介绍之外，本书还重点阐释了反倾销税和反补贴税，并以中国为案例分析了 2011 年至今欧美的双反调查给中国的外贸发展造成的巨大阻碍。

五是强化教材的可读性和趣味性。本书通过在章节内容中加入案例导入、小提示、知识链接和名家观点等，加深读者对抽象的理论和政策知识的理解，增强内容的可读性、通俗性和趣味性。

六是突出对学生的能力培养和创新教育。本书每章后均安排了练习题（名词解释、单选题、多选题、判断题、计算题、简答题）和课外思考实践题，方便读者对章内的重点和难点问题进行复习；同时也可以强化读者对国际贸易基础知识和综合知识的理解，提高综合分析、判断和决策能力。

七是教学、学习配套资料齐全。为方便教师授课和读者学习，本书提供了课件、教案、习题答案、模拟试卷和丰富的教学案例，索取方法见本书末页"配套资料索取说明"。

武汉理工大学经济学院朱金生教授和武汉理工大学华夏学院毛在丽老师共同负责本书大纲的拟定和统稿工作，具体编辑分工如下：第一章由朱金生、毛在丽编写；第二章由毛在丽、朱畅编写；第三章由毛在丽、吕杜编写；第四章、第五章、第七章、第八章、第九章由毛在丽编写；第六章由毛在丽、赵亮编写；第十章由毛在丽、汪玲编写。

本书在编写过程中参考了大量同行专家的著作、教材和其他文献资料，在此表示谢意！由于时间和水平有限，疏漏之处在所难免，欢迎广大读者批评指正。

编　者

2014 年 7 月

目　录

第一章　国际贸易概述 …………………… 1

学习目标 ………………………………… 1
第一节　国际贸易的产生与发展 ………… 1
一、国际贸易的概念 …………………… 2
二、国际贸易的产生 …………………… 3
三、国际贸易的历史演变 ……………… 3
四、国际贸易的作用 …………………… 8
第二节　国际贸易的分类及特征 ……… 10
一、按商品移动的方向划分 ………… 10
二、按商品的形态划分 ……………… 11
三、按境界标准划分 ………………… 11
四、按生产国和消费国在贸易中的关系
　　划分 ……………………………… 12
五、按国际收支清偿工具划分 ……… 13
六、按贸易国之间经济发展水平差异
　　划分 ……………………………… 13
第三节　与国际贸易有关的概念 ……… 13
一、贸易额和贸易量 ………………… 13
二、贸易差额 ………………………… 14
三、贸易条件 ………………………… 16
四、国际贸易商品结构与对外贸易商品
　　结构 ……………………………… 17
五、国际贸易地理方向和对外贸易地理
　　方向 ……………………………… 19
六、外贸依存度 ……………………… 21
本章小结 ………………………………… 23
练习题 …………………………………… 23
课外思考实践题 ………………………… 25

第二章　古典国际贸易理论 …………… 26

学习目标 ………………………………… 26
第一节　绝对优势理论 ………………… 26

一、绝对优势理论的产生背景 ……… 27
二、绝对优势理论的主要观点 ……… 28
三、绝对优势理论的数学说明（一）… 29
四、绝对优势理论的数学说明（二）… 31
五、对绝对优势理论的评价 ………… 32
第二节　比较优势理论 ………………… 33
一、比较优势理论的产生背景 ……… 34
二、比较优势理论的主要观点 ……… 35
三、比较优势的判断 ………………… 35
四、比较优势理论的数学说明 ……… 37
五、对比较优势理论的实证分析 …… 38
六、对比较优势理论的评价 ………… 39
第三节　相互需求理论 ………………… 41
一、相互需求理论的主要观点 ……… 41
二、对相互需求理论的评价 ………… 44
本章小结 ………………………………… 44
练习题 …………………………………… 45
课外思考实践题 ………………………… 47

第三章　新古典国际贸易理论 ………… 48

学习目标 ………………………………… 48
第一节　要素禀赋理论 ………………… 48
一、要素禀赋理论的提出 …………… 49
二、与要素禀赋理论有关的概念 …… 50
三、要素禀赋理论的基本假设 ……… 51
四、要素禀赋理论的内容 …………… 52
五、对要素禀赋理论的评价 ………… 55
第二节　要素禀赋理论的拓展 ………… 56
一、斯托尔帕-萨缪尔森定理 ……… 57
二、要素价格均等化定理 …………… 58
三、雷布津斯基定理 ………………… 60
第三节　里昂惕夫之谜及其解释 ……… 61
一、里昂惕夫之谜的提出 …………… 61

二、对里昂惕夫之谜的各种解释 ………… 62
三、对里昂惕夫之谜的评价 ………… 66
本章小结 ………… 66
练习题 ………… 67
课外思考实践题 ………… 68

第四章 当代国际贸易理论 ………… 69
学习目标 ………… 69
第一节 国际贸易新要素理论 ………… 69
一、新型生产要素 ………… 69
二、要素密集性的变换 ………… 73
三、要素的国际流动 ………… 74
第二节 产品生命周期理论 ………… 77
一、技术差距理论 ………… 78
二、产品生命周期理论 ………… 80
三、制成品生命周期理论 ………… 81
四、原材料生命周期理论 ………… 83
第三节 国家竞争优势理论 ………… 85
一、"钻石"理论 ………… 86
二、"优势产业阶段"理论 ………… 87
三、创新机制理论 ………… 89
第四节 产业内贸易与新贸易理论 ………… 91
一、产业内贸易的概念 ………… 91
二、产业内贸易的分类 ………… 92
三、产业内贸易的测量 ………… 93
四、产业内贸易理论模型 ………… 95
五、新贸易理论 ………… 98
本章小结 ………… 101
练习题 ………… 101
课外思考实践题 ………… 103

第五章 国际贸易前沿理论 ………… 104
学习目标 ………… 104
第一节 新经济地理学贸易理论 ………… 104
一、新经济地理学主要理论基础 ………… 105
二、新经济地理学的基本理论 ………… 106
三、新经济地理学和国际贸易 ………… 107
第二节 新新贸易理论 ………… 110

一、新新贸易理论的产生 ………… 110
二、异质企业贸易模型 ………… 111
三、企业内生边界模型 ………… 114
四、对新新贸易理论的评价及其政策
启示 ………… 117
本章小结 ………… 118
练习题 ………… 119
课外思考实践题 ………… 120

第六章 贸易保护主义 ………… 121
学习目标 ………… 121
第一节 重商主义 ………… 121
一、重商主义的产生及背景 ………… 123
二、重商主义的基本思想与内容 ………… 124
三、重商主义的发展阶段 ………… 125
四、对重商主义的评价 ………… 127
第二节 幼稚产业保护理论 ………… 128
一、汉密尔顿的保护关税理论 ………… 130
二、李斯特的幼稚产业保护理论 ………… 131
三、幼稚产业的特点与选择标准 ………… 133
四、幼稚产业保护理论的现实意义 ………… 134
五、对幼稚产业保护理论的质疑及其合理
利用 ………… 135
第三节 超贸易保护主义 ………… 136
一、超贸易保护主义的提出 ………… 137
二、超贸易保护主义的理论基础——对外
贸易乘数理论 ………… 138
三、超贸易保护主义的主要思想与政策
主张 ………… 138
四、超贸易保护主义的特点 ………… 139
五、对超贸易保护主义的评价 ………… 140
第四节 新贸易保护主义 ………… 141
一、新贸易保护主义出现与发展的
原因 ………… 143
二、新贸易保护主义的特征 ………… 147
本章小结 ………… 149
练习题 ………… 149
课外思考实践题 ………… 150

国际贸易理论与政策

第七章　国际贸易政策 ············· 151
学习目标 ····························· 151
第一节　国际贸易政策概述 ········ 151
　一、国际贸易政策的含义 ········· 153
　二、对外贸易政策的构成 ········· 154
　三、对外贸易政策的类型 ········· 155
　四、影响对外贸易政策选择的因素 ··· 156
　五、对外贸易政策的制定与执行 ··· 159
第二节　各主要历史阶段的国际贸易政策 ··· 160
　一、资本主义生产方式准备时期的国际
　　　贸易政策 ····················· 161
　二、资本主义自由竞争时期的国际贸易
　　　政策 ························· 161
　三、前资本主义垄断时期的国际贸易
　　　政策 ························· 162
　四、后资本主义垄断时期的国际贸易
　　　政策 ························· 163
本章小结 ····························· 168
练习题 ······························· 168
课外思考实践题 ····················· 169

第八章　关税措施 ··············· 170
学习目标 ····························· 170
第一节　关税概述 ··················· 170
　一、关税的含义 ···················· 171
　二、关税的特征 ···················· 171
　三、关税的作用 ···················· 172
第二节　关税的分类 ················· 173
　一、按征收的对象和商品流向分 ··· 174
　二、按差别待遇分 ················· 180
　三、按征税目的分 ················· 183
　四、按征收方法分 ················· 184
第三节　关税水平与关税的保护程度 ··· 187
　一、关税水平 ····················· 187
　二、关税保护程度 ················· 188
　三、关税结构 ····················· 189
本章小结 ····························· 190
练习题 ······························· 190

课外思考实践题 ····················· 192

第九章　非关税措施 ············· 193
学习目标 ····························· 193
第一节　非关税措施概述 ············ 193
　一、非关税措施的含义 ············ 193
　二、非关税壁垒的发展演变 ········ 193
　三、非关税措施的特征 ············ 194
　四、非关税措施的作用 ············ 195
　五、非关税措施的分类 ············ 195
第二节　技术性措施 ················· 197
　一、技术性贸易壁垒 ··············· 199
　二、卫生与植物检疫措施 ········· 205
　三、装船前检验和其他手续 ········ 207
第三节　非技术性措施 ·············· 209
　一、价格控制措施 ················· 210
　二、数量控制措施 ················· 211
　三、超关税措施 ··················· 214
　四、金融措施 ····················· 214
　五、影响竞争的措施 ··············· 215
　六、与贸易有关的投资措施 ········ 215
　七、流通限制 ····················· 216
　八、售后服务限制 ················· 216
　九、非出口补贴 ··················· 216
　十、政府采购限制 ················· 218
　十一、知识产权措施 ··············· 218
　十二、原产地规则 ················· 218
第四节　出口管制与出口鼓励措施 ··· 220
　一、出口管制措施 ················· 220
　二、出口鼓励措施 ················· 223
本章小结 ····························· 227
练习题 ······························· 227
课外思考实践题 ····················· 229

第十章　国际贸易秩序 ··········· 230
学习目标 ····························· 230
第一节　贸易条约与协定 ············ 230
　一、贸易条约与协定的含义 ········ 231

二、贸易条约与协定的发展历史⋯⋯⋯⋯231
三、贸易条约与协定的主要法律条款⋯⋯232
四、贸易条约与协定的主要类型⋯⋯⋯234
第二节　区域经济一体化⋯⋯⋯⋯⋯⋯236
一、区域经济一体化的含义⋯⋯⋯⋯⋯237
二、区域经济一体化的分类⋯⋯⋯⋯⋯237
三、区域经济一体化理论⋯⋯⋯⋯⋯⋯240
四、世界主要区域经济一体化组织⋯⋯⋯242
五、区域经济一体化与中国⋯⋯⋯⋯⋯247
六、区域经济一体化对国际贸易的影响⋯⋯251
七、区域经济一体化的最新发展⋯⋯⋯252
第三节　世界贸易组织⋯⋯⋯⋯⋯⋯⋯254

一、世界贸易组织的宗旨、目标和
　　职能⋯⋯⋯⋯⋯⋯⋯⋯⋯⋯⋯⋯255
二、世界贸易组织的基本原则⋯⋯⋯⋯255
三、世界贸易组织的组织机构与运行
　　机制⋯⋯⋯⋯⋯⋯⋯⋯⋯⋯⋯⋯257
本章小结⋯⋯⋯⋯⋯⋯⋯⋯⋯⋯⋯⋯262
练习题⋯⋯⋯⋯⋯⋯⋯⋯⋯⋯⋯⋯⋯263
课外思考实践题⋯⋯⋯⋯⋯⋯⋯⋯⋯264

主要参考文献⋯⋯⋯⋯⋯⋯⋯⋯⋯⋯265

配套资料索取说明⋯⋯⋯⋯⋯⋯⋯⋯271

第一章　国际贸易概述

【学习目标】

学习完本章后，你应该能清楚地知道：

（1）国际贸易的发展历程；

（2）当代国际贸易所呈现的发展趋势；

（3）国际贸易在一国发展中的地位和作用；

（4）国际贸易的概念及分类；

（5）考察一个国家的对外贸易需要从哪些指标入手。

第一节　国际贸易的产生与发展

案例导入

1970年，加纳与韩国的生活水平大致相同。当年加纳的人均国内生产总值为250美元，韩国为260美元。到了1992年，情况发生了极大的变化。韩国的人均国内生产总值达6790美元，而加纳仅为450美元，这反映出两国完全不同的经济增长率。1968—1988年，加纳的年均国内生产总值增长率仅为1.5%，而1980—1992年仅为0.1%。相反，1968—1992年，韩国的年均国内生产总值增长率高达9%。

加纳于1957年获得独立，是英国在西非的殖民地中最早获得独立的国家。加纳拥有适宜的气候、肥沃的土壤和便利的海运航线，这一切都决定了它在可可生产方面具有绝对优势。简单地说，它是世界上最适于种植可可的地方。在1957年时，加纳是世界上最大的可可生产国和出口国。此后，新独立的国家政府并不鼓励本国的生产商参与国际贸易，创立了一个由国家控制的可可推销委员会，它有权确定可可的价格，并且被指定为加纳生产的所有可可的唯一购买者。然而，在7年的时间里，加纳的可可生产和出口锐减了1/3以上。与此同时，加纳政府依靠国有企业建立国家工业基础的努力宣告失败。结果，加纳出口收入的减少使本国经济陷入衰退，外汇储备下降，这严重限制了该国购买必要进口产品的能力。加纳这一当年非洲最繁荣的国家之一逐渐变成了现在世界上最贫穷的国家之一，这无疑是一场灾难。

与加纳不同，韩国政府强调对制成品的进口设置低障碍（对农产品则不同），并采取刺激措施鼓励韩国公司进行出口。从20世纪50年代后期开始，韩国政府逐渐将进口关税的平均水平从进口产品价格的60%降低到20世纪80年代中期的20%以下，并将大多数非农产品的进口关税降为零。此外，受配额限制的进口产品的数目也从50年代后期的占进口产品总数目的90%以上减少到80年代初的零。同时，韩国政府给出口商的补贴也从50年代后期的占销售价格的80%逐渐下降到1965年的不到20%，到1984年则不给补贴。除在农业部门（农业部门的游说集团强烈要求对农产品施行进口限制）以外，韩国的贸易政策逐渐向自由贸易方向发展。

韩国的经济也发生了巨大的转变。最初，韩国的资源从农业转向劳动密集型的制造业，特别是纺织、服装和制鞋业。韩国拥有充足、廉价而又受过良好教育的劳动力，这是它能在劳动密集型的制造业领域里建立比较优势的基础。20世纪末，随着劳动力成本的提高，韩国经济已开始向资本密集型的制造业领域发展，特别是汽车、航空、家用电器和先进材料等领域，这一切都给韩国带来了巨大的变化。20世纪50年代后期，韩国77%的劳动力都就业于农业部门，进入21世纪以来，这个比例已降至20%以下。同时，制造业在国内生产总值中所占的比例从不到10%增长到30%以上，该国国内生产总值的年均增长率超过9%。

从上面这个案例中我们可以清楚地看到，在20世纪70年代经济处于同样不发达水平的加纳和韩国由于对待国际贸易的态度和政策不同，而在20多年后经济发展命运大相径庭，国际贸易的重要作用可见一斑。

（查尔斯·希尔，1999）

那么，什么是国际贸易？国际贸易是如何产生和演变的？国际贸易的作用如何？世界各国积极开展国际贸易的原因有哪些？

一、国际贸易的概念

国际贸易（international trade）是指不同国家（或地区）之间的商品和劳务的交换活动，是不同国家之间分工的表现形式，反映了世界各国之间的相互依赖关系。

国际贸易是商品交换的一种特殊形式，是商品和劳务的国际转移。国际贸易由进口贸易（import trade）和出口贸易（export trade）两部分组成，故有时也称为进出口贸易（import and export trade）。如果从单个国家（或地区）的角度来看，一个特定的国家（或地区）同世界上其他国家（或地区）之间进行的商品交换活动，称为该国的对外贸易（foreign trade）；如果从国际范围来看，这种交换活动就称为国际贸易。一些海岛国家（或地区）或者对外贸易活动主要依靠海运的国家（或地区），如日本、英国等也称之为海外贸易（oversea trade）。另外，人们认为国际贸易也就是世界贸易（world trade），但是从严格意义上讲，它们并不是同一个概念。国际贸易是世界各国（或地区）对外贸易的总和，而世界贸易则是世界各国（或地区）对外贸易与国内贸易（internal trade）的总和。

随着世界范围内经贸关系的扩大，国际贸易的概念也在不断发展。在第二次世界大战以前的一段相当长的时间里，国际贸易主要是以有形商品为主，即不同国家间的货物商品贸易一直是各国之间经济联系的唯一形式，并且在今天，有形商品贸易也仍然是国际经济与贸易活动的主体。但是随着有形商品交换规模扩大的需要，各国之间资本流动的规模显著增加，科学技术成果广泛传播，人员流动日益频繁，形成了错综复杂的国际经济交往，导致世界范围内的无形贸易迅速增加，使得国际贸易的内涵与外延也在进一步丰富和扩展。一般来说，我们把国家间有形商品的交换称为狭义的国际贸易，而把包括商品和劳务交换在内的国际贸易称为广义的国际贸易。

增进我们财富与宝藏通常的方法是借助于国际贸易，在那里我们总是会观察到这样一个规律：从贸易金额来看，我们年年卖给陌生人的商品数额都大于我们向他们购买的数额。

——托马斯·曼（德）

二、国际贸易的产生

国际贸易属于历史范畴，早在公元前 3500 年前后，跨区域的贸易就开始出现。

国际贸易是在一定的历史条件下产生和发展起来的，它是人类社会生产力发展到一定阶段的产物。国际贸易的产生必须同时具备两个基本条件：一是生产力发展到一定水平，有可供各国之间交换的剩余产品；二是社会分工的扩大和社会经济实体即国家的存在。从根本上说，社会生产力的发展和社会分工的扩大是国际贸易产生和发展的基础。

在原始社会初期，人类处于自然分工状态，生产力水平极度低下，劳动成果仅能维持群体最基本的生存需要，没有可以用做交换的剩余产品，没有国家和阶级，也就不存在国际贸易。第一次社会大分工，即畜牧业与农业之间的分工，推动了社会生产力的发展，部落之间出现了原始的物物交换。手工业和农业相分离的第二次社会大分工，逐渐产生了直接以交换为目的的商品生产以及以货币为媒介的商品流通。私有财产和阶级的产生与商品流通的扩大，引起了第三次社会大分工，产生了专门从事商品交换的商人。商品流通的发展极大地推动了生产力的发展，使人类的劳动可以产生越来越多的剩余产品，反过来又促进交换与分工的发展，从而使生产者的产品不仅可以扩展到国内市场，而且能够扩展到遥远的国外市场。到原始社会末期、奴隶社会初期，阶级和国家相继形成，商品流通开始超越国界，从而产生了国际贸易。

三、国际贸易的历史演变

（一）资本主义生产方式下国际贸易的发展

国际贸易虽然有着悠久的历史，但其真正具有世界性质还是在资本主义生产方式确立起来之后。资本主义社会的国际贸易分为资本主义生产方式准备时期、资本主义自由竞争时期和垄断资本主义时期的国际贸易。在资本主义生产方式的推动下，国际贸易急剧扩大，国际贸易范围波及全球，商品交换种类日益增多，国际贸易成为影响世界经济发展的一个重要因素。

1. 资本主义生产方式准备时期的国际贸易

资本主义生产方式虽然萌芽于 14—15 世纪西欧的一些城市，但资本主义的发展却是从 16 世纪开始的，16—18 世纪既是西欧各国封建制度的瓦解时期，也是资本原始积累和资本主义工场手工业的大发展时期。在这一时期，由于欧洲城市的不断兴起，城市手工业得以迅速发展，商品经济取得了很大的进步，这一切为国际贸易的发展提供了物质基础。这一时期的地理大发现、殖民制度的建立以及海外贸易公司的出现更是使得国际贸易的范围和规模空前扩大。

地理大发现使欧洲人沿着通往亚洲和美洲的新航线大力开展海外贸易，加速了资本的原始积累，促使世界市场的形成，从而导致世界贸易的规模骤然扩大。地理大发现的结果是西欧国家纷纷走上了向亚洲、非洲和拉丁美洲扩张的道路，开始了殖民制度和血腥的资本原始积累。在西欧海上强国开展的以地球为战场的商业贸易掠夺中，广大殖民地国家被卷入到国际贸易中，这又极大地扩大了世界贸易的疆域，印度洋、东南亚的群岛和半岛以及大西洋等都被包括进来，世界贸易的规模也随之急剧增加。海外贸易公司是英国、荷兰等国为争夺殖民地贸易的独占权而成立的由政府发给特许证的垄断性公司，这些公司分别专门从事与某一地区的对外贸易。

随着商业国的兴衰，国际贸易中心几度转移。14—15世纪，南欧的贸易中心是意大利北部一些城市，如威尼斯、热那亚，北欧的贸易中心是波罗的海和北海沿岸的汉萨同盟的一些城市，如汉堡、吕贝克等。到15世纪末16世纪初，葡萄牙的里斯本、西班牙的塞维尔、荷兰的阿姆斯特丹、英国的伦敦，先后成为繁荣的国际贸易港口。这一时期国际贸易的商品除奢侈品、贩卖的非洲黑奴外，工业原料和城市消费品的比重开始增加，国际贸易比奴隶社会和封建社会有了很大发展，但由于资本主义机器大工业尚未建成，交通工具还不完善，国际贸易的规模、范围和商品品种均受到一定限制。这一时期的国际贸易既表现出了开拓性，也表现出了掠夺性。

2. 资本主义自由竞争时期的国际贸易

资本主义自由竞争时期指18世纪60年代英国发生产业革命开始到1873年爆发世界经济危机为止，是资本主义制度的确立和发展时期。在这一时期，英国率先完成了产业革命，以蒸汽机为代表的科学技术获得了惊人的发展。之后，法国、德国、美国等国家也相继完成了产业革命，建立起了机器大工业，社会生产力得到了空前的大发展，最终确立了资本主义生产方式。一方面，在资本主义生产方式下，机器大生产使社会生产力空前提高，社会产品大量增加，商品经济迅速发展，为国际贸易大发展奠定了物质基础。另一方面，在机器大工业迅速发展的情况下，交通运输工具也有了突飞猛进的发展，如火车代替马车、轮船代替帆船，使得载运量大大增加，运输的时间与距离大为缩短，从而为国际贸易的发展提供了广阔的世界市场。

这一时期的国际贸易在各方面都发生了显著的变化，具有如下特点。

首先，国际贸易量增长迅速，商品种类越来越多，商品结构不断变化。1720—1800年的80年间，国际贸易量总共只增长了1倍。而1800—1880年，国际贸易增长速度明显加快，这80年间，国际贸易量增长了13倍多，其增长速度超过了世界生产的增长速度。同时，国际贸易商品种类中出现了许多新商品，如织布机、纺织机、船舶、机床等各种机器工具。随着商品产量和数量的增多，这一时期的大宗商品，如香料、茶叶、丝绸、咖啡等，虽然绝对量有所扩大，但所占的份额却逐步下降，取而代之的是纺织品贸易迅速增加，且占据着优势地位。此外，棉花、羊毛、煤炭、钢铁、石油等工业制品和原料也成为大宗交易商品。

其次，英国成为国际贸易中心，国际贸易被英国、法国、德国、美国、俄国等几个主要资本主义国家垄断。在资本主义自由竞争时期，殖民地日益成为资本主义宗主国的销售市场和原料来源地，形成了不合理的国际分工，国际贸易中的斗争也日趋激烈。英国是工业革命的先驱，倚仗工业革命所造就的雄厚技术基础，取得了世界工业的霸权地位，成为"世界工厂"。工业上的霸权带来商业上的霸权，1880 年，这五个国家的贸易额占国际贸易总额的54.9%，其中英国在国际贸易中的比重达 20.8%，是世界上最大的贸易国。

最后，国际贸易方式有了进步，国际贸易组织机构纷纷建立，国家之间的贸易条约关系也逐渐发展起来。随着贸易规模的扩大，一方面，国际贸易的组织机构日趋专业化，出现了许多专门经营某一种或某一类商品的贸易企业，商品交易所、样品展览会等期货交易方式逐步取代了现场看货交易。另一方面，运输业、保险业、银行业等在国际贸易中也得到广泛运用，出现了专门的运输公司、保险公司等，国际信贷关系也逐步发展起来，各种票据如汇票等开始广泛流行。此外，为了保持在世界市场上占有的份额，稳定贸易渠道，协调国家之间的贸易关系或争取到贸易国的优惠待遇，国家之间开始签订贸易条约，通过贸易条约来规定缔约国双方在贸易、航海、商品进出口、转口和关税等问题上的权利与义务。协议形式的贸易协定的普遍发展也保障了各国的贸易利益，使国际贸易能够迅速稳定地发展。

3. 垄断资本主义时期的国际贸易

19 世纪 70 年代以后，资本主义由自由竞争阶段逐渐向垄断阶段过渡，到 19 世纪末 20 世纪初，资本主义发展到帝国主义阶段。在这个时期，一方面，人类历史上发生了具有重要意义的第二次科技革命，人类由此从蒸汽时代进入电气时代。新的科技成果被广泛应用于生产，电的发明、新的炼钢法和内燃机的发明和应用等大大加快了钢铁工业、电力工业的发展，使世界工业生产成倍增长。科技和工业的发展促进了交通运输业的发展，铁路运输的普及、海运航速的加快和运费的降低，为进一步扩大资本输出、开拓销售市场、掠夺原料创造了有利条件。另一方面，主要资本主义国家的对外贸易被为数不多的垄断组织控制，由它们决定一国对外贸易的地理方向和商品构成。垄断组织输出巨额资本，用来扩大商品输出的范围和规模。在国际贸易中，垄断组织通过垄断价格，不断扩大不等价交换；垄断组织把资本输出和商品输出直接结合起来，加重了对殖民地、附属国的掠夺，而且其全部经济都被卷入错综复杂的国际经济联系中，形成了资本主义的世界经济体系。此外，各主要资本主义国家之间的竞争更趋激烈，由于资本主义内在矛盾的加剧和帝国主义国家之间为重新瓜分世界市场而进行的斗争更趋尖锐化，国际上先后发生了五次世界性经济危机，并且爆发了两次世界大战，使世界资本主义经济接连遭受重创。

在这一时期，国际贸易也出现了一些新的变化。首先，国际贸易的规模虽然仍在扩大，但增长速度较自由竞争时期相对减缓。国际贸易量在 1840—1870 年增长了 3.4 倍，在 1870—1900 年只增长了 1.7 倍，在 1900—1914 年仅增长 62%。1914—1945 年两次世界大战期间，国际贸易的增长几乎停止。其次，英国的垄断地位开始动摇并呈现下降趋势，垄断集团开始对国际贸易产生重大影响。由于生产和资本的高度集中，垄断组织在经济生活中越来越起着决定性的作用。它们不仅控制了国内的生产和流通，而且控制了各国的对外贸易，通过垄断价格使国际贸易成为垄断组织追求最大利润的手段，在对外贸易中获取超额利润。最后，一些主要资本主义国家的垄断组织开始输出资本。为了确保原料的供应和对市场的控制，少数资本主义国家开始向殖民地输出资本。1862 年资本主义国家海外投资总额仅为 20 亿美元，1900 年增加到 200 亿美元，1913 年增加到 440 亿美元，是 1862 年的 20 多倍。资本输出不仅带动了本国商品的出口，而且成为垄断组织掠夺、控制原料和奴役殖民地的重要工具，同时资本输出还是垄断组织争夺国际市场的有力手段。

（二）当代国际贸易的发展

第二次世界大战以后，世界经济和政治格局发生了巨大变化，资本输出迅速增长，国际贸易取得了较大发展，世界贸易的增长速度超过了世界生产的增长速度。在世界贸易中出现了社会主义国家和一大批政治上独立的发展中国家，但是资本主义经济体系的国家仍是国际贸易的主体，而且有上升的趋势。国际贸易的蓬勃发展刺激了国际服务贸易，并且带动了国际投资，进一步促成了与资本主义经济相适应的国际货币体系。与世界经济发展相联系、相适应，当代国际贸易在快速发展的同时，呈现出一些新的特点。

第一，国际贸易步入新一轮高速增长期，贸易对经济增长的拉动作用愈加明显。从 1950—2000 年的 50 年间，全世界的商品出口总值从约 610 亿美元增加到 61 328 亿美元，增长了 100 多倍。即使扣除通货膨胀因素，实际商品出口值也增长了 15 倍多，远超工业革命后乃至历史上任何一个时期的国际贸易增长速度。而且，世界贸易实际价值的增长速度（年平均增长 6%左右）超过了同期全球实际国内生产总值的增长速度（年平均增长 3.8%左右）。这意味着国际贸易在各国国内生产总值中的比重在不断上升，并且导致世界各国的外贸依存度均有不同程度的提高，国际贸易在现代经济中的地位越来越重要。全球贸易的高速增长既是科技进步、生产力提高、国际分工深化的共同结果，同时它又促进了世界生产。

第二，发达国家继续在国际贸易中占据主导地位，同时发展中国家在国际贸易中的地位有所加强，国际贸易已从过去发达国家垄断的时代逐步转变为各种类型国家相互合作、相互竞争的时代。第二次世界大战后，许多发展中国家纷纷独立，越来越多的国家参与到国际贸易中来，各种类型国家的对外贸易都有了不同程度的增长。其中，增长最迅速的是发达资本主义国家相互间的贸易，在世界贸易地区分布中，发达资本主义国家所占比重 1950 年为 60.8%，1985 年为 65.5%，1999 年为 72.5%。更重要的是，发达国家通过开展区域贸易合作和控制多边贸易体制来主宰国际贸易秩序，并在国际交换中获得了大部分贸易利益。但是，发展中国家与发达国家之间，以及发展中国家间的贸易的总规模还是在不断扩大的，进入 21 世纪以来一些新兴工业化国家和地区的贸易、分工地位在不断提高。根据世界贸易组织的统计[1]，2012 年发展中国家货物出口占世界货物总出口的比重增加到了 42%，其中金砖国家中的中国、印度、巴西、俄罗斯 2012 年货物出口增长了 4.5%，出口增长率高于北美自贸区和欧盟。表 1.1 是 2012 年世界各国货物贸易排名，从中可以看出中国在货物出口上已超越美国排名世界第一，同时在货物进口方面排名世界第二。

表 1.1　2012 年世界货物贸易主要出口国与进口国排名[1]

世界货物出口				世界货物进口			
排名	国家或地区	出口额（10 亿美元）	占世界货物总出口额比重（%）	排名	国家或地区	进口额（10 亿美元）	占世界货物总进口额比重（%）
1	中国	2049	11.1	1	美国	2336	12.6
2	美国	1546	8.4	2	中国	1818	9.8
3	德国	1407	7.6	3	德国	1167	6.3
4	日本	799	4.3	4	日本	886	4.8
5	荷兰	656	3.6	5	英国	690	3.7

[1] 数据来自世界贸易组织官网，International Trade Statistics 2013，http://www.wto.org/english/res_e/statis_e/its2013_e/its13_toc_e.htm。

排名	世界货物出口			排名	世界货物进口		
	国家或地区	出口额（10亿美元）	占世界货物总出口额比重（%）		国家或地区	进口额（10亿美元）	占世界货物总进口额比重（%）
6	法国	569	3.1	6	法国	674	3.6
7	韩国	548	3.0	7	荷兰	591	3.2
8	俄罗斯	529	2.9	8	中国香港	553	3.0
9	意大利	501	2.7	9	韩国	520	2.8
10	中国香港	493	2.7	10	印度	490	2.6

第三，国际贸易的商品结构升级，新商品不断大量涌现，服务贸易和技术贸易发展方兴未艾。世界经济在国际贸易的不断发展中迅速繁荣起来，其结果必然刺激参与国际交往的商品向更高层次发展以满足消费水平的提高。制造品，特别是机器和运输设备以及它们的零部件的贸易增长迅速，而纺织业、服装业和其他几类轻工业产品的比重则显著下降，这意味着制成品贸易呈现从生活消费品转向资本货物的变化趋势。燃料在初级产品贸易中所占的比重急剧上升，石油贸易增长迅猛，而原料和食品贸易则发展缓慢，石油以外的初级产品在国际贸易中所占的比重下降。在制成品贸易中，各种制成品的相对重要性有了变化，工业制成品在国际贸易中所占的比重超过初级产品所占比重。伴随着各国产业结构的优化升级，全球服务贸易发展迅猛，规模不断扩大。在行业结构上，服务贸易日益向金融、信息、技术、咨询、通信等新兴服务业倾斜；在地区分布上，由于这类新兴服务业均需要密集的资本与技术，因此发达国家在服务贸易中占据优势。高新技术产品在国际贸易中日益占有重要地位，技术贸易等无形贸易及军火贸易迅速增长。

第四，贸易投资一体化趋势明显，跨国公司对全球贸易的主导作用日益增强。在经济全球化的推动下，生产要素特别是资本在全球范围内更加自由地流动，跨国公司通过在全球范围内建立生产和营销网络，推动了贸易投资日益一体化，并对国际经济贸易格局产生了深刻影响。跨国公司是当代国际贸易发展的主要推动器，跨国公司内部贸易在国际贸易中的份额不断扩大。跨国公司的迅猛发展推动了科学技术的发展，促进了国际分工的深化，加速了国际贸易的发展。跨国公司在促进国际贸易发展的同时，还对贸易商品的结构和贸易流向等产生了重大影响。

第五，各种类型国家间的区域贸易组织层出不穷，全球范围的区域经济合作势头高涨，经济贸易集团内部各成员之间的贸易发展也十分迅速。随着第二次世界大战后国际竞争程度的日益加剧，世界主要贸易国为保持其在全球市场上的竞争力，不断寻求与其他国家联合，通过优惠贸易安排、自由贸易区、关税同盟、共同市场等不同方式组建区域贸易集团，实现区域内贸易自由化。进入 20 世纪 90 年代以后，区域经济合作不断加深，贸易集团化步伐进一步加快，区域内贸易日益活跃和扩大。2013 年全球贸易总额中有 60% 以上发生在区域贸易协定成员之间，国际贸易量的增长在很大程度上是建立在区域集团内部贸易快速发展的基础上的，区域集团内部贸易正改变着世界贸易的版图[1]。截至 2014 年 1 月 31 日，向关贸总协定和世界贸易组织通报的区域贸易协定已有 583 个，其中 377 个已生效，

---

[1] 资料来源：海关信息网（http://www.haiguan.info/）"分析报告——推荐报告"栏目《2013 年经济形势综述及我国进出口贸易形势分析报告》。

正在实施中的有 259 个①。

第六，贸易自由化和贸易保护主义的斗争愈演愈烈，各种贸易壁垒花样迭出。在经济全球化的推动下，世界各国在经济上的交往越来越频繁，贸易自由化已是不可逆转的趋势。但随着国际贸易规模的不断扩大，贸易摩擦产生的可能性也随之增大。当前，各国经济的不平衡、区域贸易集团的排他性、贸易利益分配的两极化等都是造成贸易保护主义层出不穷的重要原因。当前世界已进入贸易争端的高发期，并呈现出以下特点：一是基于战略利益考虑而引发的贸易摩擦增多；二是贸易保护的手段不断翻新，各种技术壁垒成为贸易保护的新式武器，知识产权纠纷成为国际贸易争端的重要方面；三是摩擦从单纯的贸易问题转向更为综合的领域，社会保障问题、汇率制度问题等已成为摩擦的新领域，资源摩擦与贸易摩擦交互作用的趋势越来越明显；四是中国已成为国际贸易保护主义的最大受害国。

四、国际贸易的作用

在社会发展的今天，世界各国都把国际贸易作为本国国民经济发展战略的重要内容。国际贸易的发展是社会化大生产发展的内在需要，发展对外贸易对国家、企业和国民都会产生一定的利益。国际贸易对于现代各国经济和世界经济的发展都具有重要的作用。

第一，国际贸易有利于平衡一国市场的供求关系，并且可以通过国际分工带来更大的经济效益。由于各国的生产要素禀赋状况和生产力发展水平的差异，世界各国的生产能力参差不齐。有的国家拥有肥沃的土地，有的国家人力资源丰富，有的国家拥有先进的技术，由于不同产品的生产在要素投入比例上存在很大的差异，因此，拥有肥沃土地的国家适合生产土地密集型产品，如种植业和畜牧业；人力资源丰富的国家适合生产劳动密集型产品，如鞋类和纺织品；拥有先进技术的国家适合生产资本和技术密集型产品，如汽车和计算机。那么，单就一国而言，有些产品的生产可能出现空缺，另一些产品可能供不应求，还有一些产品呈过剩状态，而且由于各种原因，世界各国的商品生产具有自身的比较优势和相对劣势。如果每个国家每种产品都生产，不仅会造成生产效率低下和生产要素的浪费，还会妨碍一国经济的深入发展。然而，如果各国都按照自己的特长，分工生产相对优势产品，然后相互之间开展贸易，不仅可以互通有无，调剂余缺，平衡市场的供求关系，而且能够提高生产要素的利用率，节约社会劳动成本，增加商品价值总量。

第二，国际贸易是各个国家经济相互影响、传递的重要渠道。世界各国在经济上是相互联系、相互依赖的，一国经济的繁荣或衰退会通过各种渠道影响其他国家，而对外贸易则是各国经济活动相互传递的重要渠道。一般来说，各国经济发展中国际贸易所传递的经济活动是通过产品价格变动对产量、就业和整个经济变动的影响进行的。当世界市场价格有较大幅度的变动时，首先受到直接影响的是本国与世界市场有着直接联系的那些经贸部门，出现产品价格的波动，这些部门又会通过与国内其他部门的经济联系直接或间接地影响后者的价格、产量和就业变动。这样一来，整个国内经济就会受到国外市场价格变动的影响。第二次世界大战后，美国经济的迅速发展，通过对外贸易渠道的"传递"，带动了西欧和日本经济的恢复和发展。然而，国际贸易所"传递"的不仅仅是各国经济的发展，也"传递"一国的经济危

---

① 资源来源：世界贸易组织（WTO）官方网站区域贸易协定专栏 http://www.wto.org/english/tratop_e/region_e/region_e.htm。

机，比如2008年美国的次贷危机波及全球。随着经济全球化和国际贸易的发展，这种"传递"作用在日益加强。

第三，国际贸易有利于促进世界经济的发展。20世纪30年代，英国著名经济学家D·H·罗伯逊就提出了贸易是"经济增长的发动机"的命题。国际贸易的发展是许多国家经济增长的主要原因。一方面，因为各国按比较优势进行国际贸易，通过"两利相权取其重、两害相权取其轻"的办法进行专业化分工，使资源得到更有效的配置，提高了产量，然后通过交换使各国都得到多于自己生产的消费量。这是国际贸易的直接利益。另一方面，随着国际贸易的发展，经过一系列的动态转换过程，把经济增长传递到国内各个经济部门，从而带动国民经济的全面增长。这是国际贸易产生的间接利益。世界经济的发展决定了国际贸易的规模、速度、结构和流向，而国际贸易又是世界经济的重要组成部分，它的发展又必然促进世界经济的不断发展。

第四，国际贸易是维护和改善国际环境的重要手段。国际贸易一直是世界各国对外经济、政治活动的重要内容。在影响各国对外经济关系的因素——国际贸易、劳动、技术交流和资本转移中，国际贸易是对外经济关系的核心。在世界各国对外政治活动方面，国际贸易是外交政策的重要组成部分。一方面，通过国际贸易，可以抑制社会制度不同和被认为有"敌意"的国家的经济发展，比如，1917年俄国十月革命以后，受到列强国家武装的干预，在贸易上受到封锁禁运；通过国际贸易，可以制裁违背联合国宪章的行为。另一方面，通过国际贸易，可以扩大相互交往，促进经贸合作，改善国际环境。

第五，国际贸易是参与经济全球化的重要形式。经济全球化是指以市场经济为基础，以先进科技和生产力为手段，以发达国家为主导，以最大利润和经济效益为目标，通过分工、贸易、投资、跨国公司和要素流动等实现世界各国市场相互融合的过程。首先，经济全球化过程中国内市场和世界市场的融合是一个长期的历史过程，这个融合的过程是通过国际贸易的自由化和在多边贸易体制基础上进行的。其次，经济全球化使国际分工演变为世界性的分工，国际贸易是实现世界分工利益的途径和枢纽。最后，国际贸易有助于缓和经济全球化的负面影响。经济全球化的结果是价值规律的作用加大，世界市场上的竞争更加激烈，可能出现某些国家的经济被边缘化，不同国家间经济差距拉大的情况。而世界贸易组织的建立会使世贸组织成员方之间进行"开放、公平和无扭曲的竞争"，使竞争向有序化和规范化方向发展，并加强对发展中国家和地区的援助，这样可以缓和或抑制在经济全球化过程中出现的负面影响。

本节导入案例解析

引起世界各国开展国际贸易的原因很多，主要有以下几个方面。

首先，各国的生产要素禀赋状况存在着很大的差异。有的国家拥有广阔的土地，有的国家拥有先进的技术，有的国家拥有丰富的人力资源。而不同产品的生产在要素投入比例上存在着差异，比如种植水稻等农产品需要大量肥沃的土地，制造汽车、飞机等高技术产品需要强大的技术力量。如果各国都按照自己的特长分工生产具有相对优势的产品，然后相互之间开展贸易，就可以提高生产要素的利用效率。案例中的加纳就是将该国的资源转向其没有优势的基本农作物种植和制造业领域，而不再种植可可这一该国在世界经济中享有绝对优势的经济作物。这种资源的低效使用损害了加纳的经济，抑制了该国的经济发展。

其次，国家与国家之间的生产要素缺乏流动性。在当今的现实世界里，由于受到各国政治、经济、自然条件等多种因素的制约，生产要素在国与国之间不像在一国内那样容易流动。

为了弥补本国某种生产要素的不足，其通常会从该种生产要素比较多的国家进口该种要素密集型产品，以此来满足本国人民生活的需要。

再次，国家与国家之间的科学技术存在差距。由于科学技术水平的制约，有些技术水平低的国家凭借其现有技术根本无法生产某些高技术产品，因此，通过国际贸易可以以外国之长补自己之短，进而促进经济繁荣。案例中，韩国政府特别支持贸易，而加纳政府却不鼓励本国的生产商参与国际贸易，两国最终的发展完全不同。

最后，开展国际贸易的必要性还表现在它对世界经济发展乃至人类社会进步起着很大的促进作用。一个国家按照比较优势的原则进行国际贸易可以实现经济资源的合理利用，从而有效地提高国民经济福利水平，加快经济发展的速度，比如案例中的韩国。一国参与国际贸易的程度与其经济发展水平有着密切的关系。联合国1992年《贸易与发展报告》研究表明，对外贸易开放程度越高的国家，出口增长越快，经济增长率也越高。

第二节　国际贸易的分类及特征

一、按商品移动的方向划分

根据商品移动方向的不同，国际贸易可分为出口贸易（export trade）、进口贸易（import trade）和过境贸易（transit trade）。

（1）出口贸易是指将一国生产和加工的商品或服务输出到国外市场销售，又称输出贸易。如果商品不是因为外销输往国外，例如运往境外使馆、驻外机构的物品，或者携带个人使用物品到境外等，则不计入出口贸易的统计之中。

（2）进口贸易是指将外国生产和加工的商品或服务输入本国市场销售，又称输入贸易。同样，若不是因购买而输入国内的商品，则不成为进口贸易，也不列入统计。

（3）过境贸易是指贸易商品通过一国国境，不经加工地运往另一国的贸易活动。例如某种商品从甲国经由乙国输往丙国，对于乙国来说，这项买卖就是过境贸易。在过境贸易中，又可分为直接过境贸易和间接过境贸易。直接过境贸易是指过境贸易商品不经过海关保税仓库存放，完全为了转运而过境；间接过境贸易是指过境贸易商品由于种种原因，需存放在过境国的海关仓库，而后再进行分类包装转运出境。在过境贸易中，由于过境国未通过买卖取得货物的所有权，因此过境商品一般不列入过境国的进出口统计中。

此外，在国际贸易中，一国对从外国进口的商品没有在本国消费，又未经任何实质性加工再向外出口，称为复出口（re-export），如进口货物退货、转口贸易等；反之，一国产品销往别国后未经加工又被该国重新购回，称为复进口（re-import）。产生复进口的原因有商品质量不合格、商品销售不对路或者国内本身供不应求。从经济效益方面考虑，一国应该尽量避免出现复进口的情况。一国往往在同一类商品上既有出口又有进口，如果一国在某种商品大类的对外贸易中，出口量大于进口量，其超出部分便称为净出口（net export）；反之，如进口量大于出口量，其超出部分便称为净进口（net import）。它们反映的是一国在某些商品贸易上是处于出口国的地位，还是处于进口国的地位。

二、按商品的形态划分

根据商品的形态不同，国际贸易可分为有形贸易（visible trade）和无形贸易（invisible trade）。

（1）有形贸易是指有实物形态的商品的进出口活动。例如，机器、粮食、服装等都是有实物形态的商品，这些商品的进出口称为有形贸易。由于有形贸易商品种类繁多，为了便于统计和分析，联合国秘书处于 1950 年公布了《国际贸易标准分类》，1960 年、1975 年、1985 年、2006 年还分别对其做过 4 次修订。最新的《国际贸易标准分类》把有形商品分为 10 大类、63 章、223 组、786 个分组和 1924 个项目，几乎包括了所有有形商品。每种商品都有一个五位数的目录编号：第一位数表示类，前两位数表示章，前三位数表示组，前四位数表示分组，五位数一起表示某个商品项目。表 1.2 为《国际贸易标准分类》的商品大类。

（2）无形贸易是指没有实物形态的技术和服务的进出口活动。比如，专利使用权的转让、旅游、金融保险企业跨国提供的服务等都是没有实物形态的商品，其进出口活动称为无形贸易。一般来说，无形贸易包括服务贸易和技术贸易。无形贸易的发展是伴随着有形贸易的发展而发展的，但随着国际间经济关系的扩大，围绕商品购销的各种服务，如运输、保险、金融、通信等大为增加，旅游服务、专利及技术转让、资本转移及劳务贸易等关系也随之迅速扩大，从而使得基于这些非有形商品交换的发展速度大大加快。

表 1.2 《国际贸易标准分类》商品大类

大类编号	类别名称	大类编号	类别名称
0	食品及主要供食用的活动物	5	未列名化学品及有关产品
1	饮料及烟草	6	主要按原料分类的制成品
2	燃料以外的非食用粗原料	7	机械及运输设备
3	矿物燃料、润滑油及有关原料	8	杂项制品
4	动植物油脂	9	没有分类的其他商品

注：上述分类中，前 5 类为初级产品，第 5 到 8 类为工业制成品，最后一类为其他。

有形贸易与无形贸易有一个鲜明的区别，即有形贸易的进出口要办理海关手续，纳入海关的贸易统计，这是国际收支中的重要项目；而无形贸易无须经过海关手续，一般不反映在海关统计上。但对于形成国际收支来讲，两种贸易是完全相同的。

三、按境界标准划分

根据境界标准不同，国际贸易可分为总贸易（general trade）和专门贸易（special trade）。这是由于国境和关境不一致所产生的统计标准。

> **知识链接**
>
> 关境又称税境，是指一部海关法规可以全面实施的领域。国境是一个国家的边境，以山脉、河流等为边界。一般来说，一国关境和国境是完全重合的，但也有不一致的情况。自由港、出口加工区、保税区等经济特区虽在国境之内，但却在关境之外。因此设有经济特区的国家，关境范围就小于国境。另外，当几个国家结成关税同盟时，这些国家的领土就会合并成为一个统一的关境，对内取消一切贸易限制，对外建立统一的关税制度，这使得关境范围就要大于其中一国的国境。对于我国来说，关境范围小于国境。

（1）总贸易是以国境为标准划分进出口而统计的国际贸易。凡因购买输入国境的商品一律计入进口，凡因外销输出国境的商品一律计入出口。一定时期内（如一年内）跨国境进口的总额为总进口（general import），一定时期内（如一年内）跨国境出口的总额为总出口（general export）。总进口额与总出口额之和即为总贸易额。

（2）专门贸易是以关境为标准划分进出口而统计的国际贸易。只有从外国进入关境和从保税仓库提出进入关境的商品，才能列为进口记录，称为专门进口（special import）。反之，凡是离开关境的商品都记录到出口，称为专门出口（special export）。专门贸易额就是专门进口额与专门出口额的总和。根据这个标准，外国商品直接存入保税仓库的一类贸易活动不再列入进口贸易项目之中；从关境外国境内出口到其他国家的商品，则不被统计为出口。

显然，总贸易与专门贸易在数额上不可能相等，但两者都是指一国在一定时期内（如一年）对外贸易的总额。总贸易和专门贸易反映的问题也各不相同。前者包括所有进出入该国的商品，反映一国在国际贸易商品流通中所处的地位；后者只包括那些进口的用于该国生产和消费的商品，出口的是该国生产制造的商品，反映一国作为生产者和消费者在国际贸易中所起的作用。

四、按生产国和消费国在贸易中的关系划分

根据生产国和消费国在贸易中的关系，国际贸易可分为直接贸易（direct trade）和间接贸易（indirect trade）。

（1）直接贸易是指商品生产国与消费国不通过第三国进行买卖商品的行为。贸易的生产国方面称为直接出口，消费国方面称为直接进口。贸易双方交易的货物既可以直接从生产国运到消费国，也可以通过第三国的国境转运到消费国，只要不通过第三国作为中介人来进行贸易就是直接贸易。

（2）间接贸易是指商品生产国与商品消费国通过第三国或其他中间环节进行买卖商品的行为。此时，商品从生产国到最

终消费国至少要经过一次交换过程的活动。在间接贸易情况下，每一次贸易至少有一方不是生产国或者消费国。进行间接贸易往往是由于政治、地理等方面的原因，使得商品的消费国不能从商品生产国直接购买，而只能通过第三国购买。例如，战后的伊拉克虽然有一些商机，但是风险也很大，我国的有些企业在向伊拉克出口商品时，大多是先把商品卖给伊拉克的周边国家，再由伊拉克的周边国家转口到伊拉克。

此外，转口贸易（entrepot trade）是指两国的进出口贸易是通过第三国的中间商把货物转手来完成的贸易方式。转口贸易与间接贸易的区别在于看问题的角度不同。商品生产国与消费国通过第三国进行的贸易，在生产国为间接出口，在消费国为间接进口，对生产国和消费国而言是间接贸易，对第三国而言则是转口贸易。此外，对转口国而言，它将进口的货物再出口，属于复出口贸易的一种形式。从事转口贸易的国家或地区大多地理位置优越、运输便利、结算方便、贸易限制较少。转口贸易已有数百年的历史，伦敦、鹿特丹、新加坡、香港是著名的转口贸易港。

区分直接贸易与间接贸易的标志是商品从生产国到消费国的过程中有无第三国实际地介入买卖，而不看产品货物有否经过第三国国境。即使商品直接从生产国运往消费国，并没有经过第三国国境，只要生产国分别与消费国和第三国的转口商签订了出口合同与进口合同，

则该贸易仍属于间接贸易。

转口贸易和过境贸易的区别在于：①转口贸易中，第三国参与贸易过程，起媒介作用；过境贸易中，第三国不参与贸易过程。②转口贸易中，生产国与消费国之间是间接贸易；而过境贸易中，生产国与消费国之间是直接贸易。③商品的所有权在转口贸易中先从生产国出口者那里转到第三国（或地区）转口商人手中，再转到最终进口国商人手中。而在过境贸易中，商品所有权无需向第三国商人转移。④过境贸易中过境国只收取少量的手续费，而转口贸易中第三国商人要有一个正常的商业加价，因为转口贸易以赢利为目的。

五、按国际收支清偿工具划分

根据国际收支清偿工具的不同，国际贸易可分为自由结汇方式贸易（free-liquidation trade）和易货贸易（barter trade）。

（1）自由结汇方式贸易是指以国际通用货币作为清偿手段的商品交易活动，也称为现汇贸易。能够充当这种国际支付手段的货币必须能够在国际金融市场自由兑换，主要是美元、欧元、英镑等。

（2）易货贸易是指以经过计价的货物作为清偿工具所进行的贸易活动。易货贸易的特点是进口与出口直接相联系，以货易货，进出基本平衡，可以不用现汇支付。它起因于贸易双方的货币不能自由兑换，而且缺乏可以兑换的外汇储备。这种交换方式的优点是可以缓解进口支付能力不足的矛盾，有利于扩大进出口，促进贸易平衡。现在各国之间经济依赖性加强，有支付能力的国家有时也不得不接受这种贸易方式。然而它也存在许多局限性，例如交换商品种类有限，贸易规模受到限制，货物计价不一定合理等。

六、按贸易国之间经济发展水平差异划分

根据贸易国之间经济发展水平的差异，国际贸易可分为水平贸易（horizontal trade）和垂直贸易（vertical trade）。

（1）水平贸易指经济发展水平差异较小或发展水平比较接近的国家之间开展的商品交换活动。例如发达国家之间或发展中国家之间的国际贸易一般都是水平贸易。

（2）垂直贸易指经济发展水平差异较大的国家之间进行的商品交换活动。发达国家与发展中国家间进行的贸易大多属于这种类型。

另外，根据交易手段的不同，国际贸易可分为单证贸易（trade with documents）和无纸贸易（trade without documents）。根据参加贸易国家的多少，国际贸易还可分为双边贸易（bilateral trade）、三角贸易（triangular trade）和多边贸易（multilateral trade）。

第三节　与国际贸易有关的概念

一、贸易额和贸易量

贸易额又称贸易值（value of trade），是用货币表示或反映贸易规模的指标。各国一般用

本国货币加以表示，但为了便于国际比较，许多国家按汇率折算成国际上通用的美元来计量。贸易额通常可分为对外贸易额和国际贸易额两种。

对外贸易额（value of foreign trade）是一个国家在一定时期内（如一年）的出口贸易额与进口贸易额之和。国际贸易额（value of international trade）是世界各国出口贸易额的总和。由于一国的出口就是他国的进口，从世界范围来看，所有国家和地区的进口总额之和理应等于所有国家和地区的出口总额之和。那么从理论上来说，各国的对外贸易额之和应该等于国际贸易额的两倍。但是由于各国都偏好夸大本国进口额而少算本国出口额，因而都倾向于按离岸价格（FOB）计算出口贸易额，按到岸价格（CIF）计算进口贸易额，进而导致世界出口总额小于世界进口总额的现象发生。由于按到岸价格计算的商品进口额中包含了一部分的运输、保险等费用，而各国和地区的出口商品值一般都是按离岸价格计算的，因此比较合理，所以在统计国际贸易额时，常常采用的办法是将各国的出口额加起来，而不是计算各国的进口额之和。

用国际贸易额来反映一国对外贸易的规模和水平，既简洁明了又便于国际比较，因而它最为通用。可是，由于进出口商品价格经常变动或者有关货币的价值发生变动，这个指标就可能无法准确地反映国际贸易的实际规模与变化趋势。例如，由于本国货币或美元的汇率发生变动，同样数量的出口商品就表现为不同的出口贸易额，有时这个差异还相当巨大。因此，就需要贸易量的概念，它可以剔除价格变动等因素对实际贸易规模的影响，以准确反映国际贸易实际规模的变动。

贸易量（quantum of trade）就是剔除了价格变动影响之后的贸易额，它是用进出口商品的计量单位（如数量、重量等）表示的反映贸易规模的指标。贸易量使得不同时期的贸易规模可以进行比较，但它也存在一个缺点，在统计一个国家全部商品进出口情况时，实物单位无法在不同商品间进行加总。于是，为了反映一国的贸易总量规模及其变动情况，在方法和形式上，还是要借助货币单位，具体算法是：用以固定年份为基期而确定的价格指数去除报告期的贸易额，得到的就是相当于按不变价格计算（剔除价格变动的影响）的贸易额，计算公式为

价格指数=（报告期价格/基期价格）×100

贸易量=贸易额/价格指数

贸易量可分为国际贸易量（quantum of international trade）和对外贸易量（quantum of foreign trade）。国际贸易量是以一定时期的不变价格为标准计算的各个时期的国际贸易额。对外贸易量是指一国一定时期进口贸易量和出口贸易量的总和。计算公式分别为

价格指数=（报告期价格/基期价格）×100

国际贸易量=国际贸易额/出口价格指数

对外贸易量=进口贸易额/进口价格指数+出口贸易额/出口价格指数

联合国等机构的统计资料往往采用国际贸易额和国际贸易量两个数字，以供对照参考。由于国际服务贸易的统计标准尚没有统一，加之服务贸易本身的特点，服务贸易只公布贸易额，而不公布贸易量。

二、贸易差额

贸易差额（balance of trade）是指一个国家在一定时期内（通常为一年）出口总额与进口

总额之间的差额。如果一定时期的出口额大于进口额，则叫作贸易顺差（favorable balance of trade）或贸易黑字，我国也称之为出超（excess of export over import）。如果一定时期的出口额小于进口额，则叫作贸易逆差（unfavorable balance of trade）或贸易赤字，我国也称之为入超（excess of import over export）。如果一定时期的出口额等于进口额，就叫作贸易平衡。

2014年年初，世界贸易组织发布消息称，2013年中国跃居世界第一货物贸易大国地位。据中国海关统计，2013年中国进出口总值为25.83万亿元人民币（折合4.16万亿美元），其中出口13.72万亿元人民币（折合2.21万亿美元），进口12.11万亿元人民币（折合1.95万亿美元），贸易顺差1.61万亿元人民币（折合2 597.5亿美元）[①]。

一国的进出口贸易收支状况是其国际经常收支项目中最重要的组成部分，因此，贸易差额状况对一国的国际收支有重大的影响，是衡量一国对外贸易状况乃至国民经济状况的重要指标。一般认为，贸易顺差可以推进经济增长、增加就业，表明一国在对外贸易上处于有利地位，而贸易逆差则表明一国在对外贸易收支上处于不利境地。因此，通常各国都是努力追求贸易顺差，以增强本国的对外支付能力，稳定本国货币对外国货币的比值。但这并不是绝对的，因为要长期赚取贸易顺差就必须把国内大量的商品和劳务让外国人享受和使用，手中只留有充当国际清偿手段的货币，这样本国可用的经济资源反而相对减少，从而实际上降低了广大国民的经济福利。同时，长期大量的顺差往往易于引发同他国的贸易纠纷，给本国今后的外贸发展增加障碍和困难。同样，逆差若是发生于为加速经济发展而适度举借外债，引进先进技术及生产资料等情况，也不是坏事。总地来说，从长期趋势来看，一国的进出口贸易应基本保持平衡。

[①] 转载自严洲《2013年我国进出口总值25.83万亿元人民币》一文，该文见于中国证券网，
http://news.cnstock.com/news/sns_bwkx/201401/2876369.htm。

示，2009 年中国在 iPhone 手机贸易上对美出口值约为 20 亿美元，若以附加值测算，中国在这一贸易上对美出口额实际仅为 7300 万美元；而中国当年也从美国进口 1.215 亿美元 iPhone 手机零部件，若以附加值测算，中国在这项贸易上对美实际存在 4 800 万美元的贸易逆差，而不是顺差。

我国的商品出口总额统计涵盖了国有、民营、外资等性质的企业生产的产品。多年来，传统国际贸易统计方法让我国一直顶着"顺差大国"的帽子。为此，某些国家动辄对我国设置贸易壁垒，指责我国的汇率政策。实际上，我国的出口额中多达六成来自外商控股企业。例如，2009 年我国对美国有 1 400 多亿美元的贸易顺差，其中约有 76%是外资企业带来的，而在这些外资企业中，美国在华投资的企业占绝大部分。根据新方法，实际上由外商获得的价值，将从中国大规模的贸易顺差中剔除。

经合组织认为，按照附加值来测算，2009 年中国对美贸易顺差大约"缩水"25%，其中一个重要原因是美国附加值的进口占较大比重。

不过，附加值贸易测算法的研究和应用仍是初步性的，目前仅涵盖全球 40 个国家 18 大产业。因此，想要取代现有的国际贸易统计方法仍需时日。[1]

三、贸易条件

贸易条件（terms of trade）指出口商品价格与进口商品价格的比率，又称交换比价。它表示出口一单位商品能够换回多少单位进口商品。很显然，换回的进口商品越多，越为有利，称为贸易条件改善；反之，换回的进口商品越少，越为不利，称为贸易条件恶化。贸易条件在不同时期的变化通常用贸易条件指数（TOT）来表示。由于一个国家进出口商品种类繁多，因此通常用一国在一定时期内出口价格指数和进口价格指数的比值来表示贸易条件指数，计算公式为

贸易条件指数（TOT）=（出口价格指数/进口价格指数）×100

如果某一时期一国的贸易条件指数大于 100，说明同等数量的出口商品能够换回更多的进口商品，即贸易条件改善；如果贸易条件指数小于 100，说明同等数量的出口商品只能换回更少的进口商品，即贸易条件恶化；等于 100，贸易条件不变。

【例 1.1】假定 1980 年为基期，某国的进出口价格指数均为 100，1980 年的贸易条件指数为 100，在 2000 年年底，该国的出口价格指数下降了 5%，为 95，进口价格指数上升了 10%，为 110，那么该国 2000 年的贸易条件指数为

TOT=95/110=86.36

和 1980 年相比，该国贸易条件指数下降了近 14 个百分点，贸易条件恶化。

一般来说，贸易条件改善或恶化表示贸易对一国福利带来正面或负面的影响。在贸易条件指数小于 100 的情况下，出口越多越不利。针对这种情况，政府应积极采取措施，调整进出口商品结构，以改变对外贸易的不利状况。图 1.1 对比了 2000—2012 年发展中国家、发达国家、东亚发展中国家（主要指中国）和不含中国的发展中国家贸易条件的变化趋势，结果发现：近十几年来发达国家整体贸易条件有变差的趋势，但不明显；发展中国家总体贸易条件好转，但作为最大发展中国家的中国贸易条件却明显恶化了，而排除中国之后的发展中国家贸易条件改善明显。

但是，孤立地考察贸易条件并不能很好地计量福利或贸易利益变动。比如，在出口价格下降而进口价格相对不变的情况下，只有当生产出口商品的劳动生产率在没有一定程度提高的情况下，才能判断出贸易对本国福利有不利影响。

① 本知识链接主要内容整理自 2013 年 1 月 17 日新华网《两大国际组织发布全球贸易测算新方法》一文，记者李明，原文链接为 http://news.xinhuanet.com/world/2013-01/16/c_114394228.htm。

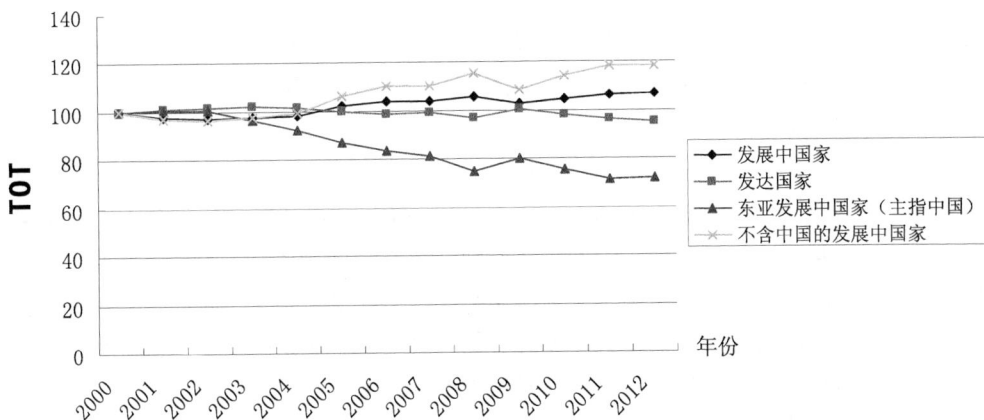

图 1.1　2000—2012 年不同类型经济体贸易条件指数的变化趋势①

示例

　　假设美国找到一种成本更低的种植小麦的方法，则美国供给出口的小麦增多，降低了小麦价格和美国的贸易条件，这就不能认为美国的经济变坏了或是美国从贸易中获得的利益减少了，因为美国可以从出口成本的降低中获得更多利益。

名家观点

　　"……单单考察贸易条件绝不能很好地计量福利或贸易利益。只是在某些条件下，贸易条件的变动才与福利变动的方向相关联……

　　……贸易条件提供了福利结果的重要资料，但必须与有关数量和原因的资料相结合……。"

（彼得·林德特等，1985）

四、国际贸易商品结构与对外贸易商品结构

　　国际贸易商品结构（composition of international trade）是指一定时期内各类商品在整个国际贸易中所占的比重，即各类商品出口贸易额与整个世界出口贸易额相比，以份额表示。对外贸易商品结构（composition of foreign trade）是指一国在一定时期内，各类商品在对外贸易中所占的比重，即该国各类商品出口额与该国出口总额相比，以份额表示。国际贸易商品结构可以反映出整个世界的经济发展水平和产业结构状况等。一国的对外贸易商品结构则可以反映出该国的经济发展水平、自然资源状况、产业结构状况、劳动力就业状况等，是一国制定产业结构调整规划的主要依据之一。

　　由于商品的种类十分繁多，通常将全部商品划分为初级产品和工业制成品两大类。前者

---

　　① 图内数据来源于联合国贸发会议统计数据库（UNCTAD Statistics）中的 Terms of trade indices and purchasing power indices of exports，annual，1980—2012，网页地址为 http://unctadstat.unctad.org/ TableViewer/ tableView.aspx?ReportId=16421。

是指未经加工或只经简单加工的农、林、牧、副、渔和矿产品，如食品、工业原料、燃料等；后者指经过机器完全加工的产品，如机器设备、化学制品和其他工业产品等。另外，还有一种常见的分类方法是根据商品生产中所需要的某种较多的生产要素，把商品分为劳动密集型商品、资本密集型商品等。

必须指出，不断提高对外贸易商品结构中工业制成品的比重，是一国增强国际竞争力的重要方面。当今世界已是制成品贸易为主的世界，一国出口制成品的比重越大，反映它的生产力水平越高，从而它在国际分工中的优势地位越明显。总的来说，发达国家主要出口制成品和进口初级产品，发展中国家则主要出口初级产品和进口制成品。近年来，一些发展中国家的出口商品构成已有较大变化，有些发展中国家出口商品构成也以制成品为主，但尚未根本改变上述基本状况，原因是一方面其制成品的出口比重与发达国家还有差距；另一方面其制成品的档次比较落后。同时，一国出口商品构成还应力求多元化。出口商品的种类越是多样化，越从多方面适应国际市场的广泛需求，就越能抵御国际市场大起大落的猛烈冲击，从而该国在国际贸易中的地位也就相对有利。

1980 年，在中国对外贸易货物出口中，初级产品出口占到一半以上，达到 50.3%，工业制成品出口仅占到出口总值的 49.7%。表 1.3 则是中国统计年鉴数据库中反映出来的中国近年来出口贸易商品结构概况。可以看出，2007—2012 年，中国工业制成品出口占中国总出口的比例大体为 95%。其中，机械及运输设备一直是中国第一大类出口商品，2012 年机械及运输设备出口额占了中国出口总额的 47%。这说明改革开放以来，中国出口商品结构发生了明显改善。工业制成品的出口在中国出口中占据了绝对优势。同时，出口商品种类已经由低附加值产品向中高附加值产品方向发展。1995 年机械及运输设备取代服装成为我国第一大类出口商品，这标志着出口商品从劳动密集型为主向资本技术密集型为主的转变，表明我国出口商品结构经历了另一次重要的飞跃。

表 1.3　2007—2012 年中国出口总额、各大类商品出口额及工业制成品占总出口比重

（单位：亿美元）

	2007 年	2008 年	2009 年	2010 年	2011 年	2012 年
总值	12 204.56	14 306.93	12 016.12	15 777.54	18 983.81	20 498.3
1. 初级产品	615.47	778.48	630.99	817.17	1 005.52	1 005.45
食品及活动物	307.51	327.64	326.03	411.53	504.97	520.24
饮料及烟类	13.96	15.3	16.41	19.06	22.76	25.92
非食用原料	91.54	113.46	81.56	116.02	149.78	143.42
矿物燃料、润滑油及有关原料	199.44	316.35	203.83	267	322.76	310.47
动、植物油脂及蜡	3.03	5.74	3.16	3.56	5.26	5.4
2. 工业制成品	11 564.68	13 506.98	11 385.64	14 962.16	17 980.48	19 495.64
化学品及有关产品	603.56	793.09	620.48	875.87	1 147.87	1 136.96
按原料分类的制成品	2 198.94	2 617.43	1 847.75	2 491.51	3 196	3 333.13
机械及运输设备	5 771.89	6 733.25	5 904.27	7 803.3	9 019.12	9 651.62
杂项制品	2 968.53	3 346.06	2 996.7	3 776.8	4 594.1	5 359.57
未分类的其他商品	21.76	17.15	16.45	14.68	23.39	141.69
工业制成品出口占总出口比重	94.76%	94.41%	94.75%	94.83%	94.71%	95.11%

资料来源：中国统计年鉴（2008—2013 年）

五、国际贸易地理方向和对外贸易地理方向

国际贸易地理方向（direction of international trade）又称国际贸易地区分布（international trade by region），它是反映国际贸易地区分布和商品流向的指标，指各个国家或地区在国际贸易中所处的地位，通常以各国或地区的出口额（进口额）占世界出口额（进口额）的比重来表示。

虽然由于国际经济形势不断发生变化，各国的经济实力对比经常出现变动，国际贸易地理方向也不断地发生变更，但在第二次世界大战后的近70年里，就地区分布来说，无论是出口还是进口，欧洲占世界货物贸易的比重一直名列榜首，北美比重虽较大但有所下降，亚洲在奋起直追，中南美洲比重较小且有所下降，中东比重有所增加但规模不大，非洲最为落后（见表1.4）。

表 1.4　1948—2012 年各地区占世界货物贸易的比重

（单位：%）

	1948 年	1953 年	1963 年	1973 年	1983 年	1993 年	2003 年	2012 年
出口								
世界	100	100	100	100	100	100	100	100
欧洲	35.1	39.4	47.8	50.9	43.5	45.3	45.9	35.6
北美	28.1	24.8	19.9	17.3	16.8	18.0	15.8	13.2
亚洲	14.0	13.4	12.5	14.9	19.1	26.1	26.1	31.5
中南美洲	11.3	9.7	6.4	4.3	4.4	3.0	3.0	4.2
中东	2.0	2.7	3.2	4.1	6.8	3.5	4.1	7.5
独联体	—	—	—	—	—	1.5	2.6	4.5
非洲	7.3	6.5	5.7	4.8	4.5	2.5	2.4	3.5
进口								
世界	100	100	100	100	100	100	100	100
欧洲	45.3	43.7	52.0	53.3	44.2	44.6	45.0	35.9
北美	18.5	20.5	16.1	17.2	18.5	21.4	22.4	17.6
亚洲	13.9	15.1	14.1	14.9	18.5	23.6	23.5	31.8
中南美洲	10.4	8.3	6.0	4.4	3.8	3.3	2.5	4.1
中东	1.8	2.1	2.3	2.7	6.2	3.3	2.8	4.1
独联体	—	—	—	—	—	1.2	1.7	3.1
非洲	8.1	7.0	5.2	3.9	4.6	2.6	2.2	3.4

资料来源：世界贸易组织《国际贸易统计 2013》，表 1.5 和表 1.6。

就国别分布来说，根据本章中表 1.1 的数据计算，2012 年世界货物出口排名前 10 位的国家和地区的出口占了世界货物总出口的 49.4%，其中排名前 5 位的国家（中国、美国、德国、日本和荷兰）的出口就占了世界货物总出口的 35%；进口排名前 10 位的国家和地区的进口占了世界货物总进口的 52.4%，其中排名前 5 位的国家（美国、中国、德国、日本和英国）的进口就占了世界货物总进口的 37.2%。总体来说，当今发达国家在国际贸易格局中仍占据主导地位。

对外贸易地理方向（direction of foreign trade）又称对外贸易地区分布或对外贸易国别结

构，是指一定时期内各个国家或区域集团在一国对外贸易中所占有的地位，通常以它们在该国进口总额、出口总额或进出口总额中的比重来表示。对外贸易地理方向指明了一国出口商品的去向和进口商品的来源，从而反映了一国与其他国家或区域集团之间经济贸易联系的紧密程度。一国的对外贸易地理方向通常受经济互补性、国际分工的形式与贸易政策的影响。对一国而言，如果商品的进出口集中在某一个或几个国家，我们就说该国的对外贸易地理方向集中；反之，则对外贸易地理方向分散。对外贸易地理方向的集中和分散各有利弊。以出口为例，对外贸易地理方向比较集中有利于出口厂商的信息交流，交易成本比较低。但出口集中往往会带来国内厂商之间为了争夺客户相互压价，从而造成出口国内部之间的恶性竞争。而无论是出口还是进口，一国对外贸易地理方向过于集中，都会使得该国容易受制于人，从而在对外贸易中处于不利境地。对外贸易地理方向的分散则可以降低一国所面临的政治与经济风险，避免进出口商之间的恶性竞争，但其不利之处是交易成本比较高。

中国对外贸易地理方向比较集中。中国进出口主要面向欧盟、美国、日本、东盟和其他亚太经合组织成员。中国与这些国家和地区的贸易额占了中国总贸易额的八成多。表 1.5 显示了 2002—2012 年来中国排名前十位的贸易伙伴，反映了中国对外贸易的地理方向。

表 1.5 2002—2012 年中国前十位贸易伙伴

名次	2002 年	2004 年	2006 年	2008 年	2010 年	2012 年
1	日本	欧盟	欧盟	欧盟	欧盟	欧盟
2	美国	美国	美国	美国	美国	美国
3	欧盟	日本	日本	日本	日本	东盟
4	中国香港	中国香港	中国香港	东盟	东盟	中国香港
5	东盟	东盟	东盟	中国香港	中国香港	日本
6	中国台湾	韩国	韩国	韩国	韩国	韩国
7	韩国	中国台湾	中国台湾	中国台湾	中国台湾	中国台湾
8	俄罗斯	俄罗斯	俄罗斯	澳大利亚	澳大利亚	澳大利亚
9	澳大利亚	澳大利亚	澳大利亚	俄罗斯	巴西	俄罗斯
10	加拿大	加拿大	印度	印度	印度	巴西

资料来源：主要根据中国海关信息网（http://www.haiguan.info）2012 年度和 2013 年度《经济形势综述及我国进出口贸易形势分析报告》综合整理。

知识链接

1962 年，首届诺贝尔经济学奖获得者、荷兰计量经济学家丁伯根第一次提出了贸易引力模型（Gravity Model of Trade）。他认为，一国向另一国的贸易流动主要取决于用 GDP 测量的国家经济规模和两国间的地理距离。两国间的贸易量与它们的经济规模之积正相关，而与两国之间的距离负相关。贸易引力模型基本思想来源于牛顿的万有引力定律。万有引力定律指出，两物体间的相互引力与两物体的质量成正比，与两物体间距离成反比。贸易引力模型的具体表达式如下

$$T_{ij}=A(Y_i Y_j/D_{ij})$$

其中 T_{ij} 是两国间双边贸易总额，Y_i 是国家 i 的国内生产总值，Y_j 是国家 j 的国内生产总值，D_{ij} 是国家 i 和国家 j 的距离，A 是比例常数。贸易引力模型可以较好地解释现代贸易高度的地理集中现象。

六、外贸依存度

外贸依存度（degree of dependence on foreign trade）是评估与衡量一国或地区经济开放程度的主要指标，反映一国或地区的经济与世界经济联系的密切程度。实践中最常用的外贸依存度采用的是世界银行的统计指标，即一国或地区在一定时期内的进出口总额（包括商品和服务贸易）占该国国内生产总值（GDP）的比重，即

外贸依存度=进出口总额/国内生产总值×100%

除此之外，还有商品贸易依存度（商品进出口总额/国内生产总值）、出口依存度（出口总额/国内生产总值）、进口依存度（进口总额/国内生产总值）、商品出口依存度（商品出口总额/国内生产总值）、商品进口依存度（商品进口总额/国内生产总值）等指标。

外贸依存度不仅表明一国或地区的经济对国际市场的依赖程度，还可在一定程度上表示一国经济发展的水平以及参与国际经济的程度。随着经济全球化进程的加快，国际分工在世界各国之间得到了迅速发展，各国之间的相互依赖程度也在不断加深，从而导致各国外贸依存度不断提高。这一点可通过表 1.6 中的 1960 年以来世界平均外贸依存度变化趋势表现出来。

表 1.6　1960 年以来的世界平均外贸依存度

年份	1960	1970	1980	1990	2000	2005	2010	2012
外贸依存度	24.23	27.09	38.48	39.76	51.30	55.24	57.63	60.47

资料来源：世界银行"世界综合贸易方案"数据库（World Bank's World Integrated Trade Solution，WITS）http://wits.worldbank.org/

图 1.2 则体现中国进入 21 世纪后外贸依存度的变化情况。在这 11 年中我国外贸依存度在经历了入世初期的快速增长后，从 2006 年 67% 的高点开始回落，2008 年和 2009 年受国际金融危机的影响，中国的对外贸易出现回落，导致外贸依存度下降。经过 2010 年和 2011 年小幅回升后，2012 年中国的外贸依存度在 2011 年基础上再度回落 3.1 个百分点，降到 50% 以下，为 47%，其中出口依存度为 24.9%，进口依存度为 22.1%。

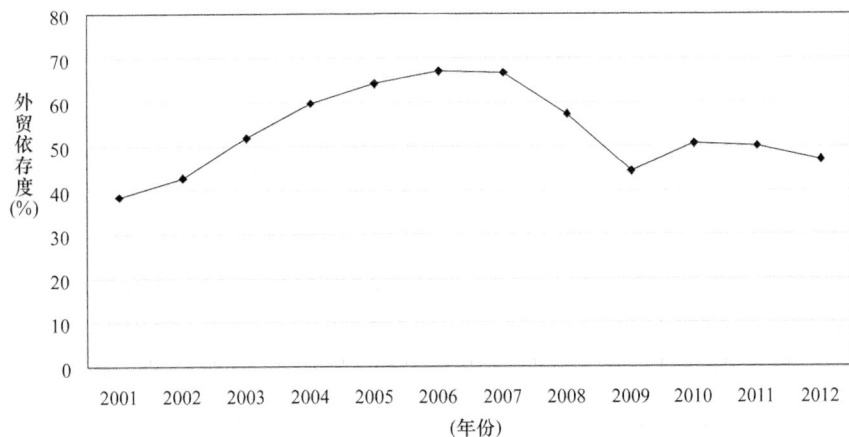

资料来源：中国统计年鉴（2002—2013 年）

图 1.2　中国 2001—2012 年外贸依存度的变化

一国的经济发展水平会影响外贸依存度。考察发达国家的历史，我们发现，在工业化初

期，贸易依存度提高快，当经济发展到一定程度以后，贸易依存度就维持在一个相对稳定的水平。经济发展的低级阶段外贸依存度较低，这个时期的明显特征是第一产业在国民经济中占重要地位，工业以轻工业为主，产业结构以劳动密集型为主，能够出口换汇的产品少、品种单一、附加值低，所以进出口规模较小。经济发展的中级阶段外贸依存度比较高，其明显的特征是重工业比重逐步提高，第一产业地位削弱，第二、第三产业比重上升，基础工业和设施有了一定的发展，经济发展所需的许多原料、设备需从国外进口，为了平衡国际收支，出口规模也相应较大，因此外贸依存度比较高。当经济发展到高级阶段，外贸依存度趋于平稳，甚至下降，这时的经济特征是利润来源主要依靠高新技术产业，产业结构以第三产业为主，商品进出口已不是其获取利益的主要来源，而是通过资本、技术和管理的输出以及服务贸易等其他方式获取巨额利润，所以用商品进出口衡量的外贸依存度反而降低。当今世界上为什么会出现各国外贸依存度的巨大差异以及为什么通常发展中国家依存度高，发达国家依存度低，经济发展所处的阶段可以对此做出合理解释。

一国外贸依存度与该国国民经济规模成负相关关系。一个国家参与国际贸易到什么程度，受该国所拥有资源的影响。阿瑟·刘易斯（1955）认为，一个国家拥有的资源越多，就越容易自给自足。小国国内市场小，为了发展专业化和规模经济，必定比大国更严重地依赖对外贸易，小国只有在外贸依存度加大的情况下才能引起经济增长。而对大国来说，国内市场及资源条件允许其发展专业化和规模经济，通过发展内需也能推动经济的快速增长。经济学中通常用国内生产总值（GDP）来反映国家的大小。GDP总量大的国家，贸易依存度低，人口多的国家、面积大的国家，贸易依存度也会相对较低。例如，美国是人口、资源、疆域都比较丰富的大国，因拥有较为广阔的国内市场，外贸依存度就相对较低，2010—2012年美国平均外贸依存度为29.5%。英国、法国、意大利是经济规模较大，但国内资源不足的发达国家，外贸依存度就比较高，2010—2012年三国平均外贸依存度分别为63.2%、60.3%和57.7%。中国、印度作为发展中国家，虽然拥有潜在的广阔的国内市场，但现实的国内市场并不太大，与美国这样的发达大国相比，国内市场容量较小，外贸依存度会显得偏高，2010—2012年中国和印度的平均外贸依存度分别为53.6%和51.7%。[①]

此外，贸易结构也是一个重要影响因素。中国对外贸易增长主要靠两头在外的加工贸易。加工贸易比例过大，重复计算的贸易额会反映到外贸依存度指标上来。1981年中国加工贸易出口11.31亿美元，进口15.04亿美元。到2008年，中国加工贸易出口6 751.14亿美元，进口3 783.77亿美元，加工贸易总额增长了近400倍，但一般贸易只增长了30余倍。中国的这种贸易结构，夸大了外贸依存度。以2008年为例，当年中国加工贸易进出口总额为10 535亿美元，其中从国外进口的3 784亿美元又体现在中国的出口产品中，实际中国的加工贸易净出口额为2 967亿美元，如果扣除因为加工贸易的重复计算，中国的贸易额将减少7 568亿美元，外贸依存度将因此而下降15个百分点[②]。

另外，对外贸易的先天条件、地理位置、政府经济政策对一国的外贸依存度也有很大影响。港口众多、海岸线较长的国家由于运输成本低，参与国际贸易的可能性大，外贸依存度

---

① 2010—2012年各国的平均外贸依存度数据来源于WTO网站统计数据库，http://stat.wto.org/CountryProfile/WSDBCountryPFHome.aspx?Language=E。

② 数据整理自张智革、吴薇《中国对外贸易依存度的动态分析》，见于2011年10月《国际贸易》，第27卷第10期。

就高；实行自由贸易政策的国家，政府鼓励出口，进口的障碍少，外贸依存度就高；一国如高筑贸易壁垒，参与国际贸易的可能性小，外贸依存度就低。

本章小结

国际贸易是指不同国家（或地区）之间的商品和劳务的交换活动。它是在一定的历史条件下产生和发展起来的，是人类社会生产力发展到一定阶段的产物。国际贸易的产生必须同时具备两个基本条件：一是生产力发展到一定水平，有可供各国之间交换的剩余产品；二是社会分工的扩大和社会经济实体即国家的存在。国际贸易经过原始社会、奴隶社会、封建社会、资本主义社会的发展，呈现出当代国际贸易发展的新趋势。国际贸易的发展是社会化大生产发展的内在需要，国际贸易对于现代各国经济和世界经济的发展都具有重要作用。

根据不同的划分标准，可以将国际贸易分为进口贸易、出口贸易、过境贸易，有形贸易、无形贸易，总贸易、专门贸易，直接贸易、间接贸易等。

国际贸易的相关概念是学习国际贸易理论与政策的前提条件。贸易额是用货币表示或反映贸易规模的指标。贸易量是剔除了价格变动影响之后的贸易额。贸易差额是指一个国家在一定时期内（通常为一年）出口总额与进口总额之间的差额。贸易条件指出口商品价格与进口商品价格的比率，它表示出口一单位商品能够换回多少单位进口商品。贸易商品结构表示一国在一定时期内（如一年）各类商品贸易额在总贸易额中所占的比重。国际贸易地理方向指各个国家或地区在国际贸易中所处的地位，通常以各国或地区的出口额（进口额）占世界出口额（进口额）的比重来表示。对外贸易地理方向指一定时期内各个国家或区域集团在一国对外贸易中所占有的地位，通常以它们在该国进口总额、出口总额或进出口总额中的比重来表示。外贸依存度是衡量一国经济开放程度的主要指标，实践中最常用的外贸依存度指的是一国在一定时期内进出口贸易总额占 GDP 的比重。

练习题

一、名词解释

国际贸易　对外贸易　出口贸易　进口贸易　过境贸易　有形贸易　无形贸易　总贸易
专门贸易　直接贸易　间接贸易　转口贸易　水平贸易　垂直贸易　对外贸易额　国际贸易额
对外贸易量　贸易差额　贸易条件　国际贸易商品结构　对外贸易商品结构　国际贸易地理方向
对外贸易地理方向　外贸依存度

二、单选题

1. 一个国家（或地区）的对外商品交换活动，称为该国的（　　　）。
   A. 国际贸易　　　　B. 对外贸易　　　　C. 货物进出口　　　　D. 国际服务贸易
2. 用以表明各个国家、各个地区在世界贸易中所占的地位，通常采用的指标是（　　　）。
   A. 贸易差额　　　　B. 对外贸易额　　　　C. 国际贸易地理方向　　　D. 对外贸易地理方向

3. （　　）无须经过海关手续，一般不反映在海关统计上。

    A. 无形贸易   B. 有形贸易   C. 水平贸易   D. 垂直贸易

4. 从甲国经过第三国国境向乙国运送商品，对于第三国而言就是（　　）。

    A. 转口贸易   B. 过境贸易   C. 间接贸易   D. 专门贸易

5. 假设以 2012 年为基准年，其进出口价格指数均为 100，2013 年出口价格上涨 6%，进口价格下降 2%，则其贸易条件（　　）。

    A. 改善   B. 恶化   C. 平衡   D. 无法确定

6. 在统计国际贸易额时，常常采用的办法是将各国的（　　）加起来。

    A. 进口额   B. 出口额   C. 贸易差额   D. 贸易量

三、多选题

1. 国际贸易的产生必须具备两个基本条件，即（　　）。

    A. 有可供交换的剩余产品   B. 商人的出现

    C. 手工业的出现   D. 在各自独立为政的社会实体之间进行的产品交换

2. 一国的外贸依存度受该国（　　）的影响。

    A. 经济发展水平   B. 国民经济规模   C. 所拥有资源   D. 政府经济政策

3. 下列说法不正确的有（　　）。

    A. 统计国际贸易额的方法是把世界各国和地区的进出口总额相加

    B. 过境贸易的货物价值应统计在过境国的进出口贸易值内

    C. 复出口是指从国外进口的产品在该国内经过实行性加工后再出口

    D. 在过境贸易中，商品所有权需向第三国商人转移

4. 根据贸易国之间经济发展水平的差异，国际贸易可分为（　　）。

    A. 水平贸易   B. 垂直贸易   C. 直接贸易贸易   D. 间接贸易

5. 根据商品移动方向不同，国际贸易可分为（　　）。

    A. 出口贸易   B. 进口贸易   C. 转口贸易   D. 过境贸易

四、计算题

1. 已知某国的国内生产总值为 40 000 亿美元，货物出口贸易额为 1600 亿美元，货物进口额为 1400 亿美元，请计算该国的外贸依存度。

2. 若以 20×1 年为基期，假定 20×2 年的进出口价格指数为 105，20×3 年的进出口价格指数为 120，这三年的进出口额统计数据见表 1.7。

求：

（1）20×1、20×2 和 20×3 年贸易差额分别是多少？是顺差还是逆差？

（2）分别计算 20×2 年和 20×3 年对外贸易额的增长率。

（3）分别计算 20×2、20×3 年的对外贸易量。

3. 如果以 20×1 年为基期（即 20×1 年出口单位价格指数为 100），20×2 年和 20×3 年某国

表 1.7 20×1—20×3 年进出口额统计数据

（单位：亿美元）

时间	进出口总额	出口额	进口额
20×1 年	4743	2492	2251
20×2 年	5098	2662	2436
20×3 年	6208	3256	2952

的出口价格指数分别为 100.05 和 99.02，同期出口额分别为 6 250.74 亿美元和 6 886.97 亿美元，请通过计算贸易量判断出该国 20×3 年相对 20×2 年出口的实际规模是扩大了还是缩小了。

五、简答题

1. 为什么只有到了原始社会末期才产生国际贸易？国际贸易的产生必须具备哪些条件？
2. 分别简述直接贸易与间接贸易、转口贸易与过境贸易的区别。
3. 什么是对外贸易地理方向？如何正确看待一国对外贸易地理方向的集中与分散？
4. 当代国际贸易呈现了哪些新特点？
5. 国际贸易对于现代各国经济和世界经济的发展都有哪些作用？

课外思考实践题

1. 论述工业革命对国际贸易产生的影响。
2. 举例说明国际贸易的重要性。

第二章　古典国际贸易理论

【学习目标】

学习完本章后，你应该能清楚地知道：

（1）绝对优势理论的主要观点和对其的评价；

（2）比较优势理论的主要观点和对其的评价；

（3）相互需求理论的主要观点。

第一节　绝对优势理论

～～～案例导入～～～～～～～～～～～～～～～～～～～～～～

　　为了说明人们为什么选择在物品、劳务上依靠他人，以及这种选择如何改变了他们的生活，我们来看一个简单的经济假设。设想世界上只有两种物品：土豆、牛肉；世界上只有两个人：农民、牧牛人。这两个人都喜欢吃这两种物品。

　　如果农民只能生产土豆，牧牛人只能生产牛肉，那么，贸易的好处是最明显的。第一种方案：两人"老死不相往来"。农民只能吃土豆泥、炸土豆、烤土豆；牧牛人只能吃烤牛肉、炸牛肉、煮牛肉。他们只能食用一种物品。第二种方案：贸易。贸易使他们能享有更多的种类，这时每个人都可以有汉堡包和炸薯条。

　　假设农民和牧牛人每人每周工作40小时，并可以把这个时间平均分配用于种土豆和养牛。如果农民和牧牛人选择自给自足，而不是相互贸易，那么每个人消费的就是他生产的，如表2.1所示。

　　这样，农民每周能消费10磅牛肉和20磅土豆；牧牛人每周能消费20磅牛肉和10磅土豆。

　　在吃了几年自给自足的产品后，牧牛人有了个主意，与农民交谈。

表 2.1　简单贸易模型

	生产1磅所需时间		40小时的产量（磅）	
	牛肉	土豆	牛肉（20小时）	土豆（20小时）
农民	2	1	10	20
牧牛人	1	20	20	10

　　牧牛人：农民啊，我的朋友，我知道如何改善你和我的现有生活。我认为你完全应该停止生产牛肉，把你所有的时间用于种植土豆。据我的计算，如果你一周工作40小时种植土豆，

你将生产40磅土豆。如果你把这40磅土豆中的15磅给我，我给你15磅牛肉作为回报。这样，你每周将能吃到25磅土豆和15磅牛肉，而不是现在的20磅土豆和10磅牛肉。如果你按我的计划去做，你将有更多的这两种食物。

农民：（声音显得有些怀疑）听起来对我是个好交易。但我不明白为什么你提出了这个交易。如果交易对我这么好，不能对你也有好处吧。

牧牛人：啊！交易确实对我也有好处。如果我停止生产土豆，每周40小时养牛，我将生产40磅牛肉。我给你15磅牛肉来换15磅土豆后，我将有25磅牛肉和15磅土豆。最后，我将得到的这两种食物都比现在多。

农民：我不知道这个道理，听起来太棒了，令人难以相信。这些计算看起来是正确的，但我总有些弄不明白。这种交易怎么使我们两个人都过得好呢？

牧牛人该如何回答农民的问题呢？以上故事说明了什么问题？

一、绝对优势理论的产生背景

亚当·斯密（Adam Smith，1723—1790）是英国著名经济学家，西方古典政治经济学奠基人，国际分工及传统贸易理论的创始人。他提出了"经济人""看不见的手""大市场，小政府"等重要思想，创立了自由放任（laissey-faire）的自由主义经济理论，被誉为经济学界的"牛顿"，其著有的《国富论》一书被誉为经济学"圣经"。

在亚当·斯密生活的时代，英国正处于资本主义原始积累完成、机器生产逐步替代手工业生产的第一次产业革命时期。随着产业革命的逐渐展开，英国经济实力不断增强，新兴的产业资产阶级迫切要求在国民经济各个领域中迅速发展资本主义，向海外市场扩张。但是，他们面临着两个制度性的阻碍因素。一个是存在于英国乡间的行业公会制度。在行会制度下，生产多少、卖什么价格都有规定，而这种规定，无疑束缚了资本主义商品经济的发展。另一个是在欧洲对外贸易活动中盛行已久的重商主义理论（merchantilism）及其政策主张。重商主义的支持者把金银珠宝看作一国财富的唯一表现，贸易则是增加一国财富的主要途径（另一个重要途径则是到海外掠夺），因此强调贸易顺差，政策上主张"奖出限入"，甚至禁止进口。极端贸易保护主义严重阻碍了对外贸易的扩大，使新兴资产阶级从海外获得生产所需的廉价原料，并为其产品寻找更大海外市场的愿望难以实现。

1776年，亚当·斯密发表了《国富论》，全称《国民财富的性质和原因的研究》。斯密在该书中站在产业资产阶级的立场上，批判了重商主义，其核心内容有以下三点。

（1）关于什么是财富的问题。斯密认为，重商主义把金银财富和真实财富混为一谈了，金银并非财富的唯一形态，"一个国家的利益不是金银量的增加，而是一国土地和劳动年产物交换价值的增加，或是一国居民年收入的增加"。衡量一国是否富裕的标准不是该国拥有的金银数量，而是其劳动生产率的高低。因此，增加一国财富的方法应是增加资本，提高劳动生产率以发展生产，而不是单纯的积累货币财富。

（2）关于重商主义增强国家干预力量的论点。重商主义强调，为了增强国家力量，必须管制经济；而斯密认为，政府必须减少其经济作用，国家应主要保护私有财产不受侵犯，保卫国家不受外来侵略。

（3）关于重商主义的持续积累金银财富的政策。斯密根据货币流量调整机制说明，如果一国长期保持贸易顺差，金银会源源不断地流向该国，当商品供应量一定时，商品的价格会趋于上涨。价格上涨，商品成本增加，该国货物在国外的吸引力就会降低，出口也会减少。另一方面，外国货物在该国国内的价格会相对便宜（与相对较贵的该国货物相比），该国进口因而增加，这将使该国贸易顺差减少，甚至出现逆差，于是需用金银来偿付差额，导致金银外流。所以，力图以保持贸易顺差来增进一国的金银拥有量是枉费心机的。因此，他反对政府实行保护贸易政策，主张以自由贸易政策来扩大对外贸易。

二、绝对优势理论的主要观点

斯密在《国富论》中首次提出绝对优势理论，有力地论证了自由贸易的合理性与可行性，被后人公认为自由贸易理论的先驱。

绝对优势理论（theory of absolute advantage）也称绝对成本理论（theory of absolute costs）。斯密从一个简单事实入手，那就是两个国家若自愿进行贸易，它们一定都能够从贸易中获利。如果一个国家无利可得或者只有损失，就会拒绝进行贸易。斯密指出，当两国都拥有各自的绝对劳动生产率优势时，这种互利贸易就产生了。贸易模式是两国各自专业化生产并出口自己具有绝对优势的产品，进口具有绝对劣势的产品，其结果比自己什么都生产更有利。贸易得利源于国际分工和专业化生产提高了劳动生产率。这就是绝对优势理论的基本原理。

1. 分工可以提高劳动生产率

斯密非常强调分工的意义。他认为，在市场经济中由于利益的驱动，主观上为自己服务的微观经济主体可以通过分工和交易，在客观上为社会工作的同时，实现自利和互利、个体利益和社会利益的相互联系。其实现的方式是：社会各微观经济主体按自己的特长实行分工，进行专业化生产，并通过市场进行交易，最终实现社会福利的最大化。简言之，财富的增加依赖于劳动分工。其原因在于，在生产要素不变的情况下，分工可以提高劳动生产率，因而能增加国家财富并提高本国生活水平。

斯密指出，分工促进劳动生产率的提高主要通过以下三个途径来实现：①分工可以提高劳动者的熟练程度；②分工使每个人专门从事某项生产，从而节省与生产没有直接关系的时间；③分工有利于发明创造和改进工具。以手工制扣针工厂为例，在没有分工的情况下，一个粗工每天至多只能制造 20 枚针，有的甚至连 1 枚针也制造不出来，而在分工之后，平均每人每天可制针 4800 枚，每个工人的劳动生产率提高了几百倍。

斯密进而分析到，分工既然可以极大地提高劳动生产率，那么每个人专门从事他最有优势的产品的生产，然后彼此交换，则对每个人都有利，即分工的原则是成本的绝对优势或绝对利益。他以家庭之间的分工为例说明了这个道理。他说，如果一件东西购买所花费用比在家内生产的少，就应该去购买而不要在家内生产，这是每一个精明的家长都知道的格言。裁缝不为自己做鞋子，鞋匠不为自己裁衣服，农场主既不打算自己做鞋子，也不打算缝衣服。他们都认识到，应当把他们的全部精力集中用于处在比邻人有利地位的职业，用自己的产品去交换其他物品，会比自己生产一切物品得到更多的利益。

斯密认为，适用于一国内部不同个人或家庭之间的分工原则，也适用于国家之间。国际分工是各种形式分工中的最高阶段。斯密认为，国与国之间的贸易可以使每个国家都增加财富，原因如下：国际贸易扩大了市场，使社会分工超出国家范围，这意味着专业化程度和劳动生产率的不断提高，最终将促进收入增长。国际贸易是实现和扩大专业化分工利益的重要途径。

2. 绝对优势是对外贸易的基础

斯密认为，两国间的贸易基于绝对优势。如果一国相对另一国在某种产品的生产上有更高的效率，则称该国在这一产品的生产上具有绝对优势，反之就具有绝对劣势。两国可以通过专门生产各自具有绝对优势的产品，并用其中一部分来交换其具有绝对劣势的产品，使资源得到最有效的利用，而两种产品的总产出会有很大增长。相对于分工前的产出，增加额可用来测度两国专门化生产所产生的利益，并通过国际贸易在两国间分配。国际交换的结果使每个国家对两种商品的消费都会增长，从而改善国民福利。因此，斯密极力主张国家解除对贸易的管制，包括征收关税和发放补贴。

示例

> 由于气候条件，加拿大种植小麦效率更高，但不适于种植香蕉。而尼加拉瓜适于种植香蕉却不适于种植小麦。因此，加拿大在小麦生产上相对于尼加拉瓜有绝对优势，而在香蕉生产上有绝对劣势；尼加拉瓜则相反。在这种情况下，如果两国都只生产自己占绝对优势的产品，然后通过贸易获得另一种商品，则世界资源的利用效率更高，世界福利达到优化。也就是说，加拿大专门生产小麦（其产量远大于国内需求），用一部分小麦（多余的）换取尼加拉瓜多余的香蕉。结果，小麦和香蕉都会增产，消费也会增加，两国都得到了好处。

3. 绝对优势的来源

斯密认为，绝对优势分为两大类，一类是自然绝对优势（天赋优势），就是超乎人力范围之外的气候、地理、土壤、矿产和其他相对固定的优势；另一类是获得性绝对优势（后天优势），即工业发展所取得的经济条件，如资本、技术优势，以及通过教育或培训获得的生产技巧和工艺。两者结合起来构成一个国家在生产和出口某种产品上具有的劳动生产率绝对优势。由此可见，获得性优势是靠后天培育和发展取得的，包含了资本积累、技术进步、劳动技能提高的作用，因而绝对优势应该是动态变化的，而不仅仅是静态的天然绝对优势。

斯密的这些观点在后来的国际贸易理论中得到了进一步发展。本书第三章的要素禀赋理论和第四章中涉及规模经济的贸易理论都可追溯到斯密的这一思想。

三、绝对优势理论的数学说明（一）

1. 基本假设

为了进一步理解绝对优势理论，我们用一个简单的两国两产品一要素模型（又称为 $2 \times 2 \times 1$ 模型）加以说明。像其他所有的经济分析一样，在研究国际贸易时，经济学家也常常将许多不存在直接关系和并不重要的变量假设为不变，并将不直接影响分析的其他条件尽可能地简化。绝对优势理论模型的基本假设如下：

（1）两个国家和两种可贸易品，两种产品的生产都只有一种要素投入——劳动。

（2）交易对象是最终产品，采用物物交换的形式进行贸易。

（3）两国在不同产品上的生产技术不同，存在着劳动生产率上的绝对差异。

（4）劳动力在两国间不能流动，但在一国不同部门间可以流动，且国内是充分就业的，就这意味着一个部门劳动力的增加就意味着另一个部门劳动力的减少。

（5）规模报酬不变。

（6）完全竞争市场，即各国生产产品的价格都等于产品的平均成本，无经济利润。

（7）无运输和其他成本。

（8）两国之间的贸易是平衡的。

2. 生产和贸易模式

怎样确定一国在哪种产品上具有绝对优势呢？绝对优势的衡量有两种办法：

（1）用劳动生产率，即用单位要素投入的产出率来衡量。产品 j 的劳动生产率可用（Q_j/L）来表示，其中 Q_j 是产量，L 是劳动投入。一国如果在某种产品上具有比别国高的劳动生产率，那么该国在这一产品上就具有绝对优势。

（2）用生产成本，即用生产 1 单位产品所需的要素投入数量来衡量。单位产品 j 的生产成本（劳动使用量）可用 $a_{Lj}=L/Q_j$ 表示。如果在某种产品的生产中，一国单位产量所需的要素投入低于另一国，则该国在这一产品上就具有绝对优势。

我们假设两个国家是中国和美国。两国都生产大米和小麦，但生产技术不同。劳动是唯一的生产要素，两国有相同的劳动力资源，都是 100 人。由于生产技术的不同，同样的劳动人数，可能的产出是不同的。如果两国所有的劳动都用来生产大米，假设中国可以生产 100 吨，美国只能生产 80 吨。如果两国的劳动都用来生产小麦，假设中国能生产 50 吨，而美国能生产 100 吨。两国的生产可能性如表 2.2 所示。

从劳动生产率的角度说，中国每人每年可以生产 1 吨大米，而美国每人每年只生产 0.8 吨，中国具有生产大米的绝对优势。美国每人每年可以生产 1 吨小麦，而中国每人每年只能生产 0.5 吨，美国具有生产小麦的绝对优势。表 2.3 列出了中美两国在大米和小麦生产中的劳动生产率。

表 2.2 中国和美国的生产可能性（1）

	大米（吨）	小麦（吨）
中国	100	50
美国	80	100

表 2.3 中国和美国的劳动生产率（Q_j/L）

	大米（人均产量）	小麦（人均产量）
中国	1.0	0.5
美国	0.8	1.0

注：Q_j 是产量，L 是劳动投入，其中 j 代表大米/小麦

从生产成本的角度来说，每吨大米在中国只要 1 个单位的劳动投入，在美国则要 1.25 个单位。相反，每吨小麦在中国需要 2 个单位的劳动投入，在美国只要 1 个。在表 2.4 中，我们分别用 a_{LR} 和 a_{LW} 来表示中美两国单位大米和单位小麦生产中的劳动要素投入，即生产成本。

显然，$a_{LR（中国）} < a_{LR（美国）}$，而 $a_{LW（中国）} > a_{LW（美国）}$。通过生产成本的比较，我们可以得出与以上比较劳动生产率时同样的结论。

根据绝对优势理论，中国应专门生产大米（100 吨），然后用其中的一部分去跟美国交换小麦。美国则应专门生产小麦（100 吨），然后用一部分小麦去交换中国的大米。

3. 贸易所得

这种专业化的分工和交换有什么好处呢?

我们用一个假设的例子来说明。如果没有贸易的话,两国都是封闭经济,自给自足,因此,为了满足不同的消费,每个国家都要生产两种产品。为了方便起见,我们假设每个国家都将自己的劳动资源平均分布在两种产品的生产上。那么,中国的大米产量是50吨,小麦是25吨,美国则生产40吨大米和50吨小麦,如表2.5所示。在封闭经济中,各国的生产量也是各国的消费量。

表2.4 中国和美国的生产成本（a_{Lj}）

	大米（a_{LR}）	小麦（a_{LW}）
中国	1.0	2.0
美国	1.25	1.0

表2.5 没有贸易情况下两国的产量/消费量

	大米（Q_R）	小麦（Q_W）
中国	50	25
美国	40	50

在两国开放自由贸易和专业化分工之后,中国生产100吨大米而美国生产100吨小麦,如表2.6所示。

假设中国仍然保持自给自足时的大米消费量（50吨）,拿出另外的50吨去跟美国交换小麦,而美国也是如此,保证原来的小麦消费量（50吨）,将余下的50吨小麦去交换大米。这样,中国与美国用50吨大米换50吨小麦。贸易的结果是,对照表2.5,中国现在有50吨大米（自己生产的）和50吨小麦（进口的）,比自给自足时多了25吨小麦,而美国也有50吨小麦和50吨大米,比自给自足时多了10吨大米。两国都比贸易前增加了消费,都得到了在自给自足时不可能达到的消费水平,如表2.7所示。这就是贸易所得。

表2.6 分工后两国的生产情况

	大米（Q_R）	小麦（Q_W）
中国	100	0
美国	0	100

表2.7 有贸易情况下两国的消费量

	大米（Q_R）	小麦（Q_W）
中国	50	50
美国	50	50

在这个例子中,中国大米与美国小麦的交换比例是1:1,而实际中这一比例会变动。究竟以什么样的比例（即价格）进行交换,取决于国际市场上两种产品的供给与需求。但有一点非常明确,中国用1吨大米换取的小麦不能少于0.5吨,否则不如自己生产;进口1吨中国大米,美国愿意支付的小麦不会超过1.25吨,否则无利可图。两国都能从分工和贸易中获利的小麦/大米交换比例（大米的相对价格）应在0.5~1.25。

四、绝对优势理论的数学说明（二）

我们还可以以亚当·斯密举的英国和葡萄牙的例子来说明上述理论。假定世界上只有两个国家英国和葡萄牙,两国的自然条件、技术都不一样;这两个国家都生产葡萄酒和毛呢两种产品;生产要素为劳动力,只能在国内流动,不能在国际流动。

分工前,如表2.8所示,英国每年生产一单位的酒和毛呢,分别需要劳动力120人和70人,葡萄牙每年生产一单位的酒和毛呢,分别需要劳动力80人和110人。可以看出,英国有生产毛呢的绝对优势,葡萄牙有生产酒的绝对优势。两国的劳动力总数都是190人。

如果两国进行分工，都只生产各自具有绝对优势的产品，即英国只生产毛呢，葡萄牙只生产葡萄酒，则英国 190 人的劳动力可以生产出 2.714 单位的毛呢，而葡萄牙 190 人的劳动力可以生产出 2.375 单位的葡萄酒，如表 2.9 所示。可见，在同样的劳动力水平和数量下，两国生产出的两种产品的总量都增加了，其中毛呢的产量增加了 0.714 个单位，葡萄酒的产量增加了 0.375 个单位，说明分工可以提高劳动生产率。

表 2.8　分工前英国和葡萄牙的产量/消费量

	葡萄酒产量/消费量（单位）	生产葡萄酒所需劳动人数（人/年）	毛呢产量/消费量（单位）	生产毛呢所需劳动人数（人/年）
英国	1	120	1	70
葡萄牙	1	80	1	110
合计	2	200	2	180

表 2.9　分工后英国和葡萄牙的产量

	葡萄酒产量（单位）	生产葡萄酒所需劳动人数（人/年）	毛呢产量（单位）	生产毛呢所需劳动人数（人/年）
英国			190/70=2.714	190
葡萄牙	190/80=2.375	190		
合计	2.375	190	2.714	190

两国在此分工的基础上进行交换，假设英国用 1 单位的毛呢和葡萄牙交换 1 单位的葡萄酒，结果两国的消费情况如表 2.10 所示。可以看出，和分工前的消费情况相比，英国多消费了 0.714 单位的毛呢，而葡萄牙多消费了 0.375 单位的葡萄酒，说明专业化分工和贸易给双方都带来了好处。

表 2.10　贸易后英国和葡萄牙的消费量

	葡萄酒消费量（单位）	毛呢消费量（单位）
英国	1	1.714
葡萄牙	1.375	1
合计	2.375	2.714

五、对绝对优势理论的评价

1. 绝对优势理论的贡献

绝对优势理论具有重大的理论意义和实践意义。首先，建立在劳动价值论基础上的绝对优势理论，在历史上第一次从生产领域出发，解释了国际贸易产生的部分原因，也首次论证了国际贸易不是一种"零和游戏"，而是一种"双赢博弈"，从而科学地为国际贸易理论的建立做出了贡献。从某种意义上说，这种"双赢"理念仍然是当代各国扩大开放，积极参与国际分工和贸易的指导思想。其次，亚当·斯密提倡的自由贸易"代表着一个还在同封建社会的残余进行斗争、力图清洗经济关系上的封建残污、扩大生产力、使工商业具有新的规模的资产阶级"的思想和倾向，对于扫除封建残余和重商主义思想缺陷发挥了重要的历史作用。最后，亚当·斯密的自由贸易思想反映了资本主义上升时期资产阶级向外殖民扩张和抢占世界市场的强烈愿望，不仅对当时的外贸政策产生了重大影响，而且对整个自由竞争资本主义时期各国的外贸政策产生了深远的历史影响。

2. 绝对优势理论的不足之处

绝对优势贸易理论的局限性很大，因为在现实社会中，有些国家先进发达，有可能在各种产品的生产上都具有绝对优势，而另一些国家可能不具有任何产品生产上的绝对优势，但是贸易仍然在这两种国家之间发生。对于这种绝对先进和绝对落后国家之间的贸易现象，斯密的绝对优势理论并未论及，但斯密的学生大卫·李嘉图却给出了非常合理的解释，这就是我们下一节将要学到的比较优势理论。事实上，绝对优势理论可以看作是比较优势理论的一种特殊情况。

牧牛人：我们两人都可以获益是因为贸易使我们每个人可以专门从事我们最擅长的工作。你将把更多的时间用于种植土豆，更少的时间用于养牛。我将把更多的时间用于养牛，更少的时间用于种植土豆。由于专业化和贸易，我们每个人都可以不用增加工作时间而消费更多的牛肉和更多的土豆。

本节案例说明：①专业化分工可以提高劳动生产率并节约社会劳动；②自由贸易完全有可能是双方互惠互利的。

第二节　比较优势理论

案例导入

我国加入世界贸易组织后大豆和豆油，进口哪个更划算[①]

2001年我国加入世界贸易组织，当年我国大豆进口超过1000万吨。2013年我国进口大豆6340万吨，进口大豆占国内供给总量80%以上。我国创纪录的进口量不仅备受全球大豆市场的瞩目，更引起了国内市场的红色警戒。有人将国产大豆价格低迷归咎于洋大豆的冲击，要求限制大豆进口以保护国内农民利益。

我国大量进口大豆的根本原因在于国内市场对食用植物油和食用油粕的需求。从国内市场需求来看，国产大豆根本无法满足国内市场对豆油和豆粕的巨大需求。目前国内耕地可开发潜力已基本枯竭，随着城市化发展、铁路公路建设和产业迁移等对耕地的占用，耕地面临持续减少的威胁。因此，我国需要依靠进口来保证油料供给，将洋大豆完全拒之门外显然是不现实的。

2000—2013年，我国年产大豆基本在1200万～1800万吨之间波动，约有60%用于食品，只有约600万吨用于油脂加工。而我国2001年对豆粕的需求就约有1400万吨，折合制油大豆为1750万吨，国内市场缺口高达1200万吨。2001年我国大豆加工量接近3500万吨，基本上满足了饲养业对豆粕的需求。如果减少进口大豆而增加进口豆油，将会打破平衡。其结果是：进口1个单位的油，还要进口4个单位的粕，只有这样才能同时满足国内市场对豆油和豆粕的需求。

美国政府一直给予豆农每吨37美元的补贴。对我国这样一个土地、水源缺少的国家来说，进口大豆不仅相当于进口土地、进口水源、进口先进的种植及管理，同时还相当于间接地接受了美国政府的补贴，其经济意义在于，美国大豆被政府补贴免费"送到"了我国。

由此可见，我国对国际市场大豆的依赖性是难以改变的。既然国内市场不能向洋大豆说"不"，我们也就面临着唯一的选择：进口大豆还是进口豆油？

---

① 本案例主要内容改编自2001年12月17日《国际商报》《中国入世后大豆和豆油，进口哪个更划算》一文，编者未能查到作者姓名。

我国是大豆制品的最终消费市场，而且拥有巨大的大豆加工能力，是进口原料还是进口产品我们有绝对的选择权。那么进口大豆和进口豆油，哪样划算呢？我们不妨对进口原料和进口产品的整体经济意义进行一番详尽的比较。

$$进口原料效益＝进口税收＋（港口、铁路、公路）运输产值＋国内加工税收$$
$$＋制油变动成本＋效益资产沉淀＋产品后续效益$$
$$进口产品效益＝进口税收＋（港口、铁路、公路）运输产值＋产品后续效益$$

进口大豆进行油脂加工，不仅满足了国内市场对豆油的需求，还为国内的饲养业提供了低价豆粕，有助于增强中国养殖业的国际竞争优势。就进口税收而言，进口豆油的税收比进口大豆的税收高。但从外汇支付来讲，进口豆油无异于为国外企业支付加工费用和加工利润，国家非但没有因此受益，反而因此更多地支付外汇。而且，进口原料大豆加工制油的变动成本还将直接刺激国内消费。同时，国内加工税收和效益资产沉淀也相当可观。此外，进口原料大豆进行豆油加工还可吸纳大批人员就业，有利于促进社会稳定。

请根据以上内容，并结合本节理论，分析中国应该进口大豆还是豆油。

一、比较优势理论的产生背景

大卫·李嘉图（David Ricardo，1772—1823）是英国资产阶级古典政治经济学的杰出代表和完成者，其主要代表作是1817年发表的《政治经济学及赋税原理》。李嘉图所处的时代正是英国以机器大工业代替工场手工业的产业革命时期。当时，英国的社会生产力飞速发展，工业生产急剧增长，劳动生产率大大提高。到19世纪，英国已成为了"世界工厂"。

在英国工业资产阶级力量得到不断加强的同时，封建地主阶级在政治生活中仍然起着重要作用。当时英国社会的主要矛盾是工业资产阶级同地主贵族阶级的矛盾，而这一矛盾由于工业革命的快速进展而达到异常尖锐的程度。在经济方面，他们的斗争主要表现在《谷物法》的存废问题上。

1815年，英国政府为了维护封建地主阶级的利益修订实施了《谷物法》。该法令规定，必须在国内谷物价格上涨到限额以上时，才准进口，而且该法令的每次修订都在不断提高这个价格限额。《谷物法》限制了英国对谷物的进口，使国内粮价和地租长期保持在很高的水平上，保障了地主阶级继续获取高额利润，却严重损害了工业资产阶级的利益。粮价的上涨，导致居民对工业品的需求由于食品费用增加而相应减少，而工业资产阶级被迫提高工资，生产成本增加，利润减少，削弱了英国工业品的竞争力。同时，《谷物法》还招致外国以高关税阻止英国工业品对其出口。所有这些都极大地损害了英国工业资产阶级的利益。于是，英国工业资产阶级和封建地主阶级围绕《谷物法》的存废展开了长期的斗争。封建地主阶级拼命维护《谷物法》，极力阻止谷物自由贸易，而英国工业资产阶级迫切需要从理论上论证实行谷物自由贸易的优越性。李嘉图适时而应，在1817年的《政治经济学及赋税原理》一书中继承和发展了亚当·斯密的绝对优势理论，建立了以自由贸易为前提的比较优势理论，为工业资产阶级与封建地主阶级的斗争提供了有力的理论武器。李嘉图主张，英国不仅要从外国进口谷物，而且要大量进口，因为英国在纺织品上所占的优势比在谷物生产上所占的优势要大，故英国应该专门生产纺织品，以其出口换取谷物，取得比较利益，提高商品生产数量。李嘉图认为《谷物法》会导致英国经济停滞，因为依据《谷物法》向农产品征收关税会降低国内土地的产出并使地租升高，这样一来，大量的财富会转移到封建地主手里，而远离工业资本，而地主倾向于将财富浪费在奢侈品上，而不是进行投资。

在李嘉图比较优势理论的影响下，1846 年英国皮尔政府正式废除了《谷物法》，这是 19 世纪英国自由贸易政策所取得的最伟大的胜利，英国经济上的自由放任主义得到了充分体现。

二、比较优势理论的主要观点

作为古典政治经济学的代表人物，李嘉图与斯密一样，主张自由贸易，认为每个人在自由追求个人利益的同时会自然而然地有利于整个社会。

与重商主义不同，李嘉图认为，国际贸易给社会带来利益并非因为一国商品价值总额的增加，而是因为一国商品总量的增长。国际贸易之所以对国家极为有利，是因为"它增加了用收入购买的物品的数量和种类，并且由于商品丰富和价格低廉而为节约和资本积累提供刺激"。同斯密一样，李嘉图强调了进口带来的利益。不过，李嘉图并非只是重复斯密关于自由贸易的好处，而是提出了更加系统的自由贸易理论，从资源的最有效配置（使用）角度来论证自由贸易与专业分工的必要性。

李嘉图用"比较成本（comparative cost）"的概念来分析国际贸易的基础，建立了"比较优势理论（theory of comparative advantage）"。比较优势理论认为：

（1）一个国家不论经济处于怎样的状态、经济力量是强是弱、技术水平是高是低，都能确定各自的相对优势，即使总体上处于劣势，也可从诸多劣势中找到相对优势（也称比较优势）；

（2）国际贸易的基础并不限于劳动生产率的绝对差异，只要国家间存在着劳动生产率的相对差异，就会出现生产成本和产品价格的相对差异，从而使各国在不同的产品上具有比较优势，使国际分工和国际贸易成为可能；

（3）每个国家都应集中生产并出口其具有"比较优势"的产品，进口其具有"比较劣势"的产品，即"两利相权取其重、两害相权取其轻"；

（4）通过国际贸易，各国都能获得比分工以前更多的商品，从而实现社会劳动的节约，给贸易双方都带来利益。

比较优势理论的核心思想是，在国际上如果两国生产力不等，甲国生产任何一种商品的成本均低于乙国，处于绝对优势，而乙国的劳动生产率在任何商品的生产中均低于甲国，处于绝对劣势，这时两国仍存在进行贸易的可能性。处于绝对优势的国家不必生产全部商品，而应集中生产在本国国内具有最大优势的商品；处于绝对劣势的国家，也不必放弃所有商品的生产，而只应放弃生产本国处于最大劣势的商品。通过国际分工和自由贸易，世界的产品总量增加了，劳动生产率也提高了，参与交换的国家也可以节约社会劳动，增加产品消费，改善福利状况。

三、比较优势的判断

怎样才能知道一国是否具有某种商品的比较优势呢？

产品的比较优势可以用相对劳动生产率、相对生产成本或者机会成本来确定。

我们对前面的例子（表 2.2）作以下改动：假设美国的劳动力都用来生产大米的话，每年的生产能力不是 80 吨，而是 150 吨；中国的生产能力不变。这样，两国的生产可能性如表 2.11 所示。

（1）用产品的相对劳动生产率来衡量。相对劳动生产率是不同产品劳动生产率的比率，即两种不同产品的人均产量之比，用公式表示为

$$产品A的相对劳动生产率（相对产品B）=\frac{产品A的劳动生产率（人均产量：Q_A/L）}{产品B的劳动生产率（人均产量：Q_B/L）} \quad (2.1)$$

如果一个国家某种产品的相对劳动生产率高于其他国家同样产品的相对劳动生产率，该国在这一产品上就拥有比较优势。反之，则具有比较劣势。表 2.12 的数字是根据表 2.11 所计算的相对劳动生产率。中国大米的相对劳动生产率是 1 吨大米/0.5 吨小麦，即 2 吨大米/吨小麦。美国大米的相对劳动生产率是 1.5 吨大米/吨小麦。2 > 1.5，中国大米的相对劳动生产率高于美国，中国具有生产大米的比较优势。两国小麦的相对劳动生产率则正好相反，中国为 0.5 吨小麦/吨大米，美国为 0.67 吨小麦/吨大米，美国具有生产小麦的比较优势。

表 2.11 中国和美国的生产可能性（2）

	大米（吨）	小麦（吨）
中国	100	50
美国	150	100

表 2.12 中国和美国的相对劳动生产率

	大米/小麦	小麦/大米
中国	2	0.5
美国	1.5	0.67

（2）用相对成本来衡量。所谓"相对成本"，指的是一个产品的单位要素投入与另一产品单位要素投入的比率，用公式表示为

$$产品A的相对成本（相对产品B）=\frac{单位产品A的要素投入量（a_{LA}）}{单位产品B的要素投入量（a_{LB}）} \quad (2.2)$$

如果一国生产某种产品的相对成本低于别国生产同样产品的相对成本，该国就具有生产该产品的比较优势。上例中两国每吨大米和小麦的相对成本见表 2.13。中国的大米相对成本比美国的低（0.5 < 0.67），而美国的小麦相对成本比中国的低（1.5 < 2）。因此，结论与用相对劳动生产率来衡量是一致的：中国有生产大米的比较优势，美国有生产小麦的比较优势。

表 2.13 中国和美国的相对成本

	大米（a_{LR}/a_{LW}）	小麦（a_{LW}/a_{LR}）
中国	0.5	2
美国	0.67	1.5

（3）一种产品是否具有生产上的比较优势还可用该产品的机会成本来衡量。所谓"机会成本"，指的是为了多生产某种产品（例如小麦）而必须放弃的其他产品（大米）的数量。用大米来衡量的每单位小麦的机会成本为

$$小麦的机会成本=\frac{减少的大米产量（\Delta Q_R）}{增加的小麦产量（\Delta Q_W）} \quad (2.3)$$

其中，Q_R 是大米产量，Q_W 是小麦产量，"Δ"表示变动。

在前面的计算中我们可以看到，在给定的时间（或土地）里，每个中国农民可以生产 1 吨大米，也可以生产 0.5 吨小麦，但不能同时生产 1 吨大米和 0.5 吨小麦。也就是说，在中国，一个农民要想多生产 1 吨小麦，就不得不少生产 2 吨大米，每吨小麦的机会成本是 2 吨大米。在美国，一个农民要想多生产 1 吨小麦，就必须少生产 1.5 吨大米，每吨小麦的机会成本是 1.5 吨大米。同样，我们可以算出大米的机会成本（小麦机会成本的倒数），中国为 0.5 吨小麦，美国为 0.67 吨小麦。中国生产大米的机会成本低，具有生产大米的比较优势。美国生产小麦的机会成本低，具有生产小麦的比较优势。

由此可见，三种方法的结论是相同的，都能确定各国产品的比较优势。

四、比较优势理论的数学说明

除了强调两国之间生产技术存在相对差异而不是绝对差异之外，比较优势模型的前提假设与绝对优势模型基本一致。在比较优势模型中，生产和贸易的模式是由生产技术的相对差异以及由此产生的相对成本差异决定的。

在说明比较优势理论的时候，李嘉图沿用了英国跟葡萄牙进行毛呢和葡萄酒贸易的例子，并对条件进行了改变。这个例子后来成为对比较优势原理最权威的阐述。下面是对李嘉图这一论述的数学说明。

分工前，如表 2.14 所示，葡萄牙生产每单位葡萄酒需要耗费的劳动量为 80 人/年，生产每单位毛呢需要耗费的劳动量为 90 人/年，而英国则分别需要 120 人/年和 100 人/年。

可以看出，英国两种产品的劳动成本都绝对高于葡萄牙，按照斯密的绝对优势理论，两国间是不会发生贸易的。可是，虽然葡萄牙在两种产品的生产上都比英国有绝对的成本优势，但优势的程度并不相同。两种产品的成本比率分别是

表 2.14　分工前英国和葡萄牙的产量/消费量

	葡萄酒产量/消费量（单位）	所需劳动人数（人/年）	毛呢产量/消费量（单位）	所需劳动人数（人/年）
英国	1	120	1	100
葡萄牙	1	80	1	90
合计	2	200	2	190

$$毛呢成本比率 = 90/100 = 0.9$$
$$葡萄酒成本比率 = 80/120 = 0.67$$

葡萄牙的毛呢成本为英国毛呢成本的 90%，葡萄酒的成本为英国的 67%，虽然其两种产品的绝对成本均比英国要低，但相对而言，葡萄酒的成本更低，优势更大，所以应该分工生产葡萄酒，以葡萄酒交换英国的毛呢更为有利；英国两种产品的成本均处于绝对劣势，但毛呢的劣势较小一些，所以应分工生产毛呢，以毛呢交换葡萄牙的葡萄酒更为有利。

如果两国按以上比较优势进行分工，英国只生产毛呢，葡萄牙只生产葡萄酒，则英国 220 人/年的劳动力可以生产出 2.2 单位的毛呢，而葡萄牙 170 人/年的劳动力可以生产出 2.125 单位的葡萄酒，如表 2.15 所示。可见，在劳动力不变的情况下，分工使得两国生产出来的两种产品的总量都增加了。

两国在分工前提下进行贸易，假设英国仍然用 1 单位的毛呢和葡萄牙交换 1 单位的葡萄酒，结果是两国的消费情况如表 2.16 所示，可以看出，虽然两国的劳动总量没有增加，仅仅由于进行了国际分工和贸易，英国就能够多消费 0.2 单位的毛呢，而葡萄牙能够多消费 0.125 单位的葡萄酒。这说明，即使一国在两种商品的生产上都处于不利地位，通过两国间的专业化分工与贸易，双方的国民福利也都能够提高。

表 2.15　分工后英国和葡萄牙的产量

	葡萄酒产量（单位）	所需劳动人数（人/年）	毛呢产量（单位）	所需劳动人数（人/年）
英国			220/100=2.2	220
葡萄牙	170/80=2.125	170		
合计	2.125	170	2.2	220

表 2.16　贸易后英国和葡萄牙的消费量

	葡萄酒消费量（单位）	毛呢消费量（单位）
英国	1	1.2
葡萄牙	1.125	1
合计	2.125	2.2

李嘉图所作的葡萄牙与英国间进行葡萄酒和毛呢贸易的著名论述：

英国的情形可能是生产毛呢需要 100 个人劳动一年，而如果酿制葡萄酒则需要 120 人劳动同样长的时间。因此，英国发现通过出口毛呢来进口葡萄酒对自己比较有利。葡萄牙生产葡萄酒可能只需要 80 人劳动一年，而生产毛呢却需要 90 个人劳动一年。因此，对葡萄牙来说，出口葡萄酒以交换毛呢是有利的。即使葡萄牙进口的商品在本国制造时所需要的劳动少于英国，这种交换也仍然会发生。虽然葡萄牙能够以 90 个人的劳动生产毛呢，但他宁可从一个需要 100 个人的劳动生产的国家进口毛呢。对葡萄牙来说，与其挪用种植葡萄的一部分资本去织造毛呢，还不如用资本来生产葡萄酒，因为由此可以从英国换得更多的毛呢。因此，英国将以 100 个人的劳动产品交换 80 个人的劳动产品。

——大卫·李嘉图

五、对比较优势理论的实证分析

李嘉图模型的基本预见——国家应当出口相对劳动生产率高的产品——已经被多年以来的许多研究所证实。不少对李嘉图模型的实证检验是使用第二次世界大战后初期的数据，来分析美英两国的生产率和两国间贸易。这是一项独特的具有启发性的比较。当时几乎在所有的部门，英国的劳动生产率都低于美国。因此，美国在各方面都有绝对优势。然而，英国当时的总出口量与美国的几乎一样大。毫无疑问，一定是英国的一些部门虽然绝对生产率低下但拥有比较优势。根据李嘉图模型，在这些部门中，美国较英国的劳动生产率优势都是最小的。

匈牙利经济学家贝拉·巴拉萨在 1963 年发表了一篇实证论文[①]，利用数据对比了在 26 个制造业中，1951 年美国对英国的出口比例以及美国对英国的劳动生产率比例。根据李嘉图的理论，美国某个产业的相对劳动生产率越高，美国就越比英国更有可能出口那项产品。巴拉萨的结论验证了这一点。此外，该研究还证实了李嘉图的另一个基本观点：贸易靠的是比较优势而不是绝对优势。在这些数据所涉及的年代，美国所有 26 个制造业的劳动生产率都要高出英国一筹，从 11% 到 366% 不等，但是英国有 12 个部门的产品出口大于美国，而在美国出口大于英国的那些产业部门，美国的劳动生产率几乎都是英国的 2 倍以上。

检验李嘉图模型新近的证据并不是那么明确清晰。部分原因是，世界贸易的增长以及随之带来的国家间的专业化生产意味着我们没有机会看到什么是这些国家的弱项。20 世纪 90 年代的世界经济情况显示，各国一般不生产自己具有比较劣势的商品，所以无法衡量它们这些部门的生产率。比如，大多数国家不生产飞机，因此就没有相关的单位产品劳动投入的数据。尽管如此，许多证据仍表明劳动生产率的差异在决定世界贸易模式中继续扮演着重要角色。

比较优势还可以用世界服装贸易作为例子来阐明。不管怎样衡量，像美国这样的创新型国家，其服装制造业的劳动生产率比新兴工业化国家，如墨西哥和中国的劳动生产率要高。但是由于服装制造业的技术相对比较简单，发达国家在服装工业上的生产率优势比在其他工

---

① B.Balassa. 1963. An Empirical Demonstration of classical Comparative Cost theory. Review of Economics and Statistics, (4)：231-38。

国际贸易理论与政策

业上的低。例如，1992 年美国制造业的平均劳动生产率是墨西哥工人的 5 倍，但是美国服装产业的劳动生产率只比墨西哥高 50%。其结果是，服装是从低工资国家出口到高工资国家的主要商品。

六、对比较优势理论的评价

比较优势理论发展了斯密的国际分工和贸易理论，克服了绝对优势理论的缺陷，比绝对优势理论更具有普遍意义。斯密的理论只认证了一部分在生产上具有绝对优势的国家参与国际分工的必要性，而李嘉图的理论则阐述了国际贸易互利性的普遍适用，即任何国家都能从国际贸易中获益，从而成为了"分析巨大'贸易利益'来源的基本方法"，首次为自由贸易提供了有力证据，并从劳动生产率相对差异的角度成功地解释了国际贸易发生的一个重要起因，因此李嘉图的比较优势理论被称为国际贸易的一般理论。直到今天，这一理论仍然是许多国家，尤其是发展中国家制订对外经贸战略的理论依据。

当然比较优势理论也有很多不足，主要体现在以下方面：

（1）预测了极端的专业分工，而其在现实世界中根本看不到，因为还有很多非贸易品的存在；

（2）忽略了国际贸易对国内收入分配的影响，并据此认为，国家作为一个整体是始终能够从贸易中获利的，而在现实中，国际贸易对国内收入分配有强烈的影响；

（3）没能明确国际交换价格的确定，更没有涉及贸易利益在两国之间如何分配的重要问题；

（4）只考虑到供给因素，忽略了需求面的影响；

（5）把劳动看做是唯一的生产要素，忽视了资本、土地、技术等其他生产要素的作用；

（6）假定生产要素（即劳动）是同质的，然而，受过专门教育和培训的熟练劳动力在生产效率上往往高于没有受过教育和训练的简单劳动力；

（7）假定同一产品的生产成本固定以及没有交易和运输成本等。

这些重要的假设前提使比较优势理论与现实情况之间存在较大差距。

此外，该理论忽视了规模经济也可能是国际贸易的起因，这使它无法解释明显相似的国家间同类产品上大量的贸易往来。该理论还忽视了各国资源禀赋的不同也是贸易产生的一个原因，因此漏掉了贸易体系的一个重要方面。

比较优势理论是一种静态的分析方法，是基于现有和传统遗留下来的优势，在既定的经济情况下，从静态的角度对一个国家的产业结构现状进行分析。该理论注重由一国现有劳动生产率所决定的即期利益和资源在国际间合理配置的短期效应，而这些是否符合一国经济发展的长远利益则不得而知。该理论同时强调自然赋予的生产要素，而忽视获得性生产要素（人力资本、技术能力等）。在比较优势理论模型中，生产要素在国际间不流动，不存在技术进步和技术传播，要素禀赋等也不发生变化，因而由此决定的专业化分工形式也就不会改变。显然，传统比较优势理论抽象掉了对国际贸易有巨大影响的现实国际经济关系，抽象掉了整个世界经济活动和进步的支柱，即技术进步。相反，从动态的角度看，比较优势可以不断地转移和变化，促使其发生转化的根本原因是技术进步。我们也可以说，比较优势理论只解释了劳动生产率相对差异如何引起国际贸易，却没有进一步解释各国劳动生产率存在差异的原因，也看不到各国劳动生产率发生的变动及产生这种变动的原因。

最后，比较优势理论也忽视了潜在优势的培育和比较优势的转化。在现实经济中，如果相对落后的发展中国家仅根据其现有的比较优势参与国际分工，专业化于初级产品或劳动密集型工业制成品的生产，放弃贸易条件好的高附加值产品的开发和生产，忽视潜在比较优势的培育和比较优势的转换，其结果是，初级产品贸易条件的不断恶化对其经济发展造成不利影响，即使能够获得贸易的短期效应和既得利益，但从长期看反而可能会扩大与发达国家之间的差距，甚至陷入"比较利益陷阱"，出现"贫困化增长"的局面。

本节导入案例解析

加入世界贸易组织后，我们发现，和其他国家例如美国相比，我国由于土地和水资源不足等原因，在大豆和豆油的生产上都处于绝对劣势。在经过分析之后我们不难看出，我国对国际市场上大豆的依赖性是难以改变的。既然国内市场不能向洋大豆说"不"，我们也就面临着唯一的选择——进口大豆还是进口豆油？

我国加入世界贸易组织以后，进口大豆还是豆油的争论并不是一个特例。大豆作为我国农产品贸易的折射，其普遍意义在于，我国农业该如何应对世界贸易组织的挑战和机遇。既然进口原料进行深加工以替代直接进口工业制成品对国家、社会、企业来讲都是有利的，会形成一个巨大的综合经济效益，那么，进口大豆还是进口豆油哪个更划算的答案也就不言而喻了。

从本案例中，我们得出我国进口大豆更划算的结论。那么对于一个国家来说，如果和别国相比在生产上都处于劣势或者都处于优势，则同样还能进行贸易，只要选择优势大或劣势小的商品进行出口，而进口优势小或劣势大的商品，贸易双方就都能从中受益。

第三节　相互需求理论

一、相互需求理论的主要观点

1. 国际交换比例的上下限

前面我们在讨论李嘉图的比较优势理论时，只是假定了一个两国之间的商品交换比例，但对于为什么是这样一个比例没有进一步说明，后来英国 19 世纪著名经济学家和古典自由主义思想家约翰·穆勒（John Mill，1806—1873）在其 1848 年的著作《政治经济学原理》中对这一问题进行了分析。穆勒认为，参与国际贸易的各国在其各自的国内都有统一的交换比例，在进行贸易时两国之间的商品相互交换又会形成一个国际交换比例，又叫贸易条件（terms of trade）。这一比例与各国国内的交换比例是不同的，但又与其有极密切的关系，即两国国内的交换比例构成了国际交换比例的上下限。对此，穆勒举例进行了说明。穆勒举例的方式与李嘉图不同，李嘉图用的是投入模式，即每生产一单位的产品需要投入多少人/年的劳动，而穆勒用的是产出模式，即投入一定量的劳动可以生产出多少数量的产品，见表2.17。

表2.17　商品产出表（单位：码）

商品 国家	毛呢	麻布
英国	10	15
德国	10	20

从表2.17中可以看出，在同样的劳动时间内，英国可以生产 10 码毛呢或 15 码麻布，德国可以生产 10 码毛呢或 20 码麻布。很显然，如果没有对外贸易英国国内的交换比例就是 10 码毛呢 = 15 码麻布（因为二者耗费的劳动时间相同，因此价值相等），德国国内的交换比例就是 10 码毛呢 = 20 码麻布。那么开展对外贸易之后会怎么样呢？根据表2.17，英国在毛呢的生产上具有比较优势，会专业化地生产毛呢，而德国在麻布的生产上具有比较优势，会专业化地生产麻布，然后英国拿自己生产的毛呢交换德国生产的麻布。下面我们就看一下它们的交换比例会在什么样的一个范围内确定。

首先，毛呢交换麻布的比例不可能低于 10 码毛呢 = 15 码麻布，因为对于英国来讲，10 码毛呢在国内就可以交换到 15 码麻布，如果拿到国外去反而换不到 15 码麻布了，英国人肯定是不会满意的，他就宁可在国内生产麻布而不会进行国际分工和对外贸易了；其次，毛呢交换麻布的比例又不可能高于 10 码毛呢 = 20 码麻布，因为对于德国人来讲，只有在用低于 20 码的麻布可以交换到 10 码毛呢时才会获利。所以两国之间的交换比例既不可能低于 15 码麻布也不可能高于 20 码麻布，只能是在这个范围之内确定某一个数量。这个数量越接近于 15 则越不利于英国而有利于德国，越接近于 20 则越不利于德国而有利于英国。因此，英国总是希望这一数量越大越好，而德国则希望它越小越好，那么，这一数量究竟应当确定在什么地方呢？要回答这一问题就必须考虑两国之间的相互需求状况。

2. 相互需求方程式

与李嘉图一样，穆勒认为，在一国内部由于资本的自由移动，商品的交换价值就取决于生产费用，但由于国际间资本不能自由流动，所以国内交换的原则不能用到国际交换领域。他认为，一种进口商品的价值不取决于它的生产费用，而是取决于为了支付进口而输出的商品的生产费用。至于两种商品的交换比例，则由两国相互之间对对方产品的需求强度决定。那么什么叫相互需求呢？

穆勒认为，在对外贸易中，一国出口的商品实际上也就构成了购买对方商品的手段，也就是说一国的供给形成的同时也就形成了对对方的需求，所以需求总是相互的。国际价值规律受国际间需求均衡规律的制约，两种商品交换比例的确定，必须满足进口值与出口值恰好相等的条件。"一国的生产物总是按照该国的全部输出品恰好抵偿该国的全部输入品所必需的价值，与其他国家的生产物相交换。"这种国际需求方程式要求在两个国家之间进行的贸易中，商品价值经过自行调整使需求等于供给，一个国家出售的商品，同时也是它进行购买的资本，即一方的全部商品供给能力构成了对另一方的全部商品需求能力，一方的需求等于另一方的需求。对此，他运用前面所举的例子进一步进行了说明。

名家观点

　　一切贸易，无论是国家之间的，还是个人之间的，都是商品交换。在这种交换中，国家或个人各自所需出售的物品，也构成了他们的购买手段。一方所带来的供给，构成了他对另一方所带来的物品的需求。因此，供给和需求只是相互需求的另一表达方式；而所谓价值将自行调整，以使需求与供给相等，实际上是说，价值将自行调整，以使一方的需求与另一方的需求相等。

　　　　　　　　　　　　　　　　　　　　　　　　　——约翰·穆勒（英）

前面我们讲过，英国和德国之间毛呢与麻布的交换比例应当确定在 10 码毛呢 = 15 码麻布与 10 码毛呢 = 20 码麻布之间，但具体是这之间的哪一个数量呢？这就要看两国之间的相互需求状况了。假设在开始的时候，交换比例是定在 10 码毛呢 = 17 码麻布，如果在这一交换比例下，英国对德国麻布的需求是 17 000 码，而德国对英国毛呢的需求正好是 10 000 码，因为

$$10\ 000 : 17\ 000 = 10 : 17$$

那么这一交换比例就可以确定下来，成为两国之间稳定的交换比例，这就是相互需求方程式。

如果两国之间的相互需求状况发生了变化，那么这一交换比例也就不稳定了，也必须发生相应的变化。例如由于某种原因，英国对德国麻布的需求量减少了，由 17 000 码减少到 13 600 码，而德国对英国毛呢的需求没发生变化，还是 10 000 码，这时 10∶17 的交换比例就不能使原来的相互需求方程式继续平衡了，因为

$$10\ 000 : 13\ 600 \neq 10 : 17$$

当然，如果在英国减少对麻布的需求的同时，德国也减少了对英国毛呢的需求，比如说从 10 000 码减少到 8000 码，则由于

$$8000 : 13\ 600 = 10 : 17$$

那么 10∶17 的比例还可以继续维持，但是由于德国对麻布的需求并没有同时减少，问题就出现了。由于英国只需求 13 600 码麻布，按照 10∶17 的比例，它就只乐意向德国提供 8000 码的毛呢，而德国在得到这 8000 码毛呢后并没有满足需要，这样，德国就对英国产生了 2000 码毛呢的单方面的额外需求，为了满足这种额外需求，德国就不得不出一个更高的价格，比如按 10∶18 的比例用麻布向英国购买毛呢。在这一新的交换比例下，由于毛呢的价格上涨了，

德国国内对毛呢的需求可能会下降，比如从 10 000 码下降到 9000 码，而由于麻布的价格下跌了，英国可能就会购买更多的麻布，比如需求量从 13 600 码上升到 16 200 码。这样，新的交换比例就可以使相互需求方程式成立了：

$$9000 : 16\ 200 = 10 : 18$$

这样，新的交换比例就可以固定下来，成为两国之间稳定的交换比例。而一旦两国的相互需求状况再次发生新的变化，这一交换比例的稳定条件遭到破坏，也必然会发生新的变化，只有它能够满足两国相互需求相等的条件时才成为固定的交换比例。按穆勒的话讲，就是"一个生产物与其他诸国生产物交换。其价值，必须使该国输出品全部，恰好够支付输入品全部"。

3. 国际贸易利益的分配

根据比较优势理论，国际贸易会给参与贸易的各国带来利益，但贸易利益是如何在两国之间进行分配的呢？穆勒对此进行了分析。他认为贸易利益总量的大小取决于两国国内交换比例之间相差的幅度的大小，如前例英国与德国的贸易中，毛呢与麻布在两国国内的交换比例分别是 10：15 和 10：20，那么两国之间每进行 10 码毛呢的交换就会产生 5 码麻布的贸易利益。至于这 5 码麻布如何在两国之间进行分配就取决于这两种商品的实际的交换比例即贸易条件了。在正常的贸易条件下，贸易利益应当是在两国之间进行分割的，如两国按 10：17 的比

表 2.18　商品产出表

商品　　国家	毛呢	麻布
英国	10 码	15 码
德国	10 码	30 码

例进行交换，那么英国每出口 10 码毛呢就比在国内多得 2 码的麻布，而德国每进口 10 码毛呢就比在国内购买节省了 3 码的麻布；如按 10：18 的比例进行交换，则英国多得 3 码麻布，德国节约 2 码麻布。可见两国之间的交换比例越接近于哪个国家的国内交换比例，哪个国家所获得的利益就越少，而交换比例越接近对方国内的交换比例则对本国更有利。在极端的情况下，如果两国按 10：15 的比例进行交换，则德国可以获得全部 5 码麻布的利益，而英国获得的利益是 0；如果两国按 10：20 的比例进行交换，则英国可以全部获取 5 码麻布的利益，而德国一无所获。

另外还有一种情况，就是当一国劳动生产率发生变化之后，所带来的贸易利益在两国之间的分配问题。例如德国由于某种原因劳动生产率大大提高，用原来生产 20 码麻布的劳动生产出了 30 码麻布，从而使两国的情况变为表 2.18 所示的情况。

如果此前的交换比例是 10：17，那么现在是否可以假定同样的毛呢可以交换到比原来多半倍的麻布即交换比例变为 10：25.5 呢？穆勒认为这取决于英国对跌价后的麻布的需求状况。如果英国对麻布购买量的增加程度等于在德国以毛呢表示的麻布的价格下降的程度，那么最后的交换比例就是 10：25.5，因为在这种情况下，英国原先购买 17 码的若干倍数的麻布，现在仍然购买 25.5 码麻布的相同倍数，而对于德国来讲，它需求毛呢的数量可能不会发生变化，因为现在的 25.5 码麻布和原来的 17 码麻布的价值是一样的。这样 10：25.5 就是在新的情况下恢复国际需求平衡的均衡贸易条件。

如果德国麻布价格下降所引起的英国购买量的增加程度大于麻布价格下降的程度，则英国必然用比原来更多的毛呢来交换麻布，因此均衡的贸易条件必然是每 10 码毛呢交换到少于 25.5 码的麻布。在这一贸易条件下，虽然两国都得到了贸易利益，但德国的获利较大，因为它用同样劳动量的麻布交换来了更多的毛呢。

但是如果英国对麻布的需求增加程度小于德国麻布价格降低的程度，那么均衡贸易条件将是每 10 码毛呢交换到多于 25.5 码麻布。这样英国从贸易中获得的利益就较大，因为德国要想获得同样的毛呢必须投入更多的劳动去生产麻布以供出口。

根据上述分析，穆勒指出："可以提出的唯一的一般法则不外乎是这样：一个国家以它的产品和外国相交换的交换力取决于……它对这些国家的产品的需求和这些国家对它的产品的需求的数量和需求的增加程度的比较……外国对它的商品需求越是超过它对外国商品的需求……贸易条件对它越是有利。这就是说，它的一定数量的商品将会换回更多的外国商品。"这就是穆勒的相互需求理论。

4. 总结

通过以上分析，我们可以对穆勒的相互需求理论作如下表述：在两国两商品模型中，如果运费忽略不计，则两国对对方商品的需求程度就确定了这两种商品在两国之间的交换比例，同时在这一交换比例下，每一国的出口值正好等于对方的进口值，从而实现贸易收支的平衡。随着两国需求状况的不断变化，这一交换比例也会不断变化，但它总会处于两国国内生产费用比例所确定的范围之内。另外，通过分析我们还看到，两国对对方商品的需求强度对交换比例的形成具有重大影响，哪一国的需求强度越大则交换比例越不利于该国，哪一国对对方商品需求强度越小，则交换比例越有利于该国。如上例中，英国的需求下降了也就是德国的需求相对提高了，交换比例就由 10:17 变为 10:18，更接近于德国国内的交换比例，这一变化显然有利于英国而不利于德国，而如果不是英国而是德国的需求下降，那么交换比例就会朝着不利于英国的方向变化，比如变为 10:16。

二、对相互需求理论的评价

穆勒的相互需求理论是对李嘉图比较优势理论的重要补充和发展，在国际贸易学说史上具有重要的地位和影响。比较优势理论只是从供给方面论证了互利性贸易的基础以及贸易利益之所在，虽然证明了国际分工和贸易能给参加国带来好处，但带来的好处有多少，贸易双方各占多少的问题并没有解决。相互需求理论在比较优势理论基础上，着重从需求方面的分析入手，对这两个问题做出了补充，从而使比较优势理论更加完善。穆勒第一次用商品的国内交换比例解释了贸易双方获得利益的范围，用相互需求理论解释了贸易条件的决定，并利用贸易条件说明了贸易利益在贸易双方的分配问题。

相互需求理论也有其局限性。该理论以两国贸易平衡作为贸易条件决定的前提，但两国贸易平衡并不容易实现。该理论只适用于经济规模相当，相互需求对国际市场价格有显著影响的两个国家。如果两个国家经济规模相差悬殊，小国的需求相对于大国来说微不足道，那么，大国的国内交换比例也就是两国间的贸易条件。

📖 **本章小结**

古典经济学家在劳动价值论的基础上提出了国际贸易理论，从劳动生产率的差异角度解释了国际贸易发生的原因和影响，认为劳动生产率是国际贸易重要的决定因素。本章主要介绍了亚当·斯密的绝对优势理论、大卫·李嘉图的比较优势理论以及约翰·穆勒的相互需求论。

亚当·斯密的绝对优势理论认为每个国家都应专业化生产并出口自己具有绝对优势的产品，进口具有绝对劣势的产品，其结果比自己什么都生产更有利。贸易得利来源于国际分工和专业化生产提高了的劳动生产率。但其无法解释生产任何产品的绝对成本都高于其他国家的国家是如何参与贸易的。

李嘉图的比较优势理论弥补了绝对优势论的不足。该理论认为：国际贸易的基础并不限于劳动生产率上的绝对差别，只要国家间存在着劳动生产率上的相对差别，就会出现生产成本和产品价格的相对差别，从而使各国在不同的产品上具有比较优势；各国都应集中生产并出口其具有"比较优势"的产品，进口其具有"比较劣势"的产品；这样贸易各国都能获得比分工以前更多的商品，从而实现社会劳动的节约，并提高贸易各国的国民福利。

穆勒则在李嘉图理论的基础上，提出了相互需求理论，用两国商品交换比例的上下限解释贸易双方获利的范围，用贸易条件说明贸易利益的分配，用相互需求强度解释贸易条件的变化。

通过本章对绝对优势理论、比较优势理论和相互需求理论内容的系统介绍，我们了解了古典国际贸易理论的发展、变化的详细过程，清楚了各个历史时期有代表性的古典贸易学说的主要观点和政策主张。这对于我们分析和认识当代世界贸易活动，分析和认识各国的经济政策和措施，借鉴历史上的经验，制定适合我国国情的对外贸易政策有着十分重要的现实指导意义。

练习题

一、名词解释

绝对优势　绝对优势理论　相对劳动生产率　相对成本　机会成本　比较优势理论　相互需求理论

二、单选题

1. 假设葡萄牙生产每单位酒需要 40 人劳动 1 星期，生产每单位毛呢需要 30 人劳动 1 星期；英国生产每单位酒需要 100 人劳动 1 星期，生产每单位毛呢需要 50 人劳动 1 星期，那么下列表述正确的是（　　）。

　　A. 英国在两种产品的生产上都具有绝对优势

　　B. 葡萄牙在毛呢的生产上具有比较优势

　　C. 英国在酒的生产上具有比较优势

　　D. 葡萄牙在两种产品的生产上都具有绝对优势

2. 比较优势理论的提出者是（　　）。

　　A. 亚当·斯密　　　B. 大卫·李嘉图　　C. 赫克歇尔　　　　D. 李斯特

3. 比较优势理论认为国际贸易的基础是各国间存在着（　　）。

　　A. 劳动生产率的绝对差异　　　　　B. 劳动生产率的相对差异

　　C. 要素禀赋的国际差异　　　　　　D. 规模经济的差异

4. 根据比较利益论假定 A、B 两国生产 X 产品的单位生产成本分别为 100 人和 90 人劳动一年，生产 Y 产品的单位生产成本分别为 120 人和 80 人劳动一年，则（　　）。

　　A. B 国同时生产 X、Y 产品，A 国不生产

　　B. A 国生产 Y 产品，B 国生产 X 产品

练习题表 1

国家 商品	美国	英国
小麦（工时/蒲式耳）	6	8
棉布（工时/码）	12	24

C. A国生产X产品，B国生产Y产品

D. A国同时生产X、Y产品，B国不生产

5. 如练习题表1所示数据，在下列说法中，正确的是（　　）。

A. 按照绝对优势分工，且美国专门生产小麦，英国专门生产棉布

B. 按照绝对优势分工，且美国专门生产棉布，英国专门生产小麦

C. 按照比较优势分工，且美国专门生产小麦，英国专门生产棉布

D. 按照比较优势分工，且美国专门生产棉布，英国专门生产小麦

三、多选题

1. 假设我国生产手表需8个劳动日，生产自行车需9个劳动日，而印度生产这两种产品分别需要12个和10个劳动日，根据比较优势理论，则（　　）。

A. 中国生产和出口手表 　　　　　B. 印度生产和出口自行车

C. 中国生产和出口手表和自行车 　D. 两国各自都生产两种产品

2. 下面有关穆勒的相互需求理论的说法正确的是（　　）。

A. 认为对对方出口商品的相对需求强度较小的国家，在贸易双方的相互竞争中占有较为有利的位置

B. 是对比较优势理论作的重要说明和补充

C. 用两国商品交换比例的上下限解释了互惠贸易的范围

D. 国际间商品交换比例越接近于对方国家的交换比例，对本国就越不利

3. 若德国和英国在同一劳动时间内分别生产10码毛呢、15码麻布和10码毛呢、20码麻布，基于比较利益原则的分工格局为（　　）。

A. 英国生产并出口毛呢 　　　　　B. 英国生产并出口麻布

C. 德国生产并出口毛呢 　　　　　D. 德国生产并出口麻布

4. 英国和德国都生产布和酒，两国各自生产这两种产品，英国国内的交换比例为 10∶15，德国则为10∶20，按比较优势，德国生产酒，英国生产布，两国进行交换，当国际商品交换比例越接近10∶15（　　）。

A. 对英国越有利 　　　　　　　　B. 对德国越有利

C. 英国获得贸易利益越多 　　　　D. 英国获得贸易利益越少

四、计算题

1. 假设有甲、乙两国生产小麦和布匹，在国际分工前各国的投入产出如练习题表2所示。

问：甲、乙两国分别在哪种产品生产上具有绝对优势？

2. 假设生产1单位食品所需要的劳动投入本国是6，外国是12；生产1单位布所需要的劳动投入本国是10，外国是5。问：

（1）本国与外国分别在哪种产品的生产上具有绝对优势？

（2）本国与外国交换食品可以接受的交换比例在什么范围内？（用分数表示即可）

练习题表2

	小 麦		布 匹	
	劳动投入量	产出量	劳动投入量	产出量
甲	15	120	5	100
乙	10	120	10	100

五、简答题

1. 斯密认为绝对优势的来源是什么？

2. 绝对优势的衡量有哪两种方法？

3. 绝对优势理论的贡献是什么？

4. 比较优势理论的主要观点有哪些？

5. 衡量比较优势的方法有哪几种？

6. 比较优势理论的意义是什么，又有哪些不足？

7. 根据穆勒的相互需求理论，互惠贸易的范围如何确定，贸易利益如何分配？

课外思考实践题

1. 假设迈克 2 小时可修完草坪，但同样时间可拍 1 万元的广告；简妮 4 小时修完草坪，同样时间，她可到快餐店打工挣 20 元。那么迈克应该自己修草坪吗？

2. 假设日本工人每月每人能生产 1 辆汽车，或生产 1 吨粮食，美国能生产 1 辆汽车或生产 2 吨粮食。那么美国应该与其他国家进行贸易吗？

第三章 新古典国际贸易理论

【学习目标】

学习完本章后，你应该能清楚地知道：

（1）与要素禀赋相关的基本概念；

（2）要素禀赋理论的推导过程与核心内容；

（3）要素禀赋理论的三个拓展定理——斯托尔帕-萨缪尔森定理、要素价格均等化定理和雷布津斯基定理的基本内容；

（4）里昂惕夫之谜的提出及其解释。

第一节 要素禀赋理论

案例导入

沙特阿拉伯是一个石油大国，石油资源丰富，到2012年其领土范围内已探明的石油储量达2650亿桶，约占全球总储量的20%，位居全球首位。2012年沙特石油日均产量达1160万桶，其中出口750万桶。沙特阿拉伯经济结构单一，石油是其经济发展的命脉，石油收入占其国家财政收入的60%～80%，石油和石化产品出口占其出口总额的90%左右。沙特阿拉伯的进口产品中，机电设备、食品和交通工具所占比重最大。自20世纪70年代起，沙特阿拉伯利用其丰富的石油资源大力发展经济和改善人民生活，进行了多期五年发展规划。经过几十年努力，沙特阿拉伯从一个贫穷落后的国家变成一个举世闻名的现代化石油大国，而且成为中东最大的商品和承包劳务市场，并拥有大量的海外资产。对石油的高度依赖，使沙特阿拉伯深受国际市场上石油价格波动的影响。20世纪70年代石油价格攀高，给沙特阿拉伯带来了可观的贸易收益，使其一跃成为世界人均高收入国家，而80年代以后的石油价格萎靡不振，也给其带来了巨大的不利影响。

大多数发展中国家的出口商品都与其要素禀赋密切关联。尼日利亚、墨西哥、委内瑞拉等都是世界石油的主要供给国，赞比亚、扎伊尔、智利是著名的铜出口国，哥伦比亚、坦桑尼亚、埃塞俄比亚、巴西、科特迪瓦、危地马拉是著名的咖啡供应地……

马来西亚在1957年独立时，基本上是单一经济结构，橡胶出口占收入的一半，占其国内生产总值的近1/4，锡是其第二大出口产品，占全部出口收入的10%～20%。独立后，马来西亚继续投资于初级产品出口，并在制成品出口上进行投资。结果，其出口逐步多样化，保持了经济快速的增长。在非洲，科特迪瓦为维持其咖啡出口，加强了投资，同时还增加了对可可、木材和其他初级产品的投资，出口不断增长，国内居民生活水平也不断提高。

也有相反的例子。科特迪瓦的邻居加纳在1957年独立时，大概是非洲最富裕的国家。当时的加纳，同大多数发展中国家一样，经济结构单一，可可出口占其收入的60%。独立后，加纳将投资从出口基地急转到进口替代产业。到20世纪80年代，可可出口量仅为60年代的一半，而其他出口产品并没有弥补这一缺口。

该案例说明了什么？我们能从中得到什么启发？

一、要素禀赋理论的提出

要素禀赋理论的产生始于对斯密和李嘉图理论的质疑。在斯密和李嘉图的模型中，技术不同是各国在生产成本上产生差异的主要原因。可是到了20世纪初，各国尤其是欧美之间的交往已经很普遍，技术的传播已不是一件非常困难的事。许多产品在不同国家的生产技术已非常接近甚至相同，但为什么成本差异仍然很大？赫克歇尔认为，除了技术差异以外，一定有其他原因决定各国在不同产品上的比较优势，而其中最重要的是各国生产要素的禀赋不同和产品生产中使用的要素比例不同，从而形成了著名的要素禀赋理论（theory of factor endowment），又被称为要素比例学说（factor proportions theory）。

要素禀赋理论由瑞典经济学家赫克歇尔（Eli Heckscher）和俄林（Bertil Ohlin）师生两人共同提出。1919年，赫克歇尔发表了题为《外贸对收入分配的影响》一文。在这篇被萨缪尔森称为"天才之作"的文章中，赫克歇尔提出了建立在相对资源禀赋情况和生产中要素比例基础上的比较优势理论，第一次阐述了要素禀赋理论的基本论点。这些论点当时并没有引起人们的注意。10年以后，他的学生，另一位瑞典经济学家俄林在这篇文章的基础上做了进一步的研究，并在其博士毕业论文《区间贸易和国际贸易论》中，利用一般均衡分析，对其老师的理论做了清晰而全面的解释，使要素禀赋理论得以成型。鉴于其在国际贸易领域的贡献，俄林于1977年荣获诺贝尔经济学奖。后来，另一位诺贝尔经济学奖获得者保罗·萨缪尔森（Paul Samuelson）进一步完善了俄林对于要素禀赋与国际贸易关系的论述，推导出证明要素禀赋理论十分精确的数学条件。无论在理论分析上还是在实际应用中，要素禀赋理论都取得了巨大成功，从20世纪上半叶到70年代末，无人能够动摇其在国际贸易理论中的优势地位。即使在新贸易理论出现之后，要素禀赋理论也依然重要。

最初，赫克歇尔与俄林采用传统分析方法——文字描述与逻辑推理来表述他们的理论思想。后来的经济学家将他们的思想放在新古典经济学框架之下，采用由新古典经济学所建立起来的等产量线、无差异曲线、生产可能性边界等，在两种或两种以上生产要素的框架下分析产品的生产成本，将赫克歇尔与俄林的理论发展成一个标准理论模型，并归纳成一个简洁的定理，所以赫克歇尔和俄林的要素禀赋理论又可简称为H-O定理、H-O模型。自从要素禀赋理论提出以来，经济学家们就开始对其进行拓展。其中三个重要的理论拓展分别被称为斯托尔帕-萨缪尔森定理、要素价格均等化定理与雷布津斯基定理。这些定理在要素禀赋理论的基础上进一步分析了国际贸易的影响和后果。因此，有人将赫克歇尔与俄林的H-O模型称为狭义的要素禀赋理论，而将经过拓展的模型称为广义的要素禀赋理论，而狭义和广义的要素禀赋理论则被统称为新古典国际贸易理论。

二、与要素禀赋理论有关的概念

要素禀赋理论主要借助于要素密集度和要素丰裕度这两个概念，故清晰、准确地了解它们及相关术语的含义十分重要。

1. 生产要素和要素价格

生产要素（factor of production）是指生产活动必须具备的主要因素或在生产中必须投入或使用的主要手段。俄林认为，生产商品需要不同的生产要素而不仅仅是劳动力，并据此提出三要素论。三要素论的主要论点是：劳动、土地和资本是一切社会生产不可或缺的要素。后来也有人把技术知识、经济信息当作生产要素。要素价格（factor price）则是指生产要素的使用费用或报酬，例如土地的租金、劳动力的工资、资本的利息等。一种商品的价值是由生产该商品所需要的要素的报酬（即要素价格）来决定的。

2. 要素密集度和要素密集型产品

要素密集度（factor intensity）是指商品生产中所需要的各种要素之间的投入比例。各种商品由于属性不同，生产中所要求的要素比例也不同，比如农产品要求较多的土地，纺织品则要求较多的劳动力。根据商品生产中所要求的不同要素间的比例，可以把商品划分为不同类型的要素密集型产品。如果某种要素在某种特定商品的生产投入中所占比例最大，则称该商品为该要素密集型产品。例如生产小麦投入的土地占的比例最大，便称小麦为土地密集型产品（land-intensive product）；生产纺织品劳动所占的比例最大，则称纺织品为劳动密集型产品（labor-intensive product）；生产计算机资本所占的比例最大，于是称计算机为资本密集型产品（capital-intensive product），以此类推。

在通常的状况下，经济学家将产品划分为资源密集型、劳动密集型、资本密集型、技术密集型这四种基本类型。要素密集型是一个相对的概念。例如，如果计算机生产中投入的资本与劳动的比例高于纺织品生产中资本与劳动的比例，那么计算机就是资本密集型产品，纺织品就是劳动密集型产品。但是，计算机产业相对于飞机制造业来说，计算机又成为劳动密集型产品，而飞机则是资本密集型产品。当只有两种商品（X 和 Y）、两种要素（劳动和资本）的情况下，如果 Y 商品生产中使用的资本/劳动比大于 X 商品生产中的资本/劳动比，则称 Y 商品为资本密集型产品，X 为劳动密集型产品。如果资本的相对价格下降，生产者为了减少其生产成本，必定会用资本来替代劳动。这样做的结果是两种商品都会变得更加资本密集化。如果在任何可能的相对要素价格下，生产 Y 的资本/劳动比均大于生产 X 的资本/劳动比，才可以明确地说 Y 是资本密集型产品。

3. 要素禀赋和要素丰裕度

要素禀赋（factor endowment），又称"资源禀赋"，是指一国所拥有的可用于生产商品和劳务的各种生产要素的总量，既包括自然存在的资源也包括可获得性资源（如技术和资本）。

要素丰裕度（factor abundance）是指一个国家某种生产要素与其他生产要素比较而言的充裕程度。要素丰裕度是一个相对的概念，与一国生产要素的绝对数量无关。衡量要素丰裕度有两种方法。

一种方法是用一国所拥有的生产要素（如资本和劳动）的相对供给数量来衡量。假设有 A、B 两国，尽管 B 国拥有资本要素的绝对数量少于 A 国，但如果 B 国的可用总资本 TK_B 和可用总劳动 TL_B 的比率大于 A 国的可用总资本 TK_A 和可用总劳动 TL_A 的比率，即

$TK_B / TL_B > TK_A / TL_A$，则 B 国是资本相对丰裕的国家，而 A 国是劳动相对丰裕的国家。

另一种方法是以要素的相对价格来定义。如果 B 国资本要素价格（即利率 r_B）和劳动要素价格（即工资率 w_B）之比小于 A 国利率 r_A 和工资率 w_A 之比，我们就说 B 国是资本相对丰裕的国家，而 A 国是劳动相对丰裕的国家。

在上述两种衡量方法中，相对价格法考虑了要素的供给和需求，相比来说较为科学。鲍恩（1987）等人提供了 1966 年部分国家的数据，用三种生产要素的三个不同的相对量分析了各个国家的要素禀赋状况，如表 3.1 所示。

表 3.1 数据表明，不同角度的衡量，结果不一。美国是资本拥有量最多的国家，但是如果以资本劳动的比率衡量，加拿大的资本要素比美国更丰裕，如果以资本土地的比率来衡量，中国香港地区的资本丰裕度远远高于美国。因此，当我们说某国在要素禀赋上属于哪种类型时，必须注意看与谁比。如果我们只看表 3.1 中的资本劳动比，美国无论在资本存量，还是在劳动绝对数量

表 3.1　部分国家（地区）的要素禀赋[①]

国家 （地区）	资本/劳动 （每个劳动力 比美元数）	资本/土地 （每公顷土地 比美元数）	劳动/土地 （每公顷土地 比劳动人数）
澳大利亚	7 415.5	67.2	0.009
巴西	1 151.6	42.8	0.038
加拿大	10 583.1	198.0	0.019
日本	3 358.5	5 286.5	10 574
中国香港	1 368.5	90 739.1	66.308
美国	10 260.9	1 058.6	0.103

上，都远远高于加拿大和中国香港地区。但与加拿大比，美国的人均资本存量低于对方，因此相对加拿大而言，美国属于劳动丰裕的国家。如果拿美国与中国香港地区比，则美国的人均资本存量高于中国香港地区的水平，因此美国与中国香港地区比，属于资本丰裕的国家。

三、要素禀赋理论的基本假设

要素禀赋理论，即 H-O 模型建立在一些简单的假设之上，这些假设使该理论显得相当严谨，主要有以下几条。

（1）只有两个国家、两种商品、两种生产要素（劳动和资本）。这一假设的目的是为了便于进行理论说明。实际上，将这一假设放到多个国家、多种产品、多种要素也不会影响要素禀赋理论的适用性。

（2）两国的技术水平相同，即同种产品在不同国家有着相同的生产函数。这意味着假如两国要素价格相同，则两国在生产同一商品时就会使用相同数量的劳动和资本。例如，如果中国和日本厂商采用相同的生产技术，那么一定数量的人均资本在日本生产出某一产量的产品，同一资本劳动比也会在中国生产出同等数量的同种产品。但是，要素价格在不同国家通常是不同的，各国的生产者都会较多使用本国低廉的生产要素。

（3）两种生产要素的供给是固定的、同质的，且都被充分利用。

（4）在两个国家，产品要素密集度类型始终不变。这就是说无论相对要素价格如何改变，

---

① 本表来自胡涵钧主编《新编国际贸易》，复旦大学出版社，2000 年版，第 67 页。

第三章　新古典国际贸易理论

都不会发生生产要素密集度逆转现象。譬如，在中国 X 产品是劳动密集型产品，Y 产品是资本密集型产品，那么在日本也是如此。

（5）生产规模报酬不变。规模报酬不变表明，某种商品的资本和劳动使用量按照相同比例增加时，该产品产量也以同一比例增加，即单位生产成本不随着生产规模的增减而变化。

示例

如果生产 X 商品时劳动和资本都增加 10%，则 X 商品产量也增加 10%，称为规模报酬不变。如果 X 商品产量的增加不到或者超过 10%，则称为规模报酬递减或规模报酬递增。

（6）不完全分工假设，即参与国际分工与贸易不会导致两国进行完全专业化生产。即使在自由贸易条件下，两国也仍然会同时生产两种产品。

（7）两国的消费偏好相同。若用社会无差异曲线反映，则两国的社会无差异曲线的位置和形状相同。

（8）商品和生产要素的市场都是完全竞争的。这是指市场上无人能够因购买或出售大量商品或生产要素而影响其市场价格。在完全竞争条件下，商品价格等于其生产成本，每个厂商获取平均利润，没有超额利润。

（9）生产要素只能在一国内部自由流动，在两国间不能自由流动。这表明：在一国内部，劳动和资本能够自由地从某些低收入地区/行业流向高收入地区/行业，直至同种要素在各地区/各行业的报酬都相同，这种流动才会停止；而在国际间却缺乏这种流动性，因而在没有贸易时，国际要素报酬差异始终存在。

（10）无运输费用，无关税或其他阻碍自由贸易的障碍。这意味着生产的专业化过程将持续到两国商品相对价格相等为止才会停止。如果存在着运输成本、关税，则当两国的价格差小于或等于每单位贸易商品的运输成本和关税时，两国的生产分工会停止。

（11）充分就业。两国的资源都得到充分利用，不存在过剩。

（12）贸易平衡。即每个国家的总进口等于其总出口。

四、要素禀赋理论的内容

（一）要素禀赋理论的推导

1. 商品价格的国际绝对差异是国际贸易产生的直接原因

各国之间为什么会彼此进行贸易呢？俄林认为，原因就在于同样的商品在各国之间的价格是不同的。在自由贸易的条件下，每一个国家都会进口比在国内生产更便宜的商品，而将自己价格低廉的商品拿到国际市场上去出售。只要两国之间存在价格差异，在没有运输费用等的前提下，把商品从价格低的国家运到价格高的国家出售就有利可图，这样必然就会有人在两国之间从事进口和出口的活动，国际贸易就是不可避免的了。

既然商品价格的国际绝对差异是两国之间进行贸易的直接基础，那么为什么两国之间会存在商品价格的绝对差异呢？这种商品价格的差异只是暂时现象还是长期存在的呢？这些问题需要进一步进行探讨。

2. 商品价格的国际绝对差异来自于商品成本的国际绝对差异

商品成本决定商品价格，同一种商品的价格在不同国家间的差异主要是成本的差异。这是 H-O 模型解释贸易发生原因的第一个条件。除此之外还必须有第二个条件，即各国不同的成本比例。

3. 两国国内商品成本比例不同是国际贸易发生的必要条件

表 3.2 是英国、美国在小麦和布上的单位成本比较。

从表 3.2 中我们看到，小麦和布的成本比例英国是 3:1，美国是 1:2。按照李嘉图比较优势理论，英国在布的生产上具有比较优势而美国在小麦的生产上具有比较优势，如果两国之间开展贸易，必然是英国出口布进口小麦，而美国进口布出口小麦，通过贸易两国都能获得利益。但是如果两国之间的成本比例是相同的（见表 3.3），即一国两种商品的成本都按同一比例低于另一国，则两国只能发生暂时的贸易关系。

表 3.2　两国两种商品不同比例的单位成本

（单位：美元）

	小麦单位成本	布单位成本
英国	3	1
美国	1	2

在表 3.3 中，美国生产小麦的单位成本是 1 美元，英国是 2 美元，美国生产布的单位成本是 2 美元，英国是 4 美元。在这种情况下开展贸易的话，只能是单方面地，美国向英国出口小麦和布两种商品，而英国则没有任何商品出口到美国，结果是美国纯粹的出超和英国纯粹的入超。俄林认为在这种情况下，即使两国之间存在贸易，这种贸易也只能是暂时的，不可能长久进行下去，这是由于如果两国实行纸币制度，英国为了支付进口必然大量买进美元，这样外汇市场上美元的汇价就会上升，英镑的汇价就会下跌。美元汇价上升后用美元表示的英国商品的价格就会下降，英镑汇价下跌后以英镑表示的美国商品的价格就会上升。如果在正常情况下，两国货币汇率的变化会对它们之间的贸易状况进行调整，当两国进出口实现彼此平衡时汇率也就达到了稳定的状态。但在表 3.3 中就不同了，汇率变动的结果最终只能是使两国的商品价格变得完全相等，如当美元对英镑升值一倍时，两国的生产成本就一样了，这样两国之间就不可能再有贸易发生了。所以不同的成本比例是两国贸易的一个重要前提，这是要素禀赋理论的核心内容。

表 3.3　两国两种商品相同比例的单位成本

（单位：美元）

	小麦单位成本	布单位成本
英国	2	4
美国	1	2

到现在为止，我们的分析实际上还属于比较优势理论的范畴，至于两国之间为什么会有不同的成本比例存在，李嘉图并没有就此进行继续探究，而俄林则在此基础上进一步进行了思考，他认为成本比例差异的原因就在于生产要素的不同价格比例。

4. 生产要素的价格比例不同决定各国商品成本比例不同

为什么不同国家有不同的成本比例呢？俄林认为是因为各国国内的生产诸要素的价格比例不同。不同的商品是由不同的生产要素组合生产出来的。在每一国内，商品的成本比例反映了该国的生产诸要素的价格比例关系，也就是工资、地租、利息之间的比例关系。由于各国的生产要素价格不同，就产生了成本比例的不同。

假设生产每单位布需要 3 单位资本和 6 单位劳动，在技术上美国和中国是相同的。但是，中国每单位资本的价格是 6 美元，每单位劳动的价格是 1 美元，而美国单位资本价格是 3 美元，单位劳动的价格是 5 美元，结果中国每单位布的成本（也即价格）是 6×3+1×6，即 24 美元，而美国每单位布的成本是 3×3+5×6，即 39 美元。可见，各国生产同一产品的价格差异，在这里是由生产要素的价格差异造成的。

既然生产要素价格的差异是造成各国生产各种商品时成本比例差异的原因，那么为什么各国之间的要素价格会不同呢？我们知道，生产要素价格是由生产要素的供给和需求共同决定的，要探讨要素价格的差异就必须从要素的供给、需求状况着手。

5. 要素供给比例不同是决定要素价格比例不同的因素

各国在要素的供给方面是存在着巨大差异的，不同的国家所拥有的土地、劳动、资本以及企业家才能等各种生产要素的数量、质量和种类是各不相同的，这就构成了各国生产要素价格差异的基础。如果不考虑需求因素，各国生产要素的供给丰裕程度就决定了其要素的价格，一般来说，供给丰富的要素的价格要低些，而供给稀缺的要素的价格就会较高。

所以，各国的生产要素的禀赋程度不同决定了各国要素价格的差异，要素价格的差异又使各国的商品成本和价格不同，进而导致了国际贸易的产生，这就是要素禀赋理论的主要内容。这一点可以用大量的事实来验证，像澳大利亚、新西兰、阿根廷等国，土地资源丰富而资本、劳动要素较少，这就使得这些国家的地租较低而工资、利息较高，反映在贸易结构上，这些国家出口的多是较多使用土地而较少使用资本、劳动的产品，如小麦、羊毛、肉类等，而进口的多是大量使用资本、劳动的产品；像中国、印度等人口众多的国家，劳动密集型产品的出口就占较大比重；此外北欧各国出口森林制品、中东国家出口石油制品等也说明了这一道理。

图 3.1 为要素禀赋理论（H-O 模型）的简要推理过程。我们看到，俄林从商品价格的国际差异出发，分析了商品成本的国际差异，又从成本的国际差异进而探讨了各国不同的成本比例，由此又推导出各国生产要素的价格差异，最后将要素的价格差异归结到生产要素的供给和需求的不同，这样他的整个推理过程就形成了一个环环相扣的链条。在这一链条中，俄林认为最重要的一环就是要素的不同供给比例，即各国不同的资源赋予程度。但是，没有一个单一的环节是国际贸易的最终基础，各个环节之间的相互依赖关系决定了每一个国家的价格结构，而各个国家的价格结构决定了其在国际分工和国际贸易体系中的比较优势，同时这也就构成了国际分工和国际贸易的基础。

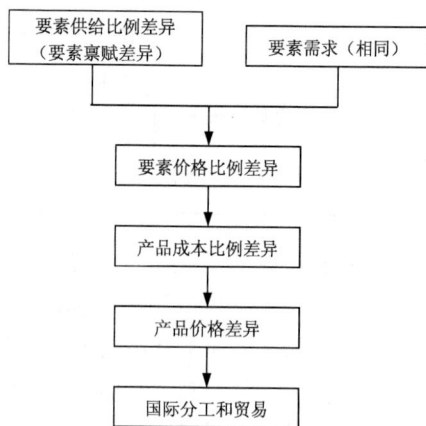

图 3.1　要素禀赋理论（H-O 模型）的推理过程

（二）要素禀赋理论的核心内容

根据要素禀赋理论的假设和推导过程，我们可以得出以下结论，也就是要素禀赋理论的核心内容：一国应当大量生产并出口那些密集使用本国充裕的生产要素生产的商品，进口那些密集使用本国稀缺的生产要素生产的商品。简而言之，一个国家在国际分工中应该遵循"靠山吃山、靠水吃水"的原则，劳动相对丰裕的国家拥有生产劳动密集型产品的比较优势，应该出口劳动密集型商品，进口资本密集型商品；资本相对丰裕的国家拥有生产资本密集型产品的比较优势，应该出口资本密集型商品，进口劳动密集型商品。

五、对要素禀赋理论的评价

（一）积极方面

要素禀赋理论从生产要素禀赋的差异来解释国际贸易的原因，这对于古典贸易理论来讲是一大创新，它从以下几个方面推动了国际贸易理论的发展。

1. 引入多种生产要素分析贸易

俄林抛弃了古典学派的单一要素论，将其理论建立在三要素论的基础上，认为劳动、资本和土地是一切社会生产中不可缺少的三个要素。这种不同种类生产要素组合起来进行生产的分析方法使国际贸易理论的分析更加符合现实。

2. 排除了各国技术水平差异的假设

李嘉图的比较优势理论是建立在各国生产者在生产同一商品时具有不同劳动生产率的基础上，而俄林认为国际贸易的根本原因是各国资源的赋予程度不同。和李嘉图相比，俄林不仅承认比较优势是国际贸易发生的基本原因，更重要的是找到了比较优势形成的源泉，即贸易双方要素禀赋的差异。

3. 采用一般均衡分析方法

俄林继承了瓦尔拉斯·卡塞尔的一般均衡理论，并开创性地把它运用到国际贸易理论的研究中来，强调国际贸易的原因和结果不是孤立和偶然的现象，而是存在于各国之间的各种商品与生产要素价格的相互依赖和作用的环节当中，将贸易理论向客观现实推进了一大步，也为国际贸易理论研究提供了一个新的方向和角度。

李嘉图和穆勒都假设两国交换是物物交换，而赫克歇尔和俄林是用等量产品不同货币价格（成本）比较两国商品的价格比例，两国的交换是货币交换，用生产要素禀赋的差异寻求解释国际贸易产生的原因和国际贸易商品结构以及国际贸易对要素价格的影响，研究更深入、更全面了。

（二）不足之处

当然，要素禀赋理论还存在许多不完善的地方，主要有以下几点。

1. 主要从供给方面进行研究，忽视了需求的作用

要素禀赋理论与古典学派的比较优势理论一样，也是从供给的角度来探讨国际贸易的原因，而忽略了需求在国际贸易中的重要性。国际贸易结构除了受到资源赋予状况影响，各国不同的需求偏好也是一个重要原因，如东南亚各国在稻米的生产上具有比较优势，产量很高，但当地人民喜食大米而很少出口，而美国的大米产量按国际标准衡量并不算高，但由于国民对大米没有特别偏好而成为主要的大米出口国。这就是需求影响贸易的明显实例。

2. 掩盖了国际分工和国际贸易发生的最重要原因

要素禀赋理论认为，生产要素禀赋的差异是决定国际分工和国际贸易的重要原因，这就忽视了社会生产力，尤其是科学技术对国际分工和国际贸易产生发展的决定性作用。事实上，自然禀赋条件只提供了国际分工和贸易产生的可能性，只有社会生产力的发展才是国际贸易产生的根本原因。

3. 是一种静态的理论，没有考虑发展问题

要素禀赋理论把各国的资源赋予程度看成是一个不变的量，从静态的角度出发来分析各国应当出口什么商品、进口什么商品，没有考虑到各国经济的发展变化。实际上，各国的资源水平是一个不断变化的量，进而各国的比较优势也是会发生变化的，一开始出口劳动密集型商品的国家，可能会变成出口资本密集型商品的国家，要素禀赋理论对这一点没有进行分析。

〰 **本节导入案例解析** 〰

该案例验证了中国的一句老话："靠山吃山，靠水吃水。"意思是说，一个地区应根据自己的资源特点来安排生产。比如，在中国，大兴安岭的木材加工业比较发达，而胶东半岛沿海地区的水产养殖业在全国领先等。

如果劳动力是唯一的生产要素，则比较优势就只能像李嘉图所假设的，来自于国家间劳动生产率的差异。但现实世界中，贸易可能并不仅仅是由于国家间劳动生产率的差异引起的。国家间资源上的差异也可能导致贸易。例如，加拿大向美国出口木材并不是因为加拿大的伐木工人比加拿大其他行业的劳动生产率高，而是由于加拿大人口少，人均森林面积比美国大。对一个国家来说，也应该根据自己拥有资源的情况来发展生产，集中生产并出口密集使用本国丰裕资源生产的产品。

〰〰〰

第二节　要素禀赋理论的拓展

〰 **案例导入** 〰

20世纪80年代初，美国汽车工人的报酬大概是日本的两倍。1981年，与日本汽车工人平均10.70美元/小时的收入相比，通用汽车的工人每小时赚得的工资和福利收入平均为19.65美元。由于受美国经济衰退、汽油价格上涨和其他因素的影响，美国对其国产汽车的需求减少。然而，美国消费者却继续购买日本汽车，甚至达到了进口限额的上限。为了避免失业，美国汽车工人联盟被迫接受了降薪的要求，以使陷于困境的汽车企业能够继续经营。毫不奇怪，美国汽车工人联盟要求政府制定贸易法规，进一步加强对进入美国的外国汽车的限制，从而把国内汽车工人的工资与国外竞争引起的市场压力隔离开。

（罗伯特·J·凯伯，2002）

该案例说明了什么？

〰〰〰

要素禀赋理论的问世，给关注国际贸易的经济学家以巨大的思想启迪，关于要素禀赋理论的研究成果纷纷出现。在所有对要素禀赋理论的拓展中，最有意义同时也是影响较大的，是与要素禀赋基本理论本身联系密切的三个定理。其中两个是关于商品价格变动与要素价格变动之间关系的定理，即托尔帕－萨缪尔森定理和要素价格均等化定理；另一个是关于要素

禀赋变化及其影响的定理，即雷布津斯基定理。

一、斯托尔帕-萨缪尔森定理

假设：一个国家以两种生产要素（如土地和劳动）生产两种商品（如小麦和布）；这两种商品各自都不是另一种商品的投入品；竞争普遍存在；要素供给既定；两要素被充分利用；无论有无贸易，一种商品（小麦）是土地密集型产品，而另一种商品（布）则是劳动密集型产品；两种要素均可在一国部门间流动，而不能在国家间流动；对外贸易提高了该国小麦的价格，降低了布的价格。

斯托尔帕-萨缪尔森定理：在上述假设条件下，从没有贸易到自由贸易的转变毫无疑问地提高了价格上升产业（小麦）所密集使用的要素（土地）的价格，降低了价格下降产业（布）所密集使用的要素（劳动）的价格。

该理论是由美国经济学家沃尔夫冈·斯托尔帕（Wolfgang Stolper）和保罗·萨缪尔森（Paul Samuelson）在 1941 年合写的《保护主义与实际工资》一文中提出并论证的，所以被称为斯托尔帕-萨缪尔森定理（Stolper-Samuelson theory），简称 S-S 定理。可以看出，斯托尔帕－萨缪尔森定理的假设引用了要素禀赋理论的全部假设条件，同时还假设两种商品都是最终产品。

对这一定理我们可作如下分析：当对外贸易提高了该国小麦的价格后，在利益动机的驱使下，人们必然会扩大小麦的产量，但是由于国内生产要素已经实现了充分的利用，所以要增加小麦的生产就必须同时减少布的生产，以便将原来生产布的要素转移到小麦的生产上来。根据假设，小麦是土地密集型产品而布是劳动密集型产品，这样每减少一单位布的生产就会富余出较多的劳动和较少的土地，每增加一单位小麦的生产则需要较多的土地和较少的劳动。在土地供给既定的条件下，随着生产转移过程的进行，地租必然会由于土地的供不应求而上涨。劳动的价格则会发生相反的变化，一开始，由于从布的生产中转移出大量的劳动力，而小麦的生产只能吸收其中的一部分，必然会造成另一部分劳动力的失业，从长期来看，这会促使劳动的价格即工资降低，因为失业者为了获得工作将会接受更低的工资。也就是说，当小麦的价格提高引起生产要素从布的生产向小麦的生产转移的过程中，为了适应要素供给总量不变的状况，必然会导致小麦所密集使用的土地的价格即地租上升，以及布所密集使用的劳动的价格即工资下降，也就是出现斯托尔帕和萨缪尔森所预言的结果。

由于要素价格就是要素所有者的报酬，因此斯托尔帕－萨缪尔森定理推导出了贸易带来的商品价格的变动和收入分配之间的关系：随着国际贸易的进行，本国商品价格会发生变化，这种变化将影响本国国内要素价格和收入分配；贸易总是有利于本国相对丰裕的生产要素所有者，不利于本国相对稀缺的生产要素所有者。

由于贸易在一国内部形成贸易的既得利益者和利益受损者，其国内更密集使用相对稀缺要素的产品行业作为受损者，总是希望通过关税等贸易保护措施提高进口产品的价格，从而减少竞争，提高本国同类产品价格和稀缺要素所有者的报酬。

斯托尔帕-萨缪尔森定理的结论表明，国际贸易虽然能提高整个国家的福利水平，但是并不对每一个人都有利，一部分人在收入增加的同时，另一部分人的收入却减少了。国际贸易会对一国要素收入分配格局产生实质影响，这也恰巧是为什么有人反对自由贸易的原因。

二、要素价格均等化定理

斯托尔帕-萨缪尔森定理的进一步发展,便是要素价格均等化定理。赫克歇尔与俄林不仅认为不同国家的不同要素禀赋是国际贸易产生的根本原因,而且进一步论述了国际贸易不仅会使各国产品的价格趋于均等,还会导致各国生产要素的相对价格和绝对价格趋于均等,由此提出了要素价格均等化定理。从逻辑上,该定理被看作要素禀赋理论的推论。美国经济学家保罗·萨缪尔森发展了这个观点,因此该定理又被称为赫克歇尔-俄林-萨缪尔森定理,简称H-O-S定理。

名家观点

产生国际贸易的前提条件可以概括为相互进行交换的国家之间生产要素的相对稀缺程度(即生产要素的相对价格)和不同产品中所用生产要素的不同比例。这时假设在不同国家里,任何一种给定产品的生产技术是相同。并且,根据此假设,贸易就必然会继续发展直到各国相对稀缺的生产要素的价格出现均等化。

——赫克歇尔(瑞典)

1. 要素价格均等化定理的逻辑推导

要素价格均等化的逻辑过程,可以借助一张简单的表格予以描述,见表3.4。

贸易开始前,由于两国要素禀赋存在差异,因而两国的要素价格不一致。随着贸易发生,原来A国相对价格较低的X商品,由于对方国家的需求,其相对价格趋于上升。依据前面的分析,X商品所密集使用的生产要素——资本的价格上涨,而劳动的价格下跌。于是,原来在A国比较廉价的资本现在变得不那么廉价了,而原来在A国比较昂贵的劳动现在也因贸易变得不那么昂贵了。在B国,则出现相反的情况,原来比较昂贵的资本现在变得不太昂贵了,原来比较廉价的劳动现在也不那么廉价了。

表3.4 要素价格均等化的过程

	A 国	B 国
生产要素禀赋状况	资本相对丰裕、劳动相对稀缺	劳动相对丰裕、资本相对稀缺
贸易前生产要素价格	资本相对便宜、劳动相对昂贵	劳动相对便宜、资本相对昂贵
两种产品 X 和 Y	X 是资本密集型产品	Y 是劳动密集型产品
贸易前两种产品价格	X 产品在 A 国相对便宜	Y 产品在 B 国相对便宜
贸易	出口 X 产品、进口 Y 产品	出口 Y 产品、进口 X 产品
贸易对商品价格的影响	X 产品的价格相对上升、Y 产品的价格相对下降	Y 产品的价格相对上升、X 产品的价格相对下降
	两国 X 产品及 Y 产品的价格达到一致	
贸易与两国生产结构	X 产品的产量增加、Y 产品的产量减少	Y 产品的产量增加、X 产品的产量减少
贸易与两国生产要素需求	资本密集型的 X 产品产量增加,导致资本需求增加快于劳动需求增加;劳动密集型的 Y 产品产量减少,导致资本量需求量减少较少,而劳动量需求减少较多。结果:资本需求量增加,劳动需求量减少	劳动密集型的 Y 产品产量增加,导致劳动需求增加较多,资本需求增加较少;资本密集型的 X 产品产量减少,导致资本需求量减少较多,而劳动量需求减少较少。结果:劳动需求量增加,资本需求量减少
贸易与两国要素价格	资本的价格相对上升、劳动的价格相对下降	劳动的价格相对上升、资本的价格相对下降
	在一定条件下,两国资本及劳动的价格达到一致	

随着贸易的开展，两国 X、Y 商品各自的相对价格差异会不断缩小，并最终达到均等。在这个过程中，两国各自的丰裕要素的价格不断上升，稀缺要素的价格不断下降。随着商品价格的拉平，两国要素价格也将达到均等。

2. 俄林的观点

俄林认为，要素价格完全相同几乎是不可能的，要素价格均等只是一种趋势，其主要原因有以下几点：

（1）影响市场价格的因素复杂多变，而不同地区的市场又存在差别，价格水平难以一致；

（2）生产要素在国际间不能充分流动，即使在国内，生产要素从一个部门移向另一个部门，也不是充分便利的；

（3）产业对几个要素的需求往往是"联合需求"，而且它们的结合不能任意改变，这种整体性和固定性的结合，影响了要素价格的均等；

（4）集中的大规模生产必然使有些地区要素价格相对较高，而另一些地区要素价格相对较低，从而阻碍了生产要素价格的完全均等。

名家观点

此外，在前面假定的条件下，贸易直接的后果是各地商品价格趋于一致。只要没有运输成本或其他贸易阻碍，一切商品在各地区一定会有相同的价格。而国际贸易会趋向于（至少是部分地）消除生产要素的价格差异，即消除工资、地租、利息、利润等的国际差异。

——俄林（瑞典）

3. 萨缪尔森的观点

萨缪尔森认为，国际贸易将使不同国家间生产要素相对价格和绝对价格均等化，这种均等化不是一种趋势，而是一种必然。

名家观点

自由贸易不仅使两个贸易国家的商品价格相等，而且使两国生产要素价格相等，最终两国工人获得相同的工资率，资本（土地）获得同样的利润（租金），而不管两国生产要素供给和需求模式如何。

——萨缪尔森（美国）

萨缪尔森认为，国际贸易会导致各种要素相对价格的完全均等化是由于在多种要素相对价格有差异的情况下，贸易仍将持续扩大和发展，而贸易的扩大和发展将会减少两国间要素价格的差异，直到两国国内各种商品的相对价格完全均等化为止，这时就意味着两国国内的要素相对价格也完全均等化了。

他还进一步论证了两国要素绝对价格的均等化问题。在要素的相对价格均等化、商品市场和要素市场存在着完全的自由竞争以及两国使用同样的技术等条件下，国际贸易将会导致要素的绝对价格完全均等化。当然，如果通过国际贸易导致要素的价格均等化了，那么两国商品的价格差异也将不复存在，国际贸易将会停止。但实际上只要两国间的要素禀赋差异没有发生根本改变，这种现象就只能是暂时的。因为随着国际贸易的终止，要素价格的差异又会重新产生，商品价格的差异也随之产生，国际贸易又将恢复。

需要指出的是，要素价格均化定理是在一系列的假设条件下推导出来的。观察一下现实世界，就会发现满足这些条件十分困难，甚至是不可能的。例如，各国并非使用同样的生产技术，各国间的运输费用和贸易壁垒也阻碍各国商品相对价格均等化。此外，许多企业处于不完全竞争市场上，其运作也不是规模报酬不变的，因此国际贸易并没有使各国的工资和利率实现相对的均等化。相同的生产要素，如具有同样技能的劳动者，在各个国家中并不能挣到同样的收入，而且差别可能是相当大的。导致这一现实状况的原因就在于要素价格均等化定理所依赖的一些假设在当今世界大多是不成立的。但是，这些并不能推翻要素价格均等化定理，因为如果没有国际贸易，这些国际差异要比现在大得多。所以说，要素价格均等化定理是适用的。国际贸易缩小了要素价格的国际差异，而不是将其完全消除，还是比较符合实际的。

三、雷布津斯基定理

要素禀赋理论建立在一国拥有的要素总量固定不变的基础上。但在现实中，各国的生产要素禀赋不是固定不变的，而是会随时间推移而发生变化的，这将带来什么样的后果呢？

塔德乌什·雷布津斯基（Tadeusz Rybczynski）是英籍波兰经济学家，他于 1955 年在《要素禀赋与相对商品价格》中阐述了一国生产要素禀赋的变化对该国产出及国际贸易的影响，提出了雷布津斯基定理。该定理认为，在商品的相对价格保持不变的前提下，某种要素的增加会导致密集使用该要素的产品生产产量增加，而使密集使用其他生产要素的产品产量减少。

例如，一国资本的增加会使该国资本密集型产业的生产增加，同时会减少该国劳动密集型产业的生产。这是因为资本的增加使资本的成本降低，资本密集型产业使用资本的比例大，因而该国资本密集型产品成本降低的程度大于劳动密集型产品，资本密集型产品价格下降明显，同时利润的增加又使资本密集型产业生产扩张。此外，由于资本密集型产业生产的增加需要增量劳动要素的配合，因此劳动密集型产业不得不缩小生产规模，以便释放出一定的劳动转移到资本密集型产业。劳动密集型产业在释放出劳动的同时，还会释放出一定的资本，这部分资本也需要资本密集型产业来吸收。

雷布津斯基定理还认为，如果密集使用增加要素的产品属于这个国家的原有比较优势产品，随着这种要素供给量的增加，其产品的出口量也将随之增加。如果密集使用增加要素的产品不属于这个国家的原有比较优势产品，随着这种要素供给量的增加会逐步增强该国进口替代产品的生产能力，从而减少从国外进口竞争性产品；同时由于要素使用发生转移，在这种条件下该国原有比较优势产品的出口将会减少。

雷布津斯基定理在实践中的一个典例的例子就是"荷兰病"。荷兰病（the Dutch disease）是指一国特别是中小国家经济的某一初级产品部门异常繁荣而导致其他部门衰落的现象。20 世纪 50 年代，已是制成品出口主要国家的荷兰发现大量石油和天然气。荷兰政府大力发展石油、天然气产业，该国劳动和资本转向资源出口部门，使荷兰资源出口剧增，国际收支出现顺差，经济显现繁荣景象。可是，蓬勃发展的天然气产业却严重打击了荷兰的农业和制造业，削弱了原有的出口行业，尤其是制造业的国际竞争力。到 20 世纪 80 年代初期，荷兰受到通货膨胀、制成品出口下降、收入增长率降低、失业率增加的困扰，国际上称之为"荷兰病"。

~~~ 本节导入案例解析 ~~~

通过斯托尔帕-萨缪尔森定理和赫克歇尔-俄林-萨缪尔森定理，我们知道国际贸易会导致参与国的商品价格发生变化，而这种变化也将影响该国国内要素价格和收入分配，使该国相对稀缺的生产要素所有者（在本案例中为汽车产业工人）的利益受损。

和日本的汽车贸易对美国汽车产业工人的劳动报酬产生了实质性的不利影响，导致美国汽车产业工人希望通过贸易保护措施来限制日本汽车的进口，从而减少竞争，提高本国汽车产品的价格和汽车工人的工资。

第三节　里昂惕夫之谜及其解释

自从 20 世纪初赫克歇尔、俄林提出要素禀赋理论以来，在很长的一段时间里该理论逐渐为西方经济学界所普遍接受，并成为解释国际贸易产生原因的主要理论。由于要素禀赋理论所揭示的道理同人们的常识一致，许多西方学者对其深信不疑，一些学者试图通过经验数据对其进行检验，企图进一步从实证的角度证明这一理论的实用性和正确性。但是，实证检验的结果使得这一理论在第二次世界大战后遭遇到了重大挑战。里昂惕夫对要素禀赋理论所进行的检验，既是第一次也是最具代表性的一次。他的研究工作对要素禀赋理论的后续发展产生了重大影响，也成为第二次世界大战后新的国际贸易理论产生的一个契机。由于里昂惕夫的检验结果与要素禀赋理论并不相符，因而被称为里昂惕夫悖论或里昂惕夫之谜（Leontief Paradox）。

一、里昂惕夫之谜的提出

沃西里·里昂惕夫（Wassily W Leontief，1906—1999）是哈佛大学经济学教授，因为在投入产出学方面的杰出贡献获诺贝尔经济学奖。

里昂惕夫深信要素禀赋理论，并想通过美国的数据来检验要素禀赋理论的正确性。在第二次世界大战结束之初，人们普遍认为美国是个资本丰富而劳动力稀缺的国家，根据要素禀赋理论，里昂惕夫期望能够得出美国出口资本密集型产品、进口劳动密集型产品的结论。

里昂惕夫利用投入产出表来进行验证。1953 年，他对 1947 年美国 200 个行业进行了分析，把生产要素分为资本和劳动两种，然后选出具有代表性的一揽子出口品和一揽子进口替代品，计算出每百万美元的出口品和每百万美元的进口替代品所需国内资本和劳动量及其比例。所谓进口替代品是指可替代国外进口商品的本国产品。例如，由于生产上的不完全分工，美国不仅从西欧、日本进口汽车，本国也制造汽车供国人消费，美国本土产汽车即是其进口汽车的进口替代品。

里昂惕夫被迫使用美国进口替代品的数据，是因为美国进口的外国商品数据不全。即使这样，里昂惕夫仍能正确得出以下结论：如果要素禀赋理论成立，尽管美国进口替代品比美国实际进口产品更加资本密集（因为美国的资本比其他国家相对便宜），但其密集程度仍应低于美国的出口商品。里昂惕夫的实证研究结果如表 3.5 所示。

表 3.5　每百万美元的美国出口品和进口替代品对国内资本和劳动力的需求[①]

	1947 年		1951 年	
	出口品	进口替代品	出口品	进口替代品
资本（美元）	2 550 780	3 091 339	2 256 800	2 303 400
劳动（人/年）	181.31	170.00	173.91	167.81
人均资本量（美元）	14 015	18 184	12 977	13 726

根据表 3.5，在 1947 年，美国每生产 100 万美元的出口商品，使用资本 2 550 780 美元，劳动力约 182 个，即每个工人耗用的资本量为 14 015 美元。同时，美国每生产 100 万美元的进口替代品，则耗用 3 091 339 美元资本和 170 个劳动力，即每个工人耗用的资本量为 18 184 美元。这样，美国进口替代品与出口商品的人均资本量比值约为 1.30（18 184÷14 015）。里昂惕夫的计算结果令人震惊。美国进口替代品的资本密集程度竟然比美国出口商品的资本密集程度高约 30%，这意味着美国进口以资本密集型产品为主，出口以劳动密集型产品为主。其结果正好与要素禀赋理论的预测相反，这就是著名的里昂惕夫之谜。

名家观点

　　美国之参加国际分工是建立在劳动密集型生产专业化基础之上，而不是建立在资本密集型生产专业化基础之上的。换言之，这个国家是利用对外贸易来节约资本和安排剩余劳动力的，而不是相反。

——里昂惕夫（美）

里昂惕夫的惊人发现引起了经济学界的极大关注，一些人试图对要素禀赋理论进行重新评价，另一些人则怀疑里昂惕夫在数据的计算上存在问题。在这种情况下，里昂惕夫仍然对要素票赋理论深信不疑，为此，里昂惕夫在 1956 年又利用投入产出法对美国 1951 年的贸易结构进行第二次检验，结果发现美国进口替代品占有的资本仍高于美国出口商品约 6%（13 726÷12 977−1）[②]，如把投入-产出系数中的资本替代也考虑在内，则高出 17.57%，里昂惕夫之谜仍然存在。

二、对里昂惕夫之谜的各种解释

"里昂惕夫之谜"的出现引起国际贸易理论界的很大震动。一些学者采用投入产出法又对其他一些国家进行验证，得出了互相矛盾的研究结果。

斯托尔帕和劳斯坎普（1961）[③]对民主德国的研究表明，民主德国在出口资本密集型商品和进口劳动密集型商品，而民主德国与其东欧的主要贸易伙伴相比是资本相对丰裕的国家，因此该实证研究支持了 H-O 定理。建元正弘和市村真一（1959）[④]对日本研究的结果表明，

---

　　① 本表数据来源：Wassily Leontief. 1953. Domestic Production and Foreign Trade: The American Capital Position Re-Examined [J]. Proceedings of the American Philosophical Society，97：331-349.；Wassily Leontief. 1956. Factor Proportions and the Structure of American Trade: Further Theoretical and Empirical Analysis [J]. Review of Economics and Statistics，38：386-407。

　　② 数据来源同表 3.5。

　　③ Wolfgang F Stolper and Karl Roskamp. 1961. Input-Output Table for East Germany, with Applications to Foreign Trade[J]. Bulletin of the Oxford Institute of Statistics，November.

　　④ MTatemoto and S. Ichimura. 1959. Factor proportions and the foreign trade. The case of Japan[J]. Review of Economics and Statistics，41：442-8.

日本向欠发达国家出口资本密集型产品并进口劳动密集型商品，因为与这些贸易伙伴相比，日本被认为是资本相对丰裕的国家；同时在与美国的双边贸易中，日本出口劳动密集型商品并进口资本密集型商品，因为在一定的时期内，相对美国而言，日本是劳动力相对充裕的国家。这些结论都支持了 H-O 定理。

巴哈德瓦奇（1962）[1]发现，印度的贸易总体上正如人们所预料的，出口劳动密集型商品而进口资本密集型商品，可印度却向美国出口资本密集型商品，进口劳动密集型商品。沃尔（1961）[2]的分析表明加拿大出口的产品为相对资本密集型，由于加拿大的大部分贸易是与美国进行的，而美国相对于加拿大是资本丰裕的国家，所得结论与 H-O 定理相悖。可见，里昂惕夫之谜有一定的普遍性。

里昂惕夫之谜产生后，有些学者致力于 H-O 定理的进一步检验，有些学者致力于破解该谜，有些学者认识到 H-O 定理的局限性，开始研究新的国际贸易理论，提出了许多有价值的观点。

1. 劳动效率的差异

这个观点最早由里昂惕夫本人提出。里昂惕夫认为，"谜"产生的根本原因是各国的劳动生产率不同，美国的劳动熟练程度或劳动效率比其他国家高。里昂惕夫认为，1947 年美国工人的劳动生产率大约是外国工人的 3 倍，运用同样数量的资本，美国工人的产出比较多；虽然从表面上看，美国资本丰富、劳动力短缺，但由于美国工人可以以一当三，经过换算以后，实际上美国劳动力相对丰富、资本相对短缺。但是，里昂惕夫本人对"谜"的解释非常笼统，仅停留在提出观点的层面，而且提出的劳动力系数"3"也完全是由其本人主观经验来确定的。一些实证研究也否定了里昂惕夫的观点。例如，美国经济学家克雷宁（1965）[3]经过验证，认为美国工人的劳动效率与欧洲工人相比，仅高出 20%～25%，不足以解释里昂惕夫之谜。里昂惕夫本人后来也否定了这种解释。

后来，美国经济学家基辛（1965）[4]对这个问题做了进一步的研究。他按技术熟练、复杂程度，将企业人员划分为 8 个等级，并以此为基础，将他们从事的劳动分为熟练劳动与非熟练劳动两大类。熟练劳动包括前 7 个等级，即科学家和工程师、技术员和制图员、其他专业人员、厂长和经理、机械工人和电工、熟练的手工操作工人、办事员和销售员等的劳动；非熟练劳动指第 8 个等级，即不熟练和半熟练工人的劳动。基辛（1966）[5]将这种分类应用到包括美国在内的 14 个国家和地区的 1962 年进出口情况的分析中，结果发现，美国出口产品所使用的熟练劳动占全部劳动的比重大约为 55%，比美国进口替代产品使用的熟练劳动占全部劳动的比重 43%要高，且与其他国家相比，美国所使用的熟练劳动比例最高。基辛据此推断，美国本质上是一个劳动力要素相对密集的国家，美国拥有大量技术熟练工人，这是它

① RBharadwaj. 1962. Factor Proportions and the Structure of India-U.S. Trade[J]. Indian Economic Journal, 10(2): 105-116.

② DFWahl. 1961. Capital and Labor Requirements for Canada's Foreign Trade[J]. Canadian Journal of Economics and Political Science, August 27：349-58.

③ Mordechai E Kreinin. 1965. Comparative Labor Effectiveness and the Leontief Scarce Factor Paradox[J]. American Economic Review, March35: 131-140.

④ Donald B. Keesing. 1965. Labor skills and international trade: Evaluating many trade flows with a single measuring device[J].Review of Economics and Statistics 47, No. 3：287-94.

⑤ Donald B. Keesing. 1966. Labor Skills and Comparative Advantage[J].American Economic Review，May: 249-258.

真正的优势所在，因此根据 H-O 理论，美国理应出口高技能劳动密集型产品，进口资本密集型产品。

2. 人力资本的差异

美国经济学家凯能（1965）[①]等将基辛的观点做了进一步发展，提出用人力资本的差异来解释"谜"的产生。他们认为，在国际贸易中使用的资本既包括物质资本（physical capital），也包括人力资本（human capital）。所谓人力资本，是指所有能够提高劳动生产者技能的教育投资、工作培训、保健费用等开支，其作用是提高劳动者的技能，进而提高劳动生产率。里昂惕夫计量的资本只包括机器、设备、厂房等物资资本，而忽略了人力资本。由于劳动不可能是同质的，熟练劳动是投资的结果，也是资本支出的产物。美国出口产业相对于其进口替代产业，劳动力因为接受了更多的教育、培训投资，因而比国外劳动包含更多的人力资本。简单地用美国的资本和劳动人数或劳动时间来计算美国出口产品的资本劳动比率（K/L），可能没有反映美国人力资本和其他国家人力资本的区别。如果把前期投资形成的当期人力资本分离出来，再将其加到实物资本中，重新计算的结果是美国出口产品的 K/L 高于美国进口替代品的 K/L，从而很明显地得出美国出口资本密集型产品、进口劳动密集型产品这一结论。但这种解释的困难在于，人们很难准确地获得人力资本的真正价值以及相关的数据。

3. 要素密集度逆转

琼斯（1956）[②]认为要素密集度逆转可能是昂惕夫之谜出现的原因。要素密集度逆转（factor intensity reversal）是指同一种产品在劳动丰裕的国家是劳动密集型产品，在资本丰裕的国家又是资本密集型产品的情形。当所生产产品的投入要素之间的替代弹性较大时，生产要素之间的价格变动就会影响商品的要素密集度。例如，X 商品属于劳动密集型商品，但是由于工资上涨，资本就会替代一部分劳动，随着替代比例逐渐提高，X 商品就有可能由原来的劳动密集型商品转变为资本密集型商品。由于每一个国家生产要素价格不同，就有可能出现这样的情况：资本丰裕而劳动稀缺的国家（如美国）由于劳动力价格昂贵而资本便宜，往往会在劳动密集型商品（如玩具）生产中使用更多的资本而非劳动，玩具在美国就变成了资本密集型商品；而在劳动密集型国家（其他国家）由于劳动丰裕而资本相对稀缺，劳动力便宜而资本昂贵，玩具生产中仍然使用大量的劳动，属劳动密集型商品。这样一来，要素密集度就发生了逆转。一旦要素密集度发生逆转，一种商品究竟是劳动密集型商品还是资本密集型商品，就没有一个绝对的标准。

如果存在要素密集度逆转，美国的进口商品在国外来说是劳动密集型产品，但在美国就有可能是资本密集型产品。由于里昂惕夫在计算美国出口商品的资本劳动比率时，用的是美国的投入产出数据，对于美国的进口商品，用的是美国国内进口替代品的资本劳动比率，而不是美国进口商品的资本劳动比率，这就有可能导致出现美国进口资本密集型商品，出口劳动密集型商品的结论，从而使得美国要素禀赋与比较优势的联系发生颠倒。

---

① P. B. Kenen. 1965. Nature, Capital and Trade[J]. Journal of Political Economy.October: 437-460.

② R. Jones. 1956. Factor proportions and the Heckscher-Ohlin theorem[J].Review of Economic Studies, 24: 1-10.

示例

　　同样是农产品，在美国由于资本比较丰富，所以就运用大量的机械进行耕作，表现为资本密集型商品；而在中国由于劳动要素非常丰富，所以采用手工作业的方式进行生产，表现为劳动密集型商品。

　　生产要素密集度的逆转在现实世界里确实存在，问题是它出现的概率有多大。检验表明，在现实生活中，要素密集度逆转的发生概率极小。里昂惕夫（1964）[①]在对明纳斯（1963）[②]实证研究资料进行定量分析的基础上指出，要素密集度逆转的发生率只有 1%。因此，用要素密集度逆转来解释里昂惕夫之谜虽然在理论上可行，但在实证上并无多大意义。

4. 贸易壁垒说

　　克拉维斯（1956）[③]的研究发现，美国受贸易保护最严重的产业就是劳动密集型产业，这影响了美国的贸易模式，降低了美国进口替代品的劳动密集度。这对解释里昂惕夫之谜有一些帮助。

　　在要素禀赋理论中，贸易被假定是自由的。事实上，包括美国在内的绝大多数国家都或多或少对进口产品实行了限制措施，国际间商品流通因受到限制，所以不完全符合要素禀赋理论揭示的规律。里昂惕夫在研究中如实地引用了原始的统计资料，没有剔除关税及其他贸易壁垒对美国贸易结构的影响。事实上，美国政府为了解决国内就业，会迫于工会的压力，在制定对外贸易政策时有严重保护本国劳动密集型产业的倾向，致使美国劳动密集型产品的进口关税和非关税壁垒比较高。这种对劳动密集型产品的进口限制，导致了里昂惕夫之谜。如果实行自由贸易或美国政府不实行这种限制的话，美国进口商品的劳动密集程度一定比实际高。鲍德温（1971）[④]的研究表明，如果美国进口商品不受限制的话，其进口商品的资本-劳动比率将比实际高 5%。

　　另外，别的国家也可能对自己的资本密集型产业进行较高的保护，这样会使美国资本密集型产品的出口受到一定限制。因此，有人预测，如果美国及其贸易伙伴之间相互开展自由贸易，则美国会更多地进口劳动密集型商品，出口资本密集型商品，这样一来，里昂惕夫之谜就不存在了。这一研究可以说在部分程度上对里昂惕夫之谜做出了解释。

5. 自然资源说

　　美国经济学家瓦尼克（1963）[⑤]认为，里昂惕夫在计算时只考虑了劳动和资本两种生产要素，未考虑其他生产要素，如自然资源。事实上，一些商品既不是劳动密集型产品，也不是资本密集型产品，而是自然资源密集型产品。美国进口的许多商品属于自然资源密集型商品，在两要素模

---

　　① Wassily Leontief. 1964. International Factor Costs and Factor Use: Comment[J]. American Economic Review, LIV, June: 335-345.

　　② B.S. Minhas. 1963. An International Comparison of Costs and Factor Use[M]. Amsterdam: North-Holland Publishing Co.

　　③ Irving B. Kravis. 1956. Wages and Foreign Trade. Published in: The review of economics and statistics[J]. Cambridge, Mass : MIT Press, ISSN 0034-6535, ZDB-ID 2079628. - Vol. 38.

　　④ R.E.Baldwin. 1971. Determinants of the Commodity Structure in U.S. Trade[J]. American Economic Review, 61: 126-146.

　　⑤ Jaroslav Vanek. 1963. The Natural Resource Content of the United States Foreign Trade 1870-1955[M]. Cambridge, MA: MIT Press.

型中将其划分为资本或劳动密集型商品，显然是不正确的。此外，各国自然资源禀赋不同，会直接影响到产品中的资本劳动比率。瓦尼克认为，美国进口商品中的60%～70%是工业原料和初级产品，其中大部分是木材和矿产品，是美国相对稀缺的资源，美国国内生产这些商品是高度资本密集的，但在其他国家则是依赖大量劳动投入生产出来的，而里昂惕夫在分析时，是使用美国本土生产的进口替代品的数据来替代美国进口商品的数据，这就可能导致里昂惕夫之谜。

三、对里昂惕夫之谜的评价

综上所述，里昂惕夫对要素禀赋理论的验证，不仅开创了用投入产出法一类经验手段检验理论假说的先河，大大推动了国际贸易的实证研究，而且第一个指明该理论学说与事实相悖，从而促进了战后各种各样贸易理论和见解的涌现。可见，里昂惕夫之谜已成为第二次世界大战后国际贸易理论发展的基石。对该谜的种种解释也没有从根本上否定要素禀赋理论，而只是试图改变该学说的某些理论前提以适用实际情况。

📖 本章小结

本章主要介绍以赫克歇尔和俄林的要素禀赋理论为发端的新古典国际贸易理论，其内容主要包括要素禀赋理论、要素禀赋理论的拓展定理、里昂惕夫之谜以及对"谜"的各种解释。

要素禀赋理论认为一国应当大量生产并出口那些密集使用本国充裕的生产要素生产的商品，进口那些密集使用本国稀缺的生产要素生产的商品。该理论不仅承认比较优势是国际贸易发生的基本原因，更重要的是找到了比较优势形成的源泉，即贸易双方要素禀赋的差异。

要素禀赋理论提出后，又有经济学家在此基础上对该理论进行了拓展，其中影响较大的是斯托尔帕-萨缪尔森定理、要素价格均等化定理和雷布津斯基定理。

斯托尔帕-萨缪尔森定理认为从没有贸易到自由贸易的转变将提高价格上升产业所密集使用的要素的价格，降低价格下降产业所密集使用的要素的价格。并由此推导出贸易带来的商品价格的变动和收入分配之间的关系，即随着国际贸易的进行，本国商品价格会发生变化，这种变化也将影响本国国内要素价格和收入分配；贸易总是有利于相对丰裕的生产要素所有者，不利于相对稀缺的生产要素所有者。

要素价格均等化定理认为，国际贸易不仅使各国产品的价格趋于均等，还会导致各国生产要素的相对价格和绝对价格趋于均等化。

雷布津斯基定理则认为，在商品的相对价格保持不变的前提下，某种要素的增加会导致密集使用该要素的产品产量增加，而使密集使用其他生产要素的产品产量减少。如果密集使用增加要素的产品属于这个国家的原有比较优势产品，随着这种要素供给量的增加，其产品的出口量也将随之增加；如果密集使用增加要素的产品不属于这个国家的原有比较优势产品，这种要素供给量的增加会逐步增强该国进口替代品的生产能力，从而减少从国外进口竞争性产品，同时由于要素使用发生转移，在这种条件下该国原有比较优势产品的出口将会减少。

要素禀赋理论提出之后，里昂惕夫首次运用投入产出法对该理论进行了检验，首创用数据对理论进行检验的先河，结果发现美国的情况与要素禀赋理论的结论不符。按照要素禀赋理论的观点，美国是资本充裕而劳动相对稀缺的国家，因此应该出口资本密集型产品而进口劳动密集型产品，但是根据美国1947年和1951年的数据，美国出口的反而是劳动密集型产品，进口的却是资本密集型产品，由此提出轰动一时的里昂惕夫之谜。之后，许多经济学家纷纷对此提出了各种解释，如劳动效率的差异、人力资本的差异、要素密集度逆转、贸易壁垒说、自然资源说等，从不同角度对里昂惕夫之谜进行了一定程度的解释，并促进了战后各种各样的贸易理论的涌现。

练习题

一、名词解释

要素禀赋　要素密集度　要素丰裕度　要素禀赋理论　斯托尔帕-萨缪尔森定理　要素价格均等化定理　雷布津斯基定理　荷兰病　里昂惕夫之谜

二、单选题

1. 要素禀赋理论认为产生国际贸易的根源是（　　　）。

   A. 劳动生产率的绝对差异　　　　　　B. 劳动生产率的绝对差异

   C. 商品价格的国际差异　　　　　　　D. 生产要素禀赋的国际差异

2. 在要素禀赋理论的拓展中，（　　　）是关于要素禀赋变化及其影响的定理。

   A. 斯托尔帕 - 萨缪尔森定理　　　　　B. 要素价格均等化定理

   C. 雷布津斯基定理　　　　　　　　　D. 里昂惕夫之谜

3. 从没有贸易到自由贸易的转变毫无疑问地提高了价格上升产业所密集使用的要素的价格，降低了价格下降产业所密集使用的要素的价格，这是（　　　）的主要内容。

   A. 斯托尔帕-萨缪尔森定理　　　　　　B. 要素价格均等化定理

   C. 雷布津斯基定理　　　　　　　　　D. 里昂惕夫之谜

4. 一国拥有的劳动要素相对充裕，故它应专门生产劳动密集型产品对外进行交换，这种说法来自（　　　）。

   A. 李嘉图的比较优势理论　　　　　　B. 亚当·斯密的绝对优势理论

   C. 赫克歇尔和俄林的要素禀赋理论　　D. 克鲁格曼的产业内贸易理论

5. 根据生产要素禀赋进行国际分工的理论是由（　　　）提出的。

   A. 赫克歇尔和俄林　　B. 大卫·李嘉图　　C. 亚当·斯密　　　　D. 克鲁格曼

三、多选题

1. 生产一单位 X 商品需投入资本 10 单位，劳动力 2 单位，生产一单位 Y 商品需投入资本 1 单位，劳动力 5 单位，按要素禀赋理论（　　　）。

   A. X 是劳动密集型产品　　　　　　　B. X 是资本密集型产品

   C. Y 是劳动密集型产品　　　　　　　D. Y 是资本密集型产品

2. （　　　）是对里昂惕夫之谜的解释。

   A. 劳动效率的差异　　B. 人力资本的差异　　C. 贸易壁垒的存在

   D. 自然资源因素被忽略　　　　　　　E. 要素密集度发生逆转

3. 以下（　　　）属于要素禀赋理论的假设。

   A. 国家间技术水平相同　　　　　　　B. 不会发生生产要素密集度逆转

C. 生产规模报酬不变   D. 无运输费用

E. 贸易平衡

四、判断题

1. 根据要素禀赋理论的推论，贸易在一国内部形成贸易的既得利益者和利益受损者，更密集使用相对稀缺要素的产品行业将受损。（   ）

2. 要素价格均等化意味着在现实世界中各国同一种要素的价格将会完全相同。（   ）

3. 要素禀赋理论是从需求方面来解释国际贸易的起因的。（   ）

4. 要素密集型是一个相对的概念。（   ）

5. 要素丰裕度是一个绝对的概念。（   ）

五、简答题

1. 衡量要素丰裕度有哪两种方法？

2. 简述要素禀赋理论的推导过程。

3. 根据斯托尔帕-萨缪尔森定理说说为什么会有人反对自由贸易。

4. 什么是要素密集度逆转？在什么情况下才会发生这种现象？

课外思考实践题

1. 中国的土地面积比澳大利亚大得多，但为什么澳大利亚的农产品比中国更有竞争力？

2. 日本和澳大利亚相比，日本土地资源相对稀缺而劳动力相对充裕，澳大利亚则土地资源相对充裕而劳动力相对稀缺，两国都能生产纺织品和小麦，纺织品属于劳动密集型产品，小麦属于土地密集型产品，按照要素禀赋理论的观点，日本和澳大利亚分别应该出口哪种产品？

第四章　当代国际贸易理论

【学习目标】

学习完本章后，你应该能清楚地知道：

（1）国际贸易新要素理论如何扩展了生产要素的内涵与外延；

（2）技术差距理论和产品生命周期理论的主要内容；

（3）波特的国家竞争优势理论的主要内容；

（4）产业内贸易的测量方法及主要理论模型。

第一节　国际贸易新要素理论

传统国际贸易理论仅仅把生产要素归结为土地、劳动和资本三种。随着现代国际经济的发展，西方经济学家赋予了生产要素新的内涵，并扩展了生产要素的外延，他们认为，生产要素不仅包括土地、劳动和资本，还包括技术、人力技能、研究与开发、信息、规模经济与管理等新型生产要素，从而形成了国际贸易新要素理论。同时，要素密集性的变换、要素的国际流动都使要素功能增加，使新要素理论更加充实。

一、新型生产要素

1. 技术要素

传统经济学家通常把生产要素定义为生产过程的投入物，这样就把使用这些投入物的工艺规程或方式方法，即技术排除在生产要素之外。但是，技术作为生产过程中的知识、技巧和熟练程度的积累，不仅能够提高土地、劳动和资本要素的生产率，而且可以提高三者作为一个整体的全要素生产率，从而改变土地、劳动和资本在生产中的相对比例关系。从这个意义上说，技术也是一种独立的生产要素。

技术作为生产要素可以看成是相关的生产要素的数量增加。使单位产品成本下降或同样投入能有更多产出的技术实质上等于生产要素供应量的扩大。就技术使劳动力及其他生产要素的生产率提高的程度而言，可以把技术看作这些生产要素按照各自的生产率提高的比例而扩大的供应量。

和其他生产要素一样，技术也是可以流动的。但是，技术的流动又有其特殊性。一方面，由于技术往往依附于其他生产要素，这就使技术的流动难以独立进行，而且有时还会因此而影响其他要素的流动。另一方面，由于技术具有专门性，因此技术的流动不能像其他要素那样可以相对容易地进行重新配置和组合，而只能用于某种特定的生产过程中。同时，由于技术是一种可以取得专利权使用费、特许证费、特许权费及利润等报酬的生产要素，因而其流动的代价较高且过程较复杂。和其他生产要素一样，技术要素要越过国界是相当困难的，主要原因有技术的支付费用高昂、发明者或拥有者的保守、政府对技术的管制、技术运用的条件与环境等。

技术作为生产要素在现代经济活动中的地位越来越重要。要素生产率的提高或要素的节约、商品成本和价格的降低、产品质量效能的优化、生产经营水平的提高、产品国际市场竞争力的增强等无一不是依靠技术水平的提高。当今国际经济竞争说到底就是技术水平的竞争。

2. 人力技能要素

西方经济学家认为，各国劳动要素生产率的差异实质上就是人力技能的差异。因此，人力技能也是一种生产要素，而且是越来越重要的生产要素。主张人力技能理论的经济学家把劳动分为两大类：一类是简单劳动，即无须经过专门培训就可以胜任的非技术性的体力劳动；另一类是技能劳动，即必须经过专门培训形成一定的劳动技能才能胜任的劳动。要对劳动者进行专门培训，就必须进行投资，因此，体现在劳动者身上的、以劳动者的数量和质量表示的资本就是人力资本。由于人力资本投资持续时间不同、投资形式存在差别、投资领域不一致（亦即教育培训的具体内容和项目不同）等原因，造成了劳动力质的差别，从而使人力资本作为一种特殊资本在生产过程中的效力不同。

人力资本的投资形式通常包括正规的学校教育，在职的岗位培训，合理的人员配置，必备的卫生与营养条件，休养生息的外部环境，以及与上述各项投资形式相关的其他投资形式。人力资本的投资和其他投资一样既需要时间也需要资源。人力资本投资的效果实际上就是人力资本效用发挥的程度。其估价方法主要有以下四种。一是以收入报酬计算。这种方法是以工资差别反映各劳动者的人力资本的差异，计算不同类型劳动的工资差别，并以适当的贴现率将其折算为工资。比如美国经济学家凯能（1965）[①]就以9%的贴现率将技能劳动超过非技能劳动的工资资本化，即把它作为实物资本的一部分，并和实物资本相加，得出资本总量，用以解决里昂惕夫之谜。二是以所有的要素报酬为基础，运用要素收入数据计算人力资本、实物资本和初级劳动的报酬，衡量人力资本的效果。这实质上也是以收入报酬估价人力资本的方法。三是以成本计算。这种方法把投在劳动者身上的全部教育、培训费用和所放弃的全部收益相加，得出人力资本的全部成本，用以衡量人力资本的效用及其差别。四是用以生产出口或进口产品的不同劳动集团的重要性为基础计算的技能指数来衡量人力资本的价值。

人力资本论者如基辛、凯能等认为，技能禀赋或人力资本禀赋状况对国际贸易格局、流向、结构和利益等方面具有重要的影响。他们认为，资本充裕的国家往往同时也是人力资本充裕的国家，因此，这些国家的比较优势实际上在于人力资本的充裕，这是它们参与国际分工和国际贸易的基础。在贸易结构和流向上，这些国家往往是出口人力资本或人力技能要素密集的产品。他们在分析美国的情况时指出，美国最充裕的要素不是物质资本，而是人力资本，相对稀缺的是非熟练劳动，这就决定了美国贸易结构必然是以出口技能劳动密集型产品

① P. B. Kenen. 1965. Nature, Capital and Trade[J]. Journal of Political Economy, October: 437-460.

为主，比如最先进的通信设备、电子计算机等，而不再以传统的资本密集型产品为主，因此，用传统国际贸易理论的三要素论是无法说明当代国际贸易现实的。

3. 研究与开发要素

格鲁勃、梅达、弗农及基辛等西方经济学家在注重技术要素作用的同时，进一步研究了推动技术进步的形式和途径及其与贸易的关系，提出了研究与开发要素论。

所谓研究与开发要素（research and development，R&D），是指研制和开发某项产品所投入的费用。不同于生产过程的其他形式的要素投入。研究与开发要素是以投入到新产品中的与研究和开发活动有关的一系列指标来衡量的。在进行国别比较时，可以通过计算研究与开发费用占销售额的比重、从事研究与开发工作的各类科学家和工程技术人员占整个就业人员的比例以及研究与开发费用占一国国民生产总值或出口总额的比重等方法，来判断各国研究与开发要素在经济贸易活动中的重要性及其差别。

研究与开发要素对一国贸易结构的影响是显而易见的。一个国家越重视研究与开发要素的作用，其投入到研究与开发活动中的资金就越多，其生产产品的知识与技术密集度就越高，在国际市场竞争中的地位就越有利。

基辛（1967）[1]曾以美国在10个主要工业发达国家不同部门的出口总额中的比重代表美国的竞争能力，分析研究与开发要素与出口竞争力的关系。结果表明，从事研究与开发活动的高质量劳动力比重越大的部门，国际市场竞争能力就越强，出口比率就越高。这就证明了一个国家出口产品的国际竞争能力和该种产品的研究与开发要素密集度之间存在着很高的正相关关系。

格鲁勃、梅达和弗农（1967）[2]也进行了类似的研究。他们将美国的19个工业部门依研究与开发投资占销售额的比重和科学家、工程师占全部从业人员总数的比重，由低到高依次排列。他们发现，居于前列的交通运输工业、仪器仪表工业、化学工业和非电子机器制造工业等工业部门的销售额占美国制造业销售总额的39.1%，它们的出口额占美国工业制成品出口总额的72%，它们的研究与开发投资额占美国研究与开发投资总额的89.4%。据此，格鲁勃、梅达和弗农得出了美国工业中研究与开发投资相对较为集中，因而技术水平相对较高的工业部门同时也是美国的主要出口生产部门的结论。他们认为，美国正是由"研究与开发要素"的相对丰裕决定了其在科学技术以及高科技产业上的比较优势，生产并出口"研究与开发要素"密集程度相对较高的高科技产品，同时进口"研究与开发要素"密集程度相对较低的其他商品。美国的对外贸易结构和商品流向符合要素禀赋理论的基本要求。

4. 信息要素

西方经济学家认为，在现代经济生活中，企业在需要土地、劳动和资本这些传统生产要素以外，更需要信息（information）。信息已经成为当代经济活动中必不可少并且越来越重要的生产要素。

作为生产要素的信息是指来源于生产过程之外的并作用于生产过程的、能带来利益的一切信号的总称。信息要素是无形的、非物质的，它区别于传统生产要素，是生产要素观念上

---

① Donald B. Keesing. 1967. The Impact of Research and Development on United States trade[J]. Journal of Political Economy, 75(1): 38-48.

② W. Gruber, D. Mehta, R. Vernon. 1967. The R&D Factor in International Trade and International Investment of United States Industries[J]. Journal of Political Economy, February, 20-37.

的大变革。随着现代社会的发展、市场在世界范围内的拓宽以及各种经贸活动的日益频繁，社会每时每刻都在产生着巨量的信息。这些信息都在不同的方面、不同的程度上影响着社会经济活动，影响着企业生产经营的决策和行为方式，甚至有时还决定着企业的命运。

一方面，信息是一种能够创造价值并能进行交换的无形资源，但是由于信息创造价值的能力难以用通常的方法衡量，其交换价值只能取决于信息市场的自然力量，另一方面，因为信息强烈的时效性，信息交换也常常带有神秘的性质。由于信息是一种能够创造价值的生产要素，因此，信息利用的状况能够影响一个国家的比较优势，从而改变一国在国际分工和国际贸易中的地位。

5. 规模经济与管理

西方经济学家认为，规模经济可以影响一国的比较优势，因而也是国际贸易的重要基础。规模经济（ecomomies of scale）指由生产规模的扩大而产生的单个企业的生产效率的改进或生产成本的节约。依据规模经济的来源，人们把规模经济区分为内部规模经济与外部规模经济。

内部规模经济（internal ecomomies of scale）是指单个厂商由自身生产规模的扩大所获得的生产成本的节约或生产效率的提高。

外部规模经济（external ecomomies of scale）则是指由于企业外部原因导致的整个产业或整个区域的产量增加和规模扩大，使得该产业内或该区域内各个企业的平均生产成本下降所带来的收益增加。外部规模经济对单个厂商来说是外在的，即企业平均生产成本与单个厂商的生产规模无关，但与整个行业或地区的规模有关。在现实中，生产相同产品的或者提供相同服务的企业，如地处同一工业园区或出口加工区的工业企业，属于同一个金融贸易区的金融机构或贸易公司，它们因地理上的邻近性会给对方带来有益的影响。此外，一个地区公共部门（如运输、电信和电力部门）的发展也会给该地区的单个企业带来成本的节约和生产效率的提高。

由于规模经济能够导致单位产品成本下降，因此，规模经济和资源禀赋一样也应该是国际贸易的基础。例如，假定甲乙两国资源禀赋状况相同，从而生产要素的相对价格也一样，两国技术水平、消费偏好也不存在差异。从传统国际贸易理论的观点来看，甲乙两国是不可能发生国际贸易的。但是，如果甲乙两国对某些产品的国内需求水平存在差别，比如甲国 A 产品国内需求规模大，乙国 B 产品国内需求规模大，在这种条件下，两国仍然可以发生贸易关系。由于甲国 A 产品国内需求旺盛，企业定会扩大生产规模，因而产品成本下降，以致它能够向乙国出口。同理，乙国向甲国出口 B 产品。可见，规模经济也能影响各国生产成本和比较优势，从而也影响着国际贸易格局和利益。

管理是指在一定的技术条件下组织、配置和调节各种生产要素之间的比例关系使之保持最优。管理既可以看成是生产函数的一个单独要素，也可以看成是劳动要素的特殊分类。但有一点是重要的，即管理是生产要素的补充而不是替代，它和其他生产要素之间不存在相互替代关系。

管理需求随企业生产规模扩大而增强。在现实经济活动中，管理通过相应的管理人员的工作而体现。西方经济学家认为，管理水平的差异导致了劳动生产率的差异。一般来说，经济水平落后的国家，管理要素都相对稀缺，其稀缺性表现在管理人员比重小和管理水平比较低等方面。哈比逊（1958）[1]曾指出，20世纪50年代埃及的工厂在工艺技术上和美国工厂基本类似，但劳动生产率仅为美国的20%左右，其原因就在于埃及管理资源稀缺，管理方法落后。由于管理资源的丰缺影响到生产效率和生产成本，管理也就直接影响到一国的比较优势地位和对外贸易的各个环节。

二、要素密集性的变换

要素密集性变换，即第三章中提到的要素密集度逆转，是指同种商品在不同国家的要素密集性特征是不同的。例如，一种商品在一国是资本密集型商品，在另一国则是劳动密集型商品。

按照要素禀赋理论的观点，无论生产要素的价格比例实际如何，由于各种商品的生产函数相同，某种商品总是以某种要素密集型方式生产出来的，也就是说，商品的要素密集性特征在各国是一样的。但是，明纳斯（1963）、霍德（1967）[2]及纳亚（1967）[3]指出，由于各国事实上的生产技术、生产函数及要素价格存在差异，以价格表示的商品的生产要素密集性质就可能存在差异。明纳斯（1963）甚至认为，要素密集性变换广泛存在于现实世界。

西方经济学家认为，技术进步是导致生产商品的要素密集性特征发生变化的重要原因，一国要素密集性特征主要是由生产该种商品的技术条件决定的。因此，一国技术水平的变动将导致该国生产商品的要素密集性特征发生相应的变动。进一步说，技术水平的差异是要素密集性变换的重要原因。

技术进步对要素生产率的影响分为中性的技术进步和偏性的技术进步。这两种情况对要素密集性变换的影响是不同的。由于中性的技术进步对所有生产要素的作用相同，即可以把它看成是同比例地增加了全部生产要素的供应量或同等程度地节约了单位产出的各种生产要素的投入量，因此，中性的技术进步没有改变商品生产的要素密集性特征。但是，偏性的技术进步不同，由于它对各种生产要素的影响不同，因而改变了商品生产中原来的生产要素配置比例，导致了要素密集性特征的变化。具体地说，偏性的技术进步如果是劳动节约型，即技术进步偏向于劳动效率的提高，那么产品的劳动密集度将会降低或降低的速度和程度比其他要素高；偏性的技术进步如果是资本节约型，即技术进步偏向于资本效率的提高，那么产品的资本密集度将会降低或降低的速度和程度比其他要素高。上述要素密集度的降低可能只是量上的变化，也可能引起要素密集性质的变化。如果技术进步使产品中原来密集度就较低的那种要素的密集度进一步下降，或者使产品中原来密集度较高的那种要素的密集度下降但没有下降到低于其他要素密集度的程度，那么要素密集性质没有变化；如果技术进步使产品中原来密集度较高的那种生产要素的密集度下降到低于其他要素密集度的程度，那么要素密集性质就发生了根本的变化。由于技术进步因素的影响是经常的，产品的要素密集性特征的变化也具有普遍性。

由于生产函数、要素价格，特别是技术进步水平存在差异和经常变动，各国生产商品的

① Frederick Harris Harbison,Ibrahim Abdelkader Ibrahim.1958.Human resources for Egyptian enterprise[M]. New York, McGraw-Hill.

② M. Hodd. An empirical investigation of the Heckscher-Ohlin theory[J]. Economica (London) 47(133), Feb. 67: 20-29.

③ S. Naya. Natural resources, factor mix, and factor reversal in international trade[J]. Amer. Econ. R. 57(2), May 67 Pap. And Proc.: 561-570.

要素配置比例以及要素密集性特征也会产生变化，这就相对改变了一国的各种生产要素的供求关系和要素禀赋状况，从而影响着该国对外贸易的各个环节。值得注意的是，一国要素禀赋状况会在一定程度上影响该国要素密集性变换的方向，这种影响是通过技术进步实现的。哈巴卡克（1962）[①]指出，美国19世纪的技术发明主要集中于节约本国稀缺的劳动力方面，如能移动的零部件等；而英国则集中于节约本国稀缺的自然资源方面，如蒸汽机等。

三、要素的国际流动

传统贸易理论都是以要素在国际间缺乏流动为条件展开分析的。但是，这一假定显然简化了现实中错综复杂的国际贸易关系。第二次世界大战后，西方国际贸易理论详细地研究了生产要素流动及其与国际贸易的关系问题。

1. 劳动力要素的国际流动

劳动力流动是指劳动力在不同区域之间的位移。劳动力流动的历史差不多和人类历史一样漫长。劳动力国际流动的形式分短期和长期两种。短期流动是指那些在国外寻求职业所产生的劳动力流动，它主要表现为各国劳动力市场上外籍工人的数量变动。长期流动是指移居所产生的劳动力流动，它主要表现为各国移民数量的变动。

劳动力国际流动产生的原因主要在于经济方面。首先，劳动力流动的收益与成本比较是劳动力迁移的最直接原因。劳动力流动的直接收益表现为流动后实际收入的增加和生活环境及水平的改善。劳动力流动的成本是指为迁移而付出的全部代价，主要包括交通运输费用和其他货币支出，迁移期间的工资和其他收入损失，为迁移而付出的其他非货币支出或牺牲，如社会、历史、文化、语言等方面的不适应。如果劳动力流动的收益明显大于成本，就构成了劳动力流动的现实基础。其次，经济周期的变化是劳动力流动的重要促成因素。处在经济周期不同阶段的国家对劳动力的需求强度存在明显的差异。一国对劳动力需求强烈，实际工资率将上升，因而吸引国外劳动力流入；反之，将推动国内劳动力外流。此外，劳动力禀赋状况是劳动力流动的深层原因。劳动力资源丰富的国家，实际工资率相对较低，将引起国内劳动力外流；反之，将吸引国外劳动力迁入。由于劳动力禀赋状况难以在短期内改变，因此形成了劳动力流动的基本走向，例如，地广人稀的中东国家是劳动力资源丰富的其他亚洲国家劳动力流入的集中地之一。当然，非经济因素如政治压力、民族传统、宗教信仰、自然灾害及战争等也会在不同程度上作用于劳动力的国际流动。

但是，劳动力的国际流动也存在着许多阻碍因素，如移居国政府的移民限额和苛刻的入境管制制度，原籍国政府的人才保护政策和出境限制等，这些因素使劳动力国际流动的方向、规模和速度受到人为管制。因此，现实的劳动力国际流动绝不是自由流动。

劳动力国际流动的最直接和最主要的后果是改变了相关国家劳动力要素的供给数量即要素禀赋状况，从而给劳动力输出国和输入国带来不同的经济影响。从输出国来看，劳动力输出不仅表现为本国劳动力资源供给量的绝对减少，有时还会改变本国原有的劳动力构成和熟练程度。从输入国来看，劳动力的输入轻易地增加了本国劳动力资源的供给，而且常常能够提高劳动力整体的素质，因而有利于本国资源的合理配置和充分运用，强化了本国产品的比

---

① H. J. Habakkuk. 1962. American and British technology in the Nineteenth Century[M]. Cambridge, MA. Cambridge University Press.

较优势地位。对于劳动力资源稀缺的国家来说，国外劳动力的迁入不仅使它们获得了意外的收获，而且从国外迁入的劳动力的技术水平和熟练程度往往较高，这更让劳动力输入国喜上加喜。

劳动力国际流动的另一个重要后果是劳动力要素价格趋于均等。如果政策或制度条件满足劳动力要素自由流动，那么在各国存在实际工资率差别的情况下，工资率低的国家的劳动力将向工资率高的国家移动，其结果是各国劳动力要素禀赋状况都向相反的方向改变，因此，各国工资率趋于一致，即劳动力要素价格趋于均等化。当然，现实中各种各样的阻碍劳动力自由移动的因素的存在，使各国劳动力要素价格完全均等成为不可能。

2. 资本要素的国际流动

经济学家认为，资本要素是一种极为活跃的生产要素，资本国际流动对国际经贸的影响在程度和范围上要远超劳动力国际流动的影响。

资本国际流动一般分为短期资本流动和长期资本流动。短期资本流动是指 1 年以内的借贷资本流动，它实际上属于影响各国货币量的国际资金融通。长期资本流动是指 1 年以上的资本流动，具体又包括两种形式：一种是借贷资本的流动，也称间接投资，主要是指股票、债券等金融活动；另一种是生产资本的流动，也称直接投资，主要是指投资设厂这类伴有经济权的资本流动。从现实的国际资本流动来看，长期资本流动由于更显著地起到了生产要素的国际流动的作用，因而对一国经济贸易的影响更大。而在长期资本流动中，直接投资由于集资本、技术和管理诸要素的国际流动于一身，对相关国家经济贸易的影响尤为突出，因而其地位越发重要。

按照西方经济学家的观点，资本要素的国际流动主要基于各国资本要素的禀赋状况。即使在要素禀赋理论中不存在生产要素的国际流动，资本要素也通过商品贸易这种间接流动方式改变着各国的要素禀赋状况。如果国际间资本要素是自由流动的，那么其流动的最直接原因就是各国资本要素的禀赋状况。这是因为，各国资本要素的丰缺状况不同，各国资本要素价格也存在差异，或者说是各国资本收益也存在差异，而各国资本追求高收益的结果必然引起资本要素的国际流动。另外，由资本密集型商品与非资本密集型商品的相对价格比率所表示的贸易条件的变动也是促使资本流动的因素。

西方经济学家更注重对资本要素国际流动的后果的分析。他们认为，资本要素的国际流动最直接的后果是世界总产值和各国国民产值的增加。此外，国际资本流动对相关国家内部各利益集团的影响是不同的。对资本流出国来说，一方面，资本利率的国际差别的缩小意味着国内资本利率提高，使资本所有者得益，使资本使用者受损；另一方面，由于资本的收入相对增加而使劳动的收益相对减少，因而不利于劳动要素所有者。对资本流入国来说，一方面，外国资本的流入降低了资本所有者的收益而相对增加了资本使用者的收益；另一方面，由于资本的收入相对减少而劳动的收入相对增加，劳动要素所有者得利。

3. 要素流动与商品贸易的替代关系和互补关系

传统国际贸易理论表明，商品贸易可以替代要素流动，并使要素价格趋于均等。现代生产要素流动理论则试图说明相反的问题，即要素流动替代了国际贸易。经济学家认为，要素的流动直接改变了各国要素赋予状况，从而使各国相同要素的价格和成本差异缩小，两国各自的进口竞争产品的产出增加，而出口产品产出下降，贸易量萎缩。这就是所谓的"反贸易偏向"。由此我们还可以看出，要素流动规模越大、国际贸易动机越弱，国际贸易量越少。

蒙代尔（1957）①曾经详细地阐述了资本流动替代商品贸易的过程。他认为，两国生产函数相同，资本流动便替代了商品贸易；如果资本流动起因于贸易障碍，那么资本流动本身没有什么特殊好处，只是起着替代贸易的作用；资本流动替代贸易的结果是缩小了贸易规模，即有反贸易偏向。但是，要素流动和商品贸易之间的相互替代不可能是完全的，这主要是因为，无论是要素流动还是商品贸易，总是存在着种种障碍，要素价格或商品价格都不可能真正达到一致。因此，两者依然有共同存在的基础。

另一方面，要素流动和商品贸易之间还有相互补充、不可替代的关系。这种关系的存在也使要素流动和商品贸易不能完全互相取代，而必须是并存、相得益彰的。从资本流动来看，如果资本是借贷资本，那么资本输入国进口能力将增加，资本输出国也开辟了新的产品销售市场和原料供应市场，贸易量就会扩大；如果资本是生产资本，那么资本输入国因而会获得先进的生产函数和更大的生产能力，如果这些资本使用在出口部门，贸易就会随之增加，事实上生产资本流动本身就是一种贸易行为。从劳动力流动来看，劳动力的国际流动往往意味着劳动力的更有效配置，使世界边际劳动生产率提高，产出增加。如果这些部门是出口部门，那么贸易就会随之增加。

此外，小岛清（1977）②基于与蒙代尔的不同假设条件，并根据日本 20 世纪 60 年代末对外直接投资的情况，提出"边际产业扩张论"，认为国际直接投资与国际贸易可以是互补关系。小岛清认为，国际直接投资并不是将资本作为一般生产要素分配到东道国的行业中去，而是有两个鲜明的特点：①国际直接投资不单是资本的流动，而是包括资本、技术、经营知识的总体转移，其核心不是货币资本的流动，而是机器、设备等生产资料及技术、管理、营销等技能的转移，因而在理论模型中可以不考虑投资母国与东道国间相对为数不多的货币资本的增减与转移，而只需把直接投资视为包括销售问题的先进生产函数的转移、移植，这就意味着投资母国与东道国之间存在不同的生产函数；②国际直接投资是资本、技术、管理知识的综合体，由投资国的特定产业部门的特定企业向东道国的同一产业部门的特定企业的转移，而不是作为流动性很高的一般货币资本流入东道国。基于以上观点，小岛清提出，如果要使对外直接投资促进一国贸易的发展，该国的对外直接投资应该从本国已经处于或即将处于比较劣势的产业依次进行。"边际产业"具有双重含义，对于投资国来说，它位于投资国比较优势顺序的底部，而对于东道国来说，则位于比较优势顺序的顶端。小岛清认为，美国的海外企业大多分布在制造业部门，从事海外投资的企业多处于美国具有比较优势的行业或部门，多是拥有先进技术的大型企业，因此美国对外直接投资是贸易替代型的，一些行业对外直接投资的增加会减少这些行业产品的出口。与美国相反，日本对外直接投资行业是在本国已经处于比较劣势而在东道国正在形成比较优势或具有潜在比较优势的行业，对外直接投资以中小企业为主，所转让的技术也多为适用技术，比较符合当地的生产要素结构及水平。所以日本对外直接投资的增加会带来国际贸易量的扩大，是贸易创造型的。20 世纪 70 年代，日本的海外直接投资产业顺序是从资源密集型产业为主，向劳动密集型产业为主，再向重化工业为主的产业结构转变。这一投资顺序的演进符合小岛清的边际产业扩张论。

① Robert Mundell. 1957. International trade and factor mobility[J]. American Economic review，(47): 321-335.

② 小岛清. 1977. 日本的海外直接投资[M]. 东京：文真堂.

第二节　产品生命周期理论

案例导入

1973年，全球首部移动电话诞生，之后移动电话经历了1G、2G、3G时代，并正在向4G、5G时代迈进。

1G手机作为第一代模拟移动电话，俗称"大哥大"，是1973年由美国摩托罗拉公司库伯博士发明，并在1983年首次面向市场推出。由于手机去掉了将电话连接到网络的用户线，用户第一次能够在移动状态下无线接收和拨打电话。"大哥大"采用模拟信号，只能进行语音通话，通话质量不稳定，外表笨重厚实，只能称得上可移动而谈不上便携。"大哥大"在20世纪80年代席卷全球，技术基本垄断于摩托罗拉公司，摩托罗拉也凭此成为全球手机产业的霸主。

"大哥大"有很多缺点，如频率资源不足，网络容量小，用户数量有瓶颈，欧洲各国不同的蜂窝标准使得手机无法漫游通信。为了实现手机在全欧洲范围内的漫游，欧洲电信联盟开发出了一种数字蜂窝移动通信系统——GSM。GSM具备了对频谱的利用率高、容量大、信号好、可漫游等特点，还有业务种类多、可发短信、易于加密、抗干扰能力强等优点。1991年，GSM系统正式投入使用，标志着移动通信2G时代的到来。GSM系统在欧洲推出不久，美国高通公司推出了一种更为先进的商用蜂窝电信技术——CDMA。CDMA有通话质量好、掉话少、低辐射、健康环保等显著优势。基于CDMA比GSM先进，而且忽视了欧洲与美国地缘状况的差异，摩托罗拉便没有重视GSM手机的商业开发。不久，GSM系统十分完美地解决了欧洲各国间的漫游通话难题，而且GSM手机一经推出便受到从事欧洲贸易的广大商务人士的欢迎，这使得芬兰的诺基亚和瑞典的爱立信两大手机厂商异军突起。2G时代CDMA与GSM齐头并进，手机也走向纤小薄轻，除了诺基亚和爱立信，德国的西门子、日本的索尼和韩国的三星等厂商也风光无限，中国也逐步出现了联想、华为、中兴等厂商。而摩托罗拉公司因为不肯舍弃已有的1G手机地盘，不肯放弃模拟网络，以至于没能及时调整市场战略，其手机霸主地位一去不返，拱手让给了诺基亚。

1999年，诺基亚7110系列智能手机诞生，标志着手机上网时代的开始。智能手机开拓了移动电话与个人电脑相结合的时代，商务人士可以通过智能手机随时接发邮件和传真，浏览客户资料，十分方便。伴随着智能手机的是3G技术，即第三代移动通信系统网络的应用。现在世界上3G技术的3大标准，即美国的CDMA2000，欧洲的WCDMA和中国的TD-SCDMA都是在CDMA的技术基础上开发出来的。3G是一种真正的宽带移动多媒体通信系统，它能提供高质量宽带多媒体综合业务，能够处理图像、音乐、视频流等多种媒体形式，提供包括网页浏览、电话会议、电子商务等多种信息服务，并实现全球无缝覆盖和全球漫游，数据传输速率可高达10Mb/s。日本是最先采用3G技术的国家，其提供3G业务的时间是在2001年。

引领2G手机时代的诺基亚却在3G时代没落了。诺基亚在2007年6月iPhone上市时还占有全球智能手机市场份额的50%，却不得不在2013年将其手机业务卖给美国微软公司。究其原因，诺基亚在2G时代稳固的地位使其丧失了创新的勇气，在智能手机开发上犹豫不决，而2007

年横空出世的苹果公司在其iPhone手机中成功打造出一个开放的移动手机操作系统，并提供人性化、个性化的增值服务，使其从2008年开始席卷全球。韩国的三星也成功实现从2G手机向3G手机的转型，近年来一直稳居智能手机市场占有率冠军的地位。随着智能手机生产技术的成熟和发达国家市场趋于饱和，发展中国家廉价智能手机市场的重要性显现出来，这为发展中国家尤其是中国的智能手机制造商提供了大好机遇。

根据美国市场研究公司高德纳2014年发布的最新报告，2013全年全球智能手机销量超越功能机，达到手机总销量的53.6%；三星稳居智能手机市场占有率冠军，坐拥31%的市场份额，苹果位列次席，市场占有率为15.6%；中国的华为和联想的市场占用率则跃升至世界第3位和第5位。2013年，华为、联想、酷派、中兴、小米等中国手机厂商占了全球市场份额的近20%。

随着2013年4G手机的应用和未来5G手机的开发，世界手机生产商还将迎来新一轮的行业洗牌。

是什么促使了手机产品在20世纪70年代后的40年里升级换代？中国手机厂商又为何能在智能手机生产领域占据一席之地呢？

产品生命周期理论最早是由美国经济学家弗农提出来的，后经威尔斯等人不断予以发展和完善。该理论建立在技术差距理论基础上，是对技术差距理论进一步的扩展。作为对比较优势理论的动态发展，产品生命周期理论对发展中国家的对外贸易具有现实意义。

产品生命周期理论的出发点主要有以下两点。

（1）现实中各国技术是有差异的。H-O定理假设各国都使用相同的生产技术，但在实践中，各国通常使用不同的技术；而且，由于技术的差异，技术可以作为一种生产要素，成为一国在贸易中的比较优势。

（2）技术本身具有随时变动并在各地流动的特点，这使它不同于一般的生产要素。以前所讨论的贸易理论都是静态分析的，一旦各个国家确定了其在贸易中的比较优势，在把各国劳动、资本、自然资源等要素看做不变的情况下，各国的比较优势就固定不变，根据比较优势所确定的贸易模式也就不会变动。但在实践中，常常有一种现象，即进出口国在一定时期后位置会发生互换，即贸易模式发生了变化，这是因为此时贸易是建立在各国随时间推移而变化的技术水平基础上的。

技术动态变化使拥有不同技术的国家在生产某种产品上随时间变化先后具有优势，因此，理论上需要对H-O定理进行动态扩展。

一、技术差距理论

技术差距理论（theory of technological gap）是产品生命周期理论的基础，是以科学发明、技术创新的推广过程来解释国际贸易的发生和发展，由美国经济学家波斯纳（1961）[①]首先提出。

工业化国家之间的工业品贸易，有很大一部分实际上是以技术差距的存在为基础进行的。技术差距理论是把技术作为独立于劳动和资本的第三种生产要素，探讨技术差距或技术变动对国际贸易的影响。由于技术变动包含了时间因素，因此技术差距理论被看成是对H-O定理

[①] M. V. Posner. 1961. International Trade and Technical Change[J]. Oxford Economic Papers, 13 (3): 323-341.

的动态扩展。

技术实际上是一种生产要素，并且实际的科技水平一直在提高，但是各个国家的发展水平不一样。新产品总是在工业发达国家最早产生，然后进入世界市场。这时其他国家虽然想对新产品进行模仿，但由于同先进国家之间存在着技术差距，需要经过一段时间的努力才能实现，因而先进国家可以凭技术上的比较优势在一段时间内垄断这一产品的国际市场，在国际贸易中获得比较利益。但是随着新技术向国外转移，其他国家开始模仿生产并不断加以扩大，创新国的比较优势逐渐丧失，出口下降，以致可能从其他国家进口该产品。

技术差距理论通过引入模仿滞后（imitation lag）的概念来解释国家之间发生贸易的可能性。在创新国（innovation country）和模仿国（imitation country）的两国模型中（见图 4.1），创新国在一种新产品成功推出后，在模仿国掌握该产品技术之前，具有技术领先优势，可以向模仿国出口该产品。随着专利权的转让、技术合作、对外投资或国际贸易的发展，创新国的领先技术流传到国外，模仿国开始利用自己的低劳动成本优势，自行生产这种商品并减少进口。创新国逐渐失去该产品的出口市场，因技术差距而产生的国际贸易量逐渐缩小。最终该技术被模仿国完全掌握，两国间技术差距消失，以技术差距为基础的贸易也随之消失。

这里有必要向大家解释一下模仿时滞及其相关概念。

需求时滞（demand lag）指创新国出现新产品后，其他国家消费者从没有产生需求到逐步认识到新产品的价值而开始进口的时间间隔。

模仿时滞（imitation lag）指从创新国制造出新产品到模仿国能完全仿制这种产品的时间间隔。模仿时滞后由反应时滞后和掌握时滞构成。

反应时滞（response lag）指从创新国生产到模仿国决定自行生产的时间间隔。

掌握时滞（mastery lag）指模仿国从开始生产到达到创新国的同一技术水平并停止进口的时间间隔。

图 4.1 中，横轴表示时间，纵轴上方表示创新国生产和出口数量，下方表示模仿国生产和出口数量。t_0 为创新国开始生产的时间，t_1 为模仿国开始进口的时间，t_2 为模仿国开始生产的时间，t_3 为模仿国开始出口的时间，$t_0 \sim t_1$ 为需求滞后，$t_0 \sim t_2$ 为反应滞后，$t_2 \sim t_3$ 为掌握滞后，$t_0 \sim t_3$ 为模仿滞后。

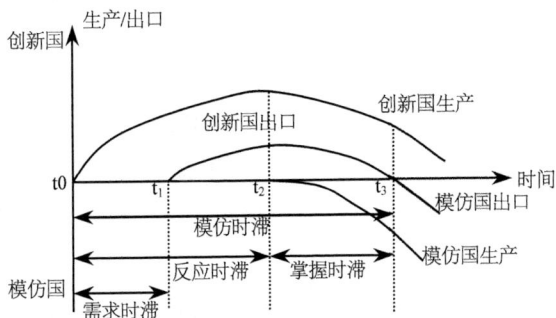

图 4.1　技术差距与模仿时滞

的优势。胡佛鲍尔（1966）[①] 用模仿时滞和市场规模来解释一个国家在合成材料出口市场的份

① Gary Clyde Hufbauer. 1966. Synthetic materials and the theory of international trade[M]：Harvard University Press.

额。胡佛鲍尔按照各国的模仿时滞对国家进行排序时发现，模仿时滞短的国家最先引进新合成材料技术开始生产，并向模仿时滞长的国家出口；随着技术的传播，模仿时滞长的国家也逐步开始生产这种合成材料，并逐步取代模仿时滞短的国家的出口地位。这些对技术差距理论的经验研究，支持了技术差距理论的观点，即技术是解释国家间贸易模式的最重要因素。

技术差距理论论述了技术差异如何作为贸易开展的基础，解释了贸易中存在的现象，但是，它本身也有缺点——它并不能确定技术差距的大小，也没有给出技术差距产生与随时间推移而消失的原因。

二、产品生命周期理论

产品生命周期（product life cycle）本身是市场营销术语。第二次世界大战后，世界经济形势发生了深刻变化，世界贸易增长速度加快，竞争的多元化与激烈化促使工业发达国家为保持市场优势而着手于对新产品开发销售趋势和销售规律进行研究。1957年，一名为美国全球顶尖咨询管理公司博思艾伦（Booz, Allen & Hamilton Co.）工作的经理琼斯，通过对公司300多家客户资料的分析，提出大多数产品都具有生命周期现象，依产品进入市场后不同时期销售的变化，产品的生命周期可分为导入期、成长期、成熟期、饱和期和衰退期。

1966年，美国哈佛大学教授弗农（R. Vernon）在其《产品周期中的国际投资和国际贸易》[①]一文中，以美国对外直接投资为研究对象，首次提出了产品生命周期理论（product life cycle theory）。

弗农认为，产品生命周期指产品的市场寿命或经济寿命，即一种新产品从开始进入市场到被市场淘汰的全过程。产品的市场寿命是相对于产品的物质寿命或使用寿命而言的。物质寿命反映产品物质形态消耗的变化过程，市场寿命则反映产品的经济价值在市场上的变化过程。产品要经历一个开发、引进、成长、成熟、衰退的周期，而这个周期在不同技术水平的国家里，发生的时间和过程是不一样的，期间存在一个较大的时间差距。正是这一时差，表现为不同国家在技术上的差距，它反映了同一产品在不同国家市场上的竞争地位的差异，从而决定了国际贸易和国际投资的变化。为了便于区分，费农把这些国家依次分成创新国（一般为最发达国家，如美国）、一般发达国家、发展中国家。在此基础上，弗农以产品生命周期中各阶段生产区位的变化来解释国际产业转移现象，认为美国企业对外投资活动与产品生命周期有关，企业的对外直接投资是企业在产品生命周期运动中，由于生产条件和竞争条件变动而作出的决策。弗农把产品生命周期分为产品创新阶段、产品成熟阶段、产品标准化阶段。每一阶段都有许多不同的特点，这些特点可以从技术特性、产品要素特性、产品成本特性、进出口特性、生产地特性和产品价格特性进行考察。

1. 产品创新阶段

产品创新阶段（the phase of introduction）也称创始阶段，或新产品阶段。这一阶段的特点是：从技术特性看，创新国企业发明并垄断着制造新产品的技术，但技术尚需改进，工艺流程尚未定型；从生产地特性看，由于新产品的设计和设计的改进要求靠近市场和供应者，因此新

---

① R. Vernon. 1966. International Investment and International Trade in the Product Cycle[J]. Quarterly Journal of Economics, May: 197-207.

产品生产地确定在创新国；从产品要素特性看，这一阶段的产品设计尚需逐步改进，工艺流程尚未定型，需要科学家、工程师和其他技术高度熟练的工人的大量劳动，因此产品是技术密集型的；从成本特性看，由于这时没有竞争者，所以成本对于企业来说不是最重要的问题，成本差异对企业生产区位选择的影响不大；从产品的价格特性看，这一阶段，生产厂商数目很少，产品没有相近的替代品，因此产品价格比较高；从产品的进出口特性看，制造新产品的企业垄断着世界市场，国外的富有者和在创新国的外国人开始购买这种产品，出口量从涓涓细流开始。

2. 产品成熟阶段

产品成熟阶段（the phase of maturation）的特点是：从技术特性看，生产技术已经定型，且到达优势极限，由于出口增大，技术诀窍扩散到国外，仿制开始，创新国技术垄断的优势开始丧失；从生产地特性看，创新国从事新产品制造的公司开始在东道国设立子公司进行生产；从产品要素特性看，由于产品大致已定型，转入正常生产，这时只需扩大生产规模，使用半熟练劳动力即可，因此生产的产品由技术密集型转变为资本密集型；从价格特性看，由于这一阶段是产品销量增长时期，产品有了广泛的市场，参加竞争的厂商数量较多，消费需求的价格弹性加大，厂商只有降低价格才能扩大自己的销路；从产品成本特性看，随着出口增加及技术的扩散，其他发达国家也开始制造创新国企业制造的新产品，由于其他发达国家不需支付国际间运费和缴纳关税，也不需要像创新国在创始阶段花费大量的科技发明费用，因而成本要比创新国的进口产品低；从进出口特性看，东道国的厂商在本国生产新产品的成本虽然能够和创新国进口货相竞争，但在第三国的市场上就不一定能和创新国企业的产品竞争，因为这些厂商和创新国企业一样要支付国际间运费和关税，而在开始生产时，却无法获得创新国企业已获得的规模经济效益。因此，在成熟阶段，创新国虽然可能对东道国的出口有所下降，但对其他绝大多数市场的出口仍可继续，当然出口增长率要减慢。

3. 产品标准化阶段

产品标准化阶段（the phase of standardization）的特点是：从技术特性看，产品已完全标准化，不仅一般发达国家已掌握产品生产技术，就是一些发展中国家也开始掌握这种产品技术；从产品生产地的特性看，产品生产地已逐渐开始向一般发达国家，甚至发展中国家转移，范围在不断扩大；从产品要素特性看，由于劳动熟练程度已经不是重要因素（产品标准化造成的），因而产品更具有资本密集型的特点；从成本特性上看，由于其他国家的厂商产量不断增加，生产经验不断积累，加之工资水平也低，所以产品成本开始下降；从产品进出口特性看，其他国家的产品开始在一些第三国市场上和创新国产品竞争，并逐渐替代了创新国而占领了这些市场，当这些国家成本下降的程度抵补了向创新国出口所需的运费和关税外，还能与创新国的产品在创新国市场上竞争，而创新国对该产品开始从出口转变为进口。

三、制成品生命周期理论

在弗农的产品生命周期理论基础上，赫希（1967）[①]、威尔斯（1968）[②]等人进一步分析

---

① S. Hirsch. 1967. Location of Industry and International Competitiveness[M]．Clarendon Press, Oxford.

② Louis T. Wells. 1968. A Product Life Cycle for International Trade?[J]. The Journal of Marketing, 32(3) July: 1-6.

了制成品国际贸易流向，认为新产品的创新一般首先发生在美国。这是因为：美国较高的单位劳动力成本引起了对复杂技术设备的需求；美国较高的收入水平决定了其对新产品的需求强度大于其他国家；美国高水平的技术、强大的研发能力和丰裕的资本使其在新产品开发与生产上占据优势地位。如图 4.2 所示，美国首先推出新产品。这样，工业制成品贸易的周期性运动便开始了。

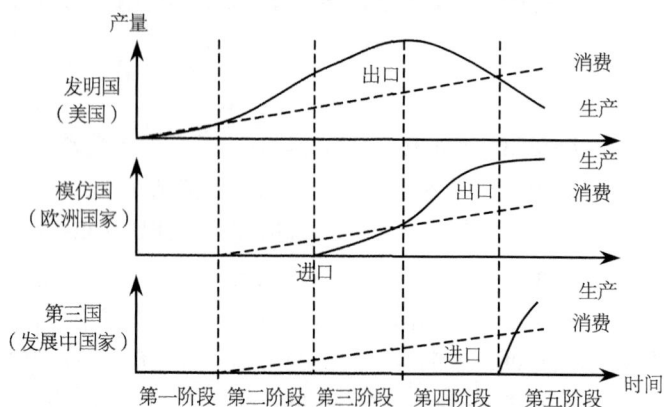

图 4.2　制成品国际贸易的五个阶段

第一阶段，导入期。产品处于研发、试制、试销阶段。发明国美国的个别厂家垄断了新产品的专利和生产，生产技术尚不确定，产量较少，没有规模经济效益，成本很高，消费量也很少，且局限于美国国内，用于满足美国本土高收入阶层的特殊需求。此时新产品为知识和技术密集型产品。

第二阶段，成长期。经过一段时间以后，新产品的生产技术确定并趋于成熟，国内消费者普遍接受新产品。尽管新产品的生产技术仍为美国所垄断，但由于产品需求量加大，个别厂家的垄断被打破，美国国内开始出现竞争，生产规模随之扩大。此时，产品为技术和资本密集型。在这个阶段，美国生产全部的新产品，但随着收入水平相近的欧洲国家开始模仿消费新产品和美国国内供给能力的增强，美国开始向欧洲国家出口。由于新技术尚未扩散到国外，创新国美国仍然保持其比较优势，不但拥有国内市场，而且打开了国际市场。

第三阶段，成熟期。国际市场打开之后，经过一段时间的发展，生产技术已成熟，创新国美国的新产品产量达到最高点。随着美国生产技术的扩散，欧洲开始模仿生产新产品，生产技术差距在美国和欧洲国家之间逐步缩小，欧洲不断扩大新产品的自给能力，国际市场竞争加剧。美国开始对外直接投资，以增强竞争力，同时向发展中国家出口新产品。

第四阶段，标准化阶段。产品生产完全定型，此时研究与开发要素已不重要，产品变成资本密集型，经营管理水平和销售技巧成为比较优势的重要条件，一般的发达工业国都有比较优势。创新国美国在新产品生产中的技术优势完全丧失，成为产品的净进口国，欧洲国家则成为新产品的供给者和新的出口者，发展中国家的新产品需求市场开始为欧洲国家所控制。同时，发展中国家开始仿制新产品，在高成本状态下开始自给。

第五阶段，衰退期。此时由于更先进的替代产品出现，产品进入销售下降期。由于产品的生产已经完全标准化，资本要素已不甚重要，低工资的非熟练劳动成为比较优势的重要条件，产品变成劳动密集型。因此，欧洲国家的竞争地位削弱了，有一定工业化基础的发展中国家则凭借资源和劳动力优势，不断降低成本，扩大生产规模，并逐渐成为产品的净出口者。到此为止，制成品贸易完成了一个周期。

事实上，在第二、第三阶段时，美国又开始其他新产品的创新和生产了。也就是说，一个新的周期早已开始了。因此，制成品贸易表现为一种周期性运动。

制成品贸易周期与各国贸易地位演变我们还可以通过图 4.3 看出来。

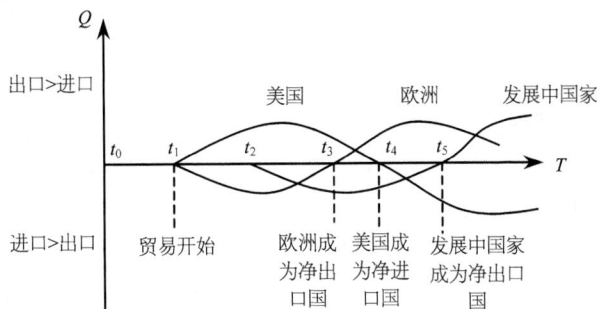

图 4.3 制成品贸易周期与各国贸易地位演变

在初始时刻 t_0，新产品刚刚由创新国（少数先进国家）研制开发出来。在初始阶段，即导入期，由于产品的技术尚未成型，生产规模较小，消费仅局限于国内市场。

到了 t_1 时刻，即进入成长期，开始有来自创新国外的需求，于是创新国开始进行出口。由于产品的品质和价格较高，进口国主要是一些收入水平与创新国较接近的其他发达国家。

随着时间的推移，进口国逐渐掌握了生产技术，能够在国内进行生产，并逐渐替代一部分进口品，于是进口开始下降。到了某一阶段（ t_2 时刻）之后，由于一小部分发展中国家的需求扩大，创新国的产品也开始少量出口到一些发展中国家。这里对应的是产品的成熟期。

到了 t_3 时刻，生产技术已成型，产品达到了标准化阶段，由技术密集型转化为资本密集型。这时，来自发达国家的第二代生产者开始大量生产和出口该产品，原来的创新国随后（ t_4 时刻）成为净进口国。

最后，当产品转变为非熟练劳动密集型时（ t_5 时刻），发展中国家成为净出口国。

事实上，同一种产品在不同的产品生命周期阶段，不同的国家会显现出不同的特点，这些不同的特点来自不同类型的国家在不同阶段上具有不同的相对优势。创新国工业先进，技术力量雄厚，国内市场广阔，资源相对丰富，在生产新产品和培育其市场成长方面具有相对优势；国土较小而工业先进的国家，由于拥有相对丰富的科学和工程实践经验，在生产某些新产品方面具有相对优势，但是由于国内市场狭小，生产成熟产品缺乏优势；发展中国家拥有相对丰富的非熟练劳动，弥补了相对缺乏的资本存量的不足，因此生产标准化产品具有相对优势。相对于今天各国来说，各自都有自身优势，只要适当运用其优势，就可以获得动态的贸易效益。

四、原材料生命周期理论

梅基和罗宾斯（1978）[①]将产品生命周期理论运用于对在国际贸易中占有重要地位的原

① Stephen P. Magee, Norman I. Robins. 1978. The Raw Material Product Cycle, in Mineral Resources in the Pacific Area. Working paper of University of Texas at Austin, Graduate School of Business. 78.

料贸易的分析，提出了原材料生命周期理论。

梅基和罗宾斯将原料周期划分为三个阶段：第一阶段是"派生需求上涨"时期，某种产品的需求大量增加会引起该种产品生产所需原料的需求增加，原料价格将大幅度上升；第二阶段是"需求和供给来源的替代"时期，世界上天然原料的供给开辟了更多的可供选择的来源，产品的原有原料将被相对较便宜的替代品取代，原料价格的上涨幅度缓慢下来，甚至出现实际下降的情况；第三阶段是"人工合成和研究与开发"时期，研究与开发最终引致人工代用品的发展，或者出现节约使用原料的重要方法，原料进入生命末期。

从原料贸易的流向来看，它呈现出与工业制成品贸易流向正好相反的过程特征。在第一阶段，少数具有自然优势的发展中国家是世界原料的主要供给者，而发达国家则是主要进口者。在第二阶段，其他发展中国家加速开发原料生产，利用自己的劳动力优势逐渐取代原有的少数原料出口优势国家，成为国际市场原料的主要出口者。在第三阶段，发达国家的技术进步优势开始作用于原料，出现了合成原料，原料供应的优势从发展中国家转向了发达国家。这些发达国家还开始出口合成原料。

通过对原料贸易周期的分析，梅基还得出了以下一些重要结论。

第一，在原料贸易初期，发展中国家因为拥有对发达国家来说非常重要的原料而居主导地位，但在原料贸易末期，发达国家逐渐成为原料市场的控制者。

第二，技术突破既决定了在原料生命周期之初对天然原料需求的剧增，也决定了在其生命的晚期对天然原料需求的下降。

第三，全世界天然原料供给的最终耗竭并不意味着它的供应全部断绝。

第四，原料的贸易条件在原料周期的第一阶段随着需求的增加而改善，但在生命周期的后期，天然原料的贸易却随着人工合成原料和其他代用品的投产而下降。

第五，在处于导致原料贸易中断的非常时期，对原料的替代的研究和开发具有特别重要的意义。因此，技术进步是对天然原料贸易的一种替代。

近百年来，橡胶、锡、工业钻石等世界主要初级原料的国际贸易模式及其演变过程基本上验证了原材料生命周期理论的正确性。但是，梅基也认为原料贸易周期说不能一概而论，对不同原料应具体分析。

本节导入案例解析

在20世纪70年代后的40年里手机从第一代的模拟移动电话逐渐升级到了现在的3G、4G手机，体现了手机产品的生命周期现象，即在每个历史时期出现的新一代手机都会有一个诞生、成长到成熟，最终走向衰亡，被新一代手机所取代的过程。

根据弗农的产品生命周期理论，每一代的新手机都是在创新阶段由创新国如美国发明，并首先生产和出口的；待产品逐渐成熟后，其他发达国家如韩国，开始仿制，创新国的技术垄断优势开始丧失；到产品进入标准化阶段，随着手机生产经验的不断积累，加之手机价格竞争的加剧，手机生产地已逐渐开始向一般发达国家，甚至发展中国家（如中国）转移。这就是中国为什么在中低端智能手机市场上发力，并使得中国手机厂商在全球智能手机领域占据越来越多市场份额的原因。

第三节　国家竞争优势理论

案例导入

　　到20世纪90年代，意大利一直是世界屋顶和地面瓷砖的主要生产和出口国，其产量占世界总产量的30%，出口占了世界的60%。这源于该国生产工艺的高超和美感。意大利瓷砖生产集中于北部小城萨索罗周围的爱尼里亚—罗马涅大区，该地区有几百家瓷砖生产公司和釉料、瓷漆、瓷砖设备等辅助行业的公司，在世界上密集度最高。

　　意大利瓷砖业发展的一个重要原因在于该国的地中海式气候，因为瓷砖需在温暖的天气里慢慢晾干。此外，意大利使用天然石料的传统，使得意大利人均瓷砖使用量全球第一。第二次世界大战后的重建带来建筑业的繁荣，对瓷砖旺盛的需求使得20世纪五六十年代萨索罗地区的生产厂商剧增，1962年达到102家。

　　除需求旺盛外，瓷砖企业生产成本低也是一个原因。瓷砖制造商为争取到零售渠道而激烈竞争。零售商需要成本低、质量高、外观美的瓷砖，这迫使生产企业必须在技术上、设计上不断创新、模仿，周期有的只有几周。瓷砖业的发展还诱使技术人员离开生产企业开办自己的加工设备制造企业，如窑炉、抛光机等，20世纪80年代中期达到120多家。为赢得生意，他们不断创新，提高设备质量，降低生产成本，大大节省瓷砖生产的能源和人力成本，使得萨索罗地区辅助设备行业在全球处于领先水平。

　　20世纪70年代，意大利瓷砖工业日益成熟，第二次世界大战后的国内需求旺盛期过去以后，生产出现过剩。于是他们转而开拓国际市场，特别是北美市场。在国际市场上他们比西班牙和德国的对手生产率更高、成本更低、设计更好，20世纪90年代其市场份额是西班牙的2倍。

（迈克尔·波特，2002，有删节）

　　为何20世纪下半叶意大利的瓷砖业在国际市场具有如此大的竞争优势呢？

　　国家竞争优势理论是由美国哈佛大学商学院教授迈克尔·波特（Michel E. Porter）于1990年在他的《国家竞争优势》一书中提出的[①]。该理论在 H-O 理论与产品生命周期理论的基础上，试图赋予国家的作用以新的生命力，提出国家具有"竞争优势"的观点。该理论既是基于国家的理论，试图解释一国如何才能造就并保持可持续的相对优势，同时它也是基于公司的理论，从企业参与国际竞争这个微观角度来解释国际贸易现象，正好弥补了比较优势理论的不足。

　　第二次世界大战后，世界经济中出现的产业全球化和企业国际化的现象，导致一些人认为企业的国际竞争已不具有国家的意义，跨国企业已成为超越国家的组织。但波特并不认同这种观点，他认为：经济发展的事实是，几十年来在某些特定的产业或行业中，竞争优胜者

---

① Michel E. Porter. 1990. The Competitive Advantage of Nations[M]. New York：Free Press.

一直集中在少数国家并保持至今；不能离开国家谈论产业竞争力的原因在于，竞争优势通过高度的当地化过程是可以创造出来并保持下去的，国民经济结构、价值观念、文化传统、制度安排、历史遗产等种种差别都对竞争力有深刻的影响；竞争全球化并没有改变产业母国的重要作用，国家仍然是支撑企业和产业进行国际竞争的基础。20 世纪 80 年代美国的一些传统支柱产业，如汽车制造业的竞争力被日本和西欧国家超过，一些新兴产业也受到这些国家的强有力竞争。如何提高国际竞争力是当时美国学术界、企业界和政府有关部门急需解决的一个问题。同时，经济全球化进程的加快使国际竞争日趋激烈，获取企业、产业乃至国家的竞争优势已成为一个现实的迫切需求。

波特的国家竞争优势理论内容十分丰富，既有国家获取整体竞争优势的因素分析，也有产业参与国际竞争的阶段分析，以及企业具有的创新机制分析。

一、"钻石"理论

波特认为，财富是由生产率支配的，或者取决于由每天的工作、每一美元的所投资本

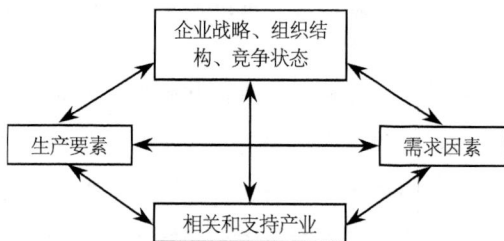

图 4.4　国家竞争优势的决定因素

以及每一单位所投入的一国物质资源所创造的价值。生产率根植于一国和地区的竞争环境，而竞争环境则产生于某一框架，这一框架在结构上如同一枚由四个基本面构成的钻石，因而通常被称为"钻石"模型或"钻石"理论（见图 4.4①）。"钻石"理论认为，生产要素、需求因素、相关和支持产业、国内竞争状态所构成的不同组合是一国在国际贸易中取得成功的关键决定因素。激烈的国内竞争对国际竞争的成功具有特别重要的意义，可助国家获取整体竞争优势。

1. 生产要素

波特把生产要素分为基本要素（basic factors）和高级要素（advanced factors）两类。基本要素包括自然资源、气候、地理位置、非熟练劳动力、资本等一国先天拥有或不需太大代价便能得到的要素；高级要素包括现代化电信网络、高科技人才、高精尖技术等需要通过长期投资和后天开发才能创造出来的要素。对于国家竞争优势的形成而言，后者更为重要。基本要素有优势的国家如果过于依赖基本要素，反而会使国家竞争力下降，真正能够提高竞争力的是经过创造、升级或专业化了的高级要素。在特定条件下，一国某些基本要素上的劣势反而可能刺激创新，使企业在可见的瓶颈、明显的威胁面前为提高自己的竞争地位而奋发努力，最终使国家在高级要素上更具竞争力，从而创造出动态竞争优势。例如，日本常常强调自己是"没有资源的狭窄岛国"，其创造的准时制生产技术却最有效地利用了昂贵的空间。但是，将要素劣势转化为优势需要具备一定的条件：一是要对要素劣势有所认知，这样才能想办法去改变这种劣势；二是要素劣势刺激创新要有一定限度，不可各方面都处于劣势，否则会被淘汰；三是企业必须要有创新所必要的技能和竞争压力，如果没有这种压力，企业就可能安于劣势，而不会将这种劣势变成激励创新的动力；四是企业要面对相对有利的市场需求、

① 资料来源：Michael E. Porter. 1990. The Competitive Advantage of Nations[M]．Free Press.

国家政策及相关产业环境。

2. 需求因素

一般企业的投资、生产和市场营销首先是从本国需求来考虑的，企业从本国需求出发建立起来的生产方式、组织结构和营销策略是否有利于企业进行国际竞争，是企业是否具有国际竞争力的重要影响因素。所谓有利于国际竞争的需求，取决于本国需求与别国需求的比较。一是需求特征的比较，这包括：①本国需求是否比别国需求更具有全球性；②本国需求是否具有超前性，具有超前性的需求会使为之服务的企业能相应走在其他同行企业的前面；③本国需求是否最挑剔，往往最挑剔的购买者会迫使当地企业在产品质量和服务方面具有较高的竞争力。二是需求规模和需求拉动方式的比较。本国对某一产品的需求规模大有利于提高本国该产品的国际竞争力。而在需求拉动方式中，消费偏好是很重要的，一国国民普遍特殊的消费偏好容易激发企业的创新动力。三是需求国际化的比较，一国的需求方式会随着本国人员在国际上的流动而传播到国外，反过来本国人员在异国接受的消费习惯也会被带回国并传播开来。因此，一国对外开放程度越高，其产品就越容易适应国际竞争。

3. 相关和支持产业

对一国某一行业国际竞争力有重要影响的另一因素是该国该行业的上游产业及其相关行业的国际竞争力。相关和支持产业的水平之所以对某一行业的竞争优势有重要影响，其原因有：有可能发挥群体优势；可能产生对互补产品的需求拉动；可能构成有利的外在经济和信息环境。显然，是否具有发达而完善的相关产业，不仅关系到主导产业能否降低产品成本、提高产品质量，从而建立起自己的优势，更重要的是，它们与主导产业在地域范围上的邻近，将使企业互相间频繁而迅速地传递产品信息、交流创新思路成为可能，从而极大地促进企业的技术升级，形成良性互动的既竞争又合作的环境。

4. 企业战略、组织结构、竞争状态

良好的企业管理体制的选择不仅与企业的内部条件和所处产业的性质有关，也取决于企业面临的外部环境。因此，各种竞争优势能否被恰当地匹配在企业中，很大程度上取决于国家环境的影响。国家环境对人才流向、企业战略、企业组织结构形成的影响都决定了该行业是否具有竞争力。波特强调，强大的本国竞争对手是企业竞争优势产生并得以长久保持的最强有力的刺激。正因为国内竞争对手的存在，会直接削弱企业相对于国外竞争对手所可能享有的一些优势，从而促使企业努力去苦练内功，争取更为持久、更为独特的优势地位；也正是因为国内激烈的竞争，迫使企业向外部扩张，力求达到国际水平，占领国际市场。

除了上述四个基本因素外，波特认为，一国所面临的机遇和政府所起的作用对国家整体竞争优势的形成也具有辅助作用。他主张，政府应当在经济发展中起催化和激发企业创造力的作用。政府政策和行为成功的要旨在于为企业创造一个宽松、公平的竞争环境。

二、"优势产业阶段"理论

任何国家在其发展过程中，产业的国际竞争都会表现出不同的形式和特点，因而产业国际竞争的过程会经历具有不同特征的发展阶段。波特的竞争优势理论特别重视各国生产力的动态变化，强调主观努力在赢得优势地位中所起的重要作用。他将一国优势产业参与国际竞争的过程分为四个依次递进的阶段。

1. 要素驱动阶段

要素驱动（factor-driven）阶段的竞争优势主要取决于一国在生产要素上拥有的优势，即是否拥有廉价的劳动力和丰富的资源。这种表述与传统的比较优势理论的表述是一致的，表明比较优势蕴涵在竞争优势之中。在这一阶段，企业参与国际竞争的方式，只能依靠较低的价格取胜。所以，参与国际竞争的产业对世界经济周期和汇率十分敏感，因为这会直接影响产品的需求和相对价格。虽然拥有丰富的自然资源可以在一段时间内维持较高的人均收入，但要素推动的经济缺乏生产力持续增长的基础。

按波特的标准，几乎所有的发展中国家都处于这一阶段，某些资源特别丰富的发达国家，如加拿大、澳大利亚也处于这一阶段。

2. 投资驱动阶段

投资驱动（investment-driven）阶段的竞争优势主要取决于资本要素，大量投资可更新生产设备，扩大生产规模，增强产品的竞争能力。在这一阶段，企业仍然在相对标准化的、价格敏感的市场中进行竞争。但随着就业的大量增加、工资及要素成本的大幅度提高，一些价格敏感的产业开始失去竞争优势。因此，政府能否制定并实施适当的政策是很重要的。政府可以引导稀缺的资本投入特定的产业，增强企业承担风险的能力，为企业提供短期保护以鼓励本国企业进入该产业，建设有效规模的公共设施，刺激和鼓励获取外国技术，以及鼓励出口等。

按波特的标准，只有少数发展中国家进入这一阶段。第二次世界大战后，日本和韩国成功地进入这一阶段。

3. 创新驱动阶段

创新驱动（innovation-driven）阶段的竞争优势主要来源于产业中整个价值链的创新。在这一阶段，不是说不需要要素和投资，而是要利用知识、技术、企业组织制度和商业模式等创新要素对现有的资源、劳动力、资本等进行重新组合，以创新的知识和技术改造它们，对它们进行科学的管理，以此促进生产力水平的提升。生产力的创新驱动可以相对节省物质资源、环境资源之类的物质投入，但不能节省资金投入。创新驱动本身需要足够的投入来驱动创新，因此国家会特别注重并投资于高新技术产品的研究与开发，并把将科技成果转化为商品作为努力的目标。这一阶段，民族企业能在广泛领域成功地进行竞争，并实现不断的技术升级。一国进入创新驱动阶段的一个显著特点是高水平的服务业占据越来越高的国际地位，这是该国产业竞争优势不断增强的反映。高级服务业所需的人力资源及其他要素也发展起来，不仅服务的国内需求随着收入和生活水平的提高而大大增强，而且随着该国服务业进入国际市场，该国的国际竞争力也大大增强。另一方面，在该阶段，政府直接干预程度降低，并转为鼓励创造更多的高级要素，改善国内需求质量，刺激新产业的形成，以及保持国内竞争等。

按波特的标准，英国在19世纪上半叶就进入了创新驱动阶段，美国、德国、瑞典在20世纪上半叶也进入这一阶段，随后日本、意大利在20世纪70年代进入这一阶段。

4. 财富驱动阶段

在财富驱动（wealth-driven）阶段，产业的创新、竞争意识和竞争能力都会出现明显下降的现象，经济发展缺乏强有力的推动，企业开始失去国际竞争优势。企业更注重保持地位而不是进一步增强竞争力，产业投资的动机下降，投资者的目标从资本积累转变为资本保值，有实力的企业试图通过对政府施加影响，以达到保护企业的目的。长期的产业投资不足是财富驱动阶段的突出表现。进入财富驱动阶段的国家，一方面是"富裕的"，一些资金雄厚的企业和富人享受着成功产业和过去的投资所积累的成果；另一方面又是"衰落的"，许多企业受到各种困扰，失业和潜在失业严重，平均生活水平下降。这就提醒人们要居安思危，通过促进产业结构的进一步升级来提高价值链的增值水平，避免被淘汰的厄运。按波特的标准，英国已经进入这一阶段。

进入 21 世纪后，中国已处于投资驱动阶段。随着中国人口红利的消失，中国在劳动力等生产要素上拥有的比较优势已经减弱，投资驱动是拉动中国经济最为重要和最为直接的方式。2009 年固定资产投资对中国经济增长的贡献率接近 90%，达到了最高峰。2013 年投资对中国经济增长的贡献率也达到了 50.4%。一方面，中国有大量投资主要集中于传统制造业、房地产、基础设施建设等领域，而只有少量投资投向自主创新、技术改造和升级，因此中国的产业结构升级缓慢，在产业链低端环节形成"生产过剩"的趋势。另一方面，中国的大量资本流向资本市场、房地产等领域，挤占了大量本该投向实体产业的社会财富，这种通过套利获取短期收益的行为助长了过度投机，使经济陷入"泡沫化"。这表明，我国仍未摆脱投资驱动阶段，想要进入创新驱动阶段却受到各种制约，甚至有可能落入"财富驱动"的陷阱。因此，为了提升我国的国际竞争力，政府应采取有效措施，鼓励创新，使我国经济尽快向创新驱动阶段过渡，改变我国产品附加值低、销售价格低、对国外相关产业冲击大、容易受到贸易制裁的现状。目前国内企业创新的动力不足，主要原因就是国内的知识产权保护不力，假冒、模仿产品盛行，创新产品的潜在收益难以实现。国家已经认识到这一点，正在采取相关措施，加大力度打击假冒伪劣以保护创新和知识产权，同时在税收等方面对创新企业给予大力支持。如果中国在企业层面形成大范围的创新文化和环境，中国的产业升级就能得到推动，从而使中国的高附加值产业也具有国际竞争优势。

三、创新机制理论

波特认为，在国际贸易中，出口成本低的国家、有大量顺差的国家以及在贸易总额中比重不断上升的国家，都不一定有很强的持久的竞争力。一个国家的竞争优势，是企业、行业的竞争优势，也是该国生产力发展水平上的优势，只有那些生产力发展占有优势的国家才会拥有真正强有力的竞争力。因此，一国兴衰的根本在于是否能在国际市场竞争中取得优势地位，而国家竞争优势取得的关键又在于国家能否使主导产业具有优势，企业具有适宜的创新机制和充分的创新能力。创新机制可以从微观、中观和宏观三个层面来阐述。

1. 微观竞争机制

国家竞争优势的基础是其企业内部的活力。企业不思创新就无法提高生产效率，生产效率低下就无法建立优势产业，从而国家就难以树立整体竞争优势。企业活动的目标在于使其最终产品的价值增值，而增值要通过研究、开发、生产、销售、服务等诸多环节才能逐步实现。这种产品价值在各环节上首尾相贯的联系，就构成了产品的价值链。价值链有三个含义：其一，企业各项活动之间都有密切联系，如原料供应的计划性、及时性和协调一致性与企业的生产制造有着密切联系；其二，每项活动都能给企业带来有形或无形的价值，例如服务这条价值链，如果密切注意顾客所需或做好售后服务，就可以提高企业信誉，从而带来无形价值；其三，不仅包括企业内部各链式活动，更重要的是，还包括企业外部活动，如与供应商之间的关系以及与顾客之间的联系。

2. 中观竞争机制

中观层次的分析由企业转向产业、区域等范畴。从产业上看，个别企业价值链的顺利增值，不仅取决于企业的内部要素，而且有赖于企业的前向、后向和旁侧关联产业的辅助与支持。从区域上看，各企业为寻求满意利润和长期发展，往往在制定区域战略时，把企业的研究开发部门设置在交通方便、信息灵通的大城市，而将生产部门转移到劳动力成本低廉的地区，利用价值链的空间差，达到降低生产成本、提高竞争力的目的。

3. 宏观竞争机制

波特认为，一国的国内经济环境对企业开发其自身的竞争能力有很大影响，其中影响最大、最直接的因素就是生产要素、需求因素、相关和支持产业以及企业战略、组织结构、竞争状态。在一国的许多行业中，最有可能在国际竞争中取胜的是那些国内"四要素"环境对其特别有利的那些行业，因此"四要素"环境是产业国际竞争力的最重要来源，如前所述。

〜 本节导入案例解析 〜

萨索罗的瓷砖产业是由好几个条件促成的。当地原本就有与瓷砖相关的产业，促成了这个产业的萌芽。第二次世界大战后建筑业的繁荣，以及意大利人对瓷砖建材的偏好，也刺激了竞争者投入这个产业。再加上当地也具备如资本、人力资源等生产要素，终于出现众多厂商纷纷投入的局面。

由于国内市场的激烈竞争，萨梭罗地区的厂商便修改进口设备以降低生产成本、适应本地红土材料需求，继而孕育出上产的机械设备并成为全球盟主。同时，这个地区与瓷砖业相关的上下游产业也在成长，并提供瓷砖业需要的服务。行业协会则发挥功能，补强这个产业的基础条件。厂商和供应商的地理集中现象，导致企业主之间密集激烈的竞争、快速而进步的信息流通，以及基本的研究环境。

意大利本身特殊的情况导致它成为世界最大也是最挑剔的瓷砖市场。强势而且对瓷砖内行的零售商是促使厂商创新的压力。意大利活力十足的家具、摆设品、厨房用具等产业，又促使瓷砖业进一步自我创新。

萨索罗的瓷砖业代表着一套具有国家竞争优势的各个关键要素彼此强化的系统。在萨索罗这个全世界最大、也最精致的瓷砖市场中，各个关键要素之间复杂的互动造成此地区瓷砖企业得天独厚、外国竞争者难有的优势。外国厂商的竞争对象事实上不是哪一家厂商，而是一大群厂商，甚至是一整套的环境文化。这个系统本身的自然活性几乎是无法复制的，因此也是萨梭罗企业最有持续力的优势。

萨索罗瓷砖业持续的竞争优势并非来自静止不动的光荣历史，而是来自产业内部的活力和变革。由于本地厂商之间的贴身竞争，下游企业的强势和主导力，以及本国消费者重品味的挑剔需求，企业才面临了持续创新的压力。自营企业及对乡土的感情与责任感则又形成企业持续投资、不轻言放弃的产业忠诚度。

意大利瓷砖企业的专业知识之所以能够迅速发展，是靠它们在生产经验和持续实验上的累积。这个产业集群中已高度发展的上下游关联产业和整体结构也有助于瓷砖厂商的竞争。关联产业在世界上的一流地位又使瓷砖业获得进一步强化。最后，地理集中性主导了这个产业的进程。在萨索罗，连空气都充满了瓷砖业的竞争味道。

第四节　产业内贸易与新贸易理论

案例导入

1965年以前，加拿大和美国的关税保护使加拿大成为一个汽车基本自给自足的国家，进口不多出口也少得可怜。加拿大的汽车工业被美国汽车工业的几个大厂商控制。这些厂商发现，在加拿大大量建立分散的生产体系比支付关税要划算。因此，加拿大的汽车工业实质上是美国汽车工业的缩版，大约为其规模的1/10。

但是，这些美国厂商在加拿大的子公司也发现了小规模带来的种种不利。一部分原因是它们在加拿大的分厂比在美国的分厂小；但更重要的原因可能是美国的工厂更加"专一"——集中精力生产单一型号的汽车或配件，而加拿大的工厂则不得不生产各种各样不同的产品，以至于工厂不得不经常停产以实现从一个产品项目向另一个的转换，不得不保持较多的库存，不得不少采用专业化的机器设备等。这样加拿大汽车工业的劳动生产率比美国的要低大约30%。

为了解决这些问题，美国和加拿大政府通过努力在1964年同意建立一个汽车自由贸易区（附有一些限制条件）。这一举措使汽车厂商得以重组生产，这些厂商在加拿大的各子公司大力削减其产品种类，但加拿大的总体生产及就业水平并没改变。加拿大一方面从美国进口自己不再生产的汽车型号，另一方面向美国出口加拿大仍生产的型号。在自由贸易前的1962年，加拿大出口了价值1600万美元的汽车产品，却进口了5.19亿美元的汽车产品，但是到了1968年，这两个数字已分别成为24亿美元和29亿美元。换言之，加拿大的进口和出口均大幅增长。

贸易所得是惊人的。到20世纪70年代初，加拿大汽车工业的生产效率已可与美国同行相媲美。

（保罗·克鲁格曼，2002，有删节）

美加间的汽车自由贸易为什么会对加拿大汽车工业产生积极影响？

一、产业内贸易的概念

国际贸易从产品内容上看，大致可分为两种基本类型：产业间贸易（inter-industry trade）和产业内贸易（intra-industry trade）。

产业间贸易是指一国进口和出口属于不同产业部门生产的产品，如出口初级产品，进口制成品；出口自行车，进口计算机等。

产业内贸易也称部门内贸易，即一国既出口同时又进口某种相同类型产品。所谓相同类型的产品，是指按国际商品标准分类法统计时，至少前三位数都相同的产品，也就是至少属于同类、同章、同组的商品，既出现在一国的进口项目中，又出现在其出口项目中。比如日本向美国出口轿车，同时又从美国进口轿车；中国向韩国出口某种品牌的衬衣，同时又从韩国进口某种 T 恤衫。

二、产业内贸易的分类

（一）水平型产业内贸易和垂直型产业内贸易

根据贸易是发生在不同生产阶段之间还是发生在同一生产过程的不同阶段之间，产业内贸易可以分为水平型产业内贸易和垂直型产业内贸易。水平型产业内贸易不包括中间产品的贸易，而垂直型产业内贸易包括中间产品的贸易。

（二）同质产品的产业内贸易和差异产品的产业内贸易

产业内贸易还可分为同质产品的产业内贸易和差异产品的产业内贸易两大类。

1. 同质产品的产业内贸易

同质产品（homogeneous products）是指：①产品可以完全相互替代；②生产区位不同；③制造时间不同。

同质产品的产业内贸易大体包括以下几种情况。

（1）大宗原材料的国际贸易。例如水泥、黄沙和砖瓦等，这些产品的运输成本占整个产品成本的比重非常大，从而使这些产品的贸易半径比较小。产品的消费者会从最近的原料生产点来获得这些产品，而自然资源的可得性决定了这些产品生产的区位。因此会出现一个国家同时进口和出口这些产品的情况。例如中国在其边境贸易中，在北部边境向某邻国出口某一产品，在南部边境从另一邻国进口这一产品，而不必花费非常大的成本在国内将此产品从北部运到南部。于是便出现了同质产品的产业内贸易。

（2）转口贸易和再出口贸易。一些国家和地区，例如中国香港和新加坡，进行着大量的转口贸易和再出口贸易。在这些贸易活动中，商品的基本形式没有发生变化，只是通过提供仓储、运输等服务来实现商品的增值，成为同质产品产业内贸易的一种形式。

（3）产量的季节性差别导致的国际贸易。一国供给和需求的不一致及其自然灾害可能会引起一个国家进口一些其他时候出口的产品。如一个南半球的国家可能在它的农产品收获之前从北半球国家进口，而在收获之后向该北半球国家出口。

（4）由于合作生产和特殊的技术条件，国家间进行一些完全同质的服务的国际贸易。如在金融全球化和服务贸易自由化中，金融部门经常同时"进口"与"出口"。

此外，还可能会由于政府干预造成国内价格扭曲，而作为以实现利润最大化为目标的企业便从事同时进口和出口同质产品的活动。

2. 差异产品的产业内贸易

差异产品（differentiated products）又叫异质产品，是指产品间具有差别性特征。产品差别可具体表现在同类产品的质量性能差别，规格型号差别，使用材料差别，色彩及商标牌号差别，包装装潢差别，广告、售前、售后服务差别，企业形象与企业信誉差别等方面，如中国国产的红旗牌轿车与丰田、大众、沃尔沃、雷诺牌轿车是不完全一样的。差异产品又可分为垂直差异产品和水平差异产品。垂直差异产品是指仅仅在质量上存在差异的产品。水平差异产品则指有着同样质量，但特征（characteristic）或特质（feature）不同的产品。比如，同为三星品牌的手机，卖价四五千元的 Galaxy S4 与只卖几百元的 S6102 即为垂直差异产品。同样质量的电视机，如在款式和外观色彩上有不同即为水平差异产品。实际上，差异产品往往既表现出垂直差异的特点，又表现出水平差异的性质。

（三）通过外部市场的产业内贸易和通过内部市场的产业内贸易

根据贸易中不同的市场途径，产业内贸易可分为通过外部市场的产业内贸易和通过内部市场的产业内贸易。

通过外部市场的产业内贸易是通常意义上的产业内贸易。这种贸易是指在没有跨国公司直接投资的条件下，通过外部市场在各个独立的企业间进行的产业内贸易。这种形式的产业内贸易可分为两种情况。一种是南北贸易即发达国家和发展中国家之间的贸易。它反映了生产要素构成相异的产品间所进行的产业内贸易，往往表现为发展中国家生产和出口劳动密集型产品，而发达国家则是生产和出口技术、资本密集型产品。这类贸易占总体产业内贸易的比重为 30%～40%。另一种是在发达国家之间进行的贸易，反映的是生产要素禀赋程度相似，生产结构相应比较接近的产品间的产业内贸易。该类贸易占总体产业内贸易的比重为 60%～70%。此种产业内贸易主要是由于规模经济效应、产品的异质性以及发达国家在高水平收入条件下的消费需求偏好相似所造成的。

通过内部市场的产业内贸易是由于跨国公司的迅速发展，推动了产业内贸易在跨国公司内部展开，形成了公司内产业内贸易所导致的。跨国公司通过其内部市场进行产业内贸易有许多优势：①跨国公司的所有权优势使得其在系列产品和异质产品的生产和销售方面更具有垄断优势，这种垄断优势有利于形成更多的品牌，开发更多的新产品，最终导致要素构成相似的产品在公司内的产业内贸易大大增加；②跨国公司使外部市场内部化，相对外部市场的不确定性，稳定的公司内部市场更容易实现库存控制和交易成本的降低；③跨国公司通过公司内部产业内贸易可以实现垂直一体化的规模经济；④接受跨国公司投资的东道国在生产成本方面对跨国公司有区位优势的吸引力时，跨国公司就能更好地利用世界各个区位在生产要素方面的特定优势，按其全球经营战略安排最佳生产点，使要素构成相异的产品的产业内贸易和垂直一体化进一步发展。

内部市场的产业内贸易的特点有：①一般来说，跨国公司的母公司与子公司及子公司之间距离越近，公司内的产业内贸易量就越大，反之就越小；②公司内的产业内贸易商品主要是中间产品，即中间产品占了很大比重；③公司内的产业内贸易有的是为了规避和减轻关税、所得税等税负而进行的，跨国公司会为此在贸易过程中实行调拨价格或者叫做转移定价，这种价格可能远远低于也可能远远高于世界市场价格；④研发密集型产品通过内部市场的产业内贸易比重较高，一般占其贸易总额的 50% 以上。

三、产业内贸易的测量

由于产业内贸易是同类产品的贸易，因此对同类产品的界定就显得十分重要。如果同类产品的"类"界定得较为宽泛，则产业内贸易规模较大，产业内贸易占总贸易的比重较高；

相反，如果同类产品的"类"定义得较狭窄，则产业内贸易规模会变小，产业内贸易占总贸易的比重就相应较低。一般我们用产业内贸易指数（index of intra-industry trade）来测量一国或地区一个产业的产业内贸易程度。

在计算产业内贸易指数时，同类产品是按联合国的国际贸易标准分类（SITC）的三位数来划分的，该标准将国际贸易中的商品分为 10 大类（section），大类以下分为 63 个部（division），部以下又分为 233 个组（group），组以下又分为 786 个小组（subgroup），小组以下又分为 1924 个项目（item）。三位数的划分即是在 SITC 中为同一"组"的产品就是同类产品。但也有人采用较为宽松的划分标准，即以同一"部"的产品作为同类产品。表 4.1 为国际贸易标准分类示例。

> **知识链接**
>
> 联合国为了便于国际贸易商品资料的统计和国际间比较，制定了国际贸易商品的分类标准。国际贸易标准分类（standard international trade classification，SITC）将国际贸易的商品合并为十大部类：食物与活禽畜（0），饮料及烟类（1），非食用或非燃料用的原料（2），矿物燃料（3），动植物油脂（4），化学品（5），按原料区分的制成品（6），机械及运输设备（7），杂项制造品（8），特殊处理商品（9）。此分类是由联合国经社理事会所属统计委员会根据战前国际联盟制定的《国际贸易统计简明商品目录》修订改编而成的。该分类在 1950 年出版后经过 4 次修订，最终于 2006 年将国际贸易商品共分为 10 大类、63 章、223 组、786 个分组和 1924 个项目。其中 0 到 4 类为初级产品，5 到 8 类为制成品。目录编号为五位数，分别表示类、章、组、小组和项目。
>
> 为了满足进一步分析的要求，各国可以自由地选择它们自己的种类以及所包括的内容。实际上，有的国家所作的分解达到了七位数字。如 851.02.07 代表胶底的沙滩鞋。一个项目的位数越高，我们就越能够更准确地界定它所包括的相似商品集合。

从某一产业的角度分析，产业内贸易指数的计算公式为

$$A_i = 1 - \frac{|X_i - M_i|}{X_i + M_i} \qquad (4.1)$$

式 4.1 中 X_i 指一国或地区 i 产品的出口额，M_i 指该国或地区 i 产品的进口额。A_i 代表该国 i 产品的产业内贸易指数，A_i 在 0～1 变动：A_i 越接近 1，说明产业内贸易的程度越高；A_i 越接近 0，则意味着产业内贸易的程度越低。

【例 4.1】某国 2010 年出口计算机 396 亿美元，进口计算机 564 亿美元，则 2010 年该国计算机产业内贸易指数为

$$A = 1 - |396 - 564| / (396 + 564) = 0.825$$

从一个国家的角度来看，产业内贸易指数由该国各种产品的产业内贸易指数加权求得，表示一国产业内贸易在对外贸易总额中的比重。其计算公式为

表 4.1　国际贸易标准分类示例

节	项　　　目
8	各种制成品
	......
85	鞋类
851	鞋
	......
851.01	鞋底的外层和鞋帮是橡胶或者人造塑料材料的鞋
851.02	鞋底的外层和鞋帮是皮革或者复合皮革的鞋

$$A = 1 - \frac{\sum\limits_{i=1}^{n} |X_i - M_i|}{\sum\limits_{i=1}^{n} X_i + \sum\limits_{i=1}^{n} M_i} \qquad (4.2)$$

式 4.2 中 A 表示某国所有产品综合产业内贸易指数，n 表示该国产品的种类，其他字符的含义与式 4.1 相同。

有人运用产业内贸易指数对发达工业国的产业内贸易指数进行了测算，发现自 20 世纪 50 年代以来，所有发达国家的产业内贸易指数不断上升，特别是 20 世纪 60 年代以后，这些国家一半以上的贸易量都来自产业内贸易。在现实生活中，比较优势和规模经济、产品差异并存，因而世界各国之间也是产业间贸易和产业内贸易并存，一种贸易模式不可能完全取代另一种。世界上没有两个要素禀赋完全一致的国家，所以比较优势还是在不同程度上起作用，但随着全球经济一体化以及人们对于产品特性的要求越来越高，产业内贸易也越来越重要。

四、产业内贸易理论模型

（一）垂直差异产品的产业内贸易

产业内贸易现象的出现，对传统的国际贸易理论，尤其是要素禀赋理论即 H-O 模型提出了挑战。但是，通过对 H-O 模型的假定做些调整，将产品特性或差异与劳动和资本等要素的不同组合之间建立一种联系，就能使 H-O 模型具有更广泛的解释力。这成为了对垂直差异产品的产业内贸易的一种理论解释。为区别于前述的 H-O 模型，我们将其称为新 H-O 模型。

新 H-O 模型是以尽可能符合 H-O 理论的假设来解释产业内贸易，最早是由法尔维（1981）[1]就垂直差异产品的产业内贸易进行研究而提出相关观点，后来进一步体现在法尔维和基尔茨考斯基（1987）[2]提出的模型中。

法尔维（1981）认为，如果许多不同厂商生产质量不同的产品品种，即这些产品间存在着垂直差异，且这些产品品种都没有规模效应，那么垂直型产业内贸易就可能发生。垂直型产业内贸易与经典的以要素禀赋为基础的产业间贸易有相似之处，资本相对充裕的国家出口质量高的产品，劳动力相对充裕的国家出口质量低的产品。

法尔维和基尔茨考斯基（1987）认为，即使不存在不完全竞争和收益递增，垂直型产业内贸易也会存在。在供给方面，假设有两个国家 X 和 Y，国家 X 劳动力丰裕而国家 Y 资本丰裕，每一个国家只有两个产业部门 A 和 B，其中 A 部门生产一个同质性产品，B 部门生产同种商品中不同质量的产品，即 B 部门内的产品间存在垂直差异。每个部门都雇佣劳动力。资本的使用随着 B 部门产品质量的不同而有所不同，高质量的产品体现了相对较高的资本劳动比率。技术（劳动生产率）在两国之间的差距使得它们之间的贸易不会引致各国工资均等化，资本的租金也不会相等。因此，工资相对较低的国家 X 在生产低质量产品上有比较优势，

① R. E. Falvey. 1981. Commercial Policy and Intra-Industry Trade[J]. Journal of International Economics: 495-511.
② R. E. Falvey, H Kierzkowski. 1987. Product Quality, Intra-industry Trade and Imperfect competition. In H. Kierzkowski(ed.), Protection and Competition in International Trade: Essay in Honour of W. M. Corden, Basil Blackwell.

工资相对较高的国家 Y 在生产高质量产品上有比较优势（在国家 Y，资本的价格相对较低）。在需求方面，假设两国消费者有相同的偏好，在相对价格一定的情况下，对不同质量产品的需求视消费者的收入而定：收入越高就越倾向于消费更高质量的产品。由于分配不均，每一个国家都既有低收入的消费者，也有高收入的消费者，所以，每个国家对 B 部门两种不同质量的产品有需求。那么，在典型的、没有运输成本的自由贸易条件下，必定存在 B 部门内的国际贸易，国家 Y 出口质量较高的产品品种到国家 X，并从国家 X 进口质量较低的产品品种，即出现了同一产业内部垂直差异产品间的国际贸易。

（二）水平差异产品的产业内贸易

1978 年，克鲁格曼（Krugman）在其博士论文中首次将迪克西特和斯蒂格利茨共同提出的将水平差异产品和内部规模经济考虑在内的垄断竞争模型推广到开放条件下，从理论上证明了规模经济和产品的水平差异是国际贸易中产业内贸易的原因。由于该模型是在张伯伦垄断竞争理论基础上创立的，所以被称为垄断竞争贸易模型，又称新张伯伦模型。

张伯伦认为，垄断与竞争力量的混合来源于产品的差别性。只要有任何一种明显的标准使一个销售者的产品或劳务能与其他销售者的产品区别开来，这类产品就是有差别的。只要有差别存在，不管这种差别是多么小，购买者与销售者之间的交易就不是随机的，而是凭他们的喜好而有所选择。

差别可以是具体的，也可能是想象中的。具体的差别来源于产品本身物质的或法律上的特点，还来源于进行销售的不同条件。前者包括产品的品质、设计、颜色、式样、包装等特点，还包括专利、商标和商店名称；后者包括，例如在零售交易中，销售者的地点、工作效率、经营方式、公平交易的信誉、店员对顾客的态度等。后者即销售条件还包括信贷条件、交货的及时性和可靠性等。张伯伦认为，在购买者看来，以上各种情况下的产品都或多或少地有些不同。

张伯伦认为，产品差别是造成垄断的一个决定性的因素，有差别则垄断发生，差别程度越大，垄断程度也越大。一种产品具有差别，就可以说企业对他自身的产品拥有绝对的垄断，但是却要或多或少地遭受不完全替代品的竞争。这样，每个企业都是垄断者，同时也是竞争者，因此张伯伦称他们是"垄断的竞争者"，即每个企业都有一定的垄断权，内部规模收益递增，同时生产差别化产品（产品间可以替代但不完全替代）的各个企业之间争夺市场，竞争的结果是垄断利润消失，各个企业仅获得正常利润。

克鲁格曼的新张伯伦模型运作机制如下：假设两个国家（本国和外国），两个产业（制造业和农业），本国在制造业上具有比较优势，外国在农业上具有比较优势。在完全竞争的市场结构下，本国出口制成品，进口农产品；外国出口农产品，进口制成品，两国间的贸易模式为产业间贸易，产业内贸易不会发生。现把垄断竞争引入制造业，但仍保持农业的完全竞争市场结构，即本国仍是农产品的进口国。由于规模经济的存在，制造业内的所有厂商都要尽可能扩大规模，以达到本产业所允许的最大规模，否则厂商会被淘汰。因而厂商只能选择生产一种或几种风格或式样的产品。同理，任何一个国家也无法生产所有种类的产品。所以国内外厂商同时生产产品，只是两个国家的产品在花色、特性上有差别。从需求上看，在产品基本功能相同的前提下，消费者倾向于多样化的选择。当本国产品无法满足消费者多样化要求时，就需要从国外进口产品，从而在制造业内部出现了贸易，即产业内贸易。在产业内贸易的情况下，虽然消费者消费制成品的总数量与原来完全竞争市场结构下的情况相等，但由于制成品品种的增加，消费者得到的总效用仍然增加了。因此，对于进行贸易的两个国家来讲，由于开展了制造业内产品不同品种间的国际贸易，在生产没有受到损失的条件下（一国的厂商数目和实际工资都没有变化），双方都从中受益了。

总体来讲，新张伯伦模型揭示了在存在内部规模经济和产品水平差异的条件下，即使在两个生产相同产品的国家之间也能开展国际贸易——产业内贸易，并且这种贸易会提高两个国家总体福利水平。

（三）同质产品的产业内贸易——相互倾销模型

为解释标准化产品即同质产品的产业内贸易现象，布兰德和克鲁格曼（1983）[①]构造了一个"相互倾销模型"。该模型认为，寡头垄断厂商为实现企业利润最大化，将增加的产量以低于本国市场的价格销往国外。从表面上看，在国外市场上产品的销售价格是降低了，但是从全部产品所获利润最大化的角度来看，如果这种销售不影响该产品在本国的售价，那么厂商所获得的总利润水平就能提高。同理，其他国家的厂商也会采取同样的策略，将增加的产量销往对方国家市场。具体来说，寡头垄断厂商如果扩大产量，且在国内市场销售，就会造成产品价格的下降，从而引起厂商利润的下降。但如果寡头垄断厂商将扩大生产的产品销售到国外市场，在市场分割的情况下，即使产品在国外市场的售价低于在国内的售价，国内市场的利润也不会下降。由此，寡头垄断厂商在国际贸易中既获得了规模经济带来的利益，又享受了超额利润。这样，在不完全竞争市场结构中，拥有垄断厂商的国家之间即使在产品技术等各方面没有差异，也会产生产业内贸易。

由此可以看出，在相互倾销模型中，各国开展对外贸易的原因只在于垄断或寡头垄断企业的市场销售战略。国际贸易的结构既不受要素禀赋、产品成本差别的限制，也不受生产者和消费者对差异产品追求的限制。同时，相互倾销基础上国际贸易的利益来自于各国企业通过倾销所获得的垄断利润和在本国市场上销售价格保持不变情况下所获得的垄断利润的和。为说明这一点，我们假设：A国的垄断厂商甲生产和销售汽车10万辆，单价为2万美元，如果其增加了生产量1000辆，并在国内市场销售，则为使市场吸纳增加的供应量，企业必须将产品的市场价格降低。这是因为寡头垄断企业面临的是一条向下倾斜的需求曲线。假如降价200美元，即每辆车售价1.98万美元。在此情况下，该企业因增加生产和销售1000辆汽车额外获得1980万美元。但是，当企业降低其商品售价时，不仅要降低新增产品的价格还要将原有10万量汽车的价格降低到与新增产品价格相同的水平，即从2万美元降至1.98万美元，10万辆汽车因降价减少收入2000万美元。结果是企业增加生产后，其总收入还减少了20万美元。这显然是有悖于企业增加生产和销售的初衷。对此，企业的决策是将产品以低于本国市场的价格倾销到国外，而国内市场产品售价不变。此时即使该汽车在国外市场上的售价相对较低，也不致引起企业整体销售收入和利润的大幅下降。

总体来说，相互倾销模型认为：即使各国生产的商品之间不存在任何差异，垄断或寡头垄断企业仍然可以开展各国之间的贸易；现代国际贸易的原因之一是不完全竞争企业的

---

① James A. Brander, Paul Krugman. 1983. A 'Reciprocal Dumping' Model of International Trade. NBER Working Paper No. 11914, August.

市场战略，在这种市场战略下，贸易的结构仅仅是由于各国企业对利润最大限度的追求；贸易是扩大竞争的一种方式，不完全竞争的企业可以通过贸易向别国的国内市场倾销以扩大销售，即使存在运输成本，也会存在双向贸易，并由两国间需求弹性的预期差异决定贸易量。

五、新贸易理论

新贸易理论是指 20 世纪 80 年代初以来，以克鲁格曼为代表的一批经济学家提出的一系列关于国际贸易的原因、国际分工的决定因素、贸易保护主义的效果以及最优贸易政策的思想和观点。

（一）新贸易理论的产生

古典和新古典贸易理论（统称为传统贸易理论）认为，国家间技术、要素禀赋或需求的差异是国际贸易产生的动因，都假设了市场完全竞争、同类产品同质和规模报酬不变。在这些前提下，贸易应该在有一定技术差异或要素禀赋差异的国家之间发生，即发达国家和发展中国家之间进行，这与 20 世纪上半叶之前的国际贸易模式及格局是相一致的。

第二次世界大战后，随着科学技术的进步和生产力的不断发展，以及国际政治经济形势的相对稳定，国际贸易的规模越来越大，国际贸易的流动特征发生了很大改变：经济发展水平相似的发达国家之间的贸易比重大大提高，占世界贸易总额的比重高达 70%以上；同类产品之间的贸易量迅速增加，产业内贸易成为国际贸易的主要形式。显然，传统贸易理论在对这一现象的解释上显得苍白无力。

在新产业组织理论发展的促进下，20 世纪 70 年代末到 80 年代，以克鲁格曼为代表的学者们，通过将偏好、规模经济、不完全竞争、技术变化和厂商博弈等概念引入贸易理论，论证了即使在缺少偏好、技术和资源禀赋差异的情况下，规模经济也可以引导国家开展专业化分工和贸易，彻底改变了国际贸易理论的面貌。这些理论模型虽然因不同的假设前提而有差异，但都会考虑两个重要方面：①基于产品差异性的需求设定；②与规模报酬递增相联系的非完全竞争因素。前面用来解释产业内贸易的新张伯伦模型和相互倾销模型就是其中的例子。我们把这些理论模型统称为"新贸易理论（new trade theory）"。

在这些理论模型中，影响力最大的是克鲁格曼 1978 年提出的新张伯伦模型。该模型对近 30 年来国际贸易理论的发展有着深远影响。

（二）新贸易理论的发展

克鲁格曼 1980 年在其《规模经济、产品差异化与贸易模式》[①]一文中对新张伯伦模型进行了修正和简化，使模型具有了更强的可扩展性。经过修正的新张伯伦模型开始允许两国的规模不对称，并引入运输成本，在此基础上推出了著名的"本国市场效应"：两个国家进行贸易时，规模大的国家将会生产更多数量的产品而且会成为该差异化产品的净出口国。该想法来源于区位理论中一个普遍观点：由于规模报酬递增和运输成本的存在，生产活动倾向于在大市场附近聚集。原因很简单，一方面，通过生产的聚集，厂商可以实现规模经济；另一方面，通过聚集在大市场附近，可以最小化运输成本。当引入国际贸易时，对某种差异化产品

---

① Paul Krugman. 1980. Scale Economies, Product Differentiation, and the Pattern of Trade[J]. The American Economic Review, Dec. Vol. 70, No. 5: 950-959.

拥有相对较大市场需求的国家，将实现该产品的大规模生产，获得规模经济收益，降低成本，进而成为该产品的净出口国。对于别的国家或地区而言，最划算的做法是从生产聚集的该国进口价格低廉的产品来满足相对较小的需求。

"本国市场效应"能够帮助我们深入认识内需与外需、国内市场和国外市场之间的辩证关系。在此之前有一种看法，认为扩大内需对企业来说就必然意味着减少出口。然而，在规模经济存在的情况下，内需与外需并不一定是相互替代的关系，反而可能是相互促进的。对于存在规模经济的产业，内需大的国家往往可以在出口贸易中更具优势，成为该产业的净出口国，庞大的国内市场可能成为国际贸易优势的来源。

总体来说，"本国市场效应"从需求角度解释了为什么一国在某种产品的生产上具有优势，为国际贸易模式、贸易结构的研究提供了一个新视角，这一结论引起了国际贸易学界至今不衰的研究兴趣，成为国际贸易前沿理论新经济地理学的理论基石之一。

新贸易理论是一场对传统贸易理论的革命，但它并非完全是否定及替代传统贸易理论。克鲁格曼（1981）[1]在其文章《产业内分工与从贸易中获利》中试图综合这两种理论，提出一个超越分歧的综合性框架。克鲁格曼分析了要素禀赋相似程度与贸易类型之间的关系，指出国家之间禀赋越相似，两国间的贸易就越具有产业内贸易的特征，相反则产业间贸易模式将占主导地位。这表明新贸易理论与新古典贸易理论之间并不是对立的，而是互补的。

克鲁格曼与赫尔普曼1985年合著了《市场结构与对外贸易》[2]一书。该书几乎涵盖了新贸易理论的所有分支，从外部规模经济到内部规模经济，从垄断竞争到寡头垄断、从非贸易品到中间品，从国家间贸易到跨国公司内部贸易，为分析规模报酬递增和不完全竞争市场结构下的贸易产生的原因、贸易模式以及贸易福利效应提供了一个完整而清晰的框架，可以说是重写了20世纪的贸易理论，从而使新贸易理论的地位从新的次级领域提升为核心的一部分。

（三）新贸易理论的贡献和缺陷

1. 新贸易理论的贡献

新贸易理论最大的贡献是提高了贸易理论解释现实的能力，克服了传统贸易理论所遇到的困境。最明显的就是新贸易理论能够解释产业内的国际分工，很好地吻合了现实中的贸易模式。同时，新贸易理论也说明了许多新兴产业和贸易模式的形成似乎更是一种偶然的机遇。由于工业品的多样性，任何一国都不能囊括一个行业所有产品的生产，从而使国际贸易成为必然。但是具体哪国生产哪种产品，则没有固定模式。不同国家在分工中拥有哪些优势产业，往往取决于分工发生前初始条件的细微差别，而且分工模式一旦形成，优势产业就会由于路径依存而在相当长时间内得以延续。克鲁格曼模型虽然简单，但其中已经蕴含着混沌理论中的蝴蝶效应思想。克鲁格曼的新贸易理论之所以具有强大的生命力，还在于他为其后的贸易理论发展提供了一个可扩展的分析框架，如第五章中要给大家介绍的新新贸易理论就是在新贸易理论的基础上发展起来的。

新贸易理论对重新思考经济增长也有很大的启发作用。在传统贸易理论中，比较优势的

① Paul Krug man.1981. Intra-industry Specialization and the Gains from Trade [J]. The Journal of Political Economy, 89(5).

② Elhanan Helpman，Paul Krugman. 1985. Market Structure and Foreign Trade[M]. Cambridge, MA: MIT Press.

变化往往是外生的。例如，H-O 理论体系中的雷布津斯基效应，可以解释要素存量增加导致的经济增长对产业结构和贸易模式的影响。但是反过来贸易对经济增长的影响，传统贸易理论则少有解释力。越来越多的人认为，规模经济应该是解释贸易与增长之间关系的重要因素。埃西尔（1982）[1]运用迪克西特和斯蒂格利茨垄断竞争模型讨论了规模经济与中间品种增加之间的两难冲突。该模型直接促成了后来罗默（1990）[2]以及格罗斯曼和赫尔普曼（1989[3]，1990[4]）发展出内生增长理论。内生增长理论在垄断竞争框架之下，用差异化的中间投入品代替了新贸易理论中的差异化最终品。与新贸易理论中最终品的种类增多会导致更高的消费效用非常类似，差异化投入品种类的增多会导致产出的增加，促进经济的增长。遵循新贸易理论的分析范式，开放贸易后，当所有产品之间包括中间投入品都存在自由贸易，而且知识在国际间自由流动时，贸易会提高增长率并使所有国家获利。所以，从新贸易理论角度看，贸易可以通过差异化中间投入品的增加影响一个国家的产品创新，从而导致经济增长，当然条件是知识在国际间存在溢出效应；而发达国家的"夕阳"工业在发展中国家低生产成本的贸易竞争中衰落是一种必然现象，因而发达国家需要不断开发新产品，而发展中国家的选择在于引进外资，加速技术进步，以提高资源利用效率和改善贸易条件，以及保持国际资本的自由流动，以利于知识技术的国际传递。格罗斯曼和赫尔普曼（1991）[5]对内生增长理论在国际贸易中的应用进行过极其深入的研究。内生增长理论和克鲁格曼垄断竞争贸易理论在技术手段上一脉相承，而格罗斯曼和赫尔普曼（1991）的贸易与内生增长理论则可以被视为动态化的克鲁格曼贸易理论。

此外，在新贸易理论的基础上，经济学家们以规模经济和不完全竞争为前提，以产业组织理论和市场结构理论为研究工具，提出了战略性贸易政策理论。对于该理论我们将在第六章中给大家进行详细的讲解。

2. 新贸易理论的缺陷

当然，以克鲁格曼为首的新贸易理论也存在一些缺点，其中最突出的就是理论中所有的企业都是一样的，没有考虑企业的异质性，对贸易开展之后企业之间的"竞争淘汰效应"和"规模变化效应"缺乏很好的解释，所以没有办法解释为什么有的企业规模会扩大，有的企业会被淘汰，也没有办法去解释贸易开放后由于企业优胜劣汰导致生产率提高的好处。而这些缺点正好促进了当前新新贸易理论在克鲁格曼理论基础上的进一步发展。

另外，新贸易理论不能说明国内贸易向国际贸易转变的内在机制，即既然国际贸易有这么大的好处，为什么要从国内贸易开始呢？新贸易理论提出了"贸易障碍"来解释这种现象，但是模型中没有代表这些障碍的具体变量或参数，所以消费者和生产者永远在一个统一的市场中交易，相互隔离的市场永远不会在均衡中出现，市场一体化和全球化是外生给定的，这种缺陷也使得后来杨小凯等人创立了以超边际分析为基础的内生化

① W. Ethier. 1982. National and International Returns to Scale in the Modern Theory of International Trade[J]. American Economic Review, 72: 389-405.

② Paul M. Romer. 1990. Endogenous technological change[J]. Journal of Political Economy 98: S71-S102.

③ G. Grossman, E. Helpman. 1989. Product Development and International Trade[J]. Journal of Political Economy, 97(1):1261-83.

④ G. Grossman, E. Helpman. 1990. Comparative Advantage and Long-Run Growth[J]. American Economic Review, 80(4):796-815.

⑤ G. Grossman, E. Helpman. 1991. Innovation and Growth in the Globe Economy[M]. Cambridge: the MIT Press.

贸易理论模型。

案例中美国和加拿大通过建立一个汽车自由贸易区，促进了两国汽车行业内贸易的发展。加拿大不再生产所有型号的汽车，只生产少数几种型号的汽车，然后从美国进口自己没有生产的型号的汽车，出口自己生产的型号的汽车。由于减少了自产汽车的型号，加拿大的厂商可以集中精力生产少数型号的汽车，由此导致的规模经济使加拿大汽车生产成本降低，效率迅速提高。

本章小结

随着现代国际经济的发展，西方经济学家认为生产要素不仅包括土地、劳动和资本，还包括技术、人力技能、研究与开发、信息、规模经济与管理等新型生产要素。同时，要素的国际移动、要素密集性的变化都使要素功能增加。

产品生命周期理论以产品生命周期中各阶段生产区位的变化来解释国际产业转移现象。该理论把产品生命周期分为产品创新阶段、产品成熟阶段、产品标准化阶段。企业的对外直接投资是企业在产品周期运动中，由于生产条件和竞争条件变动而做出的决策。

波特认为，生产要素、需求因素、相关和支持产业、国内竞争状态所构成的不同组合是一国在国际贸易中取得成功的关键决定因素；一国优势产业参与国际竞争的过程可分为四个阶段，即要素驱动阶段、投资驱动阶段、创新驱动阶段和财富驱动阶段。

产业内贸易也称部门内贸易，即一国既出口同时又进口某种相同类型产品。我们可以用产业内贸易指数来测量一国或地区的一个产业的产业内贸易程度。20 世纪 70 年代末到 80 年代，以克鲁格曼为代表的学者们，通过将偏好、规模经济、不完全竞争等概念引入到贸易理论中，论证了即使在缺少偏好、技术和资源禀赋差异的情况下，规模经济也可以引导国家开展专业分工和贸易，彻底改变了国际贸易理论的面貌。这些理论模型统称为"新贸易理论"。

练习题

一、名词解释

需求滞后　模仿滞后　"钻石"理论　产业间贸易　产业内贸易　产业内贸易指数　本国市场效应

二、单选题

1.（　　）是导致生产商品的要素密集型特征发生变化的重要原因。

　　A. 技术进步　　　　B. 资本增加　　　C. 劳动力增长　　　　D. 自然资源变化

2. 按照产品的生命周期理论，创新产品通常是（　　）。

　　A. 技术密集型产品　B. 劳动密集型产品　C. 资本密集型产品　　D. 资源密集型产品

3. 在投资驱动阶段，竞争优势的获得主要来源是（　　　）。

    A. 自然资源要素的优势　　　　　　　B. 资本优势

    C. 劳动力资源的优势　　　　　　　　D. 技术优势

4. 在计算产业内贸易指数时，同类产品是按联合国的国际贸易标准分类（SITC）的（　　　）来划分的。

    A. 一位数　　　　B. 二位数　　　　C. 三位数　　　　D. 四位数

5. 新张伯伦模型研究的是（　　　）的产业内贸易。

    A. 标准化产品　　B. 同质产品　　C. 水平差异产品　　D. 垂直差异产品

三、多选题

1. 随着现代国际经济的发展，西方经济学家认为生产要素不仅包括土地、劳动和资本，还包括（　　　）。

    A. 技术　　　　　B. 人力技能　　　C. 研究与开发

    D. 信息　　　　　E. 规模经济与管理

2. 产品生命周期理论对国际贸易理论的发展表现在（　　　）。

    A. 生产要素密集性质的动态变化　　　B. 贸易国比较利益的动态转移

    C. 进口需求的动态变化　　　　　　　D. 贸易壁垒的存在改变贸易流向

3. 钻石理论认为，（　　　）所构成的不同组合是一国在国际贸易中取得成功的关键决定因素。

    A. 生产要素　　　B. 需求因素　　　C. 相关和支持产业

    D. 税收　　　　　E. 企业战略、组织结构、国内竞争状态

4. 同质产品的产业内贸易大体包括（　　　）。

    A. 大宗原材料的国际贸易

    B. 转口贸易和再出口贸易活动

    C. 产量的季节性差别导致的国际贸易

    D. 由于合作生产和特殊的技术条件，引起了一些完全同质的服务进行了国际贸易

    E. 政府干预造成了国内价格扭曲，而作为以实现利润最大化为目标的企业便从事同时进口和出口的活动

5. 新贸易理论模型中都会考虑的重要假设前提是（　　　）。

    A. 基于产品同质性的需求设定　　　　B. 基于产品差异性的需求设定

    C. 与规模报酬递增相联系的非完全竞争因素　　D. 与规模报酬不变相联系的完全竞争因素

四、简答题

1. 产品生命周期各阶段特点是什么？

2. 内部市场的产业内贸易的特点有哪些？

3. 相互倾销模型如何解释产业内贸易的产生？

五、计算题

给定一国某些行业的进出口数据（见练习题表），请计算该国各行业的行业内贸易指数。

练习题表　国某些行业的进出口数据

（单位：万美元）

行业类别	向其他国家出口额	从其他国家进口额
新鲜水果	65	54
玩具	56	680
微型面包车	700	200
电影、电视	300	97

1. 根据迈克尔·波特的国家竞争优势理论说明如何提高中国企业在国际市场竞争中的竞争优势。

2. 茶产业是我国的一个传统优势产业，但是近年来我国茶叶的国际竞争力持续下跌，比较我国与发达国家在茶叶国际竞争力上的差距，利用迈克尔·波特的"钻石"理论，从我国茶叶的要素禀赋、国内需求、相关产业和产业组织等方面，分析我国茶产业在竞争力上产生差距的原因，并提出提高我国茶叶国际竞争力的政策建议。

第五章 国际贸易前沿理论

【学习目标】

学习完本章后，你应该能清楚地知道：

（1）新经济地理学的基本理论；

（2）新经济地理学中有关国际贸易的主要结论；

（3）异质企业贸易模型和企业内生边界模型的基本内容和主要结论；

（4）新新贸易理论带给我们的政策启示。

第一节 新经济地理学贸易理论

案例导入

改革开放以来，我国制造业出现了向东部沿海地区集聚的明显趋势，与之伴随的还有外资与外贸在同一地区的集聚。

2002年我国制造业（共20个行业）的产值按东、中、西部划分的情况表明，地理面积仅占全国11.7%的东部地区在17个行业中所占的比例超过一半，在10个行业中所占的比例超过70%，并且在纺织、化学纤维制造、金属制品、电气机械及器材制造和电子及通信设备制造这5个行业中所占的比例超过了80%。可见，我国制造业在东部沿海集聚的情况较为明显。

我国东部地区与中西部地区外贸发展也很不平衡。据海关统计，2004年我国外贸进出口箱源的90%以上来自长三角、珠三角和环渤海湾地区，中西部地区的外贸进出口箱量仅占全国总量的6%左右。另外，我国是发展中国家中吸收外资最多的国家，由于东部地区具有沿海区位优势，再加上基础条件好，开放较中西部地区早，因此一直是外资流入的主要区域。1995—2000年，东部地区外商直接投资比重一直占全国的87%左右，而西部地区只占3%。

中国在加入世界贸易组织后，中国的对外开放政策由地区开放向国家开放转换，中西部地区招商引资的政策障碍逐步消除，而且国家为了实施西部大开发战略出台了各种措施来引导外资流向中西部。2004年西部地区外商投资额占全国的比重提高到了5.9%，西部地区外商投资企业数量占全部的比重也达到了6.2%，但无论是企业数还是投资额，东部地区的份额仍占绝大部分。

那么，有哪些因素导致中国经济在对外开放过程中出现了向东部沿海省份集聚的情况？

（毛在丽，2006）

一、新经济地理学主要理论基础

20世纪80年代，随着信息技术的不断进步，经济全球化和区域一体化迅速发展，企业跨越空间的能力大大加强，各国间和一国内部各区域间相互竞争、相互依存的关系也更加明显。因此，20世纪90年代初，以克鲁格曼为代表的经济学家们整合了经济学界在国际贸易和地理经济学有关方面的研究成果，提出了新经济地理学理论（theory of new economic geography），开始打破传统国际经济学中的国家界限，从区位的角度讨论规模收益递增、外部性、比较优势等对产业区位分布的影响，并从全球化的视角来分析经济主体的空间决策行为，要素资源在空间的流动，以及由此产生的经济集聚现象。新经济地理学的理论基础有以下三种。

1. 区位理论

1826年冯·杜伦在其名著《孤立国》中提出了著名的圈层布局论，奠定了区位理论的基础。在继承和发展冯·杜伦理论的基础上，德国地理学家克里斯泰勒于1933年在其《德国南部的中心地》[①]一书中提出了"中心地理论"，德国经济学家勒施也于1940年出版了《经济的空间秩序》[②]，提出了"市场区位理论"，将空间均衡的思想引入区位分析，研究了市场规模和市场需求结构对区位选择和产业配置的影响。

但是对新经济地理影响最大的还是哈里斯和普雷德在区位理论方面的贡献。哈里斯（1954）[③]提出了市场潜力模型，用以表述一个地区作为生产地，其区位选择依赖于对市场的通达程度。哈里斯采用市场潜力指数度量市场通达程度，公式表述为 $M_j = \sum Y_k g(D_{jk})$，其中，M_j 为 j 地的市场潜力，Y_k 为各个地区的收入，$g(D_{jk})$ 为距离的减的数，D_{jk} 是 j 地与 k 地之间的距离。在哈里斯的市场潜力模型中，市场潜力与各地市场购买力即市场规模呈正比，与该地到市场的距离呈反比。哈里斯对美国的实证研究表明，制造商会选择接近市场的地方建立工厂。为了说明这个问题，他利用"市场潜力指数"测量美国各县接近市场的程度，该指数实际上是与各县附近市场购买力的加权平均，其权重取决于该地区与市场的距离并与距离成反比。结果表明，美国工业集中地区都具有较高的市场潜力，而且生产的集聚能够自我加强，厂商选择离市场较近的地区进行生产，但同时接近市场的地区也是其他厂商会选择的地区。普雷德（1966）[④]则关注于地区经济增长的动态变化，其采用了"基础乘数"分析法，认为收入中用于当地支出的份额并不是固定不变的，而是取决于当地市场的规模，那么随着该地区的经济增长，市场会大到足以支撑一个高效的规模企业，从而使得本地提供更大范围的商品和服务变得有利可图，如此反复，便会启动区域经济增长的积累过程。

2. 规模经济和外部性

新经济地理学和传统的经济地理学最大的不同之处就在于规模经济的引入。因此，要理

① W. Christaller. 1933. Central Place in Southern German. in Jena Fisher.
② A. Lösch. 1954. The Economics of Location[M]. New Haven, CT: Yale University Press.
③ C. Harris. 1954. The Market as a Factor in the Localization of Industry in the United States. Annals of the Association of American Geographers, 64: 315-348.
④ A. Pred. 1966. The Spatial Dynamics of US Urban-Industrial Growth, 1800—1914[M]. Cambridge, MA: MIT Press.

解新经济地理学，就要从规模经济和外部性开始，其中影响最深的当然要数马歇尔模型。马歇尔模型将规模经济看做是外部的，是由劳动的专业化分工引起的。马歇尔认为，厂商之所以集中有三种不同的原因：首先，厂商的集中形成了劳动市场的集中和共享；其次，产业的集中能够降低投入品的获得成本；最后，集中还会带来技术的外溢。

3. 新贸易理论

在第四章中，我们提到了克鲁格曼在发展新贸易理论时引入了运输成本的概念，并导出了"本国市场效应"。这种分析很自然地将区位地理因素纳入贸易理论的讨论中来，而规模经济与运输成本之间的权衡就成为新经济地理学的关键。

二、新经济地理学的基本理论

克鲁格曼（1991）[①]第一次试图用经济学的模型来解释哈里斯和普雷德的观点，建立了一个最简单的两地区模型，即中心－外围（core-periphery）模型，简称CP模型。

CP模型假设：只存在两个行业——农业和制造业，农业是规模报酬不变的，制造业规模报酬递增；农产品没有贸易成本，而制造品的贸易存在运输成本。为了简化模型，克鲁格曼将生产要素分为专门从事农业生产的农民和专门从事制造业生产的工人，并且限制农民不能在两个地区之间自由流动，工人则是可以自由流动的要素。

在均衡的形成过程中，要受到"向心力"和"离心力"的影响。"向心力"是指使得制造业集中于一个地区的作用力，其作用与外部规模经济相似。向心力主要来自于规模经济、运输成本和要素的流动性三个方面的互相作用。简单地说，规模经济和运输成本的存在使得厂商总是想聚集在靠近市场和供应商的地方进行生产，但靠近市场和供应商的地方同时也是别的厂商选择的地方，厂商的集中带来工人的集中，而工人的消费则造就更大的市场。这样一个不断循环的过程就造就了经济中的"聚集"现象。"离心力"则是指那些阻止厂商聚集在一起的力量，例如农业生产受地理限制。

当运输成本较高时，很少有区域间贸易，工人的收入主要取决于当地的竞争，随着工人人数的增加，收入减少。此时的均衡就是制造业人口均匀分布于两个地区。当运输成本较低时，一个典型的厂商会在两个地区都销售其产品；但是如果厂商位于人口较多的地区，就会更加接近市场，因此也能提供更高的工资；反过来，工人由于接近市场，其获得的较高工资能够转化成较高的购买力。因此，在低运输成本情况下，实际工资会随着人口的增加而增加。此时，生产集中于两个地区的任何一个都是均衡的，因为工人不会有离开的动机。除此以外，人口在两个地区均匀分布也是一种均衡。因此，运输成本较低时存在三个可能的均衡。当运输成本中等时，离心力和向心力旗鼓相当；如果两个地区的差异较大，向心力占优势；而当两个地区条件相似时，离心力占优势。因此，在运输成本中等条件下，存在5种可能的均衡状态。

是否所有的均衡都能稳定存在？答案是否定的。当经济中具有很高的运输成本时，均衡只有一个——制造业在两个地区间平均分布；若运输成本逐渐降低，经济会达到一种临界状态，这时对称分布的均衡不再稳定。只要某个地区的制造业少许增长就会导致几乎全部制造业集中于该地区，最后该区成为了制造业的"中心"。经济的这种自发调节过程，可能只依赖

① Krugman, Paul. 1991.Increasing Returns and Economic Geography[J]. Journal of Political Economy, 99: 483-499.

于一件十分偶然的历史事件，但历史并不是全部起作用的因素，在一定程度上，人们的预期也会影响经济的走向。克鲁格曼对历史与预期给均衡带来的影响进行了分析。他指出，历史与预期究竟哪个起决定性作用，取决于三个参数：贴现率、外部经济的影响力大小和调整速度，如果贴现率很大、外部经济作用小或者调整速度很慢，历史会起决定性作用。

克鲁格曼进一步提出，导致产业集聚的因素有两种。一种是自然地理因素。人们为了节约成本，将经济活动安排在自然资源丰富的地区或便于运输的河流、港口、海岸和边境附近。该原因可以解释一些与自然资源密切相关行业的集聚，却无法解释其他许多集聚，尤其是那些受自然资源影响较小的行业中的集聚。克鲁格曼认为，除了自然地理因素，人类经济活动相互作用产生的力量，即收益递增，可以用来解释其余的集聚，而且随着经济结构的演进，收益递增起的作用越来越大。在前工业化社会，人们多自给自足，收益递增起的作用小，影响范围也小，经济集聚主要是受自然地理因素的影响。进入现代工业社会后，随着企业间需求关联和成本关联的加强及产品差异化程度的加深，收益递增的作用变大了。在知识经济社会，收益递增就越发重要了。

三、新经济地理学和国际贸易

目前，新经济地理学研究的一个主要方向是以克鲁格曼和维纳布尔斯为代表的国际经济学家致力于将新经济地理模型引入国际贸易的研究中，分析国家间差异的形成原因、集聚对经济的影响等。

1. 基本模型

克鲁格曼和维纳布尔斯（1995）[1]建立了一个新经济地理国际贸易模型。为了体现国家和区域间的区别，该模型取消了劳动力具有流动性的假设，而加入了中间品贸易。这样一来，导致产业活动集中分布的不再是厂商和工人之间的联系，也不是厂商和消费者之间的联系，而变成了厂商和厂商之间的联系（也称产业间关联）。这种联系又进一步被解释为成本关联和需求关联。在其他条件相同的情况下，如果一个地区拥有较大的制造业部门，该地区便能为厂商生产的中间品提供较大的市场，这就使得该地区能够吸引来更多的厂商，这是所谓的需求关联。另外，如果该地区能够生产较别处更多的中间产品，那么该地区的最终产品生产成本就要比别处低，这就是成本关联。这两种联系使得厂商越来越多地聚集于该地。当运输成本降低到一定程度，世界经济就会自发地形成以制造业为中心、非工业化地区为外围的产业分布。

克鲁格曼和维纳布尔斯还进一步解释道：如果制造业部门足够大，还会造成国家之间的工资差异。产业间关联会使得工业化地区的劳动力需求增大，而其他地区的工业逐渐衰落则会降低其他地区对劳动力的需求。这样一来，成为制造业中心的地区实际工资会上升，而非工业的外围地区实际工资下降，导致了全球的经济一体化不平衡的发展。但是如果运输成本继续下降，厂商会逐渐失去由于接近市场和供应商所带来的优势。同时，外围的非工业化地区，由于具有较低的工资率从而具备了较低的生产成本。当运输成本降低到足够低时，外围地区低成本的优势将足以抵消远离市场和供应商带来的不便，此时制造商将搬出中心地带，到外围地区进行生产，从而使得中心和外围地区的工资率差距逐渐缩小。所以，随着贸易自由化程度的逐渐增大，各国的工资差异经历了一个由小到大再变小的过程。

---

① Krugman, Paul and Venables Anthony. 1995. Globalization and the Inequality of Nations[J]. Quarterly Journal of Economics, 60: 857-880.

2. 集聚与经济增长

克鲁格曼和维纳布尔斯（1995）的模型迈开了经济地理通向国际贸易的第一步，搭建了产业集聚与国际贸易之间的桥梁，该模型被后来的学者们认为是经济地理在国际贸易发展中的一个里程碑。帕格和维纳布尔斯（1996）[1]在多产业的均衡方面又进一步深化，提出了集聚对经济增长的影响。他们从工业化的角度出发，分析产业集聚对世界经济的拉动作用。

帕格和维纳布尔斯将制造业的发展作为集聚的一个动力，而不再仅仅局限于运输成本的降低。我们已经知道，不完全竞争、运输成本和产业间关联的相互作用会刺激厂商都选择在接近市场和供应商的地方生产。而这种集聚使得某些国家的工业化程度提高，同时也具有了较高的工资。如果工业化国家的制造业继续膨胀，会使得该国的工资过高，刺激厂商从该国转移到非工业化的外围进行生产。如果产业继续膨胀，外围国家也会逐渐变为工业化国家，进而厂商会继续向更加落后的国家转移。这种过程不断重复，工业化就犹如一股浪潮，从中心国家逐渐波及外围国家。在不同的行业中，产业间关联较弱的行业、处于上游位置的行业或是劳动密集度较弱的行业，在工业化的蔓延中会先行调整，然后再波及其他行业。

鲍德温和福斯里德（1997）[2]借助内生增长理论的分析方法，也提出了一种新的地理和贸易模型。这个模型中的因果循环涉及的不是要素的流动而是要素的积累，拥有较大市场的国家往往会进行较多的投资，而这些投资又进一步扩大了该国的市场。

3. 集聚、经济政策与福利

其实无论对于哪种层次的经济集聚，经济政策的影响都是重要的。对于最高级别的中心外围结构，即世界分为高收入的占据了全球大部分产业的发达国家和低收入的广大发展中国家，各个国家通过制定各种国际和国内经济政策，在竞争与合作中正不断地修改着经济活动的全球分布版图。一个明显的例子就是一些亚洲国家，如20世纪70年代的亚洲四小龙和80年代的中国，通过采取出口导向政策实现了经济的快速工业化，并使东亚成为新的世界经济增长中心和产业集聚地。在国家层次上，一国的对外经济政策和国内经济政策对于该国的空间经济分布有着重要的，甚至是关键的影响。

克鲁格曼和里维斯（1996）[3]通过分析墨西哥加入北美自由贸易区对墨西哥国内经济地理的影响，构建了一个简单的贸易自由化模型。在该模型中，集聚力是由收益递增和劳动力流动导致的前向后向关联；分散力则和CP模型中的农业部门不同，是由城市的拥挤效应带来的外部不经济，以及城市的交通成本和地租导致的。

加入北美自由贸易协定以前，墨西哥的内向型经济使许多工业都集中在首都墨西哥城附近，是一个典型的一国内部中心外围结构。加入北美自由贸易协定之后，由于美国巨大的市场引力和对美贸易成本的降低，墨西哥本国的前向后向关联就变得不那么重要，因此，许多墨西哥公司迁往美墨边境，原有的集聚得不到维持，墨西哥国内的经济空间分布呈现分散化趋势。

汉森（1996[4]，1998[5]）还对美墨边界地区企业集聚进行了实证研究。在一体化过程中，

① Puga, D. and Venables, A. J. . 1996. The Spread of Industry: Spatial Agglomeration in Economic Development[J]. Journal of the Japanese and International Economies, 10: 440-464.
② R. E. Baldwin, R. Forslid. 1997. The core-periphery model and endogenous growth. CEPR Working Paper No.1749.
③ P. Krugman, Elizondo R. Livas. 1996. Trade policy and the third world metropolis[J]. Journal of Development Economics, 49: 137-150.
④ Gordon H Hanson. 1996. U.S.-Mexico Integration and Regional Economies: Evidence from Bordercity Pairs. NBER Working Paper No. 5425, January.
⑤ Gordon H Hanson. 1998. North American Economic Integration and Industry Location[J]. Oxford Review of Economic Policy, 14(2): 30-44.

墨西哥作为一个小的经济体，与美国这样一个具有大市场潜力的经济体的自由贸易可以非常有效地将墨西哥先前内向化的经济外向化。墨西哥制造业将它们的注意力从国内市场转向国外市场，这导致大量墨西哥城的公司向与美国毗邻的边界区迁移。墨西哥城的制造业中心地位下降，美墨间贸易快速增长，而且主要是产业内贸易。实证研究显示，墨西哥边界区制造业出口增长也促进了美国边界区经济活动的扩张。

政府经济政策对产业空间分布乃至经济增长的影响不一定都是正面的。中国在计划经济年代以行政手段代替市场作用，没有好好利用经济的收益递增机制，人为地将一些具有收益递增性质的产业分散布局，违背了产业发展的规律，从而不利于整体经济的增长。20世纪80年代以来，尤其从90年代后期开始，中国工业集聚现象越来越显著，而中国整体经济也维持了10%左右的高增长。这背后的一个主要原因就是中国政府顺应了经济发展不平衡的客观规律，鼓励经济资源向自然地理条件较好的东南沿海集中，并充分利用全球化带来的好处，让收益递增机制起作用。可见，在中国，经济政策曾通过控制自然地理因素和收益递增因素是否对经济空间分布起作用，来决定中国的空间经济格局。

鲍德温（1999）[1]引入资本形成和资本折旧，结合新经济地理与新古典增长模型，建立了资本创造模型。在该模型的政策分析中，鲍德温认为一国单边贸易壁垒的提高有助于降低该国国内产品的价格，并指出聚集力的存在强化了贸易保护的降价效应。然而，这种效应是一系列简化的假设结果。虽然单边贸易保护政策，从提高本国工业生产份额这个意义上说，可以促进本国工业化的发展，但这也并不是在任何情况下都会发生的，而是需要一定的条件。其实，贸易自由化也可以促进工业化的发展。此外，鲍德温还认为国家间的关税同盟会导致经济集聚于关税同盟，同盟的公司数量和资本积累将高于世界一般水平，并由此导致关税同盟经济增长率高于世界其他地区。

帕格和维纳布尔斯（1997）首次对贸易自由化促进工业化发展的可能性进行了研究，指出单边自由贸易政策与进口补贴虽然在吸引外资的效果上较为接近，但前者能产生更高的经济福利。

本节导入案例解析

国际贸易对一国空间经济的影响需视具体情况而定，并依赖于该国经济地理的特殊情况。虽然中国和墨西哥都是发展中国家，但与墨西哥不同，中国在对外开放前并未形成非常明显的中心外围结构。中国经济向沿海地区的集聚是在20世纪80年代中后期才开始的现象，并在90年代变得更明显。

中国经济集聚的过程也是中国逐步融入世界的过程。中国是在融入全球化的进程中，在自然地理、收益递增和经济政策三大因素的共同作用下，发展出制造业、外贸和外资在东部沿海的集聚现象的。

在自然地理因素方面，中国东部沿海地区拥有集聚的天然优势。由于同等距离，陆路运输的成本约为海运的6倍，因此中国内陆地区进行国际贸易的成本比东部沿海地区要高得多。

在收益递增方面，改革开放后，东南沿海省份凭借亲情优势流入了大量的海外华人资本；外商投资在东部沿海的集聚最初是受到该地区自然地理优势的影响，所建立的企业也大多是

---

① R. E. Baldwin. 1999. Agglomeration and Endogenous Capital[J]. European Economic Review 43: 253-280.

利用中国廉价劳动力和政策优惠进行加工贸易，但外商投资在东部地区的集聚促进了东部制造业的发展。在外资的带动下，东部地区的内资企业也发展壮大起来，积累的资本连同不断涌入的外资使得东部地人均劳动力所占资本大大高于内陆地区。于是，沿海与内陆的工资水平越拉越大，吸引着中国劳动力向沿海流动。劳动力向沿海地区的流动不仅促进东部制造业进一步的繁荣，还因劳动力的本地消费引发了本地市场效应。

产业集聚的另一种原因，即收益递增开始起到越来越大的作用。这种循环因果关系使东部地区的经济集聚开始了自我强化的过程。此外，中国东部沿海地区的集聚还存在产业间关联。拥有较大制造业部门的东部地区提供的中间产品的种类通常也较多，这就降低了最终产品的生产成本，产生了成本关联。同时东部较大的制造业最终产品部门能够为中间产品提供广阔的地方性市场，导致了需求关联，而且东部地区靠近国际市场的优势使其利用进口中间产品的成本大大低于中西部地区。

在经济政策方面，随着沿海地区对外开放，在中国经济已经开始向东部地区集聚的趋势下，中央政府和地方政府就国内经济一体化展开了一轮轮的政策博弈。东部沿海地区在政府倾斜政策和本身地理优势的帮助下，经济发展迅速，人均收入水平快速提高，对中西部的人才、资金形成了强大的吸引力。中西部地区的地方政府则希望保护本地不被"边缘化"，以免本地区的福利受损，希望可以通过地方保护主义来提升本地制造业的竞争力，使其不至流向东部地区。地方政府的保护主义在一定程度上放缓了中国经济向东部沿海集聚的速度，但无法从根本上扭转这种趋势。

第二节　新新贸易理论

新新贸易理论是国际贸易的最新前沿理论，是从微观层面上分析企业的贸易和投资等国际化路径选择，以及外包和一体化等全球化组织生产选择，从而突破了新贸易理论和之前贸易理论中的企业同质假定，将异质性纳入对企业的微观分析框架中。大量的实证分析表明，该理论对国际贸易结构和贸易量给予了足够的解释，成为当今国际贸易理论研究的新热点。

一、新新贸易理论的产生

新贸易理论及其之前贸易理论的分析视角都是从国家或产业层面入手，模型中的企业都是同质的、无差异的。进入 20 世纪 90 年代，国际贸易实践的发展使人们再次反思新贸易理论对现实的解释力，因为大量的经验证明，并非所有的企业都选择对外贸易。美国在 1999年对 30 多万家企业的普查中发现，仅有不到 5%的企业存在出口业务，而在出口企业中排在前 10%的企业的出口总额占到全国出口总额的 96%。此外，对德国、哥伦比亚、墨西哥、摩洛哥、中国台湾、西班牙、加拿大、法国企业的实证研究也表明：无论上述哪个国家或地区，都只有很小一部分企业从事出口；同一产业内部，存在着出口企业和非出口企业在劳动生产率、资本技术密集度和工资水平上的显著差异，往往是从事出口业务的企业有较大的生产规模和较高的劳动生产率，同时其工资水平也较高。这些差异被称为是企业的异质性。无论是传统贸易理论还是新贸易理论，对这些国际贸易中更为微观层面的现象，都无法提供令人信服的解释。

2003年，美国哈佛大学教授梅里兹发表了《贸易对行业内重新配置和总行业生产率的影响》[1]一文，首次提出了异质企业贸易模型（也被称为"梅里兹模型"），终于打破了国际贸易研究的长期沉寂，新新贸易理论（new-new trade theory）也应运而生。

新新贸易理论沿用了新贸易理论垄断竞争市场结构和规模报酬递增的假设，但放松了同质企业的假设，将企业生产率的差异内生到垄断竞争模型中，运用一般均衡框架下的动态产业分析方法扩展了克鲁格曼的垄断竞争贸易模型，从而成功将企业生产率内生到模型中，将贸易理论研究对象扩展到企业层面。

新新贸易理论有两种类型的分支，一类是以梅里兹为代表的学者们提出的异质企业贸易模型（trade models with heterogeneous firms），另一类是以安卓斯为代表的学者们提出的企业内生边界模型（endogenous boundary model of the firm）。异质企业贸易模型主要解释为什么有的企业会从事出口而别的企业不出口；企业内生边界模型主要解释是什么因素决定了企业是选择公司内贸易、市场交易还是以外包形式进行资源配置。二者同时都研究了是什么决定了企业是选择以出口方式还是国外直接投资方式（foreign direct investment，FDI）进入到海外市场。

二、异质企业贸易模型

（一）梅里兹模型

企业异质性主要表现为企业（或工厂）生产率、专用性技术、产品质量以及工人技能方面的差异，尤其是企业生产率的差异。梅里兹（2003）建立的异质性企业模型运用一般均衡框架下的动态产业分析方法扩展了克鲁格曼的垄断竞争贸易模型，同时引入企业生产率的差异，用来解释国际贸易中企业的出口决策行为。

梅里兹模型的基本逻辑为：由于企业异质性的存在，贸易会导致市场份额在产业内企业间的重新配置，市场份额向高生产率企业靠近，而那些生产率最低的企业被迫退出，从而提高了行业生产率水平，而这一效应在封闭经济中是无法实现的。

1. 基本框架与封闭经济条件下的均衡

与垄断竞争模型相比，异质企业贸易模型采用的需求函数与垄断竞争模型相同，供给函数也基本一致。异质企业贸易模型的不同之处也是模型的关键之处在于，提出了一个考虑企业生产率的总成本函数。梅里兹认为，行业中的企业和新进入企业面临着不同但相互联系的约束。对于原有企业来说，它们有一个企业关门生产率或零利润生产率（zero cutoff profit productivity），这个约束被称为关门条件或零利润条件，使得企业的利润刚好为零。如果生产率高于关门生产率，企业就可以获得利润；如果低于这个水平，企业就会退出市场。

对于新进入企业来说，其面临着与原有企业同样的关门条件，所不同的是，新进入企业需要承担一个沉没成本，因此在做出是否进入的决策时，他们需要用未来利润流来决定是否值得进入。新进入企业的企业价值（value of entry）必须至少等于零，这就是新进入企业的

---

① M. J. Melitz. 2003. The Impact of Trade on Intra-Industry Reallocations and Aggregate Industry Productivity[J]. Econometrica, 71:1695–1725.

约束条件。

梅里兹（2003）通过数学证明发现，关门条件中平均利润是关门生产率的减函数，而新进入企业约束条件中，平均利润是关门生产率的增函数，在两条曲线的交点上，就确定了行业平均利润水平和行业关门生产率，这就是封闭经济条件下的均衡点，是行业中两类企业对关门生产率不同反应的共同作用的结果。对于行业中原有企业，关门生产率越高，其他因素不变的情况下，利润水平会越低。例如，如果关门生产率由 2:1 提高到 3:1，对于生产率为 5:1 的企业来说，在其他因素不变时，关门生产率的提高降低了企业利润，从而降低了行业平均利润。对于新进入企业来说，关门生产率越高，能够成功进入的新企业越少，一旦成功进入，他们将会获得较多的利润，从而提高行业平均利润。关门条件实际上可以视为退出条件，在退出与进入双方力量的共同作用下，形成了行业的均衡状态。

在均衡条件下，确定了企业关门生产率，从而也就确定了行业平均生产率、平均利润水平。在仅有劳动要素投入这一假定下，封闭经济中劳动投入水平一定（它也说明国家规模和市场规模一定），并且收入水平和利润水平独立于国家规模。关门生产率的提高会降低行业中企业的数量，一旦关门生产率一定，行业中的企业数量就不会变化。所以，在封闭经济中，行业的平均生产率由关门生产率决定，而在一定市场规模下，行业生产率不会提高，也就是说，行业生产率只能通过单个企业生产率的提高来实现（企业生产率提高通常依靠技术水平的变化），而不能通过市场份额在产业内企业间的重新分配来改变。

2. 贸易对行业内重新配置和行业生产率的影响

在开放经济中，行业生产率的变化有了另一条路径，即贸易可以通过市场份额的重新配置来提高行业生产率。对于一个行业来说，一部分企业能够进入国际市场，而另一部分企业只能从事国内业务，这是因为进入国际市场面临着与国内不一样的进入成本。异质企业模型用贸易的沉没成本来概括从事出口面临的额外边际成本，同时参与贸易的企业也面临着一个固定进入成本。

知识链接

　　无论是出口到发展中国家还是发达国家均存在巨大的出口沉没成本，如寻找买方，做产品广告宣传，做市场调研以了解国外市场，研究国外管制环境，让出口产品符合国外标准（包括检测、包装和标签等），在国外建立新的分销渠道，符合国外海关的装船标准等。这些成本与企业的出口数量无关，属于企业的固定成本，在企业进入出口市场前就已经发生。

对于在开放经济下被分为国内市场和国际市场两部分的一个行业，由于贸易成本和进入国际市场沉没成本的影响，关门生产率体现为三种：封闭经济关门生产率、开放经济关门生产率和国际市场关门生产率。理论模型和现实状况都可以说明，封闭经济关门生产率最低，而国际市场关门生产率最高，开放经济关门生产率介于两者之间。

那些生产率低于封闭经济关门生产率的企业会退出所在行业，生产率高于封闭经济关门生产率但低于开放经济关门生产率的企业，在没有贸易的情况下，他们因为生产率超过了封闭经济关门生产率水平而得以在国内生存，但在开放经济条件下，国内的关门生产率被提高到开放经济关门生产率水平，这部分企业也会被迫退出市场。

生产率高于开放经济关门生产率但低于国际关门生产率的企业只能从事国内业务。这里也可能存在着两种情况：如果企业国际市场损失能够得到国内市场利润的弥补，在其他动机下，这部分企业也可能进入国际市场，尽管这会降低它们的综合利润水平；如果企业进入国际业务带来的损失不能得到国内市场利润的弥补，就会出现总体亏损，这部分企业是绝不会从事国际业务的。

对于那些生产率高于国际市场关门生产率的企业来说，他们将获得国际市场份额，从而大大提高利润水平。

以上解释了为什么一部分企业只能从事国内业务，而一部分企业可以从事出口业务，从而产生了市场份额在产业内的重新配置效应，即贸易提高行业生产率。贸易提高行业生产率的逻辑，即新新贸易理论的核心观点可表述为：贸易提高了行业关门生产率，使得那些在封闭经济中本可以继续生产的企业被迫退出市场，市场份额向更高生产率企业转移；关门生产率的提高和低生产率企业的退出，使行业总体生产率水平提高，即使企业技术水平等其他因素不变（单个企业生产率不变）。由此，新新贸易理论认为：自由贸易拓宽了提高行业生产率的途径，通过自由贸易也可以提高行业生产率水平；自由贸易通过市场份额重新配置和行业生产率的提高而提高社会福利；自由贸易同样会引起国内企业数量的降低，但这并不会降低国内消费者福利，因为国外企业可以提供价格更低且种类更丰富的产品。

（二）梅里兹模型的扩展

梅里兹模型可以扩展到与对外直接投资相结合。赫普曼、梅里兹和耶普尔（2004）[1]拓展了梅里兹模型，考虑了建立海外分公司的决策，即企业以出口还是国外直接投资的形式进行国际化。他们分析了企业的三种组织选择：企业是选择仅在国内生产，既在国内生产又出口还是既在国内生产又进行国外直接投资。模型分析了劳动生产率的差别与出口固定成本对企业的国际进入决策的影响。他们认为，由于存在出口固定成本，出口企业比不出口企业的固定成本高，而国外直接投资企业与出口企业相比，总的固定成本更高。结论是：企业生产率差异使得企业可以进行自我选择；生产率最高的企业既在国内经营又在国外直接投资，成为跨国公司；生产率次之的企业既在国内经营又出口；生产率再次之的仅在国内生产并销售；生产率最低的企业将退出这个行业，因为无论如何经营收益也无法弥补固定成本，利润为负。他们进一步分析还认为，当贸易摩擦较少或存在较大规模经济时，生产率较高的前两类企业更倾向于选择出口，而不是国外直接投资。

Bernard、Redding 和 Sehott（2007）[2]结合梅里兹模型建立了一个考虑企业异质性的两要素、两部门和两国家（南国和北国）的世界经济模型，并考虑了要素比例对比较优势的影响。该模型分析了自由贸易对生产率的影响，研究发现：在考虑成本的贸易中，具有比较优势的部门出口生产率最高、行业内重新配置效应最强并且行业生产率提高最快；具有比较优势的部门使低生产率企业进入国际市场的概率更小，关门生产率也更高，所以促成了更多低生产率企业的退出。研究还发现，当贸易成本下降时，处于比较优势部门的企业更倾向于出口，并且会增加这一部门的企业规模和数量，同时创造了较比较劣势部门更多的工作机会。

① Elhanan Helpman , Marc J Melitz, Stephen R. Yeaple. 2004. Export Versus FDI with Heterogeneous Firms[J]. American Economic Review, American Economic Association, 94(1): 300-316.

② Andrew B. Bernard, Stephen Redding, Peter K. Schott. 2004. Comparative Advantage and Heterogeneous Firms. NBER Working Paper No. 10668 , August.

三、企业内生边界模型

企业在国际化过程中面临着两个关键选择：一是是否进入国际市场，是继续作一个本土的企业还是选择进入国际市场；二是以何种方式进入国际市场，是选择出口还是国外直接投资的形式？以前的一些理论模型能解释为什么一家本土企业有在外国进行生产的激励，但是这些模型无法解释为什么这些海外生产会发生在企业边界之内，而不是通过常见的市场交易、分包或许可的形式进行海外生产。新新贸易理论的企业内生边界模型则从单个企业的组织选择问题入手，将国际贸易理论和企业理论结合在一个统一框架下。安卓斯（2003），安卓斯和赫普曼（2004）探讨了企业的异质性对企业边界、外包（outsourcing）战略的选择的影响，为研究以跨国公司为主的全球化和国际贸易提供了全新的视角。

根据联合国贸发会议（UNCTAD）《2005 年世界投资报告》[1]，全世界跨国公司已经由20 世纪 90 年代早期的约 3.7 万家增加到了 2004 年的约 7 万家，拥有的海外分支机构从 20世纪 90 年代早期的 17 万多家增加到了 2004 年的 69 万多家。2004 年全世界国际直接投资的流量和存量分别达到了 7 341.5 亿美元和 11.2 万亿美元，到了 2012 年这两个数据分别变成了7 028.3 亿美元和 22.8 万亿美元[2]。世界贸易中约 1/3 是在各跨国公司内部进行的，不同跨国公司之间的贸易约占了世界贸易的 1/3，也就是说与跨国公司有关的贸易占了世界贸易总额的约 2/3。跨国公司已经取代各国国内企业控制了国际贸易活动。虽然近年来受国际金融危机的影响，跨国公司也面临着严峻的挑战，但跨国公司在世界经济中的作用仍在不断增强。仅从可以控制和利用的经济资源来看，一些大的跨国公司要比许多国家更富有。

（一）企业边界与跨国公司全球生产组织模式的选择

明确的企业边界是企业组织结构的基本特征之一。作为一个非常重要的管理概念，企业边界是指企业以其核心能力为基础，在与市场的相互作用过程中形成的经营范围和经营规模。企业的经营范围，即企业的纵向边界，确定了企业和市场的界限，决定了哪些经营活动由企业自身来完成，哪些经营活动应该通过市场手段来完成。经营规模是指在经营范围确定的条件下，企业能以多大的规模进行生产经营，等同于企业的横向边界。企业边界的影响因素是多元的，决定企业边界变化的最终力量是经营效率，当企业规模边界的扩张不能产生效率时，企业应停止扩张活动。

跨国公司在全球生产组织模式的选择问题，本质上是企业如何划定企业的纵向边界，即何时将生产放在企业内部进行、何时将生产放在企业外部进行，也就是企业内部化或一体化决策问题。企业为实现最终利润，必然要完成中间投入品的生产，最终产品的生产、运输、销售、结算等一系列中间环节，这些环节可以称为任务。根据企业完成各项任务的方式，跨国公司的组织决策可以分为以下几类：

（1）在本国本企业内生产所有任务；

（2）在外国本企业的分支机构生产部分或全部任务（国外直接投资和公司内贸易）；

（3）外包给本国其他企业生产部分任务（国内外包）；

① UNCTAD. 2005. World Investment Report[DB/OL]. http://unctad.org/en/Docs/wir2005ch1_en.pdf
② 数据来源于联合国贸发会议数据库，UNCTAD. UNCTAD Statistics. http://unctad.org/en/Pages/Statistics.aspx.

（4）外包给外国本企业分支外的企业生产部分任务（国际外包）；

（5）在本国即期市场购买部分任务；

（6）在外国即期市场购买部分任务。

（1）和（2）可以看成企业的一体化策略，其中（1）是企业的国内一体化策略，（2）是企业的国际一体化策略。若（2）中外国本企业的分支机构承担全部任务的生产，则（2）可称为企业国际水平一体化，相应的国外直接投资称为水平型国外直接投资；若只承担部分任务的生产，则称为企业国际垂直一体化，相应的国外直接投资称为垂直型国外直接投资。企业的国际一体化，尤其是国际垂直一体化会产生公司内贸易。

与企业的一体化策略相对应的是（3）、（4）、（5）和（6），它们统称为企业的外部化策略。随着全球化的发展，外包这种贸易形态引起了大家的广泛关注。外包（outsourcing）是指企业把一些重要但非核心的业务职能委托给公司外部的承包商，而把企业内部的知识和资源集中于具有竞争优势的核心业务上，为顾客提供最大的价值和满足。从制造业角度出发，外包是指跨国公司根据比较优势的原则，主动把一些在本国生产缺乏竞争优势的零部件生产阶段，转移到其他国家或地区，自己则集中精力生产某种商品的核心部分，利用自己在管理、品牌、市场、研究开发以及系统集成等方面的优势，进行全球采购、生产和营销的活动。如果对传统意义上的外包概念进行扩展，企业从外部供应商处除了可以采购零部件，也可以通过合同获得最终产品。我们常说的"代工"，指的是就是生产外包，客户将本是在其内部完成的生产制造活动、职能或流程交给企业外部的另一方来完成。

外包业务按发包方与接包方（提供商）之间的联系方式可以分为合同外包与公平交易。合同外包是指外包企业通过不完全合约与提供商建立交易关系，提供商要按照合同要求组织生产，为外包企业提供专用产品。苹果公司将苹果手机的生产外包给富士康就属于合同外包。公平交易是指提供商为市场供应标准的零部件产品或服务，外包企业直接到市场寻找适合自身需要的产品。在这种情况下，外包企业和提供商是通过价格合约联系在一起的。

外包业务按其跨越地域范围分，可以分为国内外包和国际外包。国内外包，指产品或服务的提供商为在本国内注册企业，强调的是外包对国内资源的重新配置；而国际外包又叫离岸外包，指产品或服务的提供商是在外国注册的企业，强调的是外包在全球范围内的资源配置。

（二）企业内生边界模型

关于企业边界有两个相对较为基础的模型，一个模型是将科斯和威廉姆森的交易成本理论应用在企业国际化的研究中；另一个模型是格罗斯曼－哈特－摩尔的产权分析方法。安卓斯（2003）将格罗斯曼－哈特－摩尔的产权分析和赫普曼－克鲁格曼的贸易观点结合在一个理论框架下，提出了一个关于企业内生边界的产权模型来分析跨国公司的定位和控制决策。

1. 企业内生边界的产权模型

一个在企业边界内部生产中间投入品的企业，可以选择是在本国还是在外国进行生产，如果在本国生产，该企业从事的就是标准的垂直一体化；如果在外国生产，该企业进行的就是 FDI 和公司内贸易。同样，一个选择进行中间投入品外包的企业，也可以选择在本国还是外国进行外包。如果在本国购买投入品，就是国内外包；如果在国外采购投入品，就是国际外包（又称离岸外包）或国际贸易。

安卓斯（2003）[1]建立的企业内生边界产权模型假设：有两个部门，资本密集度不同且每一部门产品具有异质性；贸易是无成本的，国与国之间的要素价格不存在差别；最终商品为非贸易品，因此世界贸易为中间投入品贸易。基于契约的不完全性，专用投入品生产成本无法写入契约中，最终产品生产商预先投入资金帮助专用投入品的生产，可以解决敲竹杠问题。当这种投入足够大时，最终产品生产商控制中间投入品的生产是有效率的，这将导致一体化行为，即出现跨国公司和公司内贸易。相反，如果这种投入相对很小，外包便产生了。安卓斯通过对美国进口行业的实证分析发现，公司内部进口占美国进口的比例很大，进口企业往往有着较高的资本和技术密集度且在国际贸易中有着独特的技术或组织优势。而对美国出口行业的调查发现，企业内出口占美国出口的比例也很庞大，美国出口企业的资本技术密集度相比进口企业更高。这表明，企业的异质性（资本、技术和契约制度）在企业国际化过程决策中发挥着重要作用。

2. 新企业内生边界模型

梅里兹模型提出后，安卓斯和赫普曼（2004）[2]将强调组织结构差异的安卓斯（2003）企业内生边界产权模型和强调生产率差异的梅里兹模型相结合，提出了一个新的企业内生边界模型，用来解释为什么海外生产通常发生在企业边界之内，而不是通过交易、外包或许可的方式进行。

新的企业内生边界模型考虑一个南北两国贸易的情况。模型假设：南方（发展中国家）工资低；劳动是唯一生产要素；最终产品在北方（发达国家）完成；最终产品的生产需要总部服务和中间投入品；最终产品的制造商控制着总部服务，中间投入品的供货企业控制着中间投入品的生产质量和数量；中间投入品的生产可以在南方也可以在北方完成。模型还假设所有生产成本都是关系专用性的。

对模型的研究表明，贸易、投资和企业的组织是相互依赖的，不同组织产生的激励、固定成本的差异以及不同国家工资水平的差异共同构成了均衡的企业组织结构。异质企业选择不同的企业组织形式，选择不同的所有权结构和中间投入品的生产地点。模型发现，企业的组织形式取决于该企业所提供的总部服务的重要性。一般来说，企业所处的产业不同，要求其提供的总部服务不同。如果一家最终产品制造商所处的产业要求该企业为其中间投入品供货商提供大量的高成本的总部服务，即该企业总部密集度高，那么它会选择垂直一体化，不会依赖从企业外部进口中间投入品，而是将中间投入品的生产纳入自己的企业边界内。相反，如果该企业的总部密集度低，它会选择将中间投入品的生产外包，因为外包可以加强对中间投入品生产的激励。

在这个模型中，企业进行的一体化决策被认为是企业对内生组织边界的自发选择，也就是说，拥有异质性要素的企业会根据自身的特点选择不同的要素生产和技术方式，进而选择不同的组织或契约制度。一般而言，具有资本和技术密集型特征的企业往往倾向于采用一体化策略，相应的贸易模式更多采用母公司与子公司之间或者子公司之间的内部贸易，而对市场有较少的依赖。模型还可以解释为什么国际外包的成本减小会导致市场交易相对于公司内贸易增多，从而解释了现有的国际贸易和国际投资模式。此外，该模型也采用和梅里兹模型

① Pol Antràs. 2003. Firms, Contracts and Trade Structure[J]. Quarterly Journal of Economics, vol. 118: 1054-1073.
② Pol Antràs, Elhanan Helpman. 2004. Global Sourcing[J]. The Journal of Political Economy, 112(3), June: 552-580.

类似的均衡分析方法，结果也发现了即便在同一产业内部，不同企业间生产率的差异会影响企业进入国际市场的决策。

总体来说，安卓斯和赫普曼（2004）认为企业是否进行外包或一体化，是否在国内或国外进行等决策都是企业的内生组织选择。

3. 模型的动态扩展

安卓斯（2005）[1]在前述模型的基础上建立了一个动态一般均衡模型来解释国际契约的不完全性导致的产品周期的出现。北方（发达国家）企业同时使用北方高技术投入品和低成本投入品来生产产品，并寻求简单的装配或制造；低技术投入品的生产既可以通过垂直一体化也可以通过外包进行，既可以在南方（发展中国家）生产也可以在北方生产。两种投入品生产的类似程度非常重要，如果两种投入品都在北方生产，企业的组织形式（无论是垂直一体化还是外包）无关紧要，因为质量条件契约（quality-contingent contracts）可以事后执行。如果生产分别在南方和北方进行，质量条件契约则无法执行，南方国际契约的不完全性和高技术投入品重要性随着产品年龄和成熟度的增加而下降（产出弹性减小）导致了产品周期的出现。不完全契约减少了产品开发，低技术投入品会转移到南方以便利用南方的低工资优势。这种转移首先会通过国外直接投资的形式在企业的边界内发生，其后一段时间，会通过外包形式在企业边界外发生。一般均衡模型表明，南方的不完全契约会导致北方的均衡工资高于南方。无论企业采用哪种组织形式，专用性投资都会扭曲，如果中间投入品供货企业比最终产品供货企业更能创造剩余，那么外包的激励就会增大。

四、对新新贸易理论的评价及其政策启示

新新贸易理论是近十年来兴起的一类前沿国际贸易理论。该类理论是用来解释最新的国际贸易和投资现象的，且以微观企业为研究对象，研究企业的全球生产组织行为和贸易、投资行为。其最突出的特征在于假设企业是异质的，也就是企业是存在差别的，而不是像传统贸易理论只从产业层面进行研究，或像有些新贸易理论那样假设所有的企业都是同质的，只是外在的市场结构差异影响到企业行为。

现在，梅里兹提出的异质企业贸易模型已成为国际贸易与对外直接投资领域研究的一块基石，该类模型在新贸易理论的基础上引入了企业层面的异质性，利用企业面对国内市场、出口市场和对外直接投资时不同的固定成本，解释了企业之间的差异尤其是生产率差异是导致只有一部分企业从事国际贸易的原因，而贸易可以通过市场份额在行业内的重新配置来提高行业生产率和增加社会福利。这种类型的福利是以前的贸易理论没有解释过的贸易利得。安卓斯的企业内生边界模型则将产权理论融入一般均衡贸易模型，分析是什么因素决定了企业是选择公司内贸易、市场交易还是外包形式进行资源配置，成功地解释了全球化条件下企业组织形式的差异。这两类模型都为分析现有的国际贸易和国际投资模式提供了新的视角，在新世纪全球化经济的背景下更显得有理论和实践研究价值。

新新贸易理论能够带给我们如下的政策启示。

第一，开放未开放的行业，或者增加已经开放行业的贸易伙伴，这都会直接导致关

---

① Pol Antràs. 2005. Property Rights and the International Organization of Production[J]. American Economic Review Papers and Proceedings: 25-32.

门生产率的提高以及市场份额、收入和利润向高生产率企业的转移，从而提高行业生产率水平。

第二，降低贸易成本，包括进入国际市场的固定成本。与第一类政策的影响不同，这类政策除了提高行业关门生产率进而提高行业生产率水平以外，还会产生额外的效应，因为进入成本的降低会降低国际市场关门生产率，使更多的企业有能力进入国际市场。对于原来从事国际业务的企业来说，新进入的企业会分享它们的国际市场份额，从而降低国际市场的利润水平。但由于国内低生产率企业的退出，这些国际企业同样可以增加国内市场份额。国际市场利润的降低可以通过国内市场份额的提高弥补，总体利润水平同样可以增加。

第三，除了企业的自我选择，企业的出口决策也同样会受到企业所处环境的影响，政策的变化会影响企业的出口决策，贸易政策可以通过激励企业有意识地自我选择并促进生产率提高而发挥积极作用。如果存在"出口中学"（learning by exporting）效应，效果会更好。如果存在出口溢出效应，非出口企业也会从出口企业学习如何出口。除了像出口补贴、税收优惠等一般常用的出口促进措施外，改善基础设施、提高信息沟通、促进企业集群等也都是很好的贸易政策选择。

第四，扩大对外开放应该是长期不变的战略。政府应通过有效措施鼓励企业进入国际市场，并提高企业在国际市场中的竞争力，同时应积极发展同其他国家的贸易伙伴关系，协助降低企业出口的额外成本。这不但可以突破因为国内消费不足和市场饱和带来的发展瓶颈，还可以提高本国整体生产率水平，让那些具有更高生产率的企业参与国际竞争，提高本国产品在国际市场中的份额。

第五，异质企业模型表明，对外开放和贸易并不会降低人均财富，反而会因为产品种类和生产率的提高而增进人均财富。但是我们也得根据自身经济发展情况合理选择有助于自由贸易的政策，以避免出现本国企业生产率严重偏低导致的大量企业退出，当生存下来的高生产率企业从自由贸易中获得的好处不足以弥补本国大量企业退出带来的损失时，自由贸易就不利于本国产业结构优化和部门产业的发展。

📖 本章小结

随着信息技术的不断进步，经济全球化和区域一体化迅速发展，企业跨越空间的能力大大加强，各国间和一国内部各区域间相互竞争、相互依存的关系也更加明显。以克鲁格曼为代表的经济学家们开始打破传统的国际经济学中的国家界限，从区位角度讨论规模收益递增、外部性、比较优势等对产业区位分布产生的影响，并从全球化的视角来分析经济主体的空间决策行为、要素资源在空间的流动，以及由此产生的集聚现象。

新新贸易理论是国际贸易的最新理论前沿，其从微观层面上分析了企业的贸易和投资等国际化路径选择，以及外包和一体化等全球化组织生产选择，突破了新贸易理论和之前贸易理论中企业同质假定，将异质性纳入对企业的微观分析框架中，成为当今国际贸易理论研究的新热点。

新新贸易理论的异质企业贸易模型主要解释为什么有的企业会从事出口而有的企业则不从事出口；企业内生边界模型主要解释是什么因素决定了企业是选择公司内贸易、市场交易还是外包形式进行资源配置。二者同时都研究了什么决定了企业是选择以出口方式还是 FDI 方式进入到海外市场。新新贸易理论认为，自由贸易拓宽了提高行业生产率的途径，通过自由贸易也可以提高行业生产率水平，并通过市场份额重新配置和行业生产率的提高而提高社会福利。

练习题

一、名词解释

向心力　离心力　需求关联　成本关联　新新贸易理论　企业边界　外包　代工

二、单选题

1. 在其他条件相同的情况下，如果一个地区拥有较大的制造业部门，该地区便能为中间品提供较大的市场，这就使得这个地区能够吸引来更多的制造业厂商，这是所谓的（　　）。

　　A. 成本关联　　　　B. 向心力　　　　C. 需求关联　　　　D. 离心力

2. 在其他条件相同的情况下，如果一个地区能够生产较别地更多的中间产品，那么该地区的最终产品生产成本就要比别处低，这是（　　）。

　　A. 成本关联　　　　B. 向心力　　　　C. 需求关联　　　　D. 离心力

3. 对于一个行业，开放经济下那些生产率高于（　　）的企业将获得国际市场份额，从而大大提高利润水平。

　　A. 封闭经济关门生产率　　　　　　B. 开放经济关门生产率

　　C. 国际市场关门生产率　　　　　　D. 本国生产率

4. 作为前沿国际贸易理论的新新贸易理论是将研究重点放在（　　）上。

　　A. 同质企业　　　B. 异质企业　　　C. 产业层面　　　D. 国家层面

5. 根据企业完成各项任务的方式，跨国公司在进行组织决策时若定在外国本企业的分支机构生产全部任务，可称为（　　）；若决定在外国本企业的分支机构生产部分任务，则可称为（　　）；若决定外包给本国其他企业生产部分任务，则可称为（　　）；若决定外包给外国本企业分支外的企业生产部分任务，则可称为（　　）。

　　A. 国际外包　　　　　　　　　　B. 水平型国外直接投资

　　C. 垂直型国外直接投资　　　　　D. 本国外包

三、多选题

1. 新经济地理的主要理论基础有（　　）。

　　A. 绝对优势理论　　B. 区位理论　　C. 规模经济与外部性

　　D. 新贸易理论　　　E. 要素禀赋理论

2. 克鲁格曼 1993 年提出导致产业集聚的因素是（　　）。

　　A. 人为因素　　　B. 自然地理因素　　C. 企业自我选择

　　D. 收益递减　　　E. 收益递增

3. 新新贸易理论的分支为（　　）。

　　A. 异质企业贸易模型　　B. 中心外围模型　　C. 企业内生边界模型

　　D. 新赫-俄模型　　　E. 新张伯伦模型

四、简答题

1. 根据克鲁格曼（1991）建立的最简单的两个地区新经济地理模型，均衡的形成过程要受到哪两种力的影响？这两种力又是如何形成的？

2. 随着经济结构的演进，导致产业集聚的两种因素的重要性会发生何种变化？

3. 新新贸易理论能够带给我们哪些政策启示？

课外思考实践题

在查阅相关资料的基础上，比较德国西门子家电制造与苹果公司 iPhone 手机制造在进行一体化决策时有什么不同？

第六章　贸易保护主义

【学习目标】

学习完本章后，你应该能清楚地了解：

（1）贸易保护主义经历的几种形式及其各自的特点；

（2）重商主义的基本思想与内容及其发展阶段；

（3）李斯特幼稚产业保护理论的主要内容；

（4）对外乘数理论与超贸易保护主义的特点；

（5）新贸易保护主义出现并不断发展的原因及其主要表现形式。

在国际贸易理论发展过程中，自由贸易理论与贸易保护理论共存，都有各自不同的观点和政策主张。自由贸易理论要求国家取消对进出口商品和服务的限制和障碍，取消对本国商品和服务的各种特权和优惠，在市场上形成公平竞争、自由竞争的局面。而贸易保护理论要求国家利用各种措施来达到限制进出口和控制经营领域和范围的目的，以保护本国产品和服务在本国市场上免受外国商品和服务等竞争，并对本国商品和服务给予优惠措施和补贴。尽管在理论上自由贸易被认为是对世界整体来说最好的政策，并在实践中不断推进，但贸易保护作为贸易政策的另一种声音，一直就与自由贸易交织在一起。不论在理论上还是在实践上，不论在发达国家还是在发展中国家，贸易保护在各国贸易政策中都占有一定的地位。

现实中，不同国家间的利益是有区别的，甚至在某些情况下是相互冲突的。每个经济体都需要关注经济增长、充分就业、收支平衡、国家安全等问题，因此不可能在国际贸易领域放任自流，这就导致了贸易保护主义的出现。贸易保护主义的理论与实践经历了重商主义、幼稚产业保护理论、超贸易保护主义和新贸易保护主义这几个阶段。

第一节　重　商　主　义

案例导入

都铎王朝的重商主义[①]

都铎王朝（1485—1603）历时118年，是英国由封建社会向资本主义社会转型的关键时期，

[①]　本案例改编自英国广播公司 BBC 于 2005 年摄制的纪录片"都铎时代的贡献"（What the Tudors did for us?）的脚本译文。

其实施的各项政策，尤其是重商主义政策，对英国社会及整个世界都产生了极大影响。

在都铎王朝以前，英国经济落后，工商业不发达，国民经济中羊毛和粮食的输出占有重要地位。当时毛纺织业作为英国的支柱工业，虽有所发展，但也远落后于佛兰德尔、尼德兰、佛罗伦萨。为改变这种状况，英国重商主义者认为必须大力发展工商业。都铎王朝的统治者也意识到"使国家富强，使自己显赫的必要条件"就是迅速发展工商业。为此，都铎王朝的历代君主都实行重商主义政策。

首先，都铎王朝扶植、鼓励呢绒制造业发展，以出口呢绒换取货币。都铎王朝的建立者亨利七世（1485—1509）三番五次通过国家法令禁止羊毛特别是优质羊毛的出口，甚至还禁止半制成品呢绒的出口。亨利七世与尼德兰缔结了"大通商"条约，恢复了英国与尼德兰正常的贸易关系，将英国廉价的呢绒等工业品倾销至尼德兰，从而加速了尼德兰呢绒业的衰落，推动了英国呢绒业的大发展，促进了以伦敦-安特卫普为中心的外贸的加强与扩大。到17世纪上半叶，英国每年平均出口呢绒达25万匹，呢绒出口已占全国商品出口总额的90%。

其次，都铎王朝大力发展海外商业，鼓励发展造船业。亨利七世为了扩大远洋贸易，奖励船主建造大船，刺激了英国造船业的发展。到第五代君主伊丽莎白女王统治时期（1558—1603），英国海军终于战胜了西班牙"无敌舰队"，确立了英国的海上霸权，为英国从事海外贸易和殖民掠夺提供了强有力的保障。在纺织业、造船业等行业的带动下，各种金属制造、制革、制皂、染料等行业也以前所未有的速度向前发展，国内市场急剧扩大。海外贸易、殖民掠杀、走私等活动积累的财富一部分也转入工业，加强了英国工业资本的积累。圈地运动又把大量的廉价劳动力抛向工业市场。所有这些都使英国的民族工业获得了惊人的发展，并为18世纪的工业革命创造了资本、技术和劳动力的前提。可以说，都铎王朝卓有成效的重商主义政策是英国资本主义工业化的前奏。

再有，从15世纪的最后30年开始，英国发生了揭开英国农业资本主义革命的圈地运动。英国农村土地所有权发生重大变革，随之而来的还有经营方式和耕作方法的变革。都铎王朝的重商主义政策是引发圈地运动的主要原动力。重商主义政策刺激了毛纺织业突飞猛进的发展，因此对羊毛的需求量激增，造成了羊毛价格节节上扬，养羊一本万利。贵族和乡绅为了追求高额利润，便掀起了全国性的圈地养羊运动，逐渐开始瓦解英国封建农奴制。

最后，重商主义者认为，货币是财富的唯一形态，是衡量国家富裕程度的标准，而对外贸易是国民财富的源泉。在这种思想指导下，都铎王朝的统治者放眼世界，把目光从狭小的海岛移往遥远的海外，把本国经济纳入世界经济范畴，以海外市场为导向，建立起外向型经济模式，积极推动本国经济走向世界，努力开拓世界市场。英国对外开拓市场是全方位的：向西，它开拓了美洲市场；向北，英国与俄罗斯建立商业贸易联系，并以此为基础开辟中亚市场；向南，英国与北非、西非国家发展商业往来；向东，英国恢复了与地中海地区的贸易往来，打通了与印度等东方国家的贸易。到17世纪，英国商人的足迹几乎遍及世界各地，空前地突破了封建农本经济的闭塞状态，将英国经济纳入了世界经济运行的轨道。尽管他们是以强盗的身份，以暴力掠夺的方式进行贸易，但是他们所开辟的广阔市场以及所获得的大量廉价原料和金银财富，为英国经济注入了活力。来自海外的金银财富源源不断流入英国，变成资本，极大地推动了英国经济飞速发展，使英国经济迅速壮大，成为世界首富。

其实在16、17世纪，除了英国外，还有很多西欧国家（如法国、荷兰、西班牙、葡萄牙等）都采取了重商主义政策，以行政立法手段严禁金银外流。外国人来本国进行贸易时，必须将其销售货物所得到的全部款项用于购买本国的货物。这些国家还限制商品进口，对进口商品课以高额关税。此外，他们鼓励商品出口以换取金银，金银一旦流入国内就绝不允许再流出，违者将被处以重罚，甚至可判处死刑。

上述的强国富邦不少都由重商主义而兴起，却又因重商主义而衰落，而能够从重商主义中脱颖而出，最终成为实力持久的工业强国的只有英国，这又是为什么呢？

一、重商主义的产生及背景

重商主义（mercantilism），也称作"商业本位"，是 15 世纪至 17 世纪欧洲资本原始积累时期代表商业资本利益的经济思想和政策体系，是人类历史上一种极其重要的经济思想，是资产阶级最初的经济学说和最早的贸易保护理论，也是近代经济学的起点。历史上对国际贸易的研究和理论在最早的时候几乎都是出自重商学派的著作。

重商主义指导着当时世界上新兴的资本主义国家对外扩张，倾销产品，掠夺殖民地，为资本主义的原始积累立下了汗马功劳。

知识链接

重商主义这个名称最初是 1776 年由亚当·斯密在《国富论》中提出来的。亚当·斯密在这本著作中抨击了重商主义，提倡自由贸易和开明经济政策。直到 19 世纪中叶英国才废弃以重商主义哲学为基础的经济政策。

重商主义的产生有其历史条件。重商主义产生于 14 世纪末 15 世纪初，当时欧洲中世纪已经结束，自由主义还未盛行。那时，自给自足的欧洲封建社会慢慢被新兴商业资本主义取代，中世纪逐渐兴起的城市越来越重要。地理大发现和大量金矿的发现极大地刺激了欧洲的商业、航海业和工业，欧洲的贸易逐渐从地中海和大西洋两岸延伸至东方的印度洋、太平洋地区，出现了欧美、欧亚的跨洋贸易，逐渐形成世界市场。进出口商品的种类、数量和贸易额的迅速增加导致了欧洲商业的性质和经营方式发生深刻变革，即商业革命。欧洲商业从专为封建贵族服务转而面向广大居民，出现了商品交易所和垄断殖民地贸易的特许公司。商品经济的发展和商业革命使欧洲大大富裕起来，相应地，贵金属的需求和供应空前增加，产生了早期的银行信贷业务，出现了经过政府批准的各种股份公司和商业机构。

与此同时，欧洲产生了代表新兴政治力量的中央集权制的民族国家，君主统领一切政务，使中央政权监督贸易，设置贸易障碍的能力扩大。民族国家的庞大开支日益需要大量货币，每个国家都建立起自己统一的货币，以适应贸易和工业的需要。为了满足政府聚敛财富的需要，缓和国内货币供求矛盾，这些民族国家开始推行贸易保护，支持商业资本的发展。商业资本在经济上为民族国家服务，他们对内借助国家政权扫除封建割据、统一国内市场，对外实行殖民扩张、拓展海外市场。民族国家则运用各种力量支持商业资本的发展。所以，在商业革命后期，所有的民族国家都把商业抓在自己手里，一些大公司成为政府的特许公司，商业革命的自发自为转变成为国家、政府的中央集权的经济政策。随着政府强化干涉和管理经济事务的制度，重商主义的思想产生了。

例如，在英国斯图亚特王朝查理一世统治时期，国王向伦敦造币所人员征询意见时提出这样的问题："应该采取什么样的手段才可以挽救英国走出财政困境？"当时造币所人员查德回答说："英国没有金银矿藏，所有金银都是从外国输入的，如果我们让英国向外国购买的商品数额少于我们出售给外国的商品数额，那么大量的货币就会从外国流向英国。"很明显，这个回答的中心思想就是，应当竭力做到向外国人"少买多卖"。由此可见，该答复反映了当时商业资本对货币的迫切需求，其中包含了后来的重商主义的基本思想。

随着商业资本的发展和国家支持商业资本政策的实施，产生了从理论上阐述这些经济政策和思想的要求，逐渐形成了重商主义理论。重商主义理论抛弃了西欧封建社会经院哲学的教义和伦理规范，开始用世俗的眼光，依据商业资本家的经验去观察和说明社会经济现象，并提出相应的政策主张。

二、重商主义的基本思想与内容

重商主义的基本思想大体可以归纳为以下三点。

1. 社会财富观念

重商主义者一致反对古代社会和中世纪思想家维护自然经济、鄙视货币财富的观点。他们坚持，一切经济活动的目的都是为了获取金银，一国拥有的贵金属越多，就会越富有、越强大，因为金银以外的一般商品只能满足一种欲望；金银则不然，它虽然也是一种商品，但它能直接换取任何商品。重商主义者把财富与货币混为一谈，认为金银，即货币是衡量财富的唯一标准。

2. 财富源泉的观点

重商主义者认为，生产只是创造财富的先决条件，流通才是财富的真正源泉，利润在流通中产生，是商品转手"贱买贵卖"的结果，因此只有依靠流通领域才能使财富不断增加。对于一国来说，国内贸易，只是货币财富从一部分人手里移转到另一部分人手中，是已经存在的货币积累的循环，对国家来说没有任何的财富增加。可是，国际贸易就不同了，当输出超过输入时，会引起金银的流入。所以，除了开采金银矿外，国际贸易就成了一国增加财富的唯一途径。因此，对外贸易的目的，不在于取得一般的商品，而在于取得金银货币即财富。由于世界资源有限，国与国之间的经济交往是一种零和博弈，即不可能所有贸易参加国同时实现贸易盈余，而任一时点上的金银总量是固定的，所以，一国的获利总是基于其他国家的损失。因此，在对外贸易中要做到出口大于进口，以保证实现贸易盈余。

在当时的金属本位币制度下，一国的贸易盈余意味着贵金属大量流入该国，将有助于缓解该国货币缺口，增加该国财富。

知识链接

"零和博弈"又称"零和游戏"，属非合作博弈，指参与博弈的各方在严格竞争下，一方的收益必然意味着另一方的损失，博弈各方的收益和损失相加总和永远为零，双方不存在合作的可能。零和博弈的结果是一方吃掉另一方，一方的所得正是另一方的所失，整个社会的利益并不会因此而增加一分。

除了"零和博弈"，还有"正和博弈"和"负和博弈"两个概念。经济互动中的许多行为过程并非导致一方所得就是另一方所失，有可能双方都因某种行为的选择而同时有所得或同时有所失，因而这些互动并非是"零和博弈"。

3. 强调国家的作用

重商主义者认为，中央集权国家对经济的干预是国家致富的重要保证。国家要禁止金银输出，增加金银输入。而要得到金银货币这种财富，最好是由政府采取行政措施和立法手段，管制农业、商业和制造业，竭力鼓励出口，限制进口，即"奖出限入"。例如：①国家规定个人不得从事贵金属的出口，对走私贵金属的处以重至死刑的惩处；②发展对外贸易垄断，将对外贸易经营权控制在少数企业手中；③对出口产品实行补贴，对消费品进口采取高关税或配额，保护本国市场。

除了以上基本思想，重商主义者还把殖民地看作是宗主国的补充，认为一国工业原料不足而仰赖外国资源违背重商主义原则，只有从殖民地攫取原料产品，才可以使外来的商品也变成本国的。但是要做到这一点，必须依靠商业掠夺这个"经济纽带"，把帝国各部分结成一体，使宗主国和殖民地互相依存，让殖民地滋养宗主国，限制殖民地同其他国家贸易，限制殖民地生产对宗主国有竞争性的商品，殖民地只能是宗主国的原料供应地及工业制成品的市场。

按照他们的说法，这样一来，一个不能自给的国家就可以变成一个自给自足的帝国。航运政策是重商主义国家对殖民地掠夺的重要工具。他们认为，发展航运事业有极为重大的意义。强大的舰队实质上是殖民帝国的支柱，是统治和镇压殖民地人民的工具，不仅给国家带来荣誉，其运输收入也给国家带来直接的财富。因此，国家鼓励和补贴造船事业，鼓励本国船舶服务于国外贸易和殖民地贸易的运输工作，降低本国船舶运输商品的关税，加重外国船舶运输商品的关税。英国、法国、西班牙等国都采取类似的这种政策。例如，英国"航海条例"就有这样一些规定：外国船舶不许在英国沿海打渔运货；英国殖民地一切进出口商品一定要用英国船运输，否则禁止贸易；殖民地不许外国船舶活动，殖民地产物只许运往英国或英国其他殖民地。这些国家靠航海政策来鼓励造船业，壮大海军力量，以取得海上霸权。

此外，重商主义者还认为人口是国家劳动力的重要来源，也是进行武力掠夺、殖民扩张的兵源，因此主张实施增加人口、限制人口外流的政策。

三、重商主义的发展阶段

重商主义的发展经历了早期重商主义和晚期重商主义两个阶段。

1. 早期重商主义

早期重商主义也称为重金主义、货币主义，产生于 15 世纪初，持续至 16 世纪中叶，以货币差额论为中心，强调少买。早期重商主义学说以英国人威廉·斯塔福为代表。

早期重商主义阶段，国家迫切需要增加和贮藏尽量多的货币。所以早期重商主义注意货币的输入输出，规定一切金银只许流入，不许流出，采取的政策主要有：①国家禁止货币出口，由国家垄断全部货币贸易作为保留货币的一种手段；②反对商品输入，尽可能减少进口或不进口，因为一切进口都会减少本国持有的货币，而货币的减少对本国是有害的，对外应该少买或根本不买；③当外国商人来本国进行交易时，必须将其销售货物的全部款项用于购买本国货物或在本国花费掉；④鼓励扩大出口，以从国外吸收大量的黄金和白银，增加货币收入，然后再努力保持。

一切进口都是有害的，都会减少货币，从而减少财富。我们必须时刻注意，从别人那里买进的应不超过我们出售给他们的。否则我们将陷于穷困，而他们将日趋富足。

——威廉·斯塔福

2. 晚期重商主义

晚期重商主义又称重工主义，盛行于 16 世纪下半叶到 17 世纪，以贸易差额论为中心，强调多卖。晚期重商主义学说最重要的代表人物是英国的托马斯·孟。

晚期重商主义者已开始认识到必须把货币不断地投入流通，才能使货币财富不断增加。他们极力主张改变禁止货币输出的政策，要求国家允许货币输出，甚至采取有效措施鼓励货币输出，扩大对外国商品的买卖，以获取大量货币财富。为了保证对外贸易顺利进行，获取利润，他们还进一步明确，在对外贸易中，必须保持顺差。

晚期重商主义将管理金银进出口的政策变为管制货物进出口，力图通过奖出限入政策，保证贸易顺差，以达到金银流入的目的，同时支持国家对制造出口商品的工场手工业采取扶植和鼓励发展政策。总体来说，晚期重商主义者虽然认为货币是财富的唯一形态，但他们已开始用资本家的眼光来看待货币。

早期重商主义和晚期重商主义反映了商业资本在不同历史阶段的不同要求。早期重商主义反映的是资本主义发展最初阶段商业资本追求以贮藏形式来积累货币；晚期重商主义者出现在资本主义有了初步发展的时期，意识到货币只有在不断运动中才能带来更多的货币。但无论是早期还是晚期的重商主义者，都把货币看作是财富的唯一形态，都把货币看作是衡量国家富裕程度的标准。

16 世纪，禁止金银货币输出的早期重商主义政策仍在英国占支配地位。早期重商主义者在 17 世纪初猛烈抨击了东印度公司在对外贸易中大量输出金银的做法。

为了反驳这种责难，1621 年，托马斯·孟发表了《论英国与东印度的贸易，答对这项贸易常见的各种反对意见》一书，论述了东印度公司输出金银买进东印度地区的商品，再转卖到别国去，所换回的金银远比运出的多得多，这表明他已摆脱禁止金银输出的旧思想。该书出版之后受到社会的注意，并对当时的立法产生了直接影响。

1630 年，他把该书改写为《英国得自对外贸易的财富，或我们的对外贸易差额是我们财富的尺度》一书。在这本书中他认为，重要的不是把货币保藏起来，而是把货币投入有利可图的对外贸易中去，只要在对外贸易中争取出超，就可以带来更多的货币，从而使英国致富。为了保证对外贸易的顺差，他提出并证论了应采取的各种措施。一方面，他主张尽可能扩大本国商品出口和减少对外国商品的消费。为此他号召认真节约，减少奢侈品进口，扩大经济作物的耕种，力求在饮食和服饰方面做到自给自足。另一方面，他要求消除不利于出口的各种措施，诸如：稳定本国币值，反对在货币成色和重量上弄虚作假；促进本国工场手工业的发展，多出口制成品，减少原料出口；减免出口商品的税收，使出口商品能以低廉价格来增强在国际市场的竞争力。他还强调保护关税的作用，主张对出口商品和从外国输入并再出口的商品在关税上给予照顾，对要在本国消费的进口商品课以重税。他还注意到国际贸易中所谓无形进口的项目，诸如运费、保险、旅游开支等的盈亏。他还特别重视发展航运业和转口贸易业。

在托马斯·孟的著作中，商业资本的成熟经济思想得到了系统和充分的阐述。斯密在其《国富论》中，曾称这一著作"不仅成为英格兰而且成为其他一切商业国家的政治经济学的基本准则"。马克思也写道：该书"在一百年之内，一直是重商主义的福音书。因此，如果说重商主义具有一部划时代的著作，……那么这就是托马斯·孟的著作。"

四、对重商主义的评价

1. 重商主义的历史作用

重商主义的产生和发展对于欧洲资本原始积累有十分重要的意义，促进了欧洲商品货币关系和资本主义工场手工业的发展，为资本主义生产方式的成长与确立创造了必要的条件。

重商主义的思想取代了封建概念，提倡民族主义，克服了对商业的歧视，赋予商人尊贵和重要性，用"人"的观点，即用商人的观点来独立地观察和研究经济现象，不再从《圣经》教义出发来寻找答案，从而使经济思想从宗教的枷锁下解放出来。

重商主义考察的对象是一国的财富增长，涉及广泛的社会经济问题，使经济学的研究领域拓宽到一个新的领域，是现代宏观经济学的先导。

重商主义认为财富是货币，而货币只有投入流通才能增值，这是认识到货币具有资本功能。在资本主义关系萌芽和刚产生的时期，重商主义有助于提高人们对资本主义初期的经济状况和商业资本利益的认识。此外，重商主义主张的经济政策在历史上起着一定的进步作用。

2. 重商主义的局限性

由于当时在社会经济中，还不是生产支配流通，而是流通支配生产，因此重商主义者对经济现象的考察只能从流通过程及其独立化为商业资本运动时的表象出发，不能深入探讨经济现象的本质。马克思就曾指出"现代经济的真正科学，是在理论考察由流通过程过渡到生产过程时开始的。"

重商主义把货币与真实财富等同起来是错误的。正是基于这样一个错误认识，重商主义才轻率地把高水平的货币积累与供给等同于经济繁荣，并把贸易顺差与金银等贵金属的流入作为其唯一的政策目标。

重商主义把国际贸易看作一种零和游戏的观点显然也是错误的。当代各国认为国际贸易可以实现共赢，无论是斯密的绝对优势理论、李嘉图的比较优势理论还是要素禀赋理论，都认同贸易双方共赢的观点。

本节导入案例解析

欧洲在重商主义盛行的年代，农业和工业都被不同程度地遏制或鄙视。人们过于关注商业，使得一些国家农业凋敝，一些国家工业停滞不前。重商主义的功能是极尽所能地吸取财富，这种财富却片面地单指贵金属，所以很容易就会产生货币过剩的情况，那么过剩货币的流向就值得关注了。

在资本主义发展早期，由于物质生产部门的引力微弱，作为重商政策实施主体的国家又没有或缺乏近代产业意识，加之货币本身十分活跃的特性，因而过量的货币便会游离于工农业生产领域之外，或循环投向商品流通领域，或成为生息资本，或用于当时无休止和大规模的战事上，或消耗在上层社会奢侈淫逸的生活上，而不论哪种情况，都只能进一步削弱物质生产部门在经济生活中的地位。

西班牙虽然累积了巨大的财富，但是奢侈淫逸的生活方式让西班牙像一张嘴，把财富吃进来，嚼了嚼，吞进了欧洲的肚子里，除了一些残渣，什么也没留下来。在德国，随着国际粮食市场价格上涨，地主的庄园经济获得很大发展，但由此却导致了17、18世纪"农奴制再版"的历史悲剧。意大利则长期呈现先进的商业与落后的农业、富裕的城市与贫困的农村并存的局面，在城市经济衰败之后，意大利才发觉自己原来还是一个十分落后的农业国家。晚期重商主义者法王路易十四的财政大臣柯尔贝，在法国推行了一整套重商主义的财政经济政策，可是却严重地损害了法国广大农民的利益，导致农业衰落，再加上战争的巨额开支，法国经济和财政陷入严重危机。路易十四死后，其政策便完全崩溃。

这些国家因重商主义最后走向衰败的最重要原因和根本要害就在于，始终不能把发展物质生产力摆在经济活动的中心，其后果是工业难以充分发展，农业日益落后，国内市场狭窄，工业化历史走向无法形成。

英国也是一个典型的重商主义国家，但较其他国家的区别在于，英国能够最大限度地持续发挥重商主义的积极历史作用，同时又能最大限度地克服重商主义的消极影响。在英国，与重商主义相伴出现的，首先是商品经济向广大农村的不停顿进军。除了依靠圈地运动大力发展毛纺织业外，采矿、炼铁、制皂、造船等乡村工业也都兴起，从而开始了美国学者门德尔斯所谓的"原始工业化"的进程。与此同时，粮食生产也呈现较明显增势。这是因为自14世纪英国农奴制消亡以后，自耕农成为农村基本群众。自耕农一般每户拥有30英亩份地，且货币地租固定，农民的生产条件和生产积极性均获得改善和提高。有的学者估算，其年净余率可达20%，当时粮价又在持续上升，在托马斯·孟的著作中，曾提及每夸特小麦国内价格为25先令，而到1770—1779年，已上升到45先令。手中有了余粮的农民成为具有市场意识和一定购买力的市场参与者，农村商品经济因而拥有了广泛的群众基础。晚期重商主义阶段，英国还破除了行会对工业发展的桎梏。所有这些，给英国工商业的发展营造了一个较为宽松的环境，从而使工商业日益繁荣，巩固了资本主义工商业的主导地位。

因此，英国重商主义的成功在于它始终充分重视发展经济，使商业、农业、工业同时并举与相互促进，并逐步形成了以市场（主要是国际市场）为导向、以农业为基础、以工业为主导的经济运行格局。随着商业革命、农业革命和工业革命的相继发生，英国经济实力也相应登上了一个历史性的新台阶。英国经济上的辉煌成就，是经济实践，尤其是大工业实践的巨大胜利。历史证明，一个国家真正富强的根基在于实现工业化。举起工业主义的旗帜，走英国的道路，这就是近代历史在经历长时间的探索后得出的结论

第二节　幼稚产业保护理论

案例导入

在第二次世界大战后的经济恢复时期，日本政府一方面采用进口配额制和外汇管制来限制进口，另一方面通过制定相关外贸金融政策来扶持和振兴出口。日本于1955年加入关贸总

协定（GATT），入关后并没有马上开放国内市场，而是援引关贸总协定第12条和第18条的规定，尽量延长了建立、维持或加强进口限制的时间。在5年过渡期结束后，日本虽然开始实行自由贸易政策，但明确指出："在强化国内产业竞争力和组织形态转变的同时，以'相对自由'为宗旨是十分必要的。"

为了保护国内某些产业的健康发展，日本于1960年制定了新的关税法，并于1961年实施了新的关税税率法，新设例外紧急关税和关税配额制，同时还采取了一系列非关税保护措施。20世纪60年代，面对欧美发达国家的高技术产品的冲击，日本政府一方面开放市场，另一方面为保护国内的部分产业，主要是轿车、机床、电子产品等，使其能在日趋激烈的国际竞争中有充分的"备战"时间，采取了很多专门的保护措施。例如，对船舶机械类的内燃机进口，必须接受运输省的检查并按《船舶安全法》附带陆地运输的义务。再者就是对日本汽车产业的保护。自1961年秋开始，日本一方面对国内汽车生产商提供官方金融机构的低息贷款，另一方面对引进国外技术、外国车的进口组装和国产化行为给予奖励。为了保护国内汽车产业，日本在第二次世界大战前后采取了大同小异的措施，如对发动机等汽车零部件实施高关税，这使得在日本装配的外国汽车成本大幅度提升，使国内汽车行业获得成本优势。此后颁布的《汽车制造事业法》明文规定，大规模生产汽车的公司，半数以上的持股人必须是日本国民。之后，日本又陆续颁布了《临时措施法》《振兴机械工业临时措施法》《振兴电子工业临时措施法》《振兴机械信息工业临时措施法》等，这都是日本为了实现经济自立、提高行业劳动生产率而采取的措施，其中很多条款都涉及对国内新兴幼稚产业的保护和扶持。到1979年，日本国民生产总值已接近1万亿美元，跃居为当时世界第二经济大国。日本用了三十几年的时间就摆脱了第二次世界大战战败时债台高筑、实体经济严重受损、贸易受限以及基础设施严重损坏的窘境，成为世界经济大国，如此大的跳跃，产业保护措施的功劳非同一般。

从日本经济发展史中我们可以看到，日本推行自由化的进程有着鲜明的特点，即根据国内产业的国际竞争力发展水平进行有选择性的扶持，"毕业"一个开放一个，用实行贸易自由化的产业来掩护继续实施保护扶持策略的产业。日本始终把提高本国工业的技术水平和企业的国际竞争力作为经济持续发展的重心所在。

这些事实给我们以什么样的启示呢？

（李湘君，2012）

1760年，英国率先开始了工业革命，资本主义迅速发展，其产品物美价廉，具有强大的国际竞争力，自由贸易对其较为有利。1776年亚当·斯密在其出版的《国富论》中用了三分之一左右的篇幅来批判重商主义，从一个全新的高度对自由贸易进行了系统的理论梳理，提倡自由贸易和开明的经济政策，并认为本国耗费很大的成本去生产在国外价格低廉的产品是荒谬的，应该重视国际间分工，按照国家的优势来参与国际贸易。斯密的政策建议在一段时期成为当时英国乃至其他资本主义国家的施政准则。

然而，美国与德国在18世纪末、19世纪初才开始工业革命，生产力发展落后于英国，英国出口的廉价商品严重威胁着美国与德国民族工业的生存。于是，美德这些后进国家的资产阶级要求保护本国的幼稚工业，其理论上的代表人物是美国著名政治家汉密尔顿和德国经济学家李斯特。

一、汉密尔顿的保护关税理论

汉密尔顿是美国政治家、金融家和美国独立后的首任财政部部长。在美国建国初期，汉密尔顿最早洞察到英国正在发生的工业革命的深远意义。1791 年，他向美国国会呈交了《关于制造业的报告》，论证了发展制造业的重要性，提出国家扶持制造业发展的措施。

在美国独立战争之前，由于北美殖民地的对外贸易被英国垄断，英国将北美殖民地当成自己主要的原料来源地和制成品市场。这在很大程度上限制了北美殖民地民族工业的发展，在经济上形成对英国的严重依赖。独立战争后，由于战争的创伤，再加之英国工业革命已取得很大成功，英美两国的经济实力对比相当悬殊。当时美国面临两种选择：一是实行贸易保护政策，独立自主地发展本国民族工业，以此彻底摆脱西欧殖民主义的经济控制；二是实行自由贸易政策，继续充当英、法等西欧国家的原料来源地及工业制成品的销售市场。相左于杰斐逊总统的重农主义政策，汉密尔顿认为美国应当着重发展商业和制造业，并极力主张政府对经济进行干预。他吸收了亚当·斯密的分工能够增进一国财富的观点，认为制造业由于能够扩大分工，相比于农业更能促进生产力的发展。

汉密尔顿认为，美国当时的工业属于幼稚工业，新建立制造业的国家与制造业成熟的国家不可能在平等的条件下竞争，而在落后农业国的生产条件下发展制造业就必须依靠政府或国家的保护扶持。因此，为了维护美国工业的发展就必须采取政府干预和贸易保护政策。汉密尔顿指出，新的工业在它早年相对来说可能效率不高，虽然工作扩大到最优规模，劳动和管理技术有了发展，市场联系已经建立，但在这个时期糟糕的是来了更有经验的外国生产者低费用的竞争。如果能够有一段时间的关税壁垒来保护一下，把该工业效率提高到可以在免税的基础上与外国同类产品竞争的水平，那么这些幼稚工业就达到了"毕业"的标准，即使脱离政府保护，也能自主发展并逐渐壮大。

汉密尔顿提倡在这段保护时期，美国应采取如下政策：①向私营工业发放政府信用贷款，扶植私营工业的发展，为其提供资金；②以高关税来限制外国工业品的输入，以此对国内新兴工业给予适度的保护；③限制重要原材料出口的同时，免税进口国内发展经济所必需的原材料；④给国内各类工业发放奖励金，不仅要奖励发明人，而且要奖励推荐人，对必需工业品发放津贴；⑤限制改良机器的对外输出；⑥建立联邦检查制度，保证和提高产品质量，防止出售伪劣商品，增强企业竞争力；⑦吸引外国资金，以满足国内工业发展需要；⑧鼓励外国移民迁入，增加国内劳动供给。

《关于制造业的报告》体现了汉密尔顿欲使美国由农业国变成为工业国的强烈愿望。可惜，他的这一报告没有被国会采纳，因为当时美国还没有感受到发展制造业的紧迫性。他的报告受到他的同时代人的冷漠。在 1807 年禁运法案和第二次独立战争之后，美国终于走上了独立发展资本主义工业的道路，开始了工业革命，《关于制造业的报告》成为美国人热切研究的文件。1816 年美国通过了其历史上第一个真正以保护本国工业为目的而制定的关税法，将不同产品的税率从 1798 年的 5%～15%提高到 30%。以后美国又通过了 1824 年关税法和 1828 年关税法，进一步强化了对国内工业的保护。到 1890 年，美国的工业产值超过农业产值，并超过了英国，美国工业跃居世界首位。1900 年，美国在世界对外贸易总额中仅次于英国，居世界第 2 位。美国的工业在高度保护的条件下迅速发展，在 20 世纪初，美国取代英国成为世界头号工业强国。直到 20 世纪 30 年代的经济大萧条之后，美国才放弃了关税保护政策，转向自由贸易。

二、李斯特的幼稚产业保护理论

虽然美国的汉密尔顿最早提出保护幼稚工业，但真正全面阐述并发展幼稚产业保护理论的是 19 世纪德国经济学家弗里德里希·李斯特。李斯特从当时德国相对落后的状况出发，在其 1841 年出版的《政治经济学国民体系》一书中，激烈抨击了古典学派的自由贸易理论，建立起以关税为主要手段，为经济落后国家服务的贸易保护理论。李斯特的理论以后一直被广泛应用，成为落后国家保护其工业的主要依据。

（一）李斯特幼稚产业保护理论的背景

在李斯特生活的时代，英、法两国先后进行了资产阶级革命和产业革命，德国却仍只是一个农奴制占统治地位的封建国家，农业人口超过总人口的三分之二。当时，德国四分五裂，国内缺乏统一市场，邦国各自为政，各邦国间的贸易壁垒严重制约着德国经济的发展。

由于受法国大革命的洗礼，特别是拿破仑"大陆封锁法令"的保护，德国在通往资本主义工业化的道路上向前迈了一大步。受法国革命和拿破仑法典的影响，德国农奴制被破坏，封建关系有所削弱。拿破仑的大陆封锁政策将英国势力排斥于欧洲大陆之外，为德国民族工业提供了一个发展空间。但拿破仑时代结束后，大陆封锁政策被废止，英国将其积压的大量工业品倾销到欧洲市场，给整个欧洲造成了极大压力。法、俄等国在统一的国家政权保护下，高筑关税壁垒，保护自己的民族工业。相反，德国因缺乏强有力的中央政权，对内不能形成统一市场，对外又无法达成统一的关税制度，刚刚起步的民族工业遭到"大损害"，大多数工厂或濒临倒闭，或苟延残喘，甚至最重要、历史最悠久的工业也面临着被毁灭的厄运，集市与市场被外国产品充斥，大部分商人无所事事。所以，增强德国工业同发达国家的抗争力，结束封建割据，建立国内统一市场已经成为当时德国民族资产阶级的主要任务。

当时的德国和英国相比，在工农业各个方面都落后很多，此时如果继续奉行以亚当·斯密为首的经济自由主义，与英国等先进国家实行自由贸易，德国"幼稚"的工业很有可能为势头强劲的英国工业所遏制。在借鉴美国汉密尔顿工业保护思想的基础上，李斯特于 1827 年发表了《美国政治经济学大纲》，站在民族主义和国家利益的基础上，对英法古典经济学家所奉行的自由贸易信条进行逐条批驳，这标志着李斯特贸易保护主义理论的初步形成。

李斯特认为，不管是亚当·斯密的绝对优势理论还是大卫·李嘉图的比较优势理论，都显示了明显的贸易利益。可是自由贸易固然有益，但这样的贸易利益不足以作为贸易自由化的依据。因为自由贸易理论是基于静态分析方法，有一个重要的前提，即"统一的世界联盟和持久的和平已经存在"，而这一假设前提是根本错误的，统一世界市场的形成还为时尚早。亚当·斯密是从他所处的已经发达的资本主义经济现实出发，把全面的自由贸易看作是在各个国家之间合理分配劳动和资源的天然制度，显然是在为英国利益代言，完全没有考虑到当时的德国和其他分裂落后国家的利益。

（二）李斯特幼稚产业保护理论的主要内容

李斯特于 1841 年完成并发表了《政治经济学的国民体系》的第一部分，1844 年第四部分完稿。在这一著作中，李斯特系统地提出了以生产力理论和社会发展阶段论为基础，以保护关税制度为核心的幼稚产业保护理论。

1. 生产力理论

李斯特认为，一个国家的发展程度并不完全取决于它所积聚财富的多少，更要考察其生产力发展水平，财富的生产力比财富本身更重要。从短期利益来看，购买外国廉价商品是合算的，但会妨碍本国工业的发展，使之长期处于落后状态。如果采取贸易保护政策，从短期看，消费者的利益会遭受损失，然而，一旦本国生产力得以发展起来，本国生产产品的价格就会下跌，甚至低于进口商品，足以补偿短期遭受的损失，并使已有的和已增加的财富获得保障。

李斯特认为，衡量一个国家的能力，不能单纯以某一特定时刻它从对外贸易中得到多少物质利益为标准，而是决定于它的生产力发展程度。而一国生产力提高的关键，在于其工业力量的增长。工业在强化物质资本和精神资本方面的作用是农业无法比拟的，所以建立和发展国内工业是开发一国生产力的唯一有效途径。如果一国工业、商业上远远落后于别国，那么它必须首先加强自己的力量，然后才能具备条件与先进的国家进行自由竞争。李斯特指出，落后国家在国际分工中难以获得好处，一国在对外贸易中实行什么样的政策，首先必须考虑国内生产力的发展，而不是从交换中获得的财富增加了多少。为了发展生产力，一国必须牺牲眼前的利益，以使将来的利益获得保障。

2. 社会发展阶段论

李斯特将一国社会发展的历程分为五个阶段：原始未开化阶段、畜牧阶段、农业阶段、农工业阶段、农工商业阶段。他认为，每个国家应根据其所处的特定发展阶段而采取不同的贸易政策，决定贸易的自由或保护。

当一国各种社会制度还没有获得充分发展时，即处于前三种阶段时，应采取自由贸易政策。如处于农业阶段的国家应该实行自由贸易政策，借此来促进农业发展，为该国发展工业打下良好基础。

等到已经具备把自己建设成为工业国的条件和手段，但仍存在着更为先进的工业国的强大竞争时，即在农工业阶段，一国应采用保护主义的贸易政策。原因是，此时该国工业虽有所发展，但发展程度低，国际竞争力差，不足以与来自处于农工商业阶段国家的产品相竞争，如若采用自由贸易政策，不但享受不到贸易利益，还会令经济遭受巨大冲击。对于德、美这样的当时处于农工业阶段的国家，如果与处于农工商业阶段的英国进行自由贸易，虽然表面上在短期能够获得贸易利益，但在长期将损害其生产力，制约其创造财富的能力。

当幼稚工业成长起来之后，拥有了与外国资本竞争的足够力量，即处于农工商业阶段时，一国则应采取自由贸易政策，通过与他国工业的竞争，获得最大的贸易利益。

3. 保护关税制度

李斯特指出：在与先进工业国进行完全自由竞争的制度下，一个在工业上落后的国家，即使极端有资格发展工业，如果没有贸易保护，就决不能使自己的工业力量获得充分发展，也不能争取到真正的独立自主；贸易保护政策很可能造成工业品一时短缺，导致价格上涨，但这种现象只是暂时的，工业生产力在得到充分发展、生产成本降低后，价格反而会下降，甚至低于进口商品的价格；保护关税虽然可能使价值有所牺牲，却使生产力有所增长，足以抵偿损失而有余，由此使国家不但在物质财富的量上获得无限增进，而且一旦发生战事，也可以保有工业的独立地位；民族工业在贸易保护政策下苗壮成长，国家财富的积累和力量的增强，都会促进一国政治稳定，经济文化繁荣发展，为民族经济的进一步发展创造良好的内部环境。

李斯特认为，应采用保护关税制度来实现贸易保护。在该制度的设计上，应体现以下几点。

（1）有选择性的保护。国家并非要对所有工业都加以保护，而是主要保护"幼稚产业"，即目前尚很弱小，不成熟，经不起国外竞争，但有发展前途，采取适当保护扶植政策可以成长起来的，未来能够获得国际竞争力的产业。对于那些通过保护也不能成长起来的产业则不予保护，对于那些没有强大竞争者的产业也无须保护。

（2）差别关税。以对幼稚产业的保护为出发点，对不同的产业征收不同的关税。比如对与国内幼稚工业相竞争的进口产品征收高关税，同时以免税或低关税的方式来鼓励国内不能自行生产的机械设备的进口。

（3）适时调整。对幼稚产业的保护不是无休止的，而是有期限的，超过了规定的期限，如 10 年，幼稚产业即便没有成长起来，也要解除对它的保护。一旦生产力发展水平赶上国际先进水平时，就不必再保护下去。

（三）李斯特幼稚产业保护理论在德国的实践

李斯特的学说发表后在德国引起强烈震动，很快为关税同盟以及工商人士所接受，极大地推动了德国 19 世纪下半叶关税保护运动的开展。

在德国新兴资产阶级的迫切要求下，1834 年，普鲁士政府出面联合了 18 个相邻的邦国，建立起德意志关税同盟，宣布了废除内地关税、同盟各邦国之间的贸易免税、制定统一的对外关税政策等措施，为国内统一市场的形成和德国的政治统一奠定了基础。

19 世纪 70 年代以后，德国新兴资产阶级为避免外国工业品的竞争，使民族工业能充分发展，不断要求政府实施贸易保护。1879 年，俾斯麦政府改革关税，对钢铁、纺织品、化学品、谷物等征收进口关税，并不断提高关税率。1898 年，德国议会又通过修正关税法，使德国成为当时欧洲实行高度贸易保护政策的国家之一。德国也实行了对机器和工业原料减免关税的政策，使德国的大工业和交通运输业发展起来。德国资产阶级的队伍也日益壮大，保护关税已成为它们反对封建主义和专制政权的武器以及聚集自己的力量和实现国内自由贸易的手段。可以说，在德国社会的历史转折时期，李斯特的贸易保护理论无形中充当了社会转型的动力，这一时期在德国历史上也被称为"李斯特时代"。

三、幼稚产业的特点与选择标准

（一）幼稚产业的特点

自李斯特提出系统完善的幼稚产业保护理论以来，该理论在保护和促进各国生产力发展方面起到了很大作用。但对于什么是"幼稚产业"，人们却一直争论不休。世界贸易组织未对"幼稚产业"给出严格的定义，这给成员国对幼稚产业的界定、选择、缔约方的审议、批注和驳回带来很大的不确定性。但一般而言，我们认为幼稚产业（infant industry）是一国的欠发达产业，其落后地位源于在发展初期与其他国家同一产业相比，存在要素资源禀赋或生产经验积累等方面的不利因素，而且其生产具有显著的动态规模经济特征。幼稚产业的特点可以总结为：

第一，这种产业是该国尚未发展成熟的新兴产业，暂时还没有能力同国外较发达的同类产业竞争，且该产业具有发展潜力；

第二，该产业具有较大的产业关联度，即该产业和国内很多相关产业的发展息息相关，对相关产业的发展有正的外部效应，这一特征为幼稚产业的保护提供了必要性。

第三，该产业在现阶段缺乏推动其发展的资金实力。

（二）幼稚产业选择标准

在经济史上，很多学者提出了各种各样的幼稚产业选择标准，目前国际上最具有代表性的为以下三种。

1. 穆勒标准

英国经济学家穆勒早在其1848年的著作《政治经济学原理》中就提出，幼稚产业是指那些具有规模经济的产业。当国内某个产业由于缺乏技术方面的经验而表现出生产效率低下、产业规模小、生产成本高等特征时，如果还任由其参与国际自由竞争，必然会导致该产业亏损。如果在政府给予一段时间的保护后，该产业能够降低其生产成本、提高其生产效率并逐步实现规模经济，在自由贸易条件下不仅能够存活下去并能取得利润，那么该产业可以作为幼稚产业来加以扶植。

2. 巴斯塔布尔标准

英国经济学家巴斯塔布尔（1903）[1]认为，受保护的产业在一定的保护期后应能够成长自立，并且为了保护幼稚产业所需要耗费的社会成本不能超过该产业未来利润的贴现总值。根据该标准，判断一种产业是否属于幼稚产业，不光要看它将来是否具有成本优势，还要看为其所支付的保护成本是否小于该产业未来所能获得的预期利润的贴现值。如果未来预期利润的贴现值小于现期投入的保护成本，那么对该产业进行保护将得不偿失。由此可见，巴斯塔布尔标准比穆勒标准严苛。

3. 肯普标准

第二次世界大战后，美国经济学家肯普（1960）[2]重新修正了巴斯塔布尔幼稚产业保护标准，提出了肯普标准。与前两个标准强调内部规模经济不同，肯普认为应该将产业的外部经济效应考虑在内，因为符合前两个标准的产业，未必能被列为幼稚产业，而政府对其进行保护不见得正确。当某一产业未来各期的预期收益贴现大于目前的损失时，在没有政府保护的情况下即使会出现暂时亏损，理智的投资者或厂商为了自身的经济利益也会继续生产或投资。但如果某一新兴产业具有很强的外部性，其私人边际收益与社会边际收益之间可能出现偏离，先行企业考虑到最终无法获得超额利润来弥补学习期间付出的代价而不愿投资，产业继续发展下去也是不可能的了。如果某一产业能够产生正的外部经济效应，那么该产业的发展就会对其他产业或社会带来额外的好处。肯普认为，存在正外部性的产业即使不符合巴斯塔布尔标准，即保护期间所导致的损失大于该产业预期利润的贴现值，政府的保护也是必要的。

四、幼稚产业保护理论的现实意义

李斯特的贸易保护理论在当代并未失去其理论框架的有效性，这体现于以下四点。

① C.F. Bastable. 1903. The Theory of International Trade (4th ed.)[M]. London: Macmillan Co.: 140.
② M.C. Kemp. 1960. The Mill-Bastable Infant-Industry Dogma[J]. Journal of Political Economy, 68: 65-67.

第一，目前的世界与李斯特时代一样，仍主要为各主权国家所分割，虽然出现了超越国家层次的经济组织，如欧盟，但国家间利益的差异依然如故。

第二，对于一些落后国家来说，工业化发展依然是其致力追求却困难重重的目标。除了一些新兴工业化经济体，许多发展中国家的产业发展水平与发达国家之间的差距总体上未能有明显缩小，甚至在局部呈现出扩大的趋势。

第三，在更加激烈的国际竞争和更加复杂的经济事务面前，国家或政府的干预作用显得更加重要。

第四，需要保护的原因并没有消失，保护主义更为系统化。原因是：幼稚工业仍需成长、国际收支仍要平衡、贸易条件仍求改善、政府收入仍望增加、国际竞争仍很激烈，而且就业维持这一因素还比以往更加突出。就目前贸易发展状况来看，李斯特的贸易保护理论尤其对经济不发达国家有重大参考价值。该理论的保护对象以将来有前途的幼稚工业为限，对国际分工和自由贸易的利益也予以承认，保护贸易为过渡时期，而以自由贸易为最后目的，其保护也是有限度的。第二次世界大战后至今，该理论仍为许多发展中国家所借鉴。世界贸易组织的规则也允许不发达国家在某些情况下采取进口配额和出口补贴等措施促进本国幼稚工业的发展。

五、对幼稚产业保护理论的质疑及其合理利用

尽管对幼稚产业的保护成为过去 50 多年间各个国家尤其是发展中国家通行的做法，尽管对幼稚产业进行一定的保护并不违背世界贸易组织的有关规则，但还是有许多人对这种做法提出了质疑。

1. 幼稚产业的选择问题

虽然从理论上讲，幼稚产业保护理论有其合理性，对本国经济有积极一面，但在现实中却难以实施。试想，为了成功运用保护政策，政府要确定哪个行业最终是有利的，并权衡保护该行业的利弊，这项任务谈何容易。通过政治程序来挑选被保护的幼稚产业更加困难，因为这种做法往往是在保护那些在政治上强有力的行业，而且一旦这样的行业得到免除外国竞争的保护，"暂时性"的保护政策很难取消。

针对这点，政府应当通过科学的程序和方法来挑选被保护的产业。即在综合穆勒、巴斯塔布尔和肯普标准的基础上，以培育产业的动态比较优势为原则，按照国家中长期产业结构调整的需要，将外部经济效应、潜在比较优势、科技进步状况、潜在市场需求及产品的国际竞争力考虑在内，选择科学的衡量指标，通过严谨科学的分析来选择幼稚产业进行保护。

2. 被保护产业无效率问题

对幼稚产业的保护之所以有效，就在于这种保护能帮助该产业提高效率，增强市场竞争力。但很多情况下，我们是在为产业的无效率发展提供便利，一旦保护不复存在，它们同样会在国外同类产业的竞争下走向灭亡。

针对这点，在当今这样一个经济全球化的时代，政府要有效实施对幼稚产业的保护，避免被保护产业无效率的问题，必须注意以下三点。

（1）保护期限的确定。保护幼稚产业的最终目的是提高其国际竞争力，一旦达到目的，就应该撤销保护政策。设定适当的保护期限，可以激励被保护产业充分利用保护期内的优惠

条件提高生产效率，增强竞争力，有效避免"老态龙钟的幼稚产业"的出现。

（2）加强保护过程中的监管。政府需要对处于保护期内的幼稚产业实行必要监管，督促其在政府的帮助下正当利用优惠政策，努力提高生产效率。

（3）鼓励国内竞争。制定有关法律法规，以强化保护政策的规范性和严肃性。

（4）如果某一幼稚产业经过一段时间的保护被认为是失败的，政府应撤销对其的保护。

贸易实践

1984 年，为了保护刚刚起步的国内电脑行业，巴西政府通过了一项禁止进口外国电脑的法案，同时组建了一支庞大的执法队伍，严格查处违法进口行为。而单从电脑的技术指标来看，巴西制造电脑的水平与国际先进水平相比，至少有 3 到 5 年的差距，而巴西国内自制的电脑在国内市场上的售价远高于国际平均水平，也就是说巴西国内消费者要花费数倍于国际市场价格的高价才能购得一台电脑。该法案使巴西国内消费者每年多支出大约 9 亿美元。与此同时，由于国内电脑制造业的成本居高不下，巴西产电脑根本没法在国际市场上与别国产品一决高下，因而巴西电脑行业也就无法通过大量出口来获得规模经济效益。完全禁止外国电脑产品进入，一方面避免了竞争，但更关键的是，它也阻止了国外先进技术的输入，因而导致巴西整个电脑行业的技术进步相当缓慢。经过自省及在美国政府的强大压力下，巴西政府于 1992 年取消了电脑进口禁令。禁令取消不到一年，巴西境内商店摆满了各式各样的高配置电脑及相关设备，不仅使巴西国内消费者受益，同时巴西国内的电脑行业也充分吸收了国际电脑行业最先进的技术，国内电脑行业的全要素生产率得到了显著提高。

本节导入案例解析

在一系列的保护措施下，日本的汽车等产业得到了飞速发展，在世界市场上具有了很强的竞争力。可以说，日本这些产业的崛起是幼稚产业保护理论的完美实践。日本通过实施幼稚产业保护政策，提升了本国汽车等制造业的国际竞争力。这说明一个国家的对外贸易政策不能仅是单纯地考虑眼前的经济利益和效率，还要考虑一个国家的安全和独立、产业体系的建立及长远的产业竞争力。

第三节　超贸易保护主义

案例导入

美国的《斯穆特-霍利关税法》

第一次世界大战结束后，各交战国在经济短期通货膨胀的景气后便发生了经济危机，为保护国内市场，各国相继开征起新关税，并实行进口配额等非关税壁垒。经济危机期间美国的出口市场受到沉重打击，不少工厂纷纷停工或关闭，先是橡胶、汽车、造丝工业不景气，然后又波及各个部门，农业遭受的打击最大，并陷入长期慢性萧条之中。

农业的萧条对美国政府产生了很大政治压力。1921年5月，来自各农业州的两院议员组成一个"农业集团"，要求政府立法保护农民的利益。当月，美国政府召开特别会议，通过紧急关税法，对小麦、玉米、肉类、羊毛、食糖等农产品的进口课以高关税。1922年9月19日，美国国会又通过了福德尼—麦坎伯关税法，恢复了1909年的高额关税和早期一些关税，例如恢复对钢铁的关税，提高纺织品的进口税。包括农产品和工业品在内的许多部门都受到高关税的保护。该法令对"战时幼稚工业"，主要是化学工业和染料工业，给予了特别的保护。1927年，第一次世界大战后首次世界经济会议在日内瓦召开，从会议提供的统计资料可以看出，这时的美国是仅次于西班牙的世界第二高关税国。

1929年1月，美国国会召开关税改革听证会，再次试图帮助农场主摆脱萧条。4月，共和党议员斯穆特和霍利联名提出关税议案。同年10月，纽约股市崩溃，美国乃至世界经济陷入空前大危机。此时，不光是农业部门要求保护，一个个工业部门也大喊大叫要求增加保护以刺激就业。院外各压力集团的游说，院内议员相互交易、互投赞成票，最终导致美国1930年《斯穆特-霍利关税法》的诞生。该法案修订了1125种商品的进口税率，其中增加税率的商品有890种，有50种商品由过去的免税改为征税。尽管降低税率的商品有235种，并有75种商品由征税改为免税，但就总体来看，农作物原料的平均税率由38.1%提高到了48.92%；其他商品的税率由31.02%提高到了34.3%。根据美国1932年进口情况看，估计实际应税物品的平均税率达到了53.2%。

共和党议员最开始提出《斯穆特-霍利关税法》的动机其实是为了解决自20世纪10年代到20年代就一直困扰美国农业的产能过剩问题，而导致这种过剩的原因是连续性的大规模生产和农业机械的广泛使用带来的美国农业生产率的显著提高。

虽然该法案是在1929年股市大崩盘之后通过的，但是部分经济历史学家认为，围绕该法案的政治纷争是引起股市大崩盘的原因之一，并进一步导致1929年的衰退，其引发的国际贸易战将股市不断推向深渊，最终成为加重大萧条时期不景气程度的因素。

远早于1930年6月该法案成为法律时，其他国家的报复行动就已经展开。该法案于1929年在美众议院获得通过，贸易抵制活动随即爆发，各国政府纷纷提高了针对美国产品的税率，尽管这时还不知道美国参议院或各委员会是否会同意调高税率。当时美国政府总共收到了来自外国的34份正式抗议。1930年，加拿大率先于16种产品上征收新关税，占美国输往加拿大商品总额的30%，之后加拿大开始寻求与英联邦的更加密切的经济联系。法国和英国亦表示抗议，并开始发展新的贸易渠道。德国则着力于建立自给自足的经济体系。美国的进口额从1929年的44亿美元骤降66%至1933年的15亿美元，而出口额则从54亿美元骤降61%至21亿美元，降幅均超过GDP同期50%的降幅，而世界贸易规模则在1929—1934年萎缩了大约66%。

《斯穆特-霍利关税法》带给国际贸易政策制定者何种启示呢？

（佚名）

一、超贸易保护主义的提出

超贸易保护主义是凯恩斯及其追随者在20世纪30年代提出的贸易保护思想。

凯恩斯（1883—1946）是当代最著名的英国经济学家，凯恩斯主义的创始人。凯恩斯生活的时代，世界经济制度发生了巨大变化。资本主义经济以垄断代替了自由竞争，科技迅速发展，竞争空前激烈，市场矛盾激化。尤其是 1929—1933 年世界爆发空前严重的经济危机，各国失业现象严重，世界市场问题进一步尖锐化，各国相继放弃自由贸易政策，改为奉行保护贸易政策，强化了国家政权对经济的干预作用。在这种背景下，凯恩斯的经济立场也发生了改变，由原来的支持自由贸易转为赞同贸易保护，并积极为其提供理论依据。1936 年，凯恩斯出版了他的代表作《就业、利息和货币通论》，在书中他对自由贸易理论展开了批评，推崇重商主义，认为重商主义的保护贸易政策确实能够保证经济繁荣，扩大就业，并以有效需求不足为基础，以边际消费倾向、边际资本效率和灵活偏好三个所谓心理规律为核心，以国家干预为政策基点，创立了保护国内就业的新学说。因此，凯恩斯主义也被称为"新重商主义"。

凯恩斯的追随者们对凯恩斯的理论加以充实和扩展，形成了凯恩斯主义的贸易保护思想，即超贸易保护主义。

二、超贸易保护主义的理论基础——对外贸易乘数理论

超贸易保护主义思想的核心是对外贸易乘数理论。

凯恩斯最早在 1924 年提出了乘数思想。乘数概念则是由凯恩斯的学生卡恩（1931）[①]在《国内投资与失业的关系》一文中首先提出来的。按照卡恩的就业乘数，当净投资增加时，总就业增量将是初始就业增量的一个倍数。凯恩斯（1936）接受了卡恩的乘数概念，提出了投资乘数。凯恩斯认为投资的增加对国民收入的影响有乘数作用，即增加投资所导致的国民收入的增加是投资增加的若干倍。之所以会这样，是因为新增投资引起对生产资料的需求增加，从而引起从事生产资料生产的人们的收入增加。收入增加又引起消费品需求的增加，从而导致从事消费品生产的人们收入的增加。如此推演下去，结果是国民收入的增加等于投资增加的若干倍。

凯恩斯的追随者哈罗德（1933）[②]等人把乘数理论引入对外贸易领域，分析了对外贸易与增加就业、提高国民收入的倍数关系，提出了对外贸易乘数理论。该理论认为，一国的出口和国内投资一样，属于"注入"，对就业和国民收入有倍增作用；而一国的进口，则与国内储蓄一样，属于"漏出"，对就业和国民收入有倍减效应。当商品劳务输出时，从国外获得货币收入，会使出口产业部门收入增加，消费也随之增加，从而引起其他产业部门生产增加、就业增多、收入增加。如此反复下去，收入增加将为出口增加的若干倍。当商品劳务输入时，向国外支付货币，使收入减少，消费随之下降、国内生产缩减、收入减少。因此，只有当对外贸易为顺差时，才能增加一国就业量，提高国民收入。

三、超贸易保护主义的主要思想与政策主张

超贸易保护主义的主要思想及其政策主张可以归结为以下三点。

1. 认为古典学派的国际贸易理论已经过时，反对自由贸易

古典自由贸易理论假定国内是充分就业的，国家间贸易以出口抵偿进口，进出口能够平衡。偶尔出现差额，也会由于黄金的移动和由此产生的物价变动而得到调整，进出口复位于平衡。

① R.F.Kahn. 1931. The Relation of Home Investment to Unemployment[J]. The Economic Journal, 41 (162): 173–198.
② Harrod, R. 1933. International Economics[M]: Cambridge University Press, Cambridge.

国际贸易理论与政策

凯恩斯主义认为，古典学派的贸易理论已经过时了。首先，他们的理论前提条件之一是充分就业事实上并不存在，现实社会存在着大量的失业现象。其次，传统理论只用国际收支自动调节机制来证明贸易顺差、逆差的最终均衡过程，忽视了在调节过程中对一国国民收入和就业的影响，这是不对的。

2. 贸易顺差有益，贸易逆差有害

凯恩斯主义认为，总投资包括国内投资和国外投资，国内投资额由资本边际收益和利息率决定，国外投资量则由贸易顺差大小决定。贸易顺差可为一国带来黄金，也可扩大支付手段、压低利息率、刺激物价上涨、扩大投资，这有利于国内危机的缓和与扩大就业。贸易逆差则会造成黄金外流，使物价下降，导致国内经济萧条，失业人数增加。

3. 国家要干预外贸活动，以扩大有效需求和就业

凯恩斯主义的拥护者们以提高有效需求为借口，极力提倡国家干预对外贸易活动，大力推动出口，抑制进口，保持外贸顺差，采用包括财政政策、货币金融政策、收入分配政策以及对外经济政策在内的一系列宏观经济管理和调节措施来干预经济，以增加有效需求，扩大就业。

四、超贸易保护主义的特点

19 世纪末至第二次世界大战前，发达资本主义国家为了帮助垄断资本扩大国际市场份额，输出过剩产能，转嫁经济危机，实施了超贸易保护政策。这种政策具有如下特点。

（1）保护的对象扩大了。超贸易保护政策不但保护幼稚工业，更多地是保护国内高度发展或出现衰落的垄断工业。

（2）保护的目的变了。超贸易保护政策不再是培养自由竞争的能力，而是巩固和加强对国内外市场的垄断。

（3）保护具有侵略性和扩张性。以前的贸易保护主义是防御性地限制进口以保护国内市场，超贸易保护政策是要在垄断国内市场的基础上进攻性地夺取国外市场，实现经济扩张。

（4）保护的阶级利益从一般的工业资产阶级转向大垄断资产阶段。

（5）保护措施多样化。保护的措施不仅有提高关税壁垒，还有各种各样"奖出限入"的非关税措施，如增加课税种类，对进出口贸易实行更严厉的许可证制度及外汇管制，禁止或限制外国产品进口，对本国商品出口采取退税、补贴、低息贷款、出口担保、关税减免等措施。

（6）组成货币集团，划分世界市场。1931 年，英国放弃了金本位，引起了统一的世界货币体系的瓦解，主要帝国主义国家各自组成了排他性的相互对立的货币集团。1931 年之后，资本主义世界存在英镑集团、美元集团、法郎集团、德国双边清算集团和日元集团等货币集团。

知识链接

1929 年资本主义世界经济大危机爆发，帝国主义国家争夺世界市场的斗争十分激烈。经济上和技术上日益落伍的英国，对国外市场的依赖程度比其他国家都大，而商品的竞争力却弱于自己的主要竞争对手美国。在危机中英国出口额下降了一半以上，英国不得不放弃它长期执行的自由贸易政策，转而实行贸易保护政策。

1932 年 2 月 9 日英国公布"进口条例"，对进入英国市场的外国商品，除有特殊规定者外，一律征收 10%～33.3%的从价税。与此同时，英国加强了外汇管制，并逐步组成了英镑集团。除加拿大外，英国的自治领及英国的殖民地，还有一些与英国经济联系密切的国家，都参加了该货币集团。它们愿意把自己的货物与英镑挂钩，彼此用英镑结算，并通过维护英镑的稳定地位来维持自己通货的稳定性。英镑集团的国家间可以自由兑换外汇，对集团外的外汇交易则实行严格管制，以保护英镑集团的市场。由于英国征收保护关税，势必影响到与英国有密切经济联系的自治领和殖民地，本着"己国生产者第一，帝国生产者第二，外国生产者最后"的原则，1932 年 7 月，英国与自治领之间，及英国的各自治领之间签订 11 个双边协定，建立起了关税同盟性质的帝国特惠制。帝国特惠制的主要内容有：英国对来自自治领和殖民地的进口商品，给予关税优待；英国限制从帝国以外的国家输入农产品，以保证帝国各自治领和殖民地农产品在英国的销售市场；英国工业品输往自治领和殖民地时享受优惠待遇；对来自英国以外国家的商品征收高额关税。帝国特惠制从形成到第二次世界大战，在一定程度上使英国保住了帝国范围内的市场，抵挡住了来自美、德的压力。1938 年，英国出口到帝国内的货物占其出口总额 40%，从帝国内的进口则占其进口总额的一半。

帝国特惠制阻止美国及其他国家势力渗入英联邦市场，因而遭到了其他帝国主义国家的强烈反对。第二次世界大战后，自治领的民族经济已得到发展，而且英国已抵挡不住美国对帝国市场的冲击，帝国特惠制的作用因而减弱。1947 年关贸总协定关于不得再扩大特惠幅度的规定，对参加 1932 年会议的自治领都有约束力。而且在以后的谈判中，英国和自治领之间还被迫缩小特惠幅度，同时帝国内新独立的一些国家（原自治领）则不给英货特惠待遇。但英国仍想维持此制度，遂于 1958 年将其改称"联邦特惠制"。1961 年及 1967 年英国两次申请参加欧洲经济共同体，而谈判中的最大障碍便是联邦特惠制。1971 年在达成加入欧共体的协议时，英国接受了自 1973 年 1 月 1 日正式加入时起 5 年内废除特惠制的条件。1977 年底，联邦特惠制宣告结束。

五、对超贸易保护主义的评价

超贸易保护主义的思想，尤其是其中的对外贸易乘数理论，是对传统自由贸易理论假定各国总处于贸易平衡状态的修正，在一定程度上揭示了对外贸易与国民经济发展之间的内在规律性，因而具有重要的现实意义，对于认清国民经济体系的运行规律，制定切实有效的宏观经济政策也有一定的理论指导意义。

当一国经济出现衰退时，政府就应该采取扩张性政策，除了对内扩大消费与投资外，对外应扩大出口，控制进口，这样有利于经济复苏；当一国经济出现过热时，政府就应采取紧缩性政策，除了对内控制消费与投资外，对外应扩大进口，控制出口，这样有利于抵制通货膨胀，稳定经济。当国家在制定对外宏观经济政策时，必然要考虑到政策的力度。这里政策的力度取决于两个因素，一是经济政策变量的大小，二是经济政策作用的力度因数，而这个力度因数取决于对外贸易乘数。在一个相当萧条的经济环境中，商品滞销，工厂开工不足，工人大量失业，要发挥贸易促进经济的作用，就应该做大对外贸易乘数。而对外贸易乘数的大小最终与产业关联度、产业链的长度、进出口交易的频率以及行为主体的效率有关。因此要做大对外贸易乘数，首先，出口产品应是产业链较长的产品，如大型机器设备、汽车以及高科技、高附加值的产品；其次，出口企业应多元化、规模化；第三，提高进出口贸易的频率与企业的效率，加快商品与货币的流通速度，加强产业间的连锁互动。

超贸易保护主义也存在很大的局限性。

首先，对外贸易乘数要在一国发挥作用是有前提条件的，即该国存在闲置资源和非充分就业。该国如果资源稀缺则会限制其国民收入的下一轮增长。此外，如果该国国内已经处在充分就业状态，这时出口继续增加意味着总需求的进一步增加，从而将出现过度需求，引起通货膨胀。这时，出口增加所引起的总需求增加与投资增加所引起的总需求增加有所不同。增加投资虽会引起通货膨胀，但过一段时间以后将会形成新生产能力，供给将增加，从而在一定程度上抵消过度需求。但是，出口所形成的过度需求本身并不能形成生产能力，只会引起通货膨胀。

其次，从世界市场的角度出发，假定其他一切条件不变，包括世界的总进口价值不变，这时除非降低出口商品的价格，否则出口将无法继续增加。但是，如果降低出口商品的价格，那么私人企业就会因利润率的下降而不愿扩大产量，增加出口也就无从谈起。所以，对外贸易乘数的作用只有在世界总进口值增加的条件下才能发挥出来，即只有世界总进口值增加，一国才能连续扩大出口，并通过出口来增加本国国民收入和国内就业。

最后，不可否认的是，对外贸易顺差在一定条件下可以增加国民收入、增加就业。但如果为了追求贸易顺差，不加节制地实行"奖出限入"政策，势必导致关税、非关税壁垒盛行，使贸易障碍增多，引发各种贸易战，从而阻碍整个国际贸易的发展，对各国和世界经济都有害无益。

本节导入案例解析

两次世界大战期间，西方各国超贸易保护主义盛行。作为贸易战始作俑的美国通过《斯穆特—霍利关税法》，在经济萧条席卷全球的关键时刻大幅度提高关税，最终导致全球关税大战，使世界贸易停滞，让经济危机周期大大延长，引发了西方资本主义国家的社会危机，加剧了世界范围内的民族主义，从而使该法案成为"20世纪美国国会所通过的最愚蠢的法案"。

虽然凯恩斯主义的贸易保护思想听起来挺合理：由于有效需求不足，非充分就业是普遍存在的现象，贸易收支不可能自动调节实现平衡，因此政府应积极加强对国际贸易的干预，进行贸易保护，奖出限入，保持顺差，以实行充分就业。但是，实际的情况是，某个国家政府采取旨在医治失业的以邻为壑的行为，会产生国际性的以邻为壑的争斗，结果是国际贸易总额与世界产出总额相比萎缩，并最终导致全球经济衰退。

以邻为壑、损人利己的贸易政策尽管在短期内可以起到保护本国利益的作用，但在相对较长的时期内，必然会导致国与国之间的贸易摩擦、冲突甚至战争，因此过度的贸易保护主义不可取。

第四节　新贸易保护主义

案例导入

金融危机后美国的贸易保护

据综合媒体报道，2008年9月由美国次贷危机引发的国际金融危机全面爆发，贸易保护主义开始在全球蔓延。为了拯救经济，维护自身利益，美国、欧盟等世界上最大的经济体纷纷采取措施实行贸易保护，美国的贸易保护倾向尤为明显。

2009年2月13日，美国参众两院通过了奥巴马政府的一揽子巨额经济刺激方案，即《2009年美国复兴与再投资法案》。该法案的第1 640条款规定：在不违背美国对国际协定承诺的前提下，经济刺激计划支持的工程项目必须使用国产钢铁和其他制成品，除非联邦政府认定购买美国钢铁产品或其他制成品成本过高，会损害公众利益。该条款还规定，美国运输安全管理局所使用的任何制服和纺织品必须是真正的"美国制造"。因此，该条款也被称为"购买美国货"条款。在经济刺激计划的其他条款中，也或明或暗地有多处使用"美国货"的规定。虽然"购买美国货"条款引起了国际社会的广泛关注和激烈批评，但美国也由此拉开了贸易保护的大幕。

近年来美国在与中国的贸易中始终保持巨大的贸易逆差，且中国是造成其贸易逆差的主要国家，于是中国顺理成章地成为重点打击对象。2010年10月29日，美国众议院投票通过了《汇率改革促进公平贸易法案》，旨在对所谓低估本币汇率的国家征收特别关税。该法案主要针对中国。此外，美国陆续对进口自中国的轮胎、油井管、铜版纸、焦磷酸钾、磷酸二氢钾和磷酸氢二钾、礼物盒、包装丝带、多层实木复合地板、光伏电池等产品实行双反调查或征收高额惩罚性关税。2011年10月，美国对我国出口的多层实木复合地板做出反倾销终裁，征收0～26.73%的反补贴税和0～58.84%的反倾销税。2012年12月7日美国国际贸易委员会作出终裁，认定从中国进口的晶体硅光伏电池及组件实质性损害了美国相关产业，美国对中国产晶体硅光伏电池及组件征收18.32%～249.96%的反倾销税，以及14.78%～15.97%反补贴税，导致了中国光伏企业在美国的价格优势完全丧失。

2014年1月15日，美众议院通过《2014财年综合拨款法案》，其中包含限制美部分政府机构采购中国生产的信息技术产品等涉华歧视性内容，即美国联邦政府在购买中国的技术产品时需要经过网络间谍审查流程。早在2013年春季，美国媒体突然大肆渲染所谓来自中国的网络攻击，其实就是美国相关利益团体为推动出台保护商业机密的相关方案并上升到国际贸易保护的层面进行的舆论动员。

除了针对中国，美国奥巴马政府还重新审视了美国与其他国家和地区之间的自贸协定，包括北美自贸协定、美国－哥伦比亚自贸协定、美国－韩国自贸协定等。例如，奥巴马修改了北美自贸协定，加入有关保护劳工和环境的条款；在美国国会就美哥自贸协定投票前，奥巴马认为哥伦比亚必须加大力度打击针对贸易工会成员的暴力；他还要求韩国就美国车商进入亚洲市场问题对美韩自贸协定进行重新谈判。奥巴马一再地修改自贸协定的条款，显然是在国内巨额贸易赤字的压力下对贸易保护主义的回归。

美国奥巴马政府的这一系列行动，其实质是什么呢？

第二次世界大战结束以来，在世界贸易组织（WTO）等国际组织的努力推动下，国际贸易自由化的大趋势已经形成。但在各国经济交往日益频繁、国际贸易规模不断扩大的同时，贸易保护主义却没有失去市场，且花样翻新。以技术性贸易壁垒、知识产权壁垒、反倾销、反补贴、特别保障措施等为主要表现形式的新贸易保护主义在20世纪七八十年代开始出现并快速发展，并在90年代和新千年有了进一步演变，在2008年国际金融危机爆发后则加速发展，且越演越烈。

一、新贸易保护主义出现与发展的原因

新贸易保护主义一般是指第二次世界大战以来产生于西方发达国家并延续至今的各种贸易保护思想、理论及政策措施。新贸易保护主义出现并不断发展既有多边贸易体制的原因，也有国际贸易理论发展和社会理念变化的推动，而各国经济发展不平衡是其出现和发展的深层原因。

（一）多边贸易自由化体制的约束是其出现的诱因和催化剂

第二次世界大战结束后，关贸总协定（GATT）和世界贸易组织（WTO）通过建立多边贸易自由化体制，使各种贸易壁垒尤其是关税壁垒有了很大程度的下降，国际贸易的自由化程度不断提高。与此同时，新贸易保护主义也从无到有，并随着贸易自由化的深入而不断发展。这个过程恰好与贸易自由化体制建立和不断完善的过程相重合。可以说，不断加强的多边贸易自由化体制约束成为了新贸易保护主义出现并发展的诱因之一。为了促进多边贸易自由化体制的建立，关贸总协定和世界贸易组织要求各成员必须大幅度削减关税和非关税壁垒，明确提出国际贸易中禁止使用数量限制，并且要求在降低关税和削减非关税壁垒后，一般情况下不能单方面再提高或重新设置。由于关贸总协定和世界贸易组织的协议具有强制性，各成员国都必须遵守，用于保护国内市场的传统手段受到了限制。但是各国并没有放弃对国内市场的保护，为了能在日益严格的体制约束下保护国内市场，各国尤其是发达国家开始寻求新的贸易保护措施和手段，从而使得新贸易保护主义开始出现。

由于在经济利益上存在较大差异，各成员国针对多边贸易自由化体制设计方面有着不同的诉求，世界贸易组织的各项协议都是各国利益相互妥协的产物，因此多边贸易自由化体制并非十分严格，并存在一些缺陷，而这些缺陷为新贸易保护主义提供了发展空间。为了获得更多成员国的支持，世界贸易组织的很多协议都设有例外条款，如为了防止国际收支出现较大困难，各成员国可以临时进行数量限制或者进口义务豁免等。这些条款只是为了起到缓冲器的作用，却常被用作贸易保护的法律依据。由于成员国间存在较大差异，世界贸易组织并没有要求对等开放，还给予发展中国家一定的优惠安排。但在协议的签订和执行过程中，发达国家却常常打着"公平贸易"的幌子，频繁地使用反倾销、反补贴和保障措施对发展中国家的出口进行打击，世界贸易组织设计出的缓冲性措施被滥用成了新贸易保护主义的进攻工具。世界贸易组织规则规定，若一国以低于"正常价格"的价格出口产品并对进口国国内同类产业造成实质损害，则进口国可实施反倾销与反补贴，但"正常价格"却较难界定，通常被发达国家作为实施反倾销与反补贴的依据。又例如，世界贸易组织规则规定若一国出口产品"数量激增"并对进口国国内同类产业造成实质损害，则进口国可执行特别保障措施，但"数量激增"也较难界定，通常被发达国家作为实施特别保障措施的依据。此外，世界贸易组织规则允许各国根据自身特点制定不同技术标准，从而为发达国家通过构筑技术性贸易壁垒限制进口提供了便利。

（二）理论的创新为其出现和发展提供了思想基础

第二次世界大战结束以来，国际贸易理论取得了新发展，经济学家们从不完全竞争、规模经济、区域集团化等新的角度来分析国际贸易保护的必要性，从而推出了战略性贸易政策、地区经济主义等一批新的贸易理论。另外，随着人们对经济增长、环境、资源等因素之间关

系的重视，一些新的思想观念开始形成。这些都为新贸易保护主义的出现和发展提供了一定思想基础。

1. 战略性贸易政策理论

战略性贸易政策是指一国政府在不完全竞争和规模经济的条件下，利用生产补贴、出口补贴以及保护国内市场的各种措施来扶植本国战略性产业的成长，增强其在国际市场的竞争力，占领他国市场，获取规模报酬和垄断利润的贸易政策。战略性贸易政策理论是新贸易理论的延伸，之所以冠上"战略"二字，是因为政府在制定贸易政策时会把对手国的反应考虑在内。

战略性贸易政策理论提出的背景是 20 世纪 80 年代的美国。一方面，当时美国的国际经济地位出现了变化。1960—1980 年，美国制造业中进出口的份额增加了一倍以上。在 1960 年，美国制造业厂商基本上是面对本国消费者销售并与本国厂商竞争，出口通常是次要的活动，并且面临外国竞争的压力很小。而到了 80 年代，大多数厂商要么严重依赖出口销售，要么在国内市场上遇到外国竞争者的有力竞争，贸易的重要性日益提高。为维护本国企业的利益，美国政府着手干预贸易。另外，当时在美国以克鲁格曼为首的经济学家们将产业组织理论应用于国际贸易分析，产生了以规模经济和不完全竞争为前提的新贸易理论。这些学者们放松了新古典经济学的假设，集中研究不完全竞争市场条件下的贸易政策。他们一致认为：在不完全竞争条件下，通过限制进口促进出口可以提高国内企业的赢利能力，获得超额利润，从而增加本国的国民收入，而战略性贸易政策就是使本国尽可能地获得这个超额利润，因此自由贸易并不是最优的。实行贸易保护由此在经济理论上得到了支持。战略性贸易政策理论主要包括以下内容。

第一，确定最优补贴，帮助本国厂商夺取市场份额。这种论点认为，向在第三国市场上同外国竞争者进行古诺双头博弈的本国厂商提供补贴，可以帮助本国厂商扩大国际市场份额，提高本国国民福利。这是因为，通过补贴可以降低本国厂商的边际成本和平均成本，使厂商有更高的反应曲线，获得更大的国际市场份额。

第二，帮助企业形成规模经济。在国际竞争的行业中存在规模经济，因此，政府可帮助本国企业首先得到低成本所需要的规模，从而就能以低成本优势去占领更多市场，在竞争中赢得主动，并最终增加本国的国民收入和国民福利。存在规模经济的行业会随着时间的推移提高进入门槛，因此国家的保护或补贴就会使本国企业"先行一步"，其成本方面的优势是后进入者所不能比拟的。

第三，谋求外部效应。在一些高科技行业，正的外部经济效应显著，私人厂商不完全占有其研究与开发成果的收益，会造成这些行业的私人投资不足、实际产出低于社会最优产出水平。但这些行业一旦成长为战略性支柱产业，其创造的知识、技术和创新产品将对全社会的科技进步与经济增长起到不可估量的推动作用。另外，高技术先行企业在创建新兴产业的过程中，面临巨额研发支出，承担巨大投资风险，而其知识贡献无偿地外溢到别的厂商，这些企业的私人成本与社会成本、私人效益与社会效益相偏离，知识产权法并不能完全克服这种偏离，这就需要政府出面矫正市场失灵。针对以上情况，政府产业政策和贸易干预的要旨就在于将那些颇具潜在竞争优势且有深远外部影响的高技术产业列为目标产业，进行适当的扶持和保护，以便从国家战略利益出发，在宏观范围内追寻和谋求可观的外部经济利益。

战略性贸易政策理论提出后，在许多国家，尤其是美国转化为了实际的政策并得到了有效实施。以最具有战略性特征的高科技产业为例，政府运用包括研究与开发（R&D）补贴在内的各种政策工具扶持本国的高科技产业已是司空见惯的现象。事实上，战略性贸易政策理论的实际影响力更为深远，绝非对一些产业进行扶持本身所能反映的。1992年后，美国经历了很长时间的经济高速增长期，而与此同时，世界上其他国家和地区的经济却表现不佳。当然这其中与当时一些国家正经历计划经济向市场经济转型，同时欠发达国家以及新兴工业国家分别遭遇债务问题和金融危机有很大关系，但依然不能完全解释两者迥然不同的境遇。许多经济学者认为正是战略性贸易政策的实施导致了世界财富向美国集中。

知识链接

美国战略性贸易政策自1993年实施以来，经历了克林顿、布什和奥巴马政府。伦敦《经济学家》称克林顿时期为美国"有史以来最长久的经济扩张"。这期间美国贸易出口总额大幅上升，高新技术产业飞速发展，就业市场良好，国际经济竞争力提高。这些发展都离不开美国三届政府的战略性贸易政策。

1. 美国战略性贸易政策的实施内容

（1）不断实行以政府为主导的贸易政策和战略。1993年9月美国克林顿政府制定了美国有史以来第一个"国家出口战略"，以推动美国经济从内需主导型向外需主导型的转变，为美国企业扩展国际市场，加强其全球竞争力，并希望通过扩大出口带动经济增长，创造更多就业机会。采取的措施包括开发"新兴大市场"，减少政府对技术领先产业的出口管制，提供贸易融资，提供贸易咨询等，将出口的重点集中于美国具有国际竞争优势的信息、生物工程及服务业等产业。

（2）积极开发和应用高新科技，为企业参与国际竞争奠定坚实基础。政府制定了"国家信息基础设施计划"和"全球信息基础计划"，以保持美国在信息处理技术方面的领先地位。1997年2月，克林顿政府又提出了"知识经济"概念，进一步把信息产业作为垄断世界市场的根本措施。信息技术的发展和应用，革命性地改变了美国企业经营方式，提高了企业生产率和经济效益，提升了美国综合国力和产品的国际竞争力。

（3）积极利用政府的双边和多边贸易协定为美国企业扩展国际市场。克林顿贸易政策的重点是减少美国贸易伙伴的关税壁垒，为美国的商品和劳务出口打开市场。美国充分利用其经济霸权地位，积极通过双边和多边谈判把自己的意志强加于多边贸易体制。

2. 美国战略性贸易政策的成效

战略性贸易政策的实施推动了美国外贸的发展，带动了国内生产效率的提高和经济的快速增长，并增加了就业，扭转了自20世纪60年代以来美国国际经济地位不断下降的进程，并在一定程度上改善了美国在美、欧、日三极力量对比中的地位。

克林顿政府的"国家出口战略"主要针对战略性产业，提出了一系列扶持政策。布什政府延续克林顿政府的措施，并强调要进行技术革新，强调新环保能源的开发。计算机、信息技术和互联网技术在美国取得迅猛发展，美国在电信、半导体、汽车等高科技领域恢复了劳动生产率的领先地位，创造了所谓"新经济"神话。同时，新技术的开发与技术竞争地位的改善，使美国成为当今世界第一技术贸易大国。

20世纪90年代以来，美国重新获得了在未来工业领域的领先地位。高新技术产业的发展也带动了美国出口贸易增长，还通过技术溢出效应，对其他相关产业辐射并扩散技术和管理诀窍，带动了各相关产业的技术改造和协调发展，推动了美国经济和就业的增长。

在外贸的强力推动下，美国经济持续增长，综合国力进一步提高。1993—2008年，美国国内生产总值增长了55.4%，年均增长2.97%。尤其是克林顿政府时期，国内生产总值增长了30.3%，年均增长 3.71%，大大高于同期世界 3.40%的增长水平。

战略性贸易政策不仅促进了美国的出口，还影响了美国从其贸易伙伴的进口。在美国战略性贸易政策的冲击下，发展中国家首当其冲受到影响，出口产品的国际竞争力越来越小，利润越来越低。美国设置了许多进口手续，并产生相关费用，导致贸易伙伴出口美国成本大幅上升，经营效益降低，贸易条件恶化。

美国的战略性贸易政策也加剧了与其他国家的贸易摩擦，导致全球贸易保护主义的趋向增强，破坏了贸易自由化秩序。例如，战略性贸易政策大量使用研究与开发（R&D）补贴、信贷优惠、税收减免、生产补贴、低价外销及外汇倾销等政策工具，势必引起有关国家强烈反应，如欧盟诉美国《外销公司法案》，同时也导致其他国家加强相应的贸易保护措施，这就把国际贸易中存在的贸易保护主义推向了更高水平，加剧了国际贸易领域的矛盾和斗争，恶化了国际贸易环境。[①]

2. 地区经济主义新贸易保护论

该理论由英国学者蒂姆和科林（1994）[②]提出。两人声称，他们主张的地区经济主义旨在通过减少国际贸易和对整个经济的重新定位及使其多样化，让它朝着地区或国家内生产的最大化方面发展，然后以周边地区为依赖对象，并且只把全球贸易作为最后的选择。

该理论认为，自由贸易存在着固有缺陷，实行自由贸易政策只会带来过度的竞争、失业的增加和资源的过度开采。因此，要实现经济公平和环境的持续协调发展，就必须加强地区间的经济合作，实行地区性贸易保护。地区间的经济合作应优先于全球范围的自由贸易。为使地区经济优先发展，实现贸易平衡和保护世界环境，一国需要根据预期的出口量控制进口量并使两者严格平衡，并制定高标准的进出口规则，同时将一国的贸易保护演变为区域性贸易保护。在区域范围内，国家之间仍实行自由贸易，而对区域外的国家则实行共同的关税壁垒。

名家观点

自力更生应该成为国家内部以及一个地区的国家之间的一个共同目标，这样可以使他们在力所能及的范围内最大程度的满足需要和提供服务，如果经济活动是为自力更生提供服务，那么他们对国际贸易的依赖程度就会降低，经济增长受到无情竞争的影响也会减少。当生产和就业必须一致为了满足地方需要而服务时，就应该重新将经济活动定位，使其摆脱出口导向的模式。

——蒂姆和科林（英国）

3. 环境优先新贸易保护论

由于近 20 年来全球工业化加速，致使生态平衡遭到破坏，人类生存环境日趋恶化。国际社会对环境问题以及全球经济可持续发展问题的关注和重视导致诸多国际公约的产生。各国政府也相继制定了一系列法律、法规和政策措施，希望通过对自由贸易政策的干预，实现保护自然、改善生态环境的目的。在此背景下，环境优先新贸易保护论产生了，它主要表现为借保护环境之名来限制商品进口。其主要论点是：由于生态系统面临巨大威胁，在国际贸易

---

① 本知识链接内容整理自陈敏怡《美国战略性贸易政策的成效与启示》一文，该文见于《中国集体经济》2009（07 上）。

② Lang Tim, Hines Colin. 1994. The New Protectionism[M]. London: Earthscan Publication Ltd.

中应该优先考虑环境保护，减少污染产品的生产与销售；为了保护环境，任何国家都可以采取保护措施，限制对环境产生威胁的产品的进口；企业要将保护环境所耗费的成本计入产品价格，即环境成本内在化。实践中，进口国主要采用以技术壁垒和环境壁垒为核心的非关税壁垒措施，以保护环境，保护人类、动植物的生命健康安全为名，行贸易保护之实。

除了上述的理论，新福利经济学、国际劳动力价格均等化理论分别从保护本国福利增加和减少劳动力价格下降等角度阐述了实行贸易保护的必要性。这些新理论的出现和应用为新贸易保护主义提供了丰富的思想基础，而这些理论的观点与现实状况联系较为紧密，能够与当前人们关心的问题相吻合，使得建立在这些理论之上的新贸易保护主义更容易被人们所接受。

（三）各国经济发展不平衡是其出现并发展的深层原因

新贸易保护主义的出现和发展与各国间经济发展不平衡密切相关。第二次世界大战结束后的 70 年间，世界经济的发展既有 20 世纪 50、60 年代的黄金时期，也有七八十年代的低谷时期。由于各国经济发展速度存在较大差异，各国经济实力对比发生了很大变化。

首先，发达国家之间的经济发展不平衡。从 20 世纪 70 年代开始，日本、德国经济崛起改变了美国经济独霸世界的格局。在与欧洲、日本的竞争中，美国日益处于不利地位。为了应对日、德等国的竞争，新贸易保护主义开始在美国出现。鉴于国家间经济相互依存度的不断提高，一国贸易保护政策的实施势必产生连锁反应，引起其他国家毅然决然的效仿和报复，致使新贸易保护主义得以迅速蔓延，形成普遍的贸易保护倾向。

其次，从 20 世纪 90 年代开始，由于新兴工业化国家及一些发展中国家经济持续增长，出口贸易发展迅速，对西方国家的同类产品形成竞争压力。其中以中国、墨西哥、马来西亚、印度等国家为代表的发展中大国出口规模迅速扩大，并逐步成为世界制成品市场的重要供应者，尤其在中低端工业品市场上，这些国家已经形成了一定的出口竞争力，并逐步取代发达国家原有的市场份额。尽管这些发展中大国出口的高速增长并未彻底改变国际贸易不平衡增长的局面，但其出口实力的增强对国际贸易格局产生了不可忽视的影响。发展中大国大量低价工业品进入欧美市场，对发达国家国内的相关产业造成了冲击。为缓解由此形成的贸易逆差和各种国内矛盾，发达国家利用其政治经济强权，加强了对这些发展中出口国的贸易制裁。同时，由于这些发展中大国的产品结构和市场结构相近，彼此之间竞争十分激烈。近年来，这些发展中出口大国之间的贸易纠纷已成为国际贸易摩擦的重要内容。

二、新贸易保护主义的特征

第二次世界大战后发源于美国的新贸易保护主义，是在以关贸总协定、世贸组织为主导的国际多边自由贸易体制不断发展、经济全球化进程不断加快的背景下，西方发达国家维持经济优势的产物，是在贸易自由化不断加快的进程中不断改变着自身形式的贸易保护主义。

与传统的贸易保护主义相比，新贸易保护主义具有以下特征。

1. 具有新的保护动机

以往的贸易保护主义，贸易保护的动机往往是防守性的，国家通过设置各种贸易壁垒限制进口，为本国幼稚产业提供发展空间，从而提高本国产业的竞争力。新贸易保护主义的贸易保护的动机是进攻性的，国家设置各种保护措施主要是为了削弱对方产品的竞争力或者限制对方企业的进入，这种情况在发达国家尤为明显。发达国家常常通过征收高额反倾销税、反补贴税以及动用保障措施条款，打击进口商品的竞争力；通过严格的技术标准和认证制度，使得多数国外企业难以进入高技术、高附加值产品领域；执行严格的检验、检疫标准以及环保、劳工标准，抬高进口商品的生产成本，从而降低发展中国家在农产品以及其他劳动密集型产品中的竞争力。

2. 具有更大的保护范围

以往的贸易保护主义重点保护的是农业、幼稚产业，或者是已经处于衰退期但与国内就业密切相关的行业，如发达国家的钢铁业、纺织业等。新贸易保护主义除了坚持对以上产业的保护，还扩大到了新兴服务业、高科技产业以及知识产权等领域。从全球范围内来看，服务业在国民经济中的地位不断提高，服务贸易在国际贸易总额中的比重上升迅速。在主要发达国家中，服务业在经济中的比重已经全面超过了工业，发达国家还垄断着国际服务贸易。为了维护在服务业和服务贸易中的优势地位，发达国家对于国际服务贸易的干预程度很高。由于技术的特殊性及重要性，技术的出口国不仅会限制高科技产品的出口，而且还会要求进口国必须保护其知识产权。

3. 具有更大的隐蔽性和欺骗性

新贸易保护主义主要采用非关税壁垒。20世纪七八十年代的新贸易保护主义还带有"以邻为壑"的特点，但到了20世纪90年代，明显性的非关税措施如进口许可证制、自动出口配额、出口补贴和进口配额等受到世贸组织越来越严的规则约束，隐蔽性的壁垒措施（如技术标准、质量认证、检验程序、环境保护与国民健康标准等）成为最佳选择。

传统的贸易保护主义几乎毫不掩饰其保护本国产业的利己主义动机，而新贸易保护主义在国内，以维持高就业、高收入水平为号召，较之直接宣布保护某一行业更能赢得本国公众的同情和支持，在国际上，又打出保护环境、维护"人权"、保护劳工权益等旗号，显得有理有据，与传统的贸易保护主义相比具有更大的欺骗性，不易受到抵制和报复。

4. 实施主体具有全球性和区域性

20世纪90年代后期以来，多边贸易自由化谈判进展缓慢，于是区域贸易协定的签订风潮再度兴起。那些尚未加入区域贸易协定的国家为避免被边缘化而导致在国际贸易上被排挤，也积极参与到区域经济一体化的浪潮之中。在多数情况下，区域贸易协定及区域经济一体化组织与世贸组织具有互补、互动的关系，但区域贸易协定以及区域贸易组织对非成员国的进口构成了障碍，其中一些安排带有明显的排他性保护色彩。

区域经济一体化的发展是对多边贸易体系的补充，使区域内贸易伙伴间的贸易壁垒大幅降低，同时也在一定程度上削弱了多边贸易体系的作用，导致区域外的贸易伙伴面临新的贸易壁垒，这实际上也是一种贸易保护。在全球范围内越来越多的区域组织不断出现，形成了多个利益集团，例如欧盟（EU）、东盟（ASEAN）、北美自由贸易区（NAFTA）和南方共同体（MERCOSUR）等。在亚洲地区，近年来区域一体化呈现竞争态势，跨太平洋伙伴关系（TPP）、区域全面经济合作伙伴关系（RCEP）等谈判相继出现。区域内贸易比重占据重要地位，国家间竞争向区域集团间竞争演变。

5. 从单边保护转向多边贸易体系下的合法性保护

世贸组织成立后，传统的贸易保护做法如关税、配额、许可证等手段已受到世贸组织规则的限制，作用日益弱化，发达国家在单方面保护自身利益的同时，为了不丧失国际多边体系带来的利益，在政策手段上不得不考虑国际影响。从世贸组织规则中寻求保护措施成为新贸易保护主义的新策略，因此，反倾销、反补贴和保障措施等世贸组织允许的贸易救济方式成为当今各国主要的贸易保护措施。世贸组织允许其成员对遭受的"不公平贸易"实施救济，上述措施符合世贸组织规则，对方国家难以找到报复借口，不易引起大规模贸易摩擦，因而成为当今某些国家频繁使用，乃至滥用的重要手段。各国还对反倾销、反补贴与保障措施纷纷立法，将这些政策法制化、制度化，以获得国内外的合法性基础。

本节导入案例解析

美国奥巴马政府的这一系列行为，其实质是新贸易保护主义。2008年国际金融危机爆发后，一些国家经济陷入衰退，还有的国家出现了主权债务危机，国内外经济形势、社会形势趋于恶化，市场竞争更加激烈，导致原本就存在的贸易保护主义更加明显。作为金融危机的发源地，美国的贸易保护主义情绪更是高涨，体现在政坛上就是奥巴马政府采取的种种贸易保护行径。

本章小结

国际贸易保护的理论与实践主要经历了重商主义、幼稚产业保护理论、超贸易保护主义和新贸易保护主义这几个阶段。

重商主义是 15 世纪至 17 世纪欧洲资本原始积累时期代表商业资本利益的经济思想和政策体系。重商主义经历了早期重商主义和晚期重商主义两个阶段。无论早期还是晚期的重商主义都把货币看作是财富的唯一形态，都把货币看作是衡量国家富裕程度的标准。重商主义认为国与国之间的经济交往是一种零和博弈，一国的获利总是基于其他国家的损失，因此在对外贸易中要做到出口大于进口。

美国的汉密尔顿在 18 世纪末提出了保护关税理论，在此基础上，德国的李斯特于 19 世纪 40 年代提出了幼稚产业保护理论。李斯特认为，一个国家的发展程度并不完全取决于它所积聚财富的多少，更要考察其生产力发展水平。李斯特将一国社会发展的历程分为五个阶段：原始未开化阶段、畜牧阶段、农业阶段、农工业阶段、农工商业阶段，每个国家应根据其所处的特定发展阶段而采取不同的贸易政策，决定贸易的自由或保护。

超贸易保护主义是凯恩斯及其追随者在 20 世纪 30 年代提出的贸易保护思想，其核心是对外贸易乘数理论。超贸易保护主义反对自由贸易，认为贸易顺差有益，贸易逆差有害，国家要干预外贸活动，以扩大有效需求和就业。

新贸易保护主义是指第二次世界大战以来产生于西方发达国家并延续至今的各种贸易保护理论及其政策措施。新贸易保护主义出现并不断发展既有多边贸易体制的原因，也有国际贸易理论发展和社会理念变化的推动，而各国经济发展不平衡是其出现和发展的深层原因。

练习题

一、名词解释

重商主义　保护关税理论　生产力理论　幼稚产业　对外贸易乘数理论　战略性贸易政策

二、单选题

1. （　　）是 15 世纪至 17 世纪欧洲资本原始积累时期代表商业资本利益的经济思想和政策体系。

    A. 新贸易保护主义　　　　　　　　　B. 重商主义

    C. 幼稚产业保护理论　　　　　　　　D. 超贸易保护主义

2. 重商主义分为早期和晚期，早期以（　　）论为中心，其代表人物是（　　）。

    A. 贸易差额　　斯塔福　　　　　　　B. 贸易差额　　托马斯·孟

    C. 货币差额　　托马斯·孟　　　　　D. 货币差额　　斯塔福

3. 晚期重商主义又称为（　　）。

    A. 重金主义　　　B. 货币主义　　　C. 重工主义　　　　D. 货币差额论

4. 李斯特认为，当一国幼稚工业成长起来，拥有与外国资本竞争的足够力量时，即处于（　　）阶段时，应采取自由贸易政策，通过与他国工业的竞争获得最大的贸易利益。

    A. 农工商业　　　B. 农业　　　　　C. 农工业　　　　　D. 畜牧

5. 凯恩斯主义认为，（　　）可为一国带来黄金，也可扩大支付手段，压低利息率，刺激物价上涨，扩大投资，这有利于国内危机的缓和与扩大就业率。

    A. 贸易平衡　　　B. 贸易逆差　　　C. 贸易顺差　　　　D. 贸易赤字

6. 超贸易保护主义思想的核心是（　　）。

    A. 投资乘数理论　　　　　　　　　　B. 对外贸易乘数理论

    C. 战略性贸易政策理论　　　　　　　D. 幼稚产业保护理论

7. （　　）是新贸易保护主义出现并发展的深层原因。

    A. 贸易理论的创新　　　　　　　　　B. 多边贸易自由化体制的约束

    C. 各国经济发展不平衡　　　　　　　D. 环境保护的要求

三、简答题

1. 简述重商主义的基本思想？

2. 早期重商主义和晚期重商主义有哪些异同？

3. 重商主义的有哪些局限性？

4. 简述李斯特的社会发展阶段论。

5. 李斯特认为保护关税制度设计应体现哪几点？

6. 简述超贸易保护主义的主要思想及其政策主张。

7. 超贸易保护政策的特点是什么？

8. 新贸易保护主义有哪些特征？

课外思考实践题

1. 你认为战略性贸易政策在中国适用吗？中国应该选取哪些产业来实践战略性贸易政策？

2. 新贸易保护主义对我国外贸发展和经济产生了什么影响？你认为我们应采取哪些措施应对这些挑战？

第七章　国际贸易政策

【学习目标】

学习完本章后，你应该能清楚地知道：

（1）国际贸易政策的含义、构成、类型和影响因素；

（2）不同历史阶段国际贸易政策的特点。

第一节　国际贸易政策概述

案例导入

自1975年中国与欧共体（现称欧盟）建立外交关系以来，欧共体对华政策总体上来说对发展中欧经贸关系是越来越有利的。1978年中国和欧共体签署了第一个贸易协定，相互给予最惠国待遇，同时成立了中欧经济贸易混合委员会，并于1985年5月在原贸易协定的基础上又签订了《中欧贸易和经济合作协定》，双方同意在工业、农业、科技、能源、交通运输、环保、发展援助等领域开展合作，对合作生产、合资经营、合作开发、技术转让、金融合作、技术援助、人员培训与交流等各种合作提供便利和促进。

但是1989年之后的几年，由于中欧政治关系紧张，欧共体单方面中断与中国的高层往来、军事合作、政府贷款和合作项目，使得中欧经贸关系的发展受到严重的影响和阻碍。

1992年，中欧政治关系大体恢复，中欧经贸关系也开始了新一轮的发展。1995年7月，欧盟委员会提出了《中欧关系长期政策》，强调要同中国全面发展政治、经济和贸易关系，明确表示欧盟与中国应建立长期合作关系以保证实现双方共同的目标。这是欧盟有史以来制定的第一个对华关系长期发展战略，它不仅是对1985年协定的深化，更重要的是它表明欧盟对华战略性政策框架初步形成，对中欧经贸关系发展具有重要的历史意义。1996年11月，欧盟委员会又公布了《欧盟对华合作新战略》，将欧盟对华长期政策进一步具体化，再次强调欧盟对华政策的全面性、独立性和长期性，表示要进一步促进双方在经贸、科技、发展援助等领域内的交流与合作。1998年3月，欧盟委员会公布了《与中国建立全面伙伴关系》文件，要求把中欧双边政治经济关系提高到与欧美、欧日同等的水平上，并支持中国尽早加入世贸组织。为了使欧盟更加卓有成效地执行1998年确定的对华政策和追求欧盟与中国关系长远目标的实现，欧盟委员会又于2001年5月提交了《欧盟对华战略：1998年文件执行情况和促进欧盟政策更为有效的未来步骤》文件，制订了具体务实的中短期目标：在国际社会中与中国进一步接触，其中关于政治和全球性问题的对话格外重要；支持中国在法治和尊重人权的基础上转变为开放的社会，这是欧盟与中国关系的核心；使中国融入世界经济，这对中国继续改革开放具有重大意义，也是全面深化欧盟与中国关系的关键；更好地利用欧洲现有资源支持与中国的交往；正确利用现代技术，扩大欧盟在中国的影响力。2002年3月，欧盟发表《国家战略报告：中国》，继续强调1998年和2001年欧盟对华文件所确定的对华政策目标，并进一步明确了对华合作的三个重点领域：第一，通过机构强化与能力建设、人力资源开发与构建稳健的商业法规框架以及促进私人部门的知识诀窍与技术的转移，来确保中国经济与社会改革进程的可持续性；第二，通过提供知识和专业技能来促进可持续发展，协助中国谋求环境保护、社会发展与经济增长之间更好的平衡；第三，鼓励良好治理，促进法治、民主与经济、社会、政治与公民权利的履行以及强化构成市民社会网络的结构与进程。可以看出，欧盟1995年以后的对华经贸政策中，一个重大的变化是欧盟试图促进中国与欧盟的制度趋同，另一个显著特点是欧盟对华总体政策越来越积极，而指导经贸实践的具体政策措施则越来越苛刻。

随着欧盟对华贸易逆差的不断扩大，欧盟切身地感觉到中国经济崛起和贸易全球化深入发展所带来的激烈竞争，引发了欧盟对华贸易保护主义的声浪，中欧贸易摩擦个案升级。2005年欧盟启动纺织品特保条款，2006年对原产中国的鞋征收反倾销税，并向WTO就中国的汽车零配件进口关税提起控诉。欧盟舆论也涌现花样百出的"中国经济威胁论"。在这种背景下，2006年欧盟出台了首份对华贸易政策文件《竞争与合作——更紧密的伙伴关系和不断增加的责任》。欧盟一改以往对华政策文件比较温和的口吻，认为中国是欧盟贸易政策唯一的、最大的挑战，将矛头直指市场准入、知识产权保护和人民币汇率等中欧贸易最为敏感的问题。欧盟认为，中国经济的发展使欧洲面临着更难应对的新经济竞争，中国经济已经发展到欧盟可以合理地要求中国承担更多义务的地步。因此，欧盟在肯定中国已经发展成为国际政治、经济舞台上一支重要力量的同时，要求中欧双方相互开放市场，进行公平贸易，要求中国对欧盟的产品、服务、贸易与投资等采取更大的市场开放力度，减少国家对经济的干预。

受2008年国际金融危机的直接冲击，再加上深层制度因素与竞争力因素的影响，欧盟部分国家自2009年开始发生主权债务危机。经济困难，失业率居高不下，企业大量破产倒闭，致使欧盟旨在保护本地区市场、争夺海外市场的进攻性贸易保护主义抬头。2010年11月，欧盟委员会公布了名为《贸易、增长和世界事务》的新贸易战略文件，勾勒出未来5年（2011—2015年）的欧盟贸易政策。该政策的重点是以贸易促进欧盟经济发展，充分挖掘欧盟对贸易伙伴的潜力。从欧盟的立场看，维护自身利益所面临的挑战已不再停留于传统的关税壁垒，而是潜藏的市场准入障碍和其他威胁。深入对方市场，扫除这些障碍是欧盟的利益所在。2010年以来，欧盟对外贸易战略越来越具有进攻性，特别是对被视为最具潜力贸易伙伴的中国更是展开了凌厉的攻势。2011年5月，欧盟委员会提出改革针对发展中国家进口的优惠政策普惠制，将原来享受该优惠的中国排除在外。欧盟对华贸易政策出现了明显转向。

本例中欧盟对华贸易政策随着中欧双方政治、外交、经济实力等因素的变化而演变。中国该如何应对近年来欧盟对华贸易保护主义的政策倾向呢？

一、国际贸易政策的含义

国际贸易政策是世界各国或地区在其社会经济发展战略总目标下，运用经济、法律和行政等手段，对贸易活动进行管理、调节的原则、依据和措施体系。在当今世界，国际贸易政策在各国经济增长和经济发展中起着重要的作用，已成为国际贸易环境的重要组成部分。

国际贸易政策的基本要素包括政策主体、政策客体、政策目标、政策内容和政策手段这五个方面。

1. 政策主体

政策主体是指贸易政策的制定者和实施者。按政策主体范围的不同，国际贸易政策可以分为单边贸易政策、诸边贸易政策和多边贸易政策。

单边贸易政策是指一国单方面实施的有关商品和服务交换的贸易政策，例如美国政府为了施压某些国家改变其行为而单独实施的贸易制裁。诸边贸易政策是在两个或两个以上的国家或国家集团间实施的有关商品和服务交换的贸易政策，如区域内国家间实施的区域经济一体化政策，以及世贸组织框架内成员方自愿加入的诸边贸易协议。多边贸易政策是在全球范围内实施的有关商品和服务交换的贸易政策，如世贸组织推行的一系列贸易自由化政策。

对外贸易政策是从一国角度出发的国际贸易政策，是一国政府在一定时期为了实现一定的政策目标而对进出口贸易实行管理的原则、方针、策略以及措施，它是一国经济政策的重要组成部分，也是一国对外政策的重要内容。一国的对外贸易政策既可以是该国实行的单边贸易政策，也可以是该国根据所参与的区域经济协定或多边贸易协定，在与其他国家进行协调的基础上制订出的对外贸易政策。

2. 政策客体

政策客体是指贸易政策所规划、指导和调整的贸易活动以及从事贸易活动的企业、机构或个人。

3. 政策目标

政策目标是贸易政策所要达到的目的。各国的对外贸易政策会因为各自政治经济体制、经济发展水平及其产品在国际市场上的竞争力的差异而不同，并且随其经济实力的变化而不断调整，但各国制定对外贸易政策的目的大体上是一致的。

（1）运用国际贸易政策促进本国经济的发展与稳定。首先，一国运用国际贸易政策的主要目的是优化本国的资源配置和产业结构，以此来提高本国企业竞争力，促进生产力的发展和本国经济增长；其次，一国通过国际贸易政策的调整可以增加国家财政收入，提高国家的经济福利；最后，国际贸易政策的调整可以帮助维持一国的国际收支平衡；最后，通过调整与外部经济的互补关系，一国可以利用国际贸易政策来保持国内经济稳定，并加强本国在国际市场上的适应能力。

（2）运用国际贸易政策加强和完善经济体制。经济体制不同，贸易政策随之不同。实践表明，虽然发展程度不同，但市场经济体制逐渐为世界各国所认同。科学的国际贸易政策能促进一国积极参与经济全球化，同时又能加强和完善本国的市场经济体制。

（3）运用国际贸易政策改善国际经济与政治环境。贸易政策在调整、改善、巩固国与国之间经济与政治关系方面起着重要作用。一国贸易政策的选择必须考虑是否有助于改善本国所面临的国际政治经济环境，为本国的对外政策服务。

4. 政策内容

政策内容是贸易政策的具体指向，它反映了贸易政策的倾向、性质、种类和结构等。

5. 政策手段

政策手段是指为了实现政策目标而采取的具体措施。一般来说，国际贸易政策手段主要可以分为关税措施与非关税措施两大类。

二、对外贸易政策的构成

一国对外贸易政策一般由对外贸易总政策、进出口商品政策、利用外资和对外投资政策以及国别政策四个方面构成。

1. 对外贸易总政策

对外贸易总政策是一国根据本国的经济实力和发展阶段，结合本国在世界政治经济格局中的地位，从有利于本国国民经济的总体发展出发，在较长时期内实行的对外贸活动具有方向性指导意义的原则、方针和策略。一国制定对外贸易总政策不仅要考虑本国整体经济情况，还要结合本国的资源禀赋、产业结构和经济发展水平，并合理地预测本国经济发展的潜力和远景。对外贸易总政策在决策的层面上属于长期的、稳定的政策，需要由一国的最高权力机关或行政机关做出。

在实践中，一国的对外贸易总政策通常反映该国内部各个集团之间的矛盾和政治、经济政策实力对比的变化，同时也反映各国之间的矛盾，并展示各国在世界市场上实力地位的变化。英国在 19 世纪上半叶积极倡导实行"自由贸易政策"，而当时的美国、德国表示反对，主张实行"保护贸易政策"。第二次世界大战后，英国失去了原先的霸主地位，改为主张实行"保护贸易政策"，美国则转而实行"自由贸易政策"。

2. 进出口商品政策

进出口商品政策是一国在本国对外贸易总政策的基础上，根据本国经济结构、国内外市场供求状况和国内产业政策而制定的贸易政策。其基本原则是对不同的进出口商品实行不同的待遇。例如，国家对某类商品的进口，有时采用较高关税税率和数量限制手段等来阻挡其进口，有时则对其实施较宽松的做法，允许较多的进口，或者国家为扶植某个出口部门，对其实施补贴以扩大该部门的出口，占领国外市场。一个国家选定了怎样的对外贸易总政策，就会有相应具体的进出口商品政策。例如，保护贸易政策就要求"奖出限入"，自由贸易政策就是不干预商品的进出口。

3. 利用外资和对外投资政策

当一国国内缺乏经济发展的资金，而且技术落后或不协调时，需要引进外资和国外先进技术来加速国内产业结构的优化调整。当一国国内外汇储备充足，本土企业国际竞争力强大时，国家则可能鼓励企业对外投资，以绕过国外贸易壁垒来更有效地利用国外资源。出于上述目的，各国在对外贸易政策中都会专门制定利用外贸政策和对外投资政策。

4. 国别政策

国别政策是各国根据对外贸易总政策，依据对外政治经济关系的需要，针对不同国家或不同类别国家采取不同的外贸策略和措施。从一国对外贸易政策的具体内容来看，国别政策一般包括关税制度、非关税壁垒的种类和做法、鼓励出口的政策和手段、管制出口的政策和手段等。

在现实经济中，一国对外贸易政策四个方面的内容是相互交织、不可分割、相辅相成的。进出口商品政策和国别贸易政策离不开对外贸易总政策的指导，而对外贸易总政策也必须通过具体的进出口商品政策和国别贸易政策才能得以体现。

三、对外贸易政策的类型

各国政府制定的对外贸易政策，一般会根据不同历史时期国内和国际政治经济形势的变化而调整。从一国对外贸易政策的内容、结果和实施情况看，各国对外贸易政策可以分为三种类型：自由贸易政策、保护贸易政策和协调管理贸易政策。

1. 自由贸易政策

自由贸易政策（free trade policy）主要是指国家对国际贸易活动采取不干预或尽可能不干预的基本立场，政府取消对进出口贸易的限制和障碍，取消对本国产品和服务以及进出口商的各种特权和优待，让货物和服务自由进出本国，在国内外市场上形成自由竞争的一种政策体制。第二次世界大战后，《联合国宪章》规定了自由贸易原则，关贸总协定和世贸组织积极推行自由贸易，要求降低关税和消除非关税壁垒，自由贸易现已成为各国贸易政策的主流。

2. 保护贸易政策

保护贸易政策（protective trade policy）与自由贸易政策相对立，是指政府利用其权力，通过各种法规与措施对本国的贸易活动进行干预和管制，通过高额关税或非关税壁垒来限制外国产品和服务的进入，以此来保护本国产业免遭外国货物和服务的竞争，同时采用各种优惠措施，鼓励本国产品和服务的出口，刺激本国工业发展的贸易政策体制。

自由贸易政策和保护贸易政策虽然在内容上、措施上是截然相反的，但二者绝不是对立的。事实上，一个国家实行自由贸易政策，并不意味着完全放任自流，或国家完全不干预；同样，实行保护贸易政策，也不是完全禁止进口。在现实经济生活中，二者的主要区别在于政策中自由的成分多一些还是保护的成分多一些。

3. 协调管理贸易政策

协调管理贸易政策（managed trade policy）是指政府通过对内制定一系列贸易政策、法规，加强对国内进出口商的管理，同时通过对外谈判签订双边、区域及多边贸易条约或协定，协调与其他贸易伙伴在经济贸易方面的权利与义务的一种国际贸易政策体制。在实践中，协调管理贸易政策是政府在协调的基础上，以政府干预为主导，以磋商谈判为手段，对本国进出口贸易关系进行干预、协调和管理的政策体制。

协调管理贸易政策是介于自由贸易政策和保护贸易政策之间的一种新型贸易政策体制，其实质是通过各国间的协调，既达到保护本国利益的目的，又遵从不断开放自由的原则，实施"协调性的保护"和"管理性的自由"。

协调管理贸易政策与前两种贸易政策的主要区别在于：第一，自由贸易政策是国家对进出口不进行干预，凭借企业自身的竞争优势在国内外市场上与他国商品展开自由竞争；而协调管理贸易政策是在考虑双方贸易利益、通过协商达成协议的基础上，进行自由竞争。第二，保护贸易政策是国家通过立法干预进出口贸易，阻碍商品的进口与出口，保护本国市场；而协调管理贸易政策是通过贸易各方的协商，允许贸易各国采取必要的保护措施，允许例外，保护措施生效后，仍要向自由贸易原则靠拢与回归。第三，自由贸易政策和保护贸易政策制定的主要依据是本国企业竞争力的强弱；而协调管理贸易政策则是贸易各国在透明的基础上，通过谈判，在权利与义务平衡的原则下制定的，受到双边或多边贸易利益的约束。

四、影响对外贸易政策选择的因素

各种类型的对外贸易政策既不是完美无缺的，也并非一无是处。它们在不同的时代背景，不同的国际贸易环境下所发挥的作用是不同的。在实践中，不能简单地对其中任意一种政策笼统地加以肯定或否定。一个国家究竟应该选择何种类型的对外贸易政策，主要取决于下列因素。

1. 国家规模和经济发展阶段

从历史和现实来看，国家规模和经济发展阶段是一国对外贸易政策选择和演进的两大重要因素。

一般而言，外贸对一个国家的经济越重要，该国就越倾向于制定一种比较开放和自由的对外贸易政策。外贸对小国的作用大于大国。小国由于国内资源和市场有限必须依赖外部市场，因此其贸易依存度往往高于大国。小国实行自由贸易，可以摆脱本国狭窄市场的限制，可以形成规模经济。所以小国由于国家规模和要素禀赋所限在经济发展的任何阶段都更倾向于自由主义的贸易政策。如果纳入政治因素，受利益集团的影响，小国在特定领域也会采取贸易保护主义措施。但总体上看，小国贸易保护主义倾向明显弱于大国，即使采取保护贸易政策，政策实施的时间也明显短于大国。

只有能够影响贸易条件并从中获利的大国有足够的动力实施贸易保护措施。大国有条件形成自给自足，而自给自足中的薄弱环节如果实行自由贸易，容易被击垮，在一定程度上成为对大国经济独立性的威胁，因为大国在关键产业上的自给自足能力往往关系到国家安全。因此，大国在经济崛起之前通常执行保护贸易政策，以保护传统产业和促进"幼稚产业"的成长；在经济崛起之后，由于经济发展水平高，本国产品竞争力较强，为了占据更多的世界市场份额，会倾向于实行自由贸易政策。

贸易实践

新加坡作为一个著名的自由港，是当今世界上贸易开放度最高的国家，平均每年的外贸总额都是其国内生产总值的 3 倍多。新加坡的对外贸易占世界贸易相当大的比重，从某种程度上说，对外贸易就是新加坡的生命线。

新加坡在历史上曾长期作为英国的殖民地。1819 年英国殖民主义者占领新加坡之后，就利用其在东南亚得天独厚的地理位置和天然深水良港，将其开辟为一个自由港，作为掠夺东南亚资源和倾销英国工业品的转口贸易商埠。在英帝国统治的一百多年时间里，转口贸易成了新加坡经济的中心和赖以生存的经济基础，这为之后新加坡高度外向型经济的发展奠定了基础。

1965 年新加坡独立，依旧推行贸易立国策略，利用其原有的东南亚商贸集散中心地位，大力发展对外贸易和转口贸易。虽然在脱离马来西亚联邦的初期，由于原材料市场供应的脱离和缺乏销售市场，新加坡的转口贸易一度受到打击，但是新加坡政府迅速转变策略，在吸收外资的同时积极鼓励制成品出口，在渡过危机的同时也成功地将转口贸易转型为工业制成品出口。从此，新加坡的对外贸易开始了稳步发展。

进入20世纪80年代以后直到今天，新加坡政府都大力发展高技术高附加值产业，以提高产品的出口竞争力。由于及时而准确地进行了工业升级，虽然同时期世界范围其他国家的外贸出口严重衰退，新加坡却经受住了亚洲金融危机、"9•11"以及全球经济不景气等事件的考验，对外贸易依然保持强势发展劲头。

新加坡政府积极发展对外贸易，一方面是受其历史因素影响，它本身自建埠以来就一直作为自由港进行经贸活动；另一方面是由其基本国情决定的。新加坡国土面积仅有682平方公里，且四面环海，地处两大洋的交通要塞，自然资源贫乏。作为一个人口稠密的岛国，无论是从规模还是从效益上，都不可能大力发展农业，本国国民的基本生活需求也因此得不到满足，食品淡水资源严重依靠进口，所以积极发展对外贸易是新加坡生存和发展的最佳选择。

新加坡政府关于商品进出口的规定和政策在促进经贸发展的时候首先解决了本国国民基本的需要，弥补了资源方面的缺陷。在此基础上，通过转口贸易和进出口贸易的发展，新加坡积累了雄厚的金钱资本。通过资本的积累，新加坡国内产业结构实现了转型，工业结构也得到升级，最终达到工业强国的目的。这一系列政策措施的实行使新加坡由刚开始的转口贸易商埠发展为今天拥有高附加值制造业和对外贸易作为支柱产业的经济强国，并成为亚洲的金融中心之一。可以说，对外贸易造就了新加坡的繁荣与发展。

2. 本国的国内经济状况

若一国国内经济出现严重萧条和失业、外贸逆差、国际收支赤字、劳动生产率和产品竞争力下降，其国际贸易政策会趋向保护主义；反之，如果一国国内经济高度繁荣，其国际贸易政策中自由贸易色彩将会更加浓重。

3. 本国各种利益集团力量的对比

在许多国家，尤其是发达国家，对外贸易政策是利益集团之间矛盾和斗争的产物。不同贸易政策会对本国不同利益集团产生不同甚至是相反的影响。因此，各国的利益集团往往会在对外贸易政策的选择上产生尖锐的矛盾和冲突，往往是某一利益集团占上风的时候，政府在制定政策的过程中就会充分考虑该集团的需要，就会采取促进或阻碍某些商品的进口或出口的政策来谋求该集团的最大利益。

一般来说，那些同进口产品竞争的行业及其外围力量，是推行贸易保护主义的中坚，与这类行业有生产联系的其他各种力量也具有保护主义倾向。相反，以出口商品生产部门为中心，参与许多国际竞争活动的各种经济力量，则是自由贸易的推崇者。这两种力量都力图影响对外贸易政策的制定和实行，以维护和扩大自己的利益。它们之间力量对比的此消彼长，会直接影响对外贸易政策的变动。

贸易实践

在美国，任何一项政策的出台，都是多个利益集团之间相互竞争和妥协的结果，对外贸易政策也不例外，这也表现在美国对华贸易政策当中。

后冷战时期，围绕美国对华政策问题进行游说的最具影响力的利益集团有：（1）企业集团。如全国制造商协会、美国商会、企业圆桌会议、美国贸易紧急委员会等，美中企业协会和波音公司等也因自身利益关注美国对华贸易政策。（2）劳工集团。20世纪七八十年代以来，美国劳工集团常常持限制对外贸易的立场，认为中国对美国的出口影响了美国人自身的就业，并以中国存在严重的人权问题为由主张抵制中国产品进口。（3）公共利益集团。许多公共利益集团关注一些会影响到贸易的非经济性或非职业性问题。（4）外国政府和外国企业。一些外国政府和外国企业也会参与到游说美国政府的行列中，他们雇用职业游说人员为自己工作，影响美国政府的对华贸易政策。这些利益集团及他们为保护自身利益、实现自身目标而采取的种种行为，构成了20世纪80年代末以来美国制定对华贸易政策的社会基础。

并非所有利益集团都在对华贸易政策的制定中产生决定性影响。通常而言，只有那些利益相关者才会在美国对华贸易政策的制定中产生这种决定性的影响，同时，这些利益相关者有着各自的价值取向，并根据其价值取向决定自己的行动。

在经济层面上，一些对华友好的利益集团在商业利益的驱动下，积极主张同中国发展经贸关系。如美国全国贸易委员会、美中贸易企业界联合会、高技术产品大型公司、美国农场主集团等主张实行积极、务实的对华贸易政策，并积极推动此类政策的通过。这些集团之所以看好中国市场，是因为它们不仅从事对华高技术产品的出口，还更多地着眼于对华直接投资，以扩大在中国的市场销售份额，从而最大限度地增加其商业利益。因此，此类持积极价值取向的利益集团热衷于中美对等性的市场开放和双边准入协议范围的扩大，大都主张在中美之间建立和保持建设性和稳定的双边关系。它们反对对中国实行贸易制裁，主张放宽对华高技术出口管制。可以预见，经济利益的驱动将会使这些集团继续在对华贸易政策制定上发挥积极的作用和影响。

另一些利益集团同样出于利益原因，对中美关系的发展持消极态度，主张推行一种严厉的对华贸易政策。它们主要是在中美双边贸易中受到"威胁"的一些利益集团，如美国计算机软件联盟、美国大豆协会、北美小麦协会、全国猪肉生产商协会等。它们由于不满中国在知识产权保护、高技术等方面的政策，认为这些政策严重危及其自身利益，因而强烈要求对中国采取报复性的政策，主张政府对中国采取强硬态度。与此同时，美国制造商协会和美国纺织品制造商协会强烈要求政府提高中国产品进入壁垒，主张保留纺织品进口配额，同时要求政府扩大非关税壁垒。

除此之外，美国的环保组织、宗教组织、劳工组织等非商业团体在对华贸易问题上强调政治利益和其他非物质性利益，要求在对华贸易问题上对中国施压，确保其遵守"国际惯例"，符合美国的"公平贸易"原则。他们反对在对华贸易问题上过于强调"经济利益"而忽略了"政治利益"或弱化了"美国的标准"。[1]

4. 政府领导人的经济贸易思想

对外贸易政策的总方针和原则一般由各国最高立法机关制定，但政府机构，特别是政府领导人往往被授予部分制定政策的权利。例如美国国会往往授予美国总统在一定范围内制定某些对外贸易法令、进行对外贸易谈判、签订贸易协定、增减关税、确定数量限额等权力。而政府领导人在制定政策时，会受其本人对整个经济和国际贸易认识的影响。

5. 本国与他国的政治经济关系

通常情况下，各国会向与其政治外交关系友好、经济上不会构成威胁的国家开放其国内市场，并扩大对这些国家商品和技术的出口，对于那些政治或经济上的所谓"有威胁的国家"，则倾向于采取贸易保护政策。

因此，一国的对外贸易政策和外交政策关系密切，两者之间存在着互相服务、互相促进的关系。在某些情况下，对外贸易政策要服从外交需要，如为了在外交上孤立某国而采取的贸易制裁措施。而在一些情况下，则是外交政策服务于外贸政策，为本国的外贸活动打通道

---

[1] 本文整理自张昕宇《美对华贸易政策制定中利益集团的影响研究》一文，见于《商业时代》2010年第21期。

路、提供保护。当今世界许多国家都在奉行"经济外交"，把经贸交往作为达到政治目的的一种手段，通过发展经贸关系来促进国家间的政治合作。

贸易实践

美国一直对高技术及其产品的出口实行严格限制政策，而这种限制政策是根据其他国家的意识形态、经济制度、科技实力以及与美国的关系等因素制定的。美国按照管制的严宽程度将世界上的国家分为 7 组。限制最严格的是 Z 组，即全面禁运，以下依次是 S 组、Y 组、W 组、Q 组、T 组和 V 组。1949 年，新中国成立时被列入 Y 组，待遇与苏联相同。朝鲜战争爆发后，美国将中国列入 Z 组。美国的这种对华技术禁运政策一直持续到 20 世纪 70 年代中美关系改善前。1979 年，随着中美恢复外交关系以及苏联入侵阿富汗，当时的美国卡特政府开始放宽对华技术出口限制，于 1980 年单独为中国建了一个"P"组，以示与苏联有所区别。1983 年，里根政府将中国的管制等级调至 V 组，进入美国技术出口管制中限制最弱的一组。1989 年，中美关系再次陷入低潮，美国中止了放松对华出口管制政策的审议。20 世纪 90 年代，由于美国国会在美对华出口管制问题上加大施压，克林顿政府在对中国进行技术转让的问题上一直裹足不前。小布什政府上台后，进一步实施对中国的技术出口限制。到了奥巴马政府，为了促进出口，美国放松了针对几十个盟国甚至印度等国的出口限制，可是面对经济和科技日益崛起的中国，美国依然保持着非常严格的高技术出口限制。

五、对外贸易政策的制定与执行

1. 对外贸易政策的制定

各国对外贸易政策的制定与修改是由国家立法机关进行的。立法机关制定和修改对外贸易政策及有关规则制度，需征求企业、社会集团的意见。

各国最高立法机关所颁布的对外贸易政策，既包括一国较长时期内对外贸易政策的总方针和基本原则，也有对某些重要措施的规定，以及给予行政机构以特定权限。例如美国宪法第一条第八款明确规定，国会拥有征税以及管理对外贸易的权力，因此，缔结自由贸易协定、实施并修订关税措施及有关贸易措施均需依据国会的具体立法或在国会的特别授权范围内实施。国会参议院和众议院涉及对外贸易管理事务的专门委员会有十余个，其中众议院的筹款委员会和参议院的财经委员会作用显著。美国贸易代表办公室（Office of the United States Trade Representative，USTR）也是贸易政策制定的主要机构之一。

各国在制定贸易政策和措施的过程中，通常经过以下步骤。

（1）政府在制定某领域的经济政策之前，必须要对本国现有的经济状况做出基本准确的判断。对制定贸易政策来说，要从国家总体发展水平和目前市场变动状况两方面判断本国经济发展的实力和现状。

（2）不同领域、不同部门的经济政策存在相互影响甚至相互制约的关系，因而在制定贸易政策时，必须首先确立其在整体经济政策中的相对地位。

（3）制定对外贸易总政策和具体措施。首先依据本国经济发展的总体水平确定本国对外贸易总政策，再针对目前国内市场和产业变动情况制定具体的进出口管理措施或临时措施。其中，制定具体措施时需要考虑的因素包括：本国与别国贸易、投资的合作情况；本国产品在国际市场上的竞争能力；外国产品对本国同类产业的影响；本国在世界经济和贸易组织中享

第七章 国际贸易政策

159

受的权利与应尽的义务等。

2. 对外贸易政策的执行

（1）通过海关对进出口贸易进行直接管理。海关是设置在对外开放口岸的进出口监管机关，其主要职能是：对进出关境的货物、物品和运输工具进行实际的监督管理，征稽关税和代征法定的其他税费，查禁走私。

（2）设立负责促进出口和管理进口的机构。例如，日本全面负责贯彻执行国家对外贸易政策的是经济产业省，具体制定进出口对策和方案的是其下设的通商振兴局，日本外贸政策协调机构则是日本贸易会议。我国全面负责落实对外贸易政策的政府机构是商务部，同时还有对外汇汇兑和国际收支进行管理的国家外汇管理局，负责出入境商品检验、出入境卫生检疫、出入境动植物检疫管理的国家质量监督检验检疫总局，对出口退税和进口商品征收国内税进行管理的国家税务总局。美国全面负责贯彻执行国家贸易政策和对外贸易协定的是商务部（United States Department of Commerce），下设国际贸易局（International Trade Administration，ITA）专司促进贸易与投资。美国国际贸易委员会（United States International Trade Commission，ITC）则会同商务部共同负责美对外反倾销和反补贴调查工作，其中商务部负责判定被控的倾销或补贴是否存在及程度如何，国际贸易委员会则负责判定美国国内行业部门是否因外国倾销或补贴行为受到损害。

（3）各国政府还出面参与各种有关国际经济贸易的国际机构与组织，进行国际经贸方面的协调，如加入世贸组织并执行其相关规则，参加区域经济一体化组织并执行区域贸易协定等。

本节导入案例解析

各国政府制定的对外贸易政策，一般会根据不同历史时期国内和国际政治经济形势的变化而调整。作为一个经济集团的欧盟，其共同的对外贸易政策同样要随着欧盟内部经济发展状况和外部政治经济形势的变化而变化。随着近年来欧盟一些国家受主权债务危机的影响，经济出现困难，而中国经济却不断发展，实力增强，欧盟的对华贸易政策在近年来趋向强硬也是预料之中的。

针对这种情况，中国仍需保持稳健、中立的态度，适时对欧盟经济恢复施以援手，同时进一步增进与欧盟的全方位接触与交流，加强对其经济复苏状况的关注和贸易保护主义动向的研究。虽然当前的中欧经贸关系面临诸多考验与挑战，但从长远来看，中国与欧盟的经济互补与融合的整体方向不会改变，合作与共赢仍是双方共同的认知与取向，中欧贸易朝平衡健康的方向发展将是大势所趋。

第二节　各主要历史阶段的国际贸易政策

在人类社会发展不同时期，由于生产力水平不同，国际分工和经济发展的方式和形式也不同。在资本主义生产方式确立以前，由于生产力水平低下，产品缺乏，各国经济基本上都以自给自足的自然经济为主。国际分工和国际贸易在当时的经济活动中并不占主要地位。因此，对于影响国际贸易发展至关重要的国际贸易政策和措施也不占有很重要的位置。

到了资本主义阶段，随着科技的发展和生产力水平的提高，商品极大丰富，各国经济也由自给自足的自然经济过渡到商品经济。此时，国际贸易成为了各国经济生活中必不可少的重要组成部分。国际贸易政策对一国及世界政治经济的影响和作用越来越大。

从纵向来看，国际贸易政策随着时代的变化而发展演变。封建社会与资本主义社会的国际贸易政策不同，而在资本主义时代的各个发展时期，资本主义国家的对外贸易政策也有变化。从横向来看，在同一发展时期，各国由于情况不同，也会实行不同的对外贸易政策。

一、资本主义生产方式准备时期的国际贸易政策

15—17 世纪资本主义生产方式准备时期，西方各国主要实行的是重商主义下的强制性保护贸易政策。重商主义主张国家干预经济和对外贸易，通过对金银货币和贸易的管制实现财富的积累。这一时期正是资本主义原始积累时期，各国统治者希望通过这种强制性的保护贸易政策，鼓励出口，限制进口，在对外贸易中获得巨额利润。重商主义政策加速了欧洲资本的原始积累，推动了资本主义生产方式的发展。因此，重商主义在历史上曾起到一定的积极作用。

二、资本主义自由竞争时期的国际贸易政策

18 世纪中叶至 19 世纪末，资本主义进入自由竞争时期。这一时期，自由贸易政策和保护贸易政策并存。国际贸易政策的基调是自由贸易，但由于各国工业发展水平不同，一些经济发展起步较晚的国家采取了保护贸易政策。

1. 英国的自由贸易政策

这一时期以英国为首的欧洲工业国家，已取得工业革命的胜利，建立起了大机器工业。英国尤其在工业生产上具有了绝对优势，其工业产品在国际市场上拥有绝对的竞争力。另一方面，大规模的工业生产，也使得这些国家必须拥有广阔的原料供应地和产品销售地，以避免原料供应不足和产品过剩的问题。因此，当时以英国为首的工业化国家极力鼓吹自由贸易政策。而且由于当时这些国家占据世界政治经济的主导地位，自由贸易政策成为了主流。在自由贸易政策的影响下，国际贸易有了巨幅的增长。

18 世纪 60 年代，在英国开始的第一次工业革命使英国生产力迅猛发展。到 1820 年，英国工业生产已占全球的 50%。英国"世界工厂"的地位已经确立并得到巩固，这时的英国迫切需要更广阔的国际市场，而当时各国由重商主义思想支持的保护贸易政策却严重阻碍了国际贸易的发展，成为英国经济发展和工业资产阶级对外扩张的一大障碍。因此，英国新兴工业资产阶级强烈要求废除重商主义时代所制定的一系列外贸政策和措施，在世界市场上实行无限制的自由竞争和自由贸易。英国要求其他国家供给英国粮食、原料和市场，而英国则向它们提供工业制品。到 19 世纪上半叶，英国工业资产阶级经过不断的斗争，最终战胜了地主、贵族阶级，使自由贸易政策逐步取得胜利，具体表现为：

（1）废除谷物法和航海法。谷物法是英国重商主义时期通过的限制谷物进口的政策法规。1838 年，英国资产阶级成立了全国性的反谷物法同盟，展开了声势浩大的反谷物法自由贸易

运动。经过斗争，英国国会终于在 1846 年通过了废除谷物法的议案。1849 年英国又废除了已实行近 200 年的航海法，英国的沿海贸易全部对其他国家开放。1854 年英国殖民地的海运与贸易也全部开放。至此，重商主义时代制定的航海法被全部废除。

（2）降低关税税率，减少纳税商品数目。到 19 世纪初，经过几百年的重商主义实践，英国有关关税的法令达 1000 件以上。1825 年英国开始简化税法，废止旧税率，建立新税率。英国进口纳税的商品项目从 1841 年的 1163 种减少到 1853 年的 466 种，1862 年又减至 44 种，1882 年再减至 20 种，所征收的关税全部是财政关税，税率大大降低，禁止出口的法令则被完全废除。

（3）取消特权公司。英国东印度公司对印度和中国贸易的垄断权分别在 1813 年和 1814 年被废止，从此英国将对印度和中国的贸易开放给所有英国人。

（4）对殖民地贸易政策的改变。英国废除航海法后，英国的殖民地可以对任何国家输出商品，也可以从任何国家输入商品。通过关税法的改革，英国废止了对殖民地商品的特惠税率，同时准许殖民地与外国签订贸易协定，殖民地可以与任何国家建立直接的贸易关系，英国不再加以干涉。

（5）与外国签订互减关税条约。1860 年英国与法国签订了"科伯登条约"。根据这项条约，英国调低了从法国进口葡萄酒和烧酒的关税，并承诺不禁止煤炭的出口；法国则保证对从英国进口的一些制成品征收不超过 30%的从价关税。"科伯登条约"列有最惠国待遇条款，到 19 世纪 60 年代末，英国已缔结了 8 项这种形式的条约。

2. 美国和德国的保护贸易政策

当工业革命在英、法等国深入发展时，欧洲其他国家和美洲的经济并不发达。在资本主义工业尚处萌芽状态的一些国家，工业资产阶级要求政府保护其幼稚工业，减少外国商品进口。美国和德国在这一时期的贸易政策尤为典型。当时美国和德国正处在由农业向工业过渡阶段，他们认为，当一国工业尚无力与外国竞争的时候，如果实行自由贸易政策，则该国必然会因工业被挤垮而导致灭亡。因此，美国和德国在这一时期大量采用高关税和禁止进口的办法来限制外国商品的进入，以保护本国成长中的资本主义工业的发展；对于复杂机器则采取免税或征收轻微进口税的方式鼓励进口。保护幼稚产业政策的主要目的是保护国内正在成长的工业免受来自国外产品的强大竞争。因此，在鼓励出口和限制进口的政策取向上更倾向于限制进口方面。

三、前资本主义垄断时期的国际贸易政策

从 19 世纪末到 20 世纪初，自由竞争的资本主义完成了向垄断资本主义的过渡。垄断资本主义国家为了争夺原料产地和销售市场，在 20 世纪上半叶发动了两次世界大战。从第一次世界大战爆发到第二次世界大战结束的 32 年间，垄断资本主义国家采取了超贸易保护政策。

在这一时期，垄断代替了自由竞争，成为一切社会经济生活的基础。此时，各国普遍完成了工业革命，工业得到迅速发展，世界市场的竞争开始变得激烈。尤其是 1929—1933 年的世界性经济危机，使资本主义国家的商品销路发生严重困难，市场矛盾进一步尖锐化。于是，各国垄断资产阶级为了垄断国内市场和争夺国外市场，纷纷要求实行超贸易保护政策。

由于超贸易保护政策的主要目标是要转嫁危机，瓜分世界市场，因此，在其政策取向上，在限制进口的同时，更强调鼓励出口。超贸易保护政策是一种侵略性的贸易保护政策，不再是防御性地保护国内幼稚工业，而是保护国内高度发达或出现衰落的垄断工业，以巩固对国内外市场的垄断；不再是保护一般工业资产阶级的利益，而是保护垄断资产阶级的利益；保护手段也不再是简单地以高关税限制进口，还有其他各种"奖出限入"措施。

四、后资本主义垄断时期的国际贸易政策

由于战争对国内经济的破坏，垄断资本主义前期的超贸易保护政策一直延续到第二次世界大战后初期。此后，随着经济的迅速恢复和发展，发达资本主义国家都不同程度地放宽了对进口的限制，并开始提倡贸易自由化。但进入 20 世纪 70 年代后，以 1973 年末爆发的世界经济危机为转折点，资本主义国家的贸易保护主义重新抬头，致使贸易国之间报复与反报复现象不断出现。为了避免持续的贸易摩擦导致两败俱伤，在自由贸易原则基础上建立起来的协调管理贸易政策应运而生，以协调贸易国之间的相互关系，均分贸易利益，促进相互发展。

1. 20 世纪 50—70 年代初的贸易自由化政策

从第二次世界大战结束至 20 世纪 70 年代初，世界政治经济力量重新分化组合。第二次世界大战后美国实力空前提高，使其既有需要又有能力冲破当时发达国家所流行的高关税政策。日本和西欧在第二次世界大战后经济出现恢复和发展，也愿意放松贸易壁垒，扩大出口。此外，国际分工进一步深化，推动了生产和资本的国际化，跨国公司迅速兴起，迫切需要一个自由的贸易环境来推动商品和资本流动。于是，这一时期发达资本主义国家的对外贸易政策先后出现了自由化倾向。这种倾向主要表现为相对于两次世界大战期间所实行的超贸易保护政策，世界各国特别是发达资本主义国家大幅度削减了关税，各种非关税壁垒也大大减少。

在这一时期，第二次世界大战后走上独立的发展中国家，由于经济上的落后和不稳定，普遍实行贸易保护主义。新生的社会主义国家为了发展民族经济，也实行了国家统治下的贸易保护主义。当时，在国际市场上，发展中国家生产的农、矿初级产品价格不断下跌而发达国家生产的消费品价格不断上升，不平等贸易关系日益突出。为了克服发达国家与发展中国家之间的不平等贸易，20 世纪五六十年代亚非拉许多发展中国家都在不同程度上实行了进口替代战略。所谓的进口替代战略，是指通过建立和发展本国的制造业和其他工业，替代过去的制成品进口，以带动经济增长，实现工业化，纠正贸易逆差，平衡国际收支。进口替代战略是一种内向型经济发展战略，其实施伴随着贸易保护政策的落实，这主要包括三个方面：①关税保护，即对最终消费品的进口征收高关税，对生产最终消费品所需的资本品和中间产品征收低关税或免征关税；②进口配额，即限制各类商品的进口数量，以减少非必需品的进口，并保证国家扶植的工业企业能够得到进口的资本品和中间产品，降低企业的生产成本；③升值本币，以降低进口商品的成本，减轻外汇不足的压力。

进口替代战略限制外国工业品进口，以使国内工业在少竞争、无竞争的条件下发育成长。这必然是以牺牲国内消费者为代价，而且由于其降低了一国与世界市场的联系程度，造成国内市场相对狭小，生产成本高，经济效益低，产品质量差，竞争能力不够。因此，当时实行

进口替代政策的发展中国家，虽然在一定程度上促进了国内轻工业的发展，工业增长速度有所加快，但这只是短期现象，并不能长期保持。这就迫使它们不得不进行调整，甚至加以放弃，转而实行出口替代战略。所谓出口替代战略，也叫出口导向型发展战略，是指一国采取各种措施扩大出口，发展出口工业，逐步用轻工业产品出口替代初级产品出口，用重、化工业产品出口替代轻工业产品出口，以带动经济发展，实现工业化的战略。一般来说，出口替代是进口替代发展的必然趋势。发展中国家进口替代发展到一定程度，就需要寻找国外市场。但是，要从进口替代成功地转向出口替代，需要一些先决条件，除了国内某些工业部门已具备较高的技术水平和生产管理经验，有较充分的管理人才和熟练劳动力，广阔的国外市场以及产品有一定的竞争能力外，在政策上还要制订一套鼓励出口的措施。

虽然发展中国家数量众多，但发达资本主义国家在国际贸易中始终占据着主导权，因此发达国家的贸易政策决定着国际贸易政策的主流和走向。

知识链接

20 世纪 50 年代，韩国还很落后。为了发展民族经济，实现工业化，韩国从 20 世纪 50 年代开始，实行进口替代战略。为此韩国政府对进口商品征收较高的关税，而对建立替代工业所需的机器设备、中间产品减免关税，并利用集中的外汇资金，进口国内所需的机器设备。经过十年左右的努力，韩国建立了相对独立的民族工业体系，改变了单一的畸形经济结构和对发达国家的严重经济依附，在一定程度上促进了经济的恢复与发展，并于 60 年代初完成了重化工业的调整。但当时韩国仍然很穷，1960 年韩国的人均收入仅为 82 美元。此外，新的问题也凸显出来，韩国国内市场狭小，资源匮乏，剩余劳动力需要寻找出路。这促使韩国转变经济发展思路。1960年，韩国前总统朴正熙通过军事政变上台，开始大力推行出口替代政策，发展加工贸易，用结余的外汇进行资本积累，由此韩国经济开始腾飞。在朴正熙的领导下，韩国确定了造船、钢铁、化工、汽车、电子和纺织六大产业，而且都是以出口为导向。每一个产业，政府从无数的私人企业当中挑选最具发展潜力和活力的企业，由国家进行大力扶持，先是在土地和工业园区方面给予优惠，后又通过投资、银行贷款、出口政策方面给予补贴和支持。如今韩国著名的企业如现代、三星、LG 等，正是从朴正熙时代开始成长起来的。

韩国实施的出口替代战略，旨在以国外为原料供应地和销售市场，利用出口的扩大来带动国内经济发展。韩国政府以各种方式鼓励企业出口，给予种种优惠政策，如直接补贴、免征出口税，对加工进口原材料半成品免征进口税、减征国内税、对出口企业提供低息贷款等。同时，政府放松了金融管制，采用国际金融惯例，大量引进外资。

朴正熙在位 18 年，创造了"汉江奇迹"，把一穷二白的韩国，改造成为令人羡慕的"亚洲四小龙之一"。其实施的出口替代战略，使得韩国的出口贸易在 1960—1980 年以年均 14% 的速度增长，出口产品结构顺利地完成了从初级产品到工业制成品的转变，从劳动密集型产品到资本密集型产品的转变。

2. 20 世纪 70—80 年代的新贸易保护主义政策

1973 年和 1979 年的两次石油危机，使发展中国家真切体会到自身在国际贸易中的存在感和影响力，而发达国家则深深感受到来自发展中国家的压力和风险。因此，20 世纪 70 年代的国际贸易对发达国家和发展中国家来说都具有特别的意义。

1973 年中东战争爆发前，主要石油输出国的原油价格一直受发达国家控制，且价格变动很小。中东战争爆发后，石油输出国组织（OPEC）收回原油定价权，大幅度提高油价，使原油主要消费国的经济备受打击。从 1973 年年末开始，主要资本主义国家出现了经济危机，经济增长停滞、失业率增高与严重通货膨胀并存，并持续了 10 年之久。在经济危机的冲击下，资本主义国家的贸易保护主义重新抬头。

这一时期的贸易保护主义与以前的贸易保护主义有所不同，我们称之为新贸易保护主义，其主要表现为：限制进口措施的重点从关税壁垒转向非关税壁垒，基本上以配额、补贴、许可证等非关税手段为主；对工业产品保护程度降低，但对农产品的保护程度提高；"奖出限入"的重点从限制进口转向鼓励出口，竭力推动本国产品进入外国市场；贸易壁垒从国家壁垒转向区域性贸易壁垒。

在发达国家贸易保护主义不断抬头的同时，发展中国家则在继续奉行其进口替代战略，并更积极地实施出口替代战略。

在上述背景下，各国愈演愈烈的贸易保护严重阻碍了国际贸易的正常发展，并有悖于关贸总协定的宗旨，破坏了国际贸易秩序，使各国之间的贸易摩擦与冲突不断加剧。于是，新的贸易政策类型——协调管理贸易政策应运而生。

3. 20 世纪 90 年代以来的协调管理贸易政策和演变中的新贸易保护主义政策

进入 20 世纪 90 年代后，各国争夺国际市场的竞争越来越激烈，对世界经济体系形成强烈的冲击，各国开始认识到加强国际经济协调的重要性，从而使协调管理贸易政策在 90 年代得到迅速发展。与此相适应，新贸易保护主义不得不转变其政策形式，使其原有的特征发生了一些改变。

协调管理贸易政策的出现与兴起有其原因。传统自由贸易理论是建立在一系列假设条件基础上的，而这些条件往往与国际贸易竞争的现实不符，因此各国都不可能实行纯粹意义上的自由贸易，不可能通过无任何限制的自由进出口来获得比国内封闭市场更多的贸易利益。自由贸易在人类漫长的经济发展过程中，只能是人们的理想与追求。而传统的贸易保护主义则具有很大的歧视性，在鼓励出口和占领别国市场的同时，却采取各种措施限制其他国家的货物或服务进入本国市场，形成以邻为壑、损人利己的贸易政策。尽管这种政策在短期内可以起到保护本国利益的作用，但在相对较长的时期内，必然会导致国与国之间的贸易摩擦、冲突甚至战争，所以过度的贸易保护主义也不可取。因此，一种新型的国际贸易政策应运而生，这就是协调管理贸易政策，也称管理贸易政策。

协调管理贸易政策通常是通过国际会议、经贸集团、政府间贸易协定与组织、商品协定和生产国组织、双边贸易协定等形式来实现的，其中世贸组织在世界经贸管理中发挥着最重要的作用。协调管理贸易政策在实施过程中主要有以下表现。

（1）通过国际会议对贸易进行意向性的管理。迄今为止，对贸易管理有较大作用的国际会议有联合国贸易与发展会议、西方 20 国集团首脑会议、亚太经合组织领导人非正式会议等。这些会议调整发达国家与发展中国家、区域内各国之间的经贸关系，对贸易的管理主要起导向和意向性作用，不带有强制性，但其作用不可低估。

（2）通过经贸集团对地区贸易进行管理，以维护成员之间的贸易关系。地区经贸集团主要通过签订条约，建立超国家的管理机构，来协调和统一成员之间的贸易政策，规范成员国的贸易行为和作法，促进经贸集团内部货物和服务贸易的自由化，提高针对集团外国家的谈判地位，为集团内成员国争取良好的经贸环境。地区经贸集团对贸易管理的成效高于国际会议，不同经贸集团管理贸易的实效与其构成基础、发展程度成正比。一般而言，主要由发达国家组成的经贸集团，如欧盟、北美自由贸易区对贸易管理的有效度高于发展中国家组成的经贸集团。

（3）通过多边的政府间贸易协定与组织对成员方之间的贸易关系进行有效管理。第二次世界大战后，关贸总协定为管理成员方之间的贸易关系达成了共同准则、例外待遇、约束和争端解决程序等条款，对国际贸易管理的规范化起了不可低估的作用。在关贸总协定乌拉圭回合中达成的建立世界贸易组织的协定，又使国际管理贸易向更高层次发展。

（4）通过商品协定和生产国组织对具体商品的生产、销售、价格等进行实际管理。迄今为止，达成的国际初级产品协定有橄榄油、谷物、咖啡、可可、糖、黄麻和芝麻制品、热带木材及天然橡胶协定。在 1976 年 5 月第四届联合国贸发会议上通过了建立"商品综合方案"的决议，把十几种初级产品结合在了一起，该决议规定以共同基金资助协定规定商品的储存，并对买卖双方的供销做出了中期或长期的安排。生产国组织也有多种形式，如石油输出国组织（OPEC）通过限产保价，保护其石油开采收益；纺织品贸易中，发达进口国与发展中出口国之间，先是通过纺织品贸易的短期安排，后又通过《多种纤维协定》协调管理纺织品与服装贸易。自 20 世纪 80 年代中后期开始，美、欧之间在汽车、半导体、计算机、微电子技术、通信及空间技术上达成了多项正式与非正式的协议。

（5）通过标准化，对国际贸易行为、商品规格、质量进行管理。随着国际分工向广度与深度发展，国际组织加强了对国际贸易的手段、商品规格和质量的管理。如国际商会根据国际贸易形势发展的需要，推行电子数据交换（EDI），并于 1997 年 11 月 6 日通过了《国际数字保证商务通则》（GUIDEC）；1980 年、1990 年、2000 年、2006 年国际商会先后四次修订了《国际贸易术语解释通则》，为国际贸易中最通用的贸易条款的解释提供了更完善的国际通则；国际商会还为国际贸易单证不断推出标准格式，如《托收统一规则》和《跟单信用证统一惯例》；国际标准化组织（ISO）于 1987 年发布了"ISO 9000 贸易管理和质量保证的系列标准"，各国生产出口商品的企业，只有贯彻 ISO9000 系列标准，建立起适合国际市场要求的质量体系，才能取得"国际贸易的通行证"；1993 年国际标准化组织又制定了环境管理系列国际标准 ISO 14000，使国际标准化范围进一步扩大。

（6）通过双边贸易协定，协调管理国家间的贸易关系。这些协定包括通商航海条约、贸易协定、贸易议定书等。

（7）通过加强本国对外贸易管理的法制化、系统化，协调对外贸易关系。各国一方面通过制定和修改本国经贸法规与国际相关法规接轨，来协调贸易管理方式与做法；另一方面通过国内贸易立法来约束他国的贸易行为。如美国通过"超级 301 条款"管理协调与别国的贸易关系，以实现所谓的"公平贸易"，通过"特殊 301 条款"保护美国的知识产权，管理协调侵权行为。

此外，经合组织、国际货币基金组织、世界银行、世界粮农组织等对国际贸易的管理均有一定的影响。

从协调管理贸易政策的发展历程来看，美国的贸易制度是其典型范式。美国的协调管理贸易政策具有法律化、制度化和系统化等特征。日本为缓和巨额贸易顺差而引起的贸易摩擦也实施了将贸易政策与产业政策相结合的协调管理贸易政策。进入 20 世纪 90 年代以来，越来越多的西方发达国家，甚至一些发展中国家也纷纷仿效，实行不同程度的协调管理贸易政策，这势必会对世界贸易的发展产生影响。这些影响具体表现如下。

（1）纯粹的自由竞争让位于有组织的自由竞争或不完全自由竞争。协调管理贸易政策的发展使国家之间的贸易关系，包括货物贸易、服务贸易、与贸易有关的投资、与贸易有关的知识产权等方面的贸易措施、具体的贸易行为和方式，受到多边、双边协议或协定的约束，因而各国在接受约束的基础上展开自由竞争。

（2）贸易各方权利与义务的平衡既存在普遍性又存在差异性。管理贸易是各国政府通过双边或多边磋商达成协议的方式实现的，其基础是权利与义务的平衡，而各国因经济发展水平的差异，在权利与义务的平衡上又有差别待遇。从协议的文字上看，贸易各方是平等的，但在把文件上的义务与权利变成现实时，又受制于各国经济发展水平和竞争能力，因此，在实施这些协议时，又出现了不平等。其结果是，发达国家享受权利与履行义务的能力都大大强于发展中国家，尤其是强于那些经济结构不合理、决策僵化、改革滞后的国家。贸易利益的不平衡还表现在一些主观因素上，如在管理贸易的产生与发展中，一部分国家或地区积极参与，主动接受，认真研究，充分利用，一部分国家则排斥、拒绝，还有一部分国家接受管理贸易体制，但不积极主动研究、利用。其结果是，前者受益匪浅，中者经济停滞落后，后者发展不快。世贸组织中各成员方的经济发展与其对该组织的参与、研究与利用的程度基本上成正比。一国主动积极地参与、研究与利用管理贸易体制将使其贸易机遇增多，应付风险能力增强，而排斥、拒绝管理贸易体制，将被动地受其影响，而贸易利益又得不到正当维护。因此，协调管理贸易并不能保证贸易各方均能享受同等的贸易利益。

（3）使世界经济运行的同步性加强。管理贸易趋势的加强和国际经贸协调机制的形成会加速经济全球化，使国际分工向广度与深度发展，让国际价值规律在更广阔的范围内发生作用。其结果是，世界经济运行机制的同步性加强，国家之间的相互影响与作用加深，表现在：第一，发达国家经济的高速发展会通过对外贸易等渠道，迅速传递到发展中国家，从而带动后者的经济发展，这是正传递；第二，发达国家经济的衰退，也会通过对外贸易等渠道迅速传递到发展中国家，从而伤害后者的经济发展，这是负传递；第三，在联系日益紧密的情况下，众多发展中国家的经济发展与困难也会以同样方式反馈到发达国家。因此，如何利用正传递，应付和摆脱负传递成为各国政府面临的一大课题。

20世纪90年代中期，经济全球化步伐加快，各国经济依赖性空前加强，国际多边贸易体制建设取得实质性进展，世贸组织作为正式法人取代关贸总协定，原来的新贸易保护主义的政策措施如配额、许可证等数量限制手段受到了限制，作用日益弱化，但各国实施贸易保护的动力并没有减少。为了与多边贸易体系相适应，新贸易保护主义不得不转变其贸易政策，其原有的特征也发生了一些变化。

（1）重心从促进出口转向对进口保护的重新重视。新贸易保护主义产生以后的很长时期内，其政策措施的重点是鼓励出口，但20世纪90年代以来，经济全球化进程加速，各国市场竞争加剧，剩余空间有限，尤其是遇到国内经济不景气时，各国又重新重视起对本国进口市场的保护。

（2）从世贸组织规则中寻求保护措施成为新贸易保护主义的新策略。反倾销、反补贴和保障措施等世贸组织允许的贸易救济措施成为当今各国最主要的贸易保护措施。而且由于对方国家难以找到报复借口，这些措施被某些打着"公平贸易"旗号的国家频繁使用，乃至被滥用。

（3）各国对反倾销、反补贴与保障措施等纷纷立法，将这些措施法制化、制度化，以获得国内外的合法性基础。

（4）行政部门拥有越来越大的裁量权。由于非关税措施大部分由行政机构掌握，在非关税措施被越来越广泛使用的情况下，行政机构对贸易政策的影响必然加大。另外，一些国家的立法也赋予行政机构很大权力。例如，美国1988年的《综合贸易及竞争法案》将包括判定权及执行报复权在内的对抗不公平贸易的自由裁量权转移到美国贸易代表办公室（USTR），由该机构在总统的指导下行使这一权力。

本章小结

国际贸易政策是世界各国或地区在其社会经济发展战略总目标下，运用经济、法律和行政等手段，对贸易活动进行管理、调节的原则、依据和措施体系。国际贸易政策的基本要素主要包括政策主体、政策客体、政策目标、政策内容和政策手段五个方面。

各国的对外贸易政策一般由以下四个方面构成：对外贸易总政策、进出口商品政策、利用外资和对外投资政策以及国别政策。各国政府一般会根据不同历史时期国内和国际政治经济形势的变化而调整对外贸易政策。从一国对外贸易政策的内容、结果和实施情况看，各国对外贸易政策可以分为三种类型：自由贸易政策、保护贸易政策和协调管理贸易政策。

15世纪~17世纪资本主义生产方式准备时期，西方各国主要实行的是重商主义下的强制性保护贸易政策。18世纪中叶至19世纪末，国际贸易政策的基调是自由贸易，但由于各国工业发展水平的不同，一些经济发展起步较晚的国家（如美国和德国）采取了保护贸易政策。从第一次世界大战爆发到第二次世界大战结束的32年中，垄断资本主义国家采取了超保护贸易政策。第二次世界大战后，发达资本主义国家开始提倡贸易自由化，但进入20世纪70年代后，资本主义国家的贸易保护重新抬头，为避免持续的贸易摩擦导致两败俱伤，在自由贸易原则基础上建立起来的协调管理贸易政策应运而生。

练习题

一、名词解释

国际贸易政策　单边贸易政策　诸边贸易政策　多边贸易政策　对外贸易政策　对外贸易总政策　进出口商品政策　利用外资和对外投资政策　国别政策　自由贸易政策　保护贸易政策　协调管理贸易政策　进口替代战略　出口替代战略

二、单选题

1. 15世纪~17世纪资本主义生产方式准备时期，英国主要实行的是（　　）。
   A. 重商主义政策　　B. 自由贸易政策　　C. 闭关锁国　　D. 协调管理贸易政策

2. 18世纪中叶至19世纪末，资本主义进入自由竞争时期，这一时期英国主要实行的是（　　）。
   A. 重商主义政策　　B. 自由贸易政策　　C. 闭关锁国　　D. 协调管理贸易政策

3. 18世纪中叶至19世纪末，资本主义进入自由竞争时期，这一时期美国和德国主要实行的是（　　）。
   A. 重商主义政策　　B. 幼稚产业保护政策　C. 保护贸易政策　　D. 协调管理贸易政策

4. 从第一次世界大战爆发到第二次世界大战结束的 32 年中，垄断资本主义国家采取了（　　）。

    A. 重商主义政策　　　　　　　　　　　　B. 自由贸易政策

    C. 超贸易保护政策　　　　　　　　　　　D. 协调管理贸易政策

5. 若一国国内经济出现严重萧条和失业、外贸逆差、国际收支赤字、劳动生产率和产品竞争力下降，其国际贸易政策会趋向（　　）。

    A. 自由主义　　　　B. 保护主义　　　　C. 平衡主义　　　　D. 闭关锁国

6. 从总体上看，小国贸易保护主义倾向明显（　　）大国。

    A. 等于　　　　　　　B. 强于　　　　　　　C. 弱于

7. 贸易政策的制定者和实施者指的是贸易政策的（　　）。

    A. 政策主体　　　　B. 政策客体　　　　C. 政策目标　　　　D. 政策手段

三、多选题

1. 按政策主体范围的不同，国际贸易政策可以分为（　　）。

    A. 单边贸易政策　　B. 多边贸易政策　　C. 自由贸易政策　　D. 诸边贸易政策

2. 各国的对外贸易政策一般由（　　）构成。

    A. 利用外资和对外投资政策　　　　　　B. 对外贸易总政策

    C. 国别政策　　　　　　　　　　　　　D. 进出口商品政策

3. 从一国对外贸易政策的内容、结果和实施情况看，各国对外贸易政策可以分为（　　）。

    A. 保护贸易政策　　　　　　　　　　　B. 自由贸易政策

    C. 协调管理贸易政策　　　　　　　　　D. 多边贸易政策

4. 资本主义自由竞争时期，采取保护政策来保护本国幼稚产业发展的典型国家是（　　）。

    A. 英国　　　　　　B. 美国　　　　　　C. 法国　　　　　　D. 德国

5. 20 世纪 60 年代，许多发展中国家在贸易保护中积极采取（　　）。

    A. 进口替代战略　　B. 协调管理贸易政策　　C. 出口替代战略　　D. 超贸易保护政策

四、简答题

1. 国际贸易政策的五个基本要素是什么？

2. 各国制定其国际贸易政策的目的主要有哪些？

3. 协调管理贸易政策与自由贸易政策和保护贸易政策的主要区别是什么？

4. 一个国家究竟选择何种类型的国际贸易政策主要取决于哪些因素？

5. 各国在制定贸易政策和措施的过程中，通常要经过哪些步骤？

6. 协调管理贸易政策在实施过程中有哪些主要表现？

7. 协调管理贸易政策对世界贸易发展产生的影响具体体现在哪些方面？

📖 **课外思考实践题**

1. 当今国际贸易政策的发展趋势是什么？并举例说明。

2. 中国对外贸易政策近年来有哪些最新的发展？

第八章　关税措施

【学习目标】

学习完本章后，你应该能清楚地知道：

（1）关税的含义、特征和作用；

（2）按不同方法划分的关税的种类；

（3）关税水平的计算方法及关税保护程度的衡量方法。

第一节　关税概述

案例导入

碳关税

碳关税是指主权国家或地区对高耗能进口产品征收的二氧化碳排放特别关税。主要针对进口产品中的碳排放密集型产品，如铝、钢铁、水泥、玻璃制品等进行征收。

碳关税的概念最早由法国前总统希拉克提出，用意是希望欧盟国家针对未遵守《京都议定书》的国家课征商品进口税，以避免在欧盟碳排放交易机制运行后，如果其他国家没有设置碳排放成本，欧盟商品将遭受不公平竞争。

2009年3月中旬，美国前能源部长朱棣文在美国众议院科学小组会议上表示，为了避免美国制造业处于不公平竞争状态，美国计划对进口商品征收"碳关税"。同年6月22日，《美国清洁能源安全法案》获得众议院通过。该法案规定，美国有权对包括中国在内的不实施碳减排限额国家的进口产品征收碳关税，从2020年起开始实施。

那么发达国家为何要提出征收碳关税？碳关税可能对中国出口造成什么影响？中国又该如何应对碳关税呢？

关税是最古老的国际贸易政策手段。早期，各国主要把关税作为政府财政收入的重要来源。随着保护贸易政策的不断出现，各国越来越多地将关税作为限制进口的重要工具。在关贸总协定和世贸组织的约束下，虽然关税限制进口的作用已大大下降，但它仍是各国管理对外贸易、调整国家间经贸关系的重要手段之一。

一、关税的含义

关税（customs duty，tariff）是指进出口货物通过一国关境时，由该国政府所设立的海关向进出口商征收的一种赋税。

关税的征收是通过海关执行的。海关是设在关境上的国家行政管理机关，其职责是依照本国政府制定的进出口政策、法令和有关规定，对进出口商品、货币、金银、行李、邮件、运输工具等进行监督管理、征收关税、查禁走私、临时保管通关货物和统计进出口商品等。

海关对进出口货物实行监督和管理，需要规定一个地域界限，货物进入这个地域时作为进口，离开这个地域时作为出口，这个地域界限称为关境。一般情况下，一国关境与国境重合，但现实中有些国家在国境内设有保税区、自由港、自由贸易区和出口加工区等经济特区，这些地区虽在国境之内，却不属于关境范围，这时关境小于国境。当几个国家结成关税同盟（如欧盟），对内取消一切贸易限制，对外建立统一的关境制度，则参加同盟的国家的领土组成统一的关境，这时关境大于国境。

关税在历史上很早就出现了。我国从西周开始设立"关卡"，对来自其他属地的产品征收内地关税，以供王室之用。《周礼》一书指出："关市之赋，以待王之膳服。"唐、宋、元、明四代设立市舶机构管理对外贸易，征收国境关税。欧洲早在古希腊时代就有了关税。当时的希腊在爱琴海、黑海两岸有许多属地，对来往于这些属地的货物征收 1%～5%的关税。第一次工业革命后，世界各国逐步取消内地关税，实行统一的国境或关境税，并由海关代表国家征收。这种关税制度施行至今。

> **知识链接**
>
> 关税的一个英文表述是"customs duty"。在欧洲古代商人进入市场交易时，要向当地领主缴纳一种例行的入市税（customary tolls），后来人们把"customs"一词作为海关和关税的专用名词。关税的另一个表述是"tariff"。据传说，在地中海西口直布罗陀附近，古时候有一海盗盘踞的港口，名叫塔利法（Tariffa），当时进出地中海的商船为了避免被抢劫，被迫向塔利法港的海盗缴纳一笔买路费，以后"tariff"就成为关税的又一个通用名称，泛指关税、关税税则或关税制度。

二、关税的特征

关税与其他税收一样，具有强制性、无偿性和预定性。强制性是指关税由海关凭借国家权力依法强制征收，而非纳税人自愿献纳，纳税人必须按照法律规定无条件地履行其义务，否则就要受到国家法律的制裁。无偿性是指海关征收的关税都是国家向纳税人无偿取得的国库收入，国家获取这部分税收不付代价，也不归还给纳税人。预定性是指国家预先规定关税征收比例或者征税额，征纳双方必须同时遵守执行，不得随意变化或减免。除此之外，关税作为一种特殊的税收，还具有如下特征。

（1）关税是一种间接税。关税是对进出口商品进行征税，进出口商事先垫付关税后，将其作为成本计入货价，在货物出售给买方时收回这笔垫款，最后关税是由消费者或买方承担。

（2）关税的税收主体和客体是进出口商人和进出口货物。税收的主体也称课税主体，即纳税人，是指负担纳税义务的自然人或法人；税收的客体也称课税客体，是指课税的对象，如消费品等。关税的税收主体是本国的进出口商，当商品进出国境或关境时，进出口商根据海关的规定向当地海关缴纳关税。关税的税收客体是进出口货物，海关根据关税法及有关规定，对各种进出口商品制定不同税目和税率，征收不同的关税。

（3）关税是各国对外贸易政策的重要手段。进出口商品不仅与国内的经济和生产有着直接关系，而且与世界其他国家或地区的政治、外交、经济、生产和流通等方面关系密切。关税措施体现一国对外贸易政策。关税的种类与税率高低直接影响国际贸易价格，继而影响着一国经济和对外贸易的发展。发达国家可以通过关税措施保护国内市场和争夺国外市场。发展中国家可以通过关税措施维持和发展本国民族经济及反对发达国家的经济侵略。

三、关税的作用

1. 维护国家主权和经济利益

对进出口货物和物品征收关税，表面上看似乎只是一个与对外贸易相联系的税收问题，但一国采取什么样的关税政策其实直接关系到国与国之间的主权和经济利益。历史发展到今天，关税已成为各国政府维护本国政治、经济权益，乃至进行国际经济斗争的一个重要武器。关税是贯彻对外经济贸易政策的重要手段，在调节经济、促进改革开放方面，在保护民族企业、防止国外经济侵袭、争取关税互惠、促进对外贸易发展、增加国家财政收入方面，都具有重要作用。

2. 保护和促进本国工农业生产发展

一个国家采取什么样的关税政策，是由该国的经济发展水平、产业结构状况、国际贸易收支状况以及参与国际经济竞争的能力等多种因素决定的。发展中国家由于经济发展水平差、产业结构落后，大多重视利用关税保护本国幼稚产业；而发达国家则更重视利用关税保护本国的夕阳产业和农业。

3. 调节国民经济和对外贸易

关税是国家的重要经济杠杆，国家通过调节关税的高低和减免，来影响进出口规模，调节国民经济活动。国家可利用关税来调节进出口产品的利润水平，引导各类产品的生产，调节进出口商品数量和结构，以此促进国内市场商品的供需平衡，维护国内市场的物价稳定等。国家对于国内能大量生产或暂时不能大量生产但将来可能发展的产品，可制定较高的进口关税，以削弱进口商品的竞争能力，保护国内同类产品的生产和发展；对于非必需品或奢侈品的进口则可制定高关税，以达到限制甚至禁止进口的目的；对于本国不能生产或生产不足的原料、半成品、生活必需品或生产上的急需品，则制定较低进口税率或免税，以鼓励进口。当贸易失衡时，即逆差过大或顺差过大时，国家可通过提高或减免进口关税的措施，来促使贸易恢复平衡。

4. 筹集国家财政收入

从世界大多数国家尤其是发达国家的税收结构来看，关税收入占财政收入的比重并不大，且呈下降趋势。但是，在一些发展中国家，尤其是那些国内工业不发达、工商税源有限、国民经济主要依赖于一种或几种初级产品出口，以及国内许多消费品主要依赖于进口的国家，征收进出口关税仍然是他们取得财政收入的重要渠道。

发达国家提出碳关税主要有以下几个原因。

一是提高本国竞争力，维护经济霸权，削弱中国、印度、巴西等发展中大国的制造业出口竞争力。受2008年开始的金融危机重创，美国政府希望以绿色产业带动美国经济复苏，继续引领世界经济发展方向。提出严格的碳排放标准，对拥有世界先进减排技术的美国和欧洲、日本等发达国家有利，使它们能够在全球新一轮竞争中，在节能环保领域和新能源领域抢占新兴产业和新兴技术的制高点，遏制新兴国家的崛起。

二是维护本国经济利益。征收碳关税不仅可以使发达国家获得高额财政收入，减少贸易赤字，同时通过对碳排放较高的产品征收碳关税，可减少该类产品的进口量，导致该类产品国际市场价格降低，这样就能以更低价格的进口，获得更大贸易利益。

三是转嫁环境治理责任和成本。美国至今没有签署《京都议定书》。美国通过向发展中国家进行产业转移，转嫁环境污染较高产业应承担的减排成本，同时通过提高减排标准迫使发展中国家向其购买先进减排技术，使发展中国家承担减排成本和费用。

四是碳关税的征收有利于美国等发达国家在全球气候变化谈判中处于有利地位。目前正在进行的针对2013年后全球减排目标和减排机制的国际谈判，将决定后京都时代的全球主导权。征收碳关税不仅将改变美国过去在全球减排方面的消极做法和国际形象，增强其国际谈判筹码，而且很可能会以"碳关税"为由要求我国对外承诺减排量。

中国对美国出口的商品不仅量大，而且集中于高能耗、高碳密集型产品，如果中国在美国"碳关税"政策实施前未作出减排的承诺，中国对美国出口的高能耗产品将成为"碳关税"的课税对象，这必将加大这些产品的成本，减少其在美国市场的销量和份额，还将导致贸易转移，美国买家可能转向来自达到碳排放标准国家的供应商。

为了应对"碳关税"，中国对外应更积极地开展"环境外交"，加强同国际社会就"碳关税"等问题的沟通，积极参与国际环境公约和国际多边协定中环境条款的讨论和谈判，制定有利于多赢的新规则。中国对内则应降低出口产品碳含量，调整出口产品结构，这不仅是为了应对"碳关税"，对促进我国经济和社会的可持续发展也十分有益。

第二节　关税的分类

～● 案例导入 ●～

美国对华光伏产品的"双反"

综合媒体报道，2011年10月18日，德国SolarWorld美国分公司联合其他6家生产商向美国商务部正式提起针对中国光伏产品的"双反"（即反倾销与反补贴）调查申请，称中国光伏企业向美国市场非法倾销多晶硅光伏电池，中国政府向国内生产企业提供包括供应链补贴、设置贸易壁垒等非法措施，要求联邦政府对来自中国的光伏产品征收超过10亿美元的关税。11月8

日，美国商务部正式立案对产自中国的太阳能电池进行"双反"调查。12月2日，美国国际贸易委员会（ITC）宣布中国光伏产品对美相关产业造成损害，该案正式进入美商务部调查阶段。

2012年3月20日，美国商务部宣布了对华光伏产品反补贴调查的初裁结果，决定向从中国进口的太阳能电池板征收2.90%～4.73%的反补贴税，并追溯90天征税。无锡尚德反补贴税率为2.90%，天合光能税率为4.73%，其他中国公司反补贴税率为3.61%。5月17日，美国商务部公布反倾销初裁决定，税率为31.14%～249.96%。英利、无锡尚德、天合光能将分别被征收31.18%、31.22%、31.14%的反倾销税，未应诉中国光伏企业的税率为249.96%。2012年10月10日，美国商务部对进口中国光伏产品作出反倾销、反补贴终裁，征收14.78%～15.97%的反补贴税和18.32%～249.96%的反倾销税。具体的征税对象包括中国产多晶硅光伏电池、电池板、层压板、面板及建筑一体化材料等。2012年11月7日，ITC作出终裁，认定从中国进口的晶体硅光伏电池及组件实质性损害了美国相关产业，美国将对此类产品征收反倾销和反补贴特别关税。

2012年12月7日，美国商务部发布命令，当日起，开始向从中国进口太阳能电池征收特别关税。预计该关税将至少征收5年。

美国对中国光伏企业的"双反"直接导致2012年中国光伏产品对美出口量较2011年下降约30%。为了规避美国的双反措施，中国大陆厂商开始将一部分太阳能组件的生产外包给中国台湾。因此，SolarWorld在2013年最后一天声称，通过使用中国台湾电池，中国大陆制造商仍能够在美国市场进行不公平竞争，因此公司已将中国大陆、中国台湾太阳能厂商的倾销、补贴事证递交给ITC、美国商务部。SolarWorld认为，中国大陆厂商透过在第三方进行模组组装这个漏洞规避了平均约31%的关税，要求美国政府扩大关税征收，并将其延伸到中国台湾制造的中国大陆太阳能面板，此外SolarWorld还要求将铸锭、硅片、电池、组件等全部光伏产品纳入调查范围，涉及了光伏的全产业链。2014年1月23日，美国商务部发布公告，对进口自中国大陆的光伏产品发起反倾销和反补贴合并调查，同时对原产于中国台湾地区的光伏产品启动反倾销调查。这是美自2011年以来第二次对我国光伏产品发起双反调查。2014年2月14日，ITC认为有"合理迹象"表明中国输美多晶硅光伏产品可能对美国国内产业造成损害，因此将继续对中国出口多晶硅光伏产品进行反倾销、反补贴调查。2014年6月3日美国商务部对中国输美光伏产品做出反补贴初裁，初步认定中国出口到美国的光伏产品获得超额政府补贴，补贴幅度为18.56%～35.21%。基于初裁结果，美国商务部通知美国海关对中国出口的上述产品征收相应的保证金。

从本案例可以看出美国对中国光伏企业征收的反倾销和反补贴特别关税对中国企业出口造成了不良影响，中国该如何应对呢？

一、按征收的对象和商品流向分

按照征收的对象和商品流向，关税可以分为进口关税、出口关税、过境关税和进口附加税。其中进口关税、出口关税、过境关税统称为关税的正税。

（一）进口关税

进口关税（import duties）又称正常关税（normal tariff）或进口正税，是进口国的海关在外国商品进入关境时，根据海关税则确定的进口税率向进口商征收的关税。进口关税一般在外国商品直接进入关境国国境时征收，或者在外国商品从自由贸易区、自有或海关保税仓库等提出运往国内市场销售，在办理海关手续时征收。进口关税是关税中最主要的一种，是执行关税保护职能的主要工具。关贸总协定对缔约方的关税正税加以约束，不能任意提高，除非存在规定的"例外"情况，不准征收超过正税的附加税。

中国在加入世界贸易组织前，平均进口关税水平为15.3%，自2001年年底加入世贸组织以来，我国认真履行相关关税减让承诺，逐年降低关税水平。截至2010年1月1日，我国加入世贸组织降税承诺已经全部履行完毕。2011年中国平均进口关税水平为9.6%，其中农产品平均税率为15.6%，工业品平均税率为8.7%，远远低于发展中国家的平均水平[①]。

（二）出口关税

出口关税（export duties）是出口国的海关在本国产品输往国外时，对出口商品所征收的关税，由出口商交纳。由于征收出口关税会提高本国商品在国外市场的售价，降低商品的竞争力，不利于扩大出口，因此各国一般都少征或免征出口关税。

第二次世界大战后，只有少数国家，主要是发展中国家征收出口关税，其目的为：

（1）增加财政收入。出于这种目的征税的税率都不高，被征收出口关税的商品一般在国际市场上具有独占或支配地位。例如科特迪瓦是个盛产可可和咖啡的农业国，可可产量居世界第一，咖啡产量居世界第七，其政府对可可和咖啡征收出口关税作为该国主要的财政来源。

（2）保护国内生产和保障本国市场供应。一种情况是对某些出口原料征税，以保证国内相关产业的供应。如俄罗斯为了避开"比较优势陷阱"，发展国内木材加工业而对原木出口征税，俄罗斯2012年8月加入世贸组织后，不同品种原木的出口关税税率由原来的25%降至现在的出口配额以内13%～20%的水平[②]。另一种情况是为保障本国人民所需的粮食和食品的供应，尤其是在农产品减产和遭灾之年，通过征税限制出口。

（3）防止无法再生的资源枯竭。例如中国为限制稀土出口而征收较高的出口关税，2012年，中国稀土出口关税为25%。

（4）保证本国贸易利益。某些单一型经济国家为维护其为数不多的几种初级产品的国际市场价格而征收出口关税。中东许多产油国以及委内瑞拉、哈萨克斯坦等为了维护国际市场油价都会对石油征出口关税。

（三）过境关税

过境关税（transit duties）又称通过税，是对通过本国关境运输的货物征收的一种关税。过境关税最早产生并流行于欧洲，在重商主义时代比较盛行，其目的主要是为了增加国家财政收入。随后，由于各国交通事业的发展，且市场竞争激烈，再征收过境关税不仅妨碍国际商品流通，还会减少港口、运输、仓储等方面的收入，于是19世纪中期以后，各国相继取消了过境关税。目前大多数国家在外国商品通过其领土时，仅征收少量的准许费、印花税、登

---

① 数据来源于WTO官方网站数据库Statistics database中的trade profiles栏目，http://stat.wto.org/CountryProfile/WSDBCountryPFHome.aspx?Language=E。

② 数据来自周冠武《俄罗斯加入WTO，原木关税税率出现变化》一文，见于《国际木业》2012年11期。

记费和统计费等，不再征收过境关税。

（四）进口附加税

进口附加税（import surtaxes）又称特别关税，是进口国海关对进口的外国商品在征收进口正税之外，出于某种特定目的而额外征收的关税，一般是临时性的或一次性的，其主要目的是调节贸易平衡与收支，对某些商品的进口做特别限制，在国家与地区间实行贸易歧视和贸易报复等。

一般来说，进口附加税只针对个别国家和个别商品征收，对所有进口商品征收的情况少见。1971年，由于美国国际收支出现危机，尼克松政府为了限制进口，曾对进口商品一律征收10%的进口附加税。

新中国成立后，从1985年开始，对一些国内已能生产但又大量进口的消费品，如汽车、机电产品等，一些国内幼稚工业或新兴工业产品和一些盲目引进的生产线，于进口关税之外，另征收进口调节税。这些调节税已于1992年4月被全部取消。

现在进口附加税主要形式有紧急关税、特别紧急关税、反倾销税、反补贴税、罚款关税和报复性关税等，其中最常见的是反倾销税和反补贴税。

1. 紧急关税

紧急关税（emergency tariff）又叫保障措施关税，是当外国某种商品在短期内的大量进口对国内同类产品生产造成了重大损害或产生重大威胁，通过正常谈判渠道又难以解决时，进口国为消除这种负面影响而征收的一种进口附加税。由于紧急关税是在紧急情况下征收的，是一种临时性关税，因此，当紧急情况缓解后，紧急关税必须撤除，否则会受到别国的关税报复。1972年5月，澳大利亚受到外国涤纶和棉涤纶进口的冲击，为保护国内生产决定征收紧急关税，在每磅20澳分的正税基础上，另加征每磅48澳分的进口附加税。

贸易实践

据2013年8月29日中俄资讯网综合报道[1]，2013年，由俄罗斯、哈萨克斯坦及白俄罗斯组成的关税同盟宣布对进口陶瓷餐具征收保障措施关税，从量征收，税率为2013年9月29日至2014年9月28日1479美元/吨，2014年9月29日至2015年9月28日1035.3美元/吨，2015年9月29日至2016年9月28日591.6美元/吨。中国有大量陶瓷餐具企业出口到该地区，占该关税同盟进口陶瓷餐具83%的份额。因此关税同盟的举措，让中国一些陶瓷餐具企业面临困境。

该案于2012年9月3日发起，2009—2011年，俄白哈关税同盟瓷质餐具进口量增长70.2%，而同期需求量增长了49.5%，由于进口产品价格明显低于关税同盟产品，导致关税同盟企业市场份额减小，本地产品的生产和销售分别下降2.8%和2.9%。

---

2. 特别紧急关税

特别紧急关税（special emergency tariff）又称特别保障措施关税。世贸组织《农业协定》中规定特别保障措施的条件与一般保障措施不同，对特别保障措施的启动采取了激发标准，

---

① 《关税同盟征收保障性措施关税 中国陶瓷餐具企业面临困境》，原文链接为 http://www.chinaru.info/zhongejmyw/jingmaozhengce/22914.shtml。

只要农产品的进口量超过某一水平或进口价格降至某一水平，进口国即可采取附加关税的特别保障措施。这种标准显然要比一般的保障措施更宽泛，实施特别保障措施的一方无需证明进口激增对国内产业造成严重损害或严重损害威胁且进口增加或价格下降与严重损害或严重损害威胁存在因果关系。但是，不同于保障措施可以采取附加关税和数量限制的形式，特别保障措施只能采取附加关税的形式，而不能采取数量限制。

贸易实践

据综合媒体报道，农产品贸易是一个特殊领域，在世贸组织乌拉圭回合谈判中被给予了特殊安排。韩国依据世界贸易组织《农业协定》以及韩国《关税法实行令》制定的保护性关税制度，在农业方面采取了一些保护政策。长期以来，韩国政府大力支持农业并对农产品进口进行限制，同时大额补贴韩国农产品出口，这是造成中韩双边农产品贸易摩擦的主要原因。

来自中国商务部的数据显示[①]，2004—2011 年，韩国每年都会征收农产品 "特别紧急关税"。韩国企划财政部 2011 年年初宣布对 23 个品种的农产品征收 "特别紧急关税"，其中包括绿豆、红小豆、荞麦、水参、人参种子、带壳花生、花生米等。

3. 反倾销税

反倾销税（anti-dumping duties）是对实行商品倾销的进口货物征收的一种临时性进口附加税，即在倾销商品进口时除征收正常进口关税外，还要征收反倾销税。反倾销税税额一般按出口国国内市场价格与倾销价格之间的差额征收，目的在于抵制外国商品倾销，保护本国市场和工业。

国际上对反倾销措施进行规定的主要是《关于实施 1994 年关税与贸易总协定第 6 条的协议》，通常称为《反倾销协议》。《反倾销协议》一方面承认各成员抵制对国内产业造成危害的不公平竞争行为的必要性，另一方面尽可能地约束这些抵制行为，使其控制在合理、必要的范围内，以避免对正常贸易造成障碍。依据《反倾销协议》，对某进口商品征收反倾销税有三个必要条件：①倾销存在；②倾销对进口国国内已建立的某项工业造成重大损害，或产生重大威胁，或对某一国内工业的新建造成严重阻碍；③倾销进口商品与所称损害之间存在因果关系。进口国只有经过充分调查，确定某进口商品符合上述条件，方可征收反倾销税。

根据《反倾销协议》，倾销是指进口商品以低于正常价值的价格向另一国销售的行为。倾销是否存在及倾销幅度的确定取决于出口价格与正常价值的比较。确定正常价值有三种方法。①由正常贸易过程中出口国国内的销售价格决定。该价格一般是指被诉出口产品的同类产品在调查期内（通常是 1 年至 1 年半）国内市场正常贸易中的成交价（包括批发价格），或销售牌价，或一段时间内的加权平均价。②由出口国向第三国正常贸易中的出口价格决定。在被诉产品在其出口国国内市场上没有同类产品可比价格的情况下，如果出口国还将该产品出口到反倾销调查国以外的其他国家或地区，那么，可在这些国家或地区中选择一个适当的第三国，以该产品进入该第三国的出口价格为可比价格，作为该产品的正常价值。③按结构价格确定。所谓结构价格是指产品原产国的生产成本加上合理的管理费、销售费、一般费用和利

---

① 见商务部进出口公平贸易局网站 "贸易摩擦应对" 版块，《韩国将自 2011 年起对 23 个品种的农产品征收 "特别紧急关税"》，链接为 http://gpj.mofcom.gov.cn/aarticle/subject/mymcyd/subjectnn/201101/20110107368227.html。

润。在现行国际反倾销实践中最主要、最常用的是第一种方法，只有在不存在或无法计算出口国国内市场销售价格时，才考虑选择后两种方法之一。不过在欧美反倾销实践中，第二种方法很少使用，因为它们认为既然受诉进口产品在进口国市场倾销，那么在第三国市场它也极有可能倾销。

上述三种确定正常价值的方法通常只适用于市场经济国家，而对非市场经济国家，由于西方各国认为其国内销售价格是被扭曲的，不是由竞争状态下的供求关系决定，不能反映产品的正常价值，因此正常价值的确定并不以该国国内的销售价格为准，而必须采用替代国制度。替代国制度是指对来自非市场经济国家的产品，进口国在确定其正常价值时不采用出口国生产者的实际成本，而是选择一个属于市场经济体制并且经济发展水平与出口国相近的第三国，以该第三国生产同类产品的成本或销售价格作为基础来计算正常价值，而经济发展水平的比较主要是基于人均国民生产总值和基础设施的发展状况，尤其是生产同类出口产品工业的发展水平相近。在采用替代国制度确定受诉进口产品正常价值时一般也有三种方法：①同类产品在替代国国内市场的销售价格；②同类产品由替代国向其他国家出口的销售价格；③同类产品在替代国的结构价格。由于替代国是在反倾销调查开始后才确定的，那些被认定为非市场经济国家的出口商在出口定价时根本不可能知道将来的替代国是谁，因此对出口产品是否构成倾销、倾销的幅度如何等都无法预料。在实践中，关于替代国制度的规定往往被一些进口国利用，成为阻碍来自"非市场经济国家"产品进口的借口。比如，选择产品成本大大高于出口国的第三国作为替代国进行价格比较，这常常导致歧视性的反倾销政策。

反倾销税的实施通常是由进口国受损害产业有关当事人提出出口国进行倾销的事实，请求本国政府机构征收。进口国政府机构对该项产品价格状况及产业受损害的事实与程度进行调查，确认出口国低价倾销时，即可向进口倾销产品的进口经营者征收反倾销税。政府机构认为必要时，在调查期间，还可先对该项进口商品暂时收取相当于税额的保证金。如果调查结果倾销属实，即作为反倾销税予以征收；倾销不成立时，即予以退还。有的国家规定基准价格，凡进口价格在此价格以下者，即自动进行调查，不需要当事人申请。为防止最终确定实际交税的时间拖得过长，《反倾销协议》规定，在提出要做出反倾销税最终估算的数额之后，通常在 12 个月内最长不超过 18 个月做出裁决，而且如果追溯征税的税额超过了最终裁决的倾销幅度，则自做出终裁之日起的 90 天内返还进口超征的部分。另外，若被控倾销的出口商愿意做出价格承诺（price undertaking），即愿意修改其产品的出口价格或停止低价出口倾销，进口国有关部门在认为这种方法足以消除其倾销行为所造成的损害时，可以暂停或停止对该出口商的反倾销调查，不采取临时反倾销措施或者不予征收反倾销税。

4. 反补贴税

反补贴税（countervailing duties）是进口国对于在制造、生产或输出过程中直接或间接接受出口国政府奖金或补贴的外国货物所征收的一种进口附加税，其目的是增加进口商品成本，以抵消出口国对该项商品的补贴，确保进口国市场和生产的稳定。

在世贸组织的《补贴与反补贴措施协议》中，补贴是指一成员方政府或任何公共机关向某些企业提供的财政捐助以及其他任何形式的对收入或价格的支持，以直接或间接增加从其领土输出某种产品或者减少向其领土内输入某种产品，或者对其他成员方利益形成损害的政府性措施。

补贴会破坏国际市场的正常价格秩序，导致国际贸易的不公平和对进口国利益的损害，因此，世贸组织允许进口国对享受补贴的进口产品征收反补贴税。但为了防止进口国为达到保护本国市场的目的，滥用反补贴税，损害其他国家的利益，世贸组织对征收反补贴税的条件和额度进行了规定。

《补贴与反补贴措施协议》规定，进口国征收反补贴税必须具备以下三个条件：①须有补贴的事实，即出口成员国对进口产品直接或间接地给予补贴的事实；②须有损害的结果，即对进口国国内相关产业造成实质性损害或损害威胁，或严重阻碍进口国某相关产业的建立；③须有因果关系，即补贴与损害之间有因果关系存在。只有同时具备上述三个条件，进口国才能征收反补贴税。故此，进口国在征收反补贴税之前必须对进口产品进行充分调查，以确定是否具备征收条件。

《补贴与反补贴措施协议》规定，成员国必须按照规定的程序发起调查才可征收反补贴税，一般应根据受影响的工业部门或以受影响的工业部门的名义提出书面要求发起调查，以确定所称补贴的存在、程度和影响情况。证明上述三个条件的实质性证据要以书面形式提供。在特殊情况下，如有关当局在没有接到工业部门要求调查的书面请求的情况下决定发起调查，必须充分拥有上述三项证据才可进行。如调查机构确信不存在补贴或者所称补贴并未引起损害，调查应立即中止。除特殊情况外，调查应在发起后一年之内结束，无论在发起调查之前或者调查的过程中，都应向产品受调查的成员国提供适当的机会，进行磋商，澄清事实真相，以达成双方同意的解决办法。不论调查结果是肯定还是否定，都应该发布公告，并把公告送达该调查结论所涉及的成员国和有关出口商。

反补贴税税额一般按奖金或补贴的数额征收，不得超过该产品接受补贴的净额，且征税期限不得超过 5 年，除非国家负责机构在复审的基础上认定，取消反补贴税将导致补贴和损害的继续或再现。

现在"反补贴"越来越成为其他国家，尤其是欧美对华贸易保护的重要措施。此前西方国家更多采用"反倾销"来打击中国产品竞争力。由于不承认中国完全市场经济地位，这些国家在判定中国商品是否以低于成本价在其境内倾销时有很大的随意性和不公平性。到 2016 年，这些国家必须自动承认中国的市场经济地位，"反倾销"这张牌会越来越难打，"反补贴"会运用得越来越多。

5. 罚款关税

罚款关税（penalty tariff）是指当出口国某种商品的出口违反了该国与进口国之间的协议，或者未按进口国规定办理进口手续时，由进口国海关对该商品所征收一种临时性的具有罚款性质的进口附加税。例如，1988 年日本半导体元件出口商因违反了与美国达成的自动出口限制协议，被美国征收了高达 100%的关税。

6. 报复性关税

报复性关税（retaliatory duties）是指对特定国家的不公平贸易行为采取报复行动而临时加征的进口附加税。报复性关税运用的范围相当广泛，对商品、船舶、企业、投资或知识产权等方面的不公正待遇，进口国都可以运用报复性关税。通常在对方取消不公正待遇后，报复性关税也会相应取消。报复性关税容易引起他国采取同样的手段，最终导致关税战。1962 年美国与欧共体之间爆发的"冻鸡战"就是由双方都对对方采取报复性关税导致的，持续了两年之久，最后以两败俱伤而告终。

二、按差别待遇分

按照差别待遇和特定的实施情况，进口正税可分为普通关税、最惠国关税、协定关税、特惠关税和普惠制关税。

（一）普通关税

普通关税（general tariff）又称一般关税，是对未与本国签订带有关税优惠条款的贸易条约或协定的国家或地区的商品所征收的非优惠性关税。普通关税的税率一般由进口国自主制定，只要国内外的条件不发生变化，则长期使用，税率较高，一般比最惠国税率高1～5倍，少数商品甚至高10倍、20倍。例如，美国对进口玩具征收的最惠国关税税率为6.8%，而普通关税税率为70%。

普通关税并不是目前被各国普遍采用的进口关税，它是第二次世界大战前大多数国家之间还没有签订贸易协定时，被各国普遍采用的进口关税，因而被称为普通关税，名称沿用至今。第二次世界大战后，随着关贸总协定和世贸组织的建立，以及政府间双边和多边贸易协定的实施，目前普通关税只适用于少数没有签订贸易协定的国家或地区之间，征收已很少，税率很高，带有歧视性质，大多数国家只是将其作为其他优惠性关税税率减税的基础。

（二）最惠国关税

最惠国关税（most-favoured-nation tariff）是对已与本国签订带有最惠国待遇条款的贸易条约或协定的国家或地区的商品实行的进口关税。所谓最惠国待遇是指缔约的一方现在或将来给予任何第三方的所有优惠、特权和豁免，将立即无条件地给予缔约的另一方。各国政府间的贸易协定中均有最惠国待遇条款，该条款规定缔约方之间的贸易互相采用最惠国关税。

最惠国关税税率比普通关税税率低很多。由于目前绝大多数国家都签订了双边贸易协定或加入了世贸组织，相互提供最惠国待遇，因此这种关税已经成为国际贸易中普遍使用的正常关税，世贸组织和各国计算关税平均水平时使用的都是最惠国关税。但最惠国关税税率并非是最低税率。最惠国待遇往往规定有例外条款，如在缔结关税同盟、自由贸易区或有特殊关系的国家之间规定更优惠的关税待遇时，最惠国待遇并不适用。

（三）协定关税

协定关税又称约束关税（bound tariff），是两个或两个以上国家经过谈判达成协议而固定下来的关税。协定关税税率一般比最惠国税率低，在条约或协定有效期间，未经缔约国一致同意，税率不得自行更改或废除。协定关税有双边协定税率、多边协定税率和片面协定税率。双边协定税率是两个国家达成协议而相互减让的关税税率。多边协定税率，是两个以上的国家之间达成协议而相互减让的关税税率。片面协定税率是一国对他国输入的货物降低税率，为其输入提供方便，而他国并不以降低税率回报的税率。

中国的《2014年关税实施方案》经国务院关税税则委员会第二次全体会议审议通过[①]，并报国务院批准，自2014年1月1日起实施。在该方案中，根据我国与有关国家或地区签署

———————————

① 见《关于〈2014年关税实施方案〉的通知》（税委会〔2013〕36号）（中华人民共和国中央人民政府门户网站——公文公报——部门地方文件版块），http://www.gov.cn/zwgk/2013-12/16/content_2548712.htm。

的贸易或关税优惠协定，中国对有关国家或地区实施协定税率。

（1）对原产于韩国、印度、斯里兰卡、孟加拉和老挝的1888个税目商品实施亚太贸易协定税率；

（2）对原产于文莱、印度尼西亚、马来西亚、新加坡、泰国、菲律宾、越南、缅甸、老挝和柬埔寨的部分税目商品实施中国-东盟自由贸易协定税率；

（3）对原产于智利的7 340个税目商品实施中国-智利自由贸易协定税率，并进一步下调该协定项下部分税目的税率；

（4）对原产于巴基斯坦的6 539个税目商品实施中国-巴基斯坦自由贸易协定税率；

（5）对原产于新西兰的7 351个税目商品实施中国-新西兰自由贸易协定税率；

（6）对原产于新加坡的2 793个税目商品实施中国-新加坡自由贸易协定税率；

（7）对原产于秘鲁的7 117个税目商品实施中国-秘鲁自由贸易协定税率；

（8）对原产于哥斯达黎加的7 313个税目商品实施中国-哥斯达黎加自由贸易协定税率；

（9）对原产于中国香港地区且已制定优惠原产地标准的1 791个税目商品实施零关税；

（10）对原产于中国澳门地区且已制定优惠原产地标准的1 312个税目商品实施零关税；

（11）对原产于中国台湾地区的621个税目商品实施海峡两岸经济合作框架协议货物贸易早期收获计划协定税率。

（四）特惠关税

特惠关税（preferential duties）又称特定优惠关税或特惠税，是对来自特定国家和地区的进口商品给予特别优惠的低关税或免税待遇。使用特惠税的目的是增进与受惠国的贸易往来。特惠税有的是互惠的，有的是非互惠的，税率一般低于最惠国税率和协定税率。

互惠型特惠关税始于宗主国与其殖民地附属国之间的贸易。最典型的是本书第6章提过的历史上有名的英帝国特惠制。1932年，英国与其各联邦成员国之间相互签订了12个排他性贸易与关税优惠协定，正式形成英联邦特惠制集团，相互之间使用最优惠的关税税率。英国加入欧共体后，英联邦特惠集团解散，但英国及其各邦国之间仍保留有一些特惠关税。

第二次世界大战后，在国际上最有影响的特惠关税是欧盟依据《洛美协定》，向参加协定的非洲、加勒比海和太平洋地区的46个发展中国家单方面提供的非互惠型特惠税。这些发展中国家在第二次世界大战前都是欧盟国家的殖民地和附属国。欧盟国家为了保持原有的经贸关系，维护其势力范围，通过《洛美协定》给予这些国家一定的经济援助和关税优惠。根据该协定，这些发展中国家出口的全部工业品和94.2%的农产品可以不限量地免征关税进入欧共体，而欧共体国家的商品进入这些国家只享受最惠国待遇，不享受反向的免税待遇。

中国在《2014年关税实施方案》中，根据中国与有关国家或地区签署的贸易或关税优惠协定、双边换文情况以及国务院有关决定，对原产于埃塞俄比亚、贝宁等40个国家的部分产品实施特惠税率。

（五）普惠制关税

普惠制关税（generalized system of preference duties）又称普遍优惠制关税，简称普惠税，来源于普遍优惠制度（generalized system of preference，简称普惠制）。普惠制是发达国家对来自发展中国家或地区的商品，特别是制成品和半制成品，给予关税优惠的一种制度。

普遍性、非歧视性和非互惠性是普惠制的三个基本原则。普遍性是指发达国家或地区应对发展中国家或地区的制成品或半制成品给予普遍的优惠待遇；非歧视性是指应使所有发展中国家或地区都不受歧视、无例外地享受普惠制的待遇；非互惠性是指发达国家或地区应单方面给予发展中国家或地区关税优惠，而不要求发展中国家或地区提供反向优惠。

作为一种优惠性关税，普惠制关税是在最惠国关税的基础上实行关税的再减让。

普惠制是发展中国家在联合国贸发会议上长期斗争的成果。1968年第二届联合国贸发会议上通过了建立普惠制的决议。1971年7月，欧共体率先制定了普惠制方案，并开始实施。截至2007年年底，世界上已有40个给惠国向发展中国家提供普惠制待遇，它们是欧盟27国、美国、挪威、瑞士、日本、加拿大、澳大利亚、新西兰、土耳其、列支敦士登、俄罗斯、乌克兰、白俄罗斯、哈萨克斯坦，其中土耳其与欧盟27国实行同一个给惠方案，列支敦士登与瑞士实行同一个给惠方案，其他国家分别实施各自的给惠方案。

欧盟的普惠制已成为欧盟用来对发展中国家提供发展援助最重要的贸易工具。据欧盟方面统计，欧盟普惠制的受益国和地区多达178个，近年来享受普惠制的进口商品总额每年超过500亿欧元，约占欧盟进口总额的40%。美国普惠制由1974年贸易法第5部分核准，1976年1月1日开始实施。目前有144个国家（地区）享受美国的普惠制待遇。中国尽管在加入世贸组织后也具备了享受美国普惠制待遇的条件，但由于种种原因，美方一直没有给予中国这一待遇。美国也是唯一没有给予中国普惠制待遇的发达国家。

自普惠制实施以来，受惠国（地区）积极利用普惠制，取得了不同程度的发展。其中，"亚洲四小龙"韩国、新加坡、中国台湾和中国香港利用得最好。这四个国家和地区充分利用普惠制扩大出口，增加外汇收入，在20世纪70年代都实现了经济的飞速发展。

普惠税的给惠方案是各给惠国政府或国家集团为实施普惠制而制定的具体执行方法。给惠国会定期或不定期地修改给惠方案，并以政府法令形式公布。为避免受惠国的产品大量涌入对给惠国同类产业造成冲击，各给惠国一般都在其给惠方案中规定保护措施，以保护本国生产者的利益。这些保护措施通常有以下几项。

（1）免责条款（escape clause），又称例外条款，是指当受惠国产品的出口量增加到对给惠国同类产品或有直接竞争关系的产品的生产者造成或即将造成严重损害时，给惠国保留对该产品完全取消或部分取消关税优惠待遇的权利。

（2）预定限额（prior limitation），指预先规定的在一定时期内某项受惠产品的关税优惠进口限额，对超过限额的进口按规定恢复最惠国税率征税。预定限额包括全球性限额、单一受惠国限额、国家最大额度等。欧盟、日本和澳大利亚实行预定限额，它们事先规定限额，采取日管理、旬管理、月管理、季管理以及灵活管理的方式，通过统计监督加以控制。

（3）竞争需要标准（competitive need criterion），又称竞争需要排除，美国采用这种标准。其规定在一个日历年内，对来自某一受惠国的某项进口产品，如超过竞争需要限额或超过美国进口该项产品总额的50%，则取消下一年度对该受惠国或地区这项产品的关税优惠待遇，如该项产品在以后年度进口额降至上述限额内，则下一年度仍可恢复关税优惠待遇。1984年，美国根据其关税法对普惠制进行了修改，竞争需要标准缩减至不得超过25%。

（4）毕业条款（graduation clause），指当某一受惠国的某项产品在世界市场上显示出较强的竞争力或整个国家的经济已发展至较高水平，则取消对该项产品或该受惠国全部产品享受关税优惠待遇的资格。美国从 1981 年 4 月 1 日起采用毕业条款，欧洲联盟也从 1995 年 1 月 1 日起实施该条款。毕业条款按适用范围不同，可分为产品毕业和国家毕业。前者指取消从受惠国或地区进口的部分产品的关税优惠待遇，后者指取消从受惠国或地区进口的全部产品的关税优惠待遇，即取消该国或地区的受惠资格。世界银行分别于 2011 年、2012 年及 2013 年把中国、厄瓜多尔、马尔代夫及泰国归类为高收入或中高等收入国家。因此，中国将从欧盟普惠制"毕业"，中国所有产品将于 2015 年 1 月 1 日起不再享受普惠制待遇。

三、按征税目的分

1. 财政性关税

财政性关税（revenue tariff）又称收入关税，是指以增加国家财政收入为主要目的而征收的关税。财政性关税的税率视国家财政收入需要和影响国际贸易数量的大小而制定。税率偏低达不到增加财政收入的目的；税率过高则会抑制进出口，也达不到增加财政收入的目的。财政性关税在各国历史上曾占有重要地位，在各国财政收入中占有较大比重。在现代经济中，财政性关税的地位大为削弱，关税在财政收入中的比重也大幅度下降。发达国家的全部财政收入中关税的比重很低，如美国 20 世纪末关税仅占政府全部财政收入的 1%左右。但在一些发展中国家，关税在财政收入中仍占有很重要的地位。

2. 保护性关税

保护性关税（protective tariff）是指以保护国内经济为目的而征收的关税。在现代经济社会，随着财政性关税地位的削弱，保护性关税的地位正在加强，保护性关税成为关税征收的主要目的。对进口商品征收保护性关税主要是为了限制产品进口。对于出口商品征收保护性关税主要是为了限制紧缺原材料的出口，保护国内生产。保护性关税税率同保护目的是相关的，保护性关税税率越高，越能达到保护目的。所谓关税壁垒（tariff barrier）是指对进口商品征收高额的关税，它形象地将关税比喻为高筑的城墙，以阻挡外国商品的进入。有时关税税率高达 100%以上，等于禁止进口，称为禁止关税（prohibited duties）。

保护关税也可分为工业保护关税和农业保护关税。工业保护关税是以保护国内工业发展为目的所征收的关税。工业保护关税原以保护本国幼稚工业为主要目的，一些经济较落后的国家，往往采用保护关税保护本国幼稚工业，使其免受更先进国家工业制成品的竞争，从而使这些产业得到平稳发展。到了帝国主义阶段，帝国主义国家的垄断资本为了垄断国内市场，对高度发展的垄断工业或处于衰退难以与国外竞争的垄断工业征收保护关税，这种关税称为超保护关税。现在由于有了世贸组织，成员国无法随心所欲地提高进口正税的税率，许多发达国家往往通过特别关税，如特别保障措施关税来实现对本国产品的临时性保护，以打击进口产品在本国市场的竞争力，从而扩大和维持本国工业品市场占有率，以保护和增加本国就业。农业保护关税是为保护国内农业发展所征收的关税。相对于对非农产品的低关税政策，一些发达国家或地区，如日本、韩国、欧盟为保护本国农业和农民利益而对进口农产品征收较高关税。日本一些农产品的关税税率甚至高达 800%。同时，一些发展中国家为了保障本国粮食供应安全也对农产品进口征收较高关税。因为农产品尤其是粮食问题的敏感性，世贸组织多哈回合谈判迟迟无法就降低农产品关税问题取得有效进展，这不仅是因为发达国家与发展中国家之间存在矛盾，发达国家之间也存在很大分歧。

3. 惩罚性关税

惩罚性关税（punitive tariff）是指进口国海关对进口商品征收的具有惩罚性质的进口附加税。反倾销税、反补贴税等就属于惩罚性关税。

4. 报复性关税

对该种关税前面已有介绍，这里不再赘述。

四、按征收方法分

（一）从量税

从量税（specific duties）是按商品的重量、数量、长度、容量和面积等计量单位为课税标准计征的关税。从量税税率表示为每计量单位后的货币单位。各国实行从量征税的商品中，以重量单位计征的商品比较多。

从量税的计算公式为

$$从量税税额 = 商品计量单位数 × 从量税税率$$

以重量为单位征收从量税应注意，在实际应用中各国计算重量的标准各不相同，一些国家采用毛重进行计量，一些国家采用净重进行计量，或采用"以毛作净"的计量方法。

从量税有以下特点。

（1）计税方法简单，不需审定货物的规格、品质和价格，手续简便，有利于进出口货物的迅速通关。

（2）因单位税额固定，对质次价廉的进口商品抑制作用较大，保护作用较强，对质优价高的进口商品抑制作用较小，保护作用较弱。为此，有的国家大量使用从量税，尤其是在食品、饮料和动植物油脂等商品上。美国约有33%的税目适用从量关税，挪威从量关税的比例也有28%。由于一些发展中国家出口以初级产品为主，从量税就使这类产品进入他国时税负相对较重。

（3）每一种货物的单位应税额固定，不受货物价格变动影响。因此，当货物价格上涨时，税负相对下降，财政收入和保护作用相对降低。反之，当货物价格下降时，税负不会减少，财政收入和保护作用会加强。

（4）征收对象一般是谷物、棉花等大宗产品和标准产品，对某些商品如艺术品及贵重物品（古玩、字画、雕刻、宝石等）不便使用。

在工业生产还不十分发达，商品品种规格简单，税则分类也不太细的一个相当长时期内，不少国家对大多数商品使用过从量税。但第二次世界大战后，随着严重通货膨胀的出现和工业制成品贸易比重的加大，征收从量税起不到关税保护作用，各国纷纷放弃了完全按从量税计征关税的做法。目前，我国仅对冻鸡、感光材料等产品实行从量税。

（二）从价税

从价税（ad-valorem duties）是以商品价格作为征收标准的关税。从价税的税率表现为货物价格或价值的百分比。从价税的计算公式为

$$从价税税额 = 完税价格 × 从价税率$$

征收从价税的首要问题是确定进口商品的完税价格（dutiable value）。所谓完税价格，是指经

海关审定的作为计征关税依据的货物价格，货物按此价格照章征税。各国规定了不同的海关估价来确定完税价格，目前大致有以下三种：出口国离岸价（FOB）、进口国到岸价（CIF）和进口国的官方价格。美国、加拿大等国采用离岸价格来估价，而西欧等国采用到岸价格作为完税价格，不少国家甚至故意抬高进口商品完税价格，以增加进口商品成本，把海关估价变成一种阻碍进口的非关税壁垒。

为了弥补各国确定完税价格的差异且减少其作为非关税壁垒的消极作用，关贸总协定东京回合达成了《海关估价守则》，乌拉圭回合在对《海关估价守则》进行修订和完善的基础上，达成了《海关估价协议》，确定了海关估价的通用方法，规定了6种应依次使用的海关估价方法，即进口货物成交价格法、相同货物成交价格法、类似货物成交价格法、倒扣价格法、计算价格法、合理方法。

从价税有以下特点。

（1）税负公平合理。同类商品质高价高，税额也高；质次价低，税额也低。加工程度高的商品和奢侈品价高，税额较高，相应的保护作用较大。

（2）物价上涨时，税款相应增加，财政收入和保护作用均不受影响。但在商品价格下跌或者别国蓄意对进口国进行低价倾销时，财政收入就会减少，保护作用也会明显减弱。

（3）容易普遍实施。任何国际贸易商品均有价格，因此能适用所有商品。

（4）从价税负明确，其税率以百分数表示，有利于各国关税水平的相互比较。

（5）完税价格不易掌握，征税手续复杂，会延缓通关，增加关税计征的成本。

（三）混合税

混合税（mixed duties）是在税则的同一税目中订有从量税和从价税两种税率。征税时混合使用两种税率计征。混合税又可分为复合税和选择税。

1. 复合税

复合税（compound duties）是征税时同时使用从量、从价两种税率计征，以两种税额之和作为该种商品的关税税额。复合税按从量、从价的主次不同又可分为两种情况：一种是以从量税为主加征从价税，即在对每单位进口商品征税的基础上，再按其价格加征一定比例的从价税；另一种是以从价税为主加征从量税，即在按进口商品的价格征税的基础上，再按其数量单位加征一定数额的从量税。目前，我国对一些录、播音电子设备实行复合税。

2. 选择税

选择税（alternative duties）是指对某种商品同时订有从量和从价两种税率，征税时由海关选择其中一种方式来确定该种商品的应征关税额。一般是选择税额较高的税种征税，在物价上涨时使用从价税，物价下跌时使用从量税。有时为了鼓励某种商品的进口，或给予某出口国优惠待遇，也有选择税额较低的税种征收关税的。目前，我国对天然橡胶实行选择税。

（四）滑准税

滑准税（sliding duties），又称滑动税，是对进口税则中的同一种商品按其市场价格标准分别制订不同价格档次的税率而征收的一种进口关税。进口商品处于高档价格则税率低或不征税，处于低档价格则税率高。征收这种关税的目的是使该种进口商品，不论其进口价格的高低，其税后价格都能保持在一个预定的价格标准上，以稳定进口国国内该种商品的市场价格。但滑准税也有缺点，即容易导致投机行为。2005 年 5 月 1 日至今，我国对关税配额外进口的棉花实行滑准税，较好地解决了国内棉花供应不足的问题，又稳定了国内棉花价格，保障了棉农利益。

（五）差价税

当某种商品国内外都有生产，但国内产品的价格高于进口同类产品时，一国为保护国内生产和市场，按照国内价格和进口价格的差额征收关税，这种关税就是差价税（variable levy）。差价税又称为差额税或不定额税。征收差价税的目的是使该种进口商品的税后价格保持在一个预定的价格标准上，以稳定进口国国内该种商品的市场价格。

对于征收差价税的商品，有的规定按价格差额征收，还有的规定在征收一般关税以外另行征收。第二种差价税实际上属于进口附加税。欧盟对从非成员国进口的农产品征收差价税。

（六）季节税

季节税是对有季节性的鲜货、果品、蔬菜等，按其进口季节不同制定两种或两种以上的税率，在旺季采用高税率，在淡季采用低税率计征的一种关税。季节税可用于维护市场供求平衡和稳定市场。

本节导入案例解析

美国对中国光伏产品的"双反"明显是对贸易救济措施的滥用，违反了公平贸易、自由竞争的原则，是一种变相的贸易保护主义。

长期以来，中国深受贸易保护主义的危害。统计数据显示，2008—2012 年，中国遭受发起调查的反倾销案件就有 308 起，占同期全球比重的 31.8%；中国遭受实施反倾销的案件数量达到 233 起，占同期全球比重的 37.7%，均居世界首位。反补贴也成为中国贸易摩擦的新领域和热点。中国遭遇的反补贴调查数量已跃居全球第一位，2007—2011 年中国均是全球反补贴的最大目标国。

中国要应对反倾销和反补贴的不良影响，首先要转变企业行为。企业是反倾销反补贴调查的直接受害者，应承担起应对反补贴的直接责任。企业应注意抗辩技巧，积极应诉。其次，行会应积极发挥桥梁作用。行业协会是现代市场经济体制不可缺少的组织成分，更是中观层面对经济进行调整的坚实力量，有义务代表企业向政府部门反映现阶段存在的问题与困难，以积极的方式影响政府制定补贴与反补贴政策的方向，同时还应充分利用其信息优势，与政府、企业一起构筑产业损害预警体系和反倾销反补贴预警体系，包括对国内产业遭受国外产品冲击可能受到损害的预测，产品出口可能招致进口国采取贸易救济措施的监测。行会也应充分发挥组织协调功能，组织企业开发新市场，协调出口价格，联合所有被诉企业应诉，并在应诉过程中为企业、政府及时提供信息。当国内产业遭受进口产品冲击时，行会也应主动承担起代表本行业上诉的责任，做企业的保护伞。最后，政府在应对具体案件、制定产业政策、引导企业转型和产业结构升级等方面应发挥积极作用，为减少中国遭受的反倾销与反补贴调查数量而努力。

第三节　关税水平与关税的保护程度

一、关税水平

关税水平（tariff level）是指一个国家进口关税的平均税率，用以衡量或比较一个国家进口关税对国内产业的一般保护程度。在关贸总协定及世贸组织的关税减让谈判中，关税水平是主要的谈判指标，不断降低的关税水平是一国市场开放的最重要标志。关税水平的计算方法有算术平均法和加权平均法两种。

1. 算术平均法

算术平均法是以一国税则中全部税目的税率（最惠国税率）之和除以税目总数，得到关税税率的平均值，其计算公式为

关税水平 =（税则中所有税目的税率之和/税则中税目总数）× 100%　　　　（8.1）

算术平均法的最大优点是计算简单，但它的缺点也同样明显：不能真实反映一国征收关税的目的，看不出关税结构对产业的保护程度；有的税目税率很高，是禁止性关税，实际很少进口；有些在贸易中的重要税目（如汽车）和不太重要的税目（如汽车坐椅、安全带等）作为同样分量的两个税目进行计算；从量税要换算成从价税率才能相加，折算上也有困难。因此，在实践中这种方法很少使用。

2. 加权平均法

加权平均法是以一国的各种进口商品价值在进口总值中的比重作为权数，计算关税税率的平均值。具体方法有以下三种。

（1）全额加权平均法。这种方法是以一个时期内，一国征收的进口关税总额除以进口商品总价值得到的加权算术平均数作为关税水平，其公式为

关税水平 = 进口关税总额/进口商品总价值 × 100%　　　　（8.2）

由于加权算术平均法把各种商品的进口值在进口总值的比重作为权数，进口值高的商品在计算中予以较多的份额，克服了简单算术平均法的弊端，使计算结果能比较真实地反映一国的关税水平。该方法不足之处主要是，如果一国税则中税率为零的税目较多，则计算出的结果数值偏低；反之，则偏高。而在各国税则中零税率的商品一般都是该国无需保护的商品。因此，这种方法仍没有把一国对国内经济的保护程度真实地反映出来。

（2）有税商品加权平均法。这种方法是把税则中税率为零的商品的进口值从进口商品总值中扣除，仅以有税税目项下商品的进口值相加作为除数的加权平均法，其公式为

关税水平 = 进口关税总额/有税进口商品总价值 × 100%　　　　（8.3）

（3）取样加权平均法。由于各国税则并不相同，税则下商品数目众多，因而全额加权平均法使各国关税水平的可比性相对降低。如若各国选取同样的代表性商品进行加权平均，就可对各国的关税水平进行比较。这种方法比全额加权平均法更为简单实用，在关贸总协定肯尼迪回合的关税减让谈判中，各国就是使用联合国贸发会议选取的 504 种有代表性的商品来计算和比较各国关税水平的。其公式为

$$关税水平 = 有代表性商品进口关税总额/有代表性商品进口总值 \times 100\% \quad (8.4)$$

自 1947 年关贸总协定签署以来，全球的关税总水平呈逐年稳步下降趋势。发达国家的平均关税水平已由 1947 年的 40% 以上降低到现在的 4% 左右，但发展中国家的平均关税水平仍比较高，在 12% 左右。

2014 年世贸组织发布最新数据显示，在过去的 18 年间，美国的平均关税从 8% 降到了 4%，而中国的平均关税则从 23.6% 降到了 9.6%。目前，全球范围内正如火如荼地进行着各种自由贸易协定谈判，势必将进一步降低关税水平。如 2013 年 7 月中国与瑞士签订的中瑞自由贸易协定就要求瑞方对中方 99.7% 的出口商品于协议生效后立即实施零关税，而中方也将对瑞方 84.2% 的商品最终实施零关税。正在深入进行的中韩自贸区谈判预期 90% 的商品可以实施零关税。另外，美国主导的两个庞大的自由贸易区谈判——跨太平洋伙伴关系协定（TPP）和跨大西洋贸易与投资伙伴关系协定（TTIP），均以实现区域内全部零关税为基本目标，一旦达成将显著降低全球的关税水平。

二、关税保护程度

通常情况下，关税水平的高低能大体反映一国对国内生产和市场的保护程度，但关税水平与关税保护程度并不能完全划等号。关税保护程度是用以衡量或比较一国对进口商品征收关税，给予该国经济保护所达到的水平。关税保护程度可用名义保护率和有效保护率来表示。

1. 关税的名义保护率

关税的名义保护率（nominal rate of protection，NRP）是指对某种商品由于实行关税保护而引起的国内市场价格超过国际市场价格的部分与国际市场价格的百分比。

从理论上看，国内外商品的价格差与国际市场价格之比就等于关税税率，所以在不考虑汇率的情况下，海关根据海关税则征收的名义关税税率一般就可看作是名义保护率。名义关税税率是指某种进口商品进入一国关境时，该国海关税则所规定的税率。在其他条件相同和不变的情况下，名义关税税率愈高，对本国同类产品的保护程度也愈高。名义关税税率或名义保护率反映的是本国产业受保护的一般程度。

名义保护率考察的是关税对某些国内制成品价格的影响，适用于衡量完全采用本国原料生产的商品的保护程度，但对于使用了进口原料来生产的国内制成品则不能完全适用，因为名义关税税率并没将考虑进口原料的进口关税。

2. 关税的有效保护率

关税的有效保护率（effective rate of protection，ERP）是指某种加工产品在一国关税结构作用下，国内加工增加值的增量与其在自由贸易条件下国内加工增加值的百分比。如果用 V 表示自由贸易条件下，即施加关税措施前某种产品国内加工增值，W 表示在各种关税保护措施作用下该种产品国内加工增值，则关税的有效保护率的计算公式为

$$ERP = (W-V)/V \times 100\% \quad (8.5)$$

有效保护率的概念是由加拿大经济学家巴伯（1955）[①]首先提出的。其主要观点是，一国对某一产业的实际保护程度不能单纯从该产业所涉及产品的进口税率高低来判断，因为该产业所投入的原材料价格也会因征收关税而上升，从而增加该产业的成本。对某产业的制成

① C. L. Barber. 1955. Canadian Tariff. Policy[J]. Canadian Journal of Economics and Political Science, XXI (Nov.).

国际贸易理论与政策

品征收进口税会对该产业起到保护作用，而对该产业所需的原材料征收关税则会对该产业起到损害作用。因此，要分析一国整个关税结构对某一产业的影响，必须综合分析该产业的产出与投入所负担的进口关税。

当某产业的最终产品名义关税率高于所用的进口原料的名义关税率时，该产业所受的有效保护率就要高于最终产品名义保护率；当某产业的最终产品名义关税率等于所用的进口原料的名义关税率时，该产业所受的有效保护率等于最终产品名义保护率；当某产业的最终产品名义关税率低于所用的进口原料的名义关税率时，该产业所受的有效保护率就要低于最终产品名义保护率。

示例

假定在自由贸易情况下，一辆汽车的国内价格为 10 万元，其中 8 万元是自由进出口的钢材、橡胶等中间投入品的金额，那么另外 2 万元就是国内生产汽车的附加值。现在假定对每辆进口汽车征收 10% 的名义关税，而对钢材仍然免税进口，同时假定进口汽车价格上涨的幅度等于名义关税率即 10%。

那么，国内汽车的价格将上涨到 10+10×10%=11 万元。保护关税使国内制造的汽车的附加价值增加到 11-8 = 3（万元）。这时，国内汽车的有效保护率 =（3-2）/2=50%

三、关税结构

关税结构又称关税税率结构，是指一国关税税则中各类商品关税税率之间高低的相互关系。世界各国因其国内经济和进出口商品的差异，关税结构也不尽相同，但通常都表现为：生产资料税率较低，消费品税率较高；生活必需品税率较低，奢侈品税率较高；本国不能生产的商品税率较低，本国能够生产的商品税率较高。其中一个突出的特征是，关税税率随产品加工程度的逐步深化而不断提高，制成品的关税税率高于中间产品的关税税率，中间产品的关税税率高于初级产品的关税税率。这种关税结构现象被称为关税升级、瀑布式关税结构或阶梯式关税结构。用有效保护率理论可以很好地解释关税升级现象。因此，尽管发达国家的平均关税水平较低，但是，由于关税具有升级现象，关税的有效保护程度一般都大于名义保护率，且对制成品的实际保护作用最强。在关税减让谈判中，发达国家对发展中国家初级产品提供的优惠远大于对制成品提供的优惠，缘由即在此。

总体来说，关税的保护作用并不依赖于高的名义进口关税税率，但这必须与有效的制度安排为基础，有效的关税结构安排与有效的产业结构安排是一国实现对本国产业有效保护的前提和基础。

贸易实践

我国的关税政策①

我国目前实行的是以财政关税服从于保护关税的复合型关税政策，即贯彻国家的对外开放政策，鼓励出口和扩大必需品的进口，以保护和促进国民经济的发展，保证国家的财政收入。

---

① 见中华人民共和国海关总署官方网站"信息公开"版块，现文内容见于链接 http://www.customs.gov.cn/publish/portal0/tab637/info38627.htm。

我国的关税政策通过如下原则具体表现出来：

（1）对进口国家建设和人民生活所必需的，而且国内不能生产或者供应不足的动植物良种、肥料、饲料、药剂、精密仪器、仪表、关键机械设备和粮食等，予以免税或低税；

（2）原材料的进口税率一般比半成品、成品要低，特别是受自然条件制约、国内生产短期内不能迅速发展的原材料，其税率应更低；

（3）对于国内不能生产的机械设备和仪器、仪表的零件、部件，其税率应比整机低；

（4）对国内已能生产的非国计民生所必需的物品，应制定较高的税率；

（5）对国内需要进行保护的产品和国内外价差大的产品，应制定更高的税率；

（6）为了鼓励出口，对绝大多数出口商品不征出口关税，但对在国际市场上容量有限而又竞争性强的商品，以及需要限制出口的极少数原料、材料和半制成品，必要时可征收适当的出口关税。

本章小结

关税是国际贸易政策中最古老的政策手段。在关贸总协定和世界贸易组织的约束下，虽然关税限制进口的作用已大大下降，但它仍是各国管理对外贸易、调整国家间经贸关系的重要手段之一。关税可用来维护国家主权和经济利益，保护和促进本国工农业生产的发展，调节国民经济和对外贸易，筹集国家财政收入。

按照征收的对象和商品流向，关税可以分为进口关税、出口关税、过境关税和进口附加税。其中进口关税、出口关税、过境关税统称为关税的正税。按照差别待遇和特定的实施情况，进口正税可分为普通关税、最惠国关税、协定关税、特惠关税和普惠制关税。按征税目的分，关税可以分为财政性关税、保护性关税、惩罚性关税和报复性关税。按征收方法分，关税可分为从量税、从价税、混合税、滑准税、差价税和季节税。

关税水平是指一个国家进口关税的平均税率，用以衡量或比较一个国家进口关税对国内产业的一般保护程度。关税水平的计算方法有算术平均法和加权平均法两种。关税的保护程度是衡量或比较一个国家对进口商品征收关税给予该国经济保护所达到的水平。这种水平可以用名义保护率和有效保护率来表示。

练习题

一、名词解释

关税　进口关税　出口关税　过境关税　进口附加税　紧急关税　特别紧急关税　反倾销税　反补贴税　罚款关税　报复性关税　普通关税　最惠国关税　协定关税　特惠关税　普惠制关税　毕业条款　财政性关税　保护性关税　从量税　从价税　混合税　复合税　选择税　滑准税　差价税　季节税　关税水平　关税的名义保护率　关税的有效保护率　关税结构　关税升级

二、单选题

1. 进口附加税是一种（　　）。

    A. 普遍采用的措施　　B. 经常性的措施　　C. 可任意采用的措施　　D. 特定的临时性措施

2. （　　　）不属于关税的正税。

    A. 进口关税　　　　　B. 进口附加税　　　　　C. 出口关税　　　　D. 过境关税

3. 依据《反倾销协议》规定，（　　　）不属于对某进口商品征收反倾销税的必要条件。

    A. 出口国货币贬值

    B. 倾销存在

    C. 倾销对进口国国内已建立的某项工业造成重大损害或产生重大威胁，或者对某一国内工业的新建产生严重阻碍

    D. 倾销进口商品与所称损害之间存在因果关系

4. 对于市场经济国家的出口商品，判定其是否存在倾销及倾销幅度的确定最常用的方法是（　　　）。

    A. 由出口国向第三国正常贸易中的出口价格决定

    B. 按结构价格确定

    C. 由正常贸易过程中出口国国内的销售价格决定

    D. 由同类产品在替代国国内市场的销售价格决定

5. （　　　）不属于进口国征收反补贴税必须具备的条件。

    A. 补贴必须是出口补贴　　　　　　　　B. 须有补贴的事实

    C. 须有损害的结果　　　　　　　　　　D. 补贴与损害之间有因果关系存在

6. 下列关税中，税率平均水平最高的是（　　　）。

    A. 普惠制关税　　　　B. 普通关税　　　　　C. 最惠国关税　　　D. 特惠关税

7. （　　　）是对来自特定国家和地区的进口商品给予特别优惠的低关税或免税待遇。

    A. 普惠制关税　　　　B. 最惠国关税　　　　　C. 协定关税　　　　D. 特惠关税

8. （　　　）是按商品的重量、数量、长度、容量和面积等计量单位为课税标准计征的关税。

    A. 从量税　　　　　　B. 从价税　　　　　　　C. 混合税　　　　　D. 滑准税

9. 如果一国的关税结构具有升级现象，则该国关税的有效保护程度一般（　　　）名义保护程度。

    A. 等于　　　　　　　B. 小于　　　　　　　　C. 大于　　　　　　D. 说不准大于还是小于

10. （　　　）是把税则中税率为0的商品的进口值从进口商品总值中扣除，仅以有税税目项下商品的进口值相加作为除数的加权平均法。

    A. 全额加权平均法　　B. 有税商品加权平均法 C. 取样加权平均法 D. 算术平均法

三、多选题

1. 以下属于关税正税的是（　　　）。

    A. 进口关税　　　　　B. 进口附加税　　　　　C. 出口关税　　　　D. 过境关税

2. 以下属于进口附加税的是（　　　）。

    A. 紧急关税　　　　　B. 特别紧急关税　　　　C. 反倾销税

    D. 反补贴税　　　　　E. 报复性关税

3. 在反倾销调查实践中，对非市场经济国家，采用替代国制度确定受诉进口产品正常价值时一般采用的方法有（　　　）。

    A. 同类产品在替代国国内市场的销售价格

    B. 同类产品由替代国向其他国家出口的销售价格

    C. 同类产品在替代国的结构价格

D. 由出口国向第三国正常贸易中的出口价格决定

E. 由正常贸易过程中出口国国内的销售价格决定

4. 按照差别待遇和特定的实施情况，进口正税可分为（   ）。

A. 普通关税　　　　　B. 最惠国关税　　　　C. 协定关税

D. 特惠关税　　　　　E. 普惠制关税

5. 按征税目的分，关税可以分为（   ）。

A. 财政性关税　　　　B. 保护性关税　　　　C. 惩罚性关税

D. 报复性关税　　　　E. 最惠国关税

6. 以下属于按征收方法分的关税类别有（   ）。

A. 从价税　　　　　　B. 混合税　　　　　　C. 普通关税

D. 从量税　　　　　　E. 滑准税

7. 以加权平均法来计算关税税率的平均值，具体方法有（   ）。

A. 全额加权平均法　　　　　　　　B. 算术平均法

C. 有税商品加权平均法　　　　　　D. 取样加权平均法

四、简答题

1. 关税具有哪些特征？

2. 关税有哪些作用？

3. 第二次世界大战后，只有少数国家（主要是发展中国家）征收出口关税，目的主要有哪些？

4. 普惠制有哪些基本原则？

5. 从量税有什么特点？

6. 从价税有什么特点？

课外思考实践题

1. 当今世界主要国家的关税政策有何发展？请举例说明。

2. 为什么会出现关税升级的现象？

第九章　非关税措施

【学习目标】

学习完本章后，你应该能清楚地知道：

（1）非关税措施的含义、特征与作用，并掌握联合国贸发会议对非关税措施的分类；

（2）三类技术性措施——技术性贸易壁垒、卫生与植物卫生措施、装船前检验和其他手续的含义，并了解分别规范这三类措施的相关世界贸易组织协议；

（3）各种非技术性措施的含义及分类；

（4）与出口有关的非关税措施的种类。

第一节　非关税措施概述

一、非关税措施的含义

按照联合国贸发会议 2010 年所下的定义，非关税措施（non-tariff measures，NTM）指的是除关税以外，能够改变国际交易商品的数量或价格或这两者，从而对国际贸易产生经济影响的政策措施。

非关税措施囊括了所有能改变国际贸易状况的关税以外的措施，不仅包含限制贸易的政策措施，也包含了促进贸易的政策措施。人们经常将非关税措施等同于非关税壁垒（non-tariff barriers，NTB），其实非关税措施的范围要比非关税壁垒广，因为后者仅指那些由政府施行的对本国供应商有利，而对外来供应商进行歧视的非关税措施。之所以出现这种概念上的混淆，是因为过去大部分的非关税措施采取的是配额或自愿出口限制的形式。这些形式都是为了限制贸易而被设计出来的。现在，对贸易进行政策干预的形式更加多样，并不一定会减少贸易或整体福利，因此我们更倾向于采用"措施"一词而非"壁垒"。

二、非关税壁垒的发展演变

从历史上看，限制和禁止进口的非关税措施，即非关税壁垒早在重商主义时期就开始盛行，但其作为限制进口的重要手段是在 20 世纪 30 年代经济大危机时才广泛发展起来的。大危机使当时的商品价格暴跌，仅仅通过大幅度提高关税的办法已无法有效地阻止外国商品涌入本国市场。西方各国为了缓和国内市场矛盾，变本加厉地对进口实行限制，一方面高筑关税壁垒；另一方面采用各种非关税壁垒阻止他国商品进口。

尽管如此，"非关税壁垒"这一术语是在关贸总协定建立以后才逐渐产生的。真正把非关税壁垒作为保护贸易政策的主要手段开始于20世纪70年代。其原因是多方面的。首先，各国经济发展不平衡是非关税壁垒迅速发展的根本原因。美国的相对衰落，日欧的崛起，特别是20世纪70年代中期爆发的经济危机，使得市场问题显得比过去更为严峻，以美国为首的发达国家纷纷加强了贸易保护手段。其次，第二次世界大战后在关贸总协定的努力下，关税大幅度减让之后，各国不得不转而用非关税壁垒来限制进口。第三，20世纪70年代中期以后，许多国家相继进行了产业结构调整，为了各自的经济利益，各国纷纷采用了非关税壁垒来保护国内生产和国内市场。第四，科技水平的迅速提高相应地提高了对进口商品的检验能力。各国通过检验，例如对含铅量、噪声大小的测定等，可审视各种商品对消费者健康的细微影响，从而有针对性地对进口商品实行限制。第五，非关税壁垒本身具有隐蔽性，不易被发觉，而且在实施中往往可找出一系列理由来证明它的合理性，从而使受害国无法进行报复。最后，各国在实施非关税壁垒时相互效仿，也使这些限制措施迅速传播开来。

当前，非关税壁垒呈日益加强的趋势，主要表现在：第一，非关税壁垒的项目日益增多；第二，非关税壁垒的适用范围不断扩大；第三，受到非关税壁垒限制的国家日益增多。根据世贸组织2012年年度报告，非关税壁垒对国际贸易的影响已经是关税壁垒的两倍。

三、非关税措施的特征

无论非关税措施（这里主要指的是非关税壁垒）如何变化，与关税措施相比，它都具有以下几个明显的特征。

（1）有效性。关税对进口产生的效果是间接的，它主要通过提高进口商的进口成本来影响进口数量。当进口商品凭借规模经济或出口补贴取得低生产成本时，关税的保护作用不再明显。非关税壁垒则可以依靠行政机制直接限制进口数量，或直接禁止某些产品的进口，因而能更直接地、严厉地且有效地保护本国生产与本国市场。

（2）隐蔽性。要通过关税壁垒限制进口，唯一的途径就是提高关税税率。一般来说，关税税率制定后，各国政府须通过法律的形式对外公布，并严格执行。出口商通常通过查阅进口国海关税则，即可获得关税税率的相关信息，透明度高，毫无隐蔽性可言。非关税壁垒则完全不同，其措施往往不公开，或者规定极为烦琐复杂的标准和手续，使出口商难以应付。它既能以正常的海关检验要求之名出现，也可借用进口国的有关行政规定和法令条例，使之巧妙地隐藏在具体执行过程中而无须做出公开规定，人们往往难以清楚地辨识和有力地反对此类政策措施。

（2）歧视性。任何一个国家都只有一部关税税则，一般来说，关税壁垒像堤坝一样同等程度地限制来自所有国家的进口，这就不能很好地体现进口国的国别政策。而非关税壁垒可以针对某个国家或某种商品制定，因而更具有歧视性。比如，英国生产的糖果在法国市场上曾经长期有很好的销路，后来法国在《食品卫生法》中规定禁止进口含有红霉素的糖果，而英国糖果正是普遍使用红霉素染色的，这样一来，英国糖果失去了其在法国的市场。

（4）灵活性。关税税率制定必须通过立法程序，并要求具有一定的延续性和稳定性，所以调整或更改税率的随意性有限，需要经过较为烦琐的法律程序和手续。同时关税和税率的调整直接受到世贸组织的约束（非成员方也会受到最惠国待遇条款约束），各国海关不能随意提高关税，因此关税壁垒比较缺乏灵活性。可是，制定和实施非关税壁垒通常采用行政程序，制定手续简单，制定程序也较迅速、简便、伸缩性大，能随时针对某种进口商品采取或更换相应的限制措施，表现出更大的灵活性和时效性。正因为如此，非关税壁垒已逐步取代关税措施，成为各国所热衷采用的政策手段。

四、非关税措施的作用

从发达国家非关税措施的实际应用来看，非关税措施的作用主要表现在三个方面。第一，作为防御性武器限制外国商品进口，用以保护国内陷入结构性危机的生产部门及农业部门，或者保障国内垄断资本能获得高额利润；第二，在国际贸易谈判中作为砝码，提高本国的谈判力量，逼迫对方妥协让步；第三，可以作为对其他国家实施贸易歧视的手段，以获取经济或政治利益。目前，发展中国家也越来越广泛地使用非关税壁垒。但与发达国家不同的是，发展中国家设置非关税壁垒的目的主要是限制非必需品进口，节省外汇；削弱外国进口产品的竞争力，保护民族工业和幼稚产业；发展民族经济，以摆脱发达资本主义国家对本国经济的控制和剥削。

总之，发达国家设置非关税壁垒是为了保持其经济优势地位，继续维护不平等交换的国际格局，具有明显的剥削性。而发展中国家的经济发展水平与发达国家相距甚远，完全不在同一条起跑线上，因而设置非关税壁垒有其合理性和正当性。

此外，世贸组织2012年年度报告也从经济学角度考察了非关税壁垒的合理性，认为其具有三大益处[①]。

（1）非关税壁垒可以调节市场失灵。在现实世界中，市场失灵随处可见，信息不对称是市场失灵的主要来源之一。以国产婴儿配方奶粉为例，在奶粉质量方面，潜在的消费者处于信息劣势地位。由于近年来多起奶粉质量事故的出现，消费者越来越担心一些低标准的奶粉会影响到婴儿的健康甚至生命安全，开始对市场上的所有奶粉包括进口奶粉的质量产生怀疑。如果政府不进行干预和监管，局势可能进入恶性循环，进而导致市场崩溃。同样，大量的本国生产和从国外进口的食品、药品、交通工具、电气设备和安全设备都面临着对设计、原料、生产过程和性能方面的种种检测。政府设立这些检测的目的就是为了淘汰那些可能消费者生命财产安全的低标准商品，恢复市场功能。除了信息不对称外，负外部性（如污染）以及不完全竞争（如垄断）都可能导致市场失灵。这时候就需要政府的干预、管制和激励措施来恢复市场效率。

（2）非关税壁垒可以帮助拥有市场力量的国家获取他国财富。一个拥有市场力量的国家可以通过扩大出口价格与进口价格比率来增加本国的国家财富。如果出口企业在国外市场拥有市场力量，那么这个企业的行为就会影响到它的竞争对手的利润，那么政府就可以采取非关税壁垒将外国企业的利润转移到本国的出口企业中，进而增加本国的国民财富。

（3）非关税壁垒可以帮助政府进行财富再分配。在发达国家，税收和财政支出是实现财富再分配的主要手段。但在一些最不发达国家，并不存在完善的财政系统和社会安全网络。这些国家的政府可能会使用贸易政策工具和非关税壁垒来实现特定的收入分配目标。例如，在撒哈拉沙漠以南的非洲国家中，禁止进口、禁止出口和贸易限额是当地政府常用的收入再分配手段。

五、非关税措施的分类

由于非关税措施涉及的种类非常复杂，并且还在不断演变，所以尽管国际社会一直希望能够将它们进行系统整理和标准化，但直到2013年才由联合国贸发会议发布了一个比较

[①] 本部分内容主要参考2014年2月10日《国际金融报》第19版肖志国《非关税壁垒：贸易谈判新焦点》一文。

完善的分类方案《非关税措施的分类：2012 版本》。该分类方案将非关税措施分成了 16 组（见图 9.1）：（A）卫生与植物卫生措施，（B）技术性贸易壁垒，（C）装船前检验和其他手续，（D）价格控制措施，（E）非自动许可、配额、进口禁令及其他数量控制措施，（F）国内税和其他国内费用等超关税措施，（G）金融措施，（H）影响竞争的措施，（I）与贸易有关的投资措施，（J）流通限制，（K）售后服务限制，（L）非出口补贴，（M）政府采购限制，（N）知识产权，（O）原产地规则，以及（P）出口相关措施，其中前 15 组（A～O）属于进口非关税措施。进口非关税措施又可归为技术性措施（A～C）和非技术性措施（D～O）两大类。

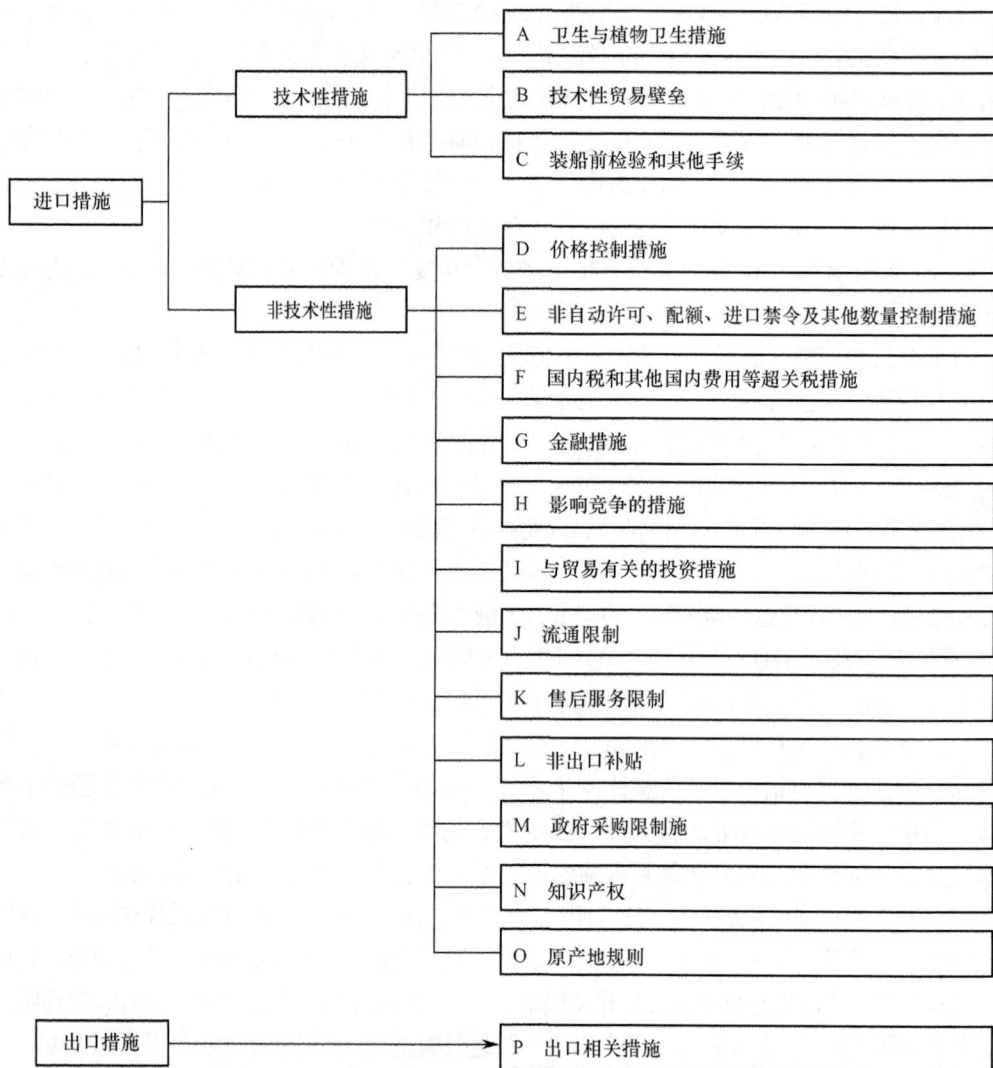

图 9.1　联合国贸发会议对非关税措施的分类[①]

每组措施对贸易的影响不同。一些措施对贸易有非常明确的限制作用，另一些则作用不

---

① 原英文图出自：Alessandro Nicita, Julien Gourdon. A PRELIMINARY ANALYSIS ON NEWLY COLLECTED DATA ON NON-TARIFF MEASURES. United Nations POLICY ISSUES IN INTERNATIONAL TRADE AND COMMODITIES STUDY SERIES No. 53。

确定。例如 A～C 组的措施就与矫正市场失灵有关。一方面，A～C 组的措施大部分是为了解决环境、动物福利、食品安全、消费者权益等社会关注性问题。它们并不一定会限制贸易，因为这些措施也能通过减少信息不对称来增强消费者对进口商品的信心，从而促进对进口商品的需求。另一方面，这些措施中很多都需要考虑出口商或相关机构的执行能力，很可能因此对贸易产生扭曲作用。比如，出口方实施认证和检测的能力不足可能会导致其丧失贸易机会，或即便有能力实施认证和检测，贸易成本也会大大提高。此外，由于不同出口国在基础设施和检测机构能力方面存在差异，导致贸易成本提高的幅度不一致，由此对各出口国的竞争力产生影响，并最终影响到贸易流向。

根据联合国贸发会议 2013 年对 26 个样本国家所做的统计分析，在 16 组非关税措施中，使用最广泛的是 A 组卫生与植物卫生措施和 B 组技术性贸易壁垒，尤其是技术性贸易壁垒。在发达国家，技术性贸易壁垒影响了 65% 的贸易，卫生与植物卫生措施影响了 12% 的贸易，其次是 C 组装船前检验、E 组数量控制和 D 组价格控制，分别影响了 6%、5% 和 2% 的贸易。在非洲，技术性贸易壁垒仍然是覆盖面最大的非关税措施，总共影响了 43% 的贸易，装船前检验排在第二位，影响了 26% 的贸易，其次是卫生与植物卫生措施、数量控制和价格控制。在拉丁美洲和一部分亚洲国家，数量控制措施则是影响最大的非关税措施。除印度外，所有国家基本上都是卫生与植物卫生措施和技术性贸易壁垒占大多数。此外，欧盟的属于装船前检验的非关税措施比例比较高，日本的数量控制比例比较高，印度的价格控制和投资措施比例比较高。在我国实施的非关税措施中，卫生与植物卫生措施占到绝大多数，其次是技术性贸易壁垒，两者加起来占了 95%。[①]

第二节　技术性措施

案例导入

　　日本自 1994 年开始就对美国出口日本市场的苹果实施检疫限制措施，包括：禁止进口美国发现有火疫病的果园所生产的苹果；对生产出口苹果的果园实施一年 3 次的火疫病例行检验；对 500 米缓冲区内发现火疫病的果园取消其出口日本的资格。

　　2002 年 4 月 18 日，根据美国的要求，美、日双方举行磋商但未能取得令双方满意的成果。2002 年 6 月 3 日，世贸组织争端解决机构成立专家小组。2003 年 7 月 15 日，专家小组发布公告，就美国指控日本禁止美国苹果出口日本市场一案做出裁决，裁定日本违反了世贸组织《实施卫生与植物卫生措施协议》，并建议争端解决机构要求日本履行该协议中日方所应承担的义务，取消对美国苹果的进口限制。

　　2003 年 8 月 28 日，日本向世贸组织争端解决机构提出上诉，2003 年 11 月 26 日，上诉机构发布公告，维持专家小组判决。2003 年 12 月 10 日，争端解决机构通过了专家小组和上诉机构对

---

　　① 本段内容主要参考 2014 年 2 月 10 日《国际金融报》第 19 版肖志国《非关税壁垒：贸易谈判新焦点》一文。

此案的判决。

争端解决机构认为：

首先，日本实施的该植物检疫措施无"科学依据"。《实施卫生与植物卫生措施协议》第2.2条确立了实施卫生与植物卫生措施最基本的义务，即要有"科学依据"。日本苹果措施案中，专家小组依据该款分析日本是否是在无充分科学依据下维持措施时，基于获得的信息，确立了以下事实：成熟、无症状的苹果的传染性没有确立，即成熟的、没有一点症状的苹果不可能被火疫病传染。科学依据不支持成熟、无症状的苹果上能够寄居epiphytic细菌的结论。即使被传染的苹果进口到日本，寄生其上的细菌在商业处理、储存、运输过程中存活，也被认为是不可能的且至今也未在实验室中确立其可能性。火疫病的传入问题，即从进口苹果传到本地植物上仍需要附加条件或额外事件的存在。基于以上事实，专家小组认为科学依据显示火疫病可能通过苹果传播的风险是可以忽略的，也即科学证据不支持苹果可能作为火疫病在日本传入、定居或者传播途径的观点。

其次，日本的措施不是在"相关科学证据不充分的情况下"。《实施卫生与植物卫生措施协议》第5条第7款规定："在有关科学依据不充分的情况下，一成员国可根据可获得的有关信息，包括来自有关国际组织以及其他成员国实施的卫生与植物卫生措施的信息，临时采用卫生与植物卫生措施。在此种情况下，各成员应要求获得更加客观地进行风险评估所必需的额外信息，并在合理期限内据此审议卫生与植物卫生措施。"专家小组判定日本的措施不是在"相关科学证据不充分的情况下"采取的。因为就本案中的争议，相关科学研究和实践已经进行了200年多年，已经有大量高质量的重要的针对火疫病通过苹果传播的风险这一特定科学问题的证据。

最后，日本的风险评估不充分。《实施卫生与植物卫生措施协议》第5条第1款规定："各成员国应保证其卫生与植物卫生措施的制定以对人类、动物或植物的生命或健康所进行的、适合有关情况的风险评估为基础，同时考虑有关国际组织制定的风险评估技术。"专家小组首先确认，美日双方都认可了将"1999PRA（1999 Pest Risk Analysis）"作为其分析"风险评估"要求的文件。专家小组发现1999PRA对可能的传播途径的分析是将苹果和其他可能的传播者放在一起进行的，包括了那些比苹果更可能成为潜在污染源的传播媒介。1999PRA特别提及苹果的部分尽管谈到了火疫病通过苹果传播的可能性，但没有恰当地评估这些事件发生的或然性。根据《实施卫生与植物卫生措施协议》附件A中对风险评估的定义"依据可能实施的卫生与植物卫生措施进行评估"，专家小组认为风险评估不仅要考虑已实施的特定措施，也要考虑未实施的，而1999PRA没有涉及其他减轻风险的措施。因此日本的风险评估是不充分的。[①]

那么，本案例中的卫生与植物卫生措施指的是什么？它属于哪一类贸易措施？《实施卫生与植物卫生措施协议》又是什么？它有什么作用？

根据国家质检总局在全国开展的 2012 年国外技术性措施对我国出口企业影响的抽样调查结果，2012 年中国有 23.9%的出口企业受到国外技术性措施不同程度的影响，国外技术性措施导致：我国全年出口贸易直接损失 685 亿美元，比 2011 年增加 62.4 亿美元；直接损失

---

① 案例来源：崔征. 2004. SPS 最新案例：美国诉日本苹果案[J]. WTO 经济导刊, (04).

额占同期出口额的 3.34%，比 2011 年上升了 0.07 个百分点；企业新增成本 280.2 亿美元，比 2011 年上升了 20.6 亿美元。实施技术性措施对我国企业出口影响较大的国家和地区，排在前 5 位的是欧盟、美国、澳大利亚/新西兰、拉美、东盟，分别占直接损失总额的 32.6%、26.1%、8.1%、6.7%和 5.2%。受国外技术性措施影响较大的行业排在前 5 位的是机电仪器、化矿金属、纺织鞋帽、农食产品、木材纸张非金属，分别占直接损失总额的 35.4%、32.7%、13.2%、6.1%、4.7%。受国外技术性措施影响较大的省市排在前 5 位的是广东、浙江、江苏、山东和上海，分别占直接损失总额的 32.2%、15.2%、11.8%、9.1%和 6.3%。调查结果显示，主要贸易伙伴影响我国工业品出口的技术性措施类型集中在认证要求、技术标准要求、有毒有害物质限量要求、标签标识要求、包装及材料要求五个方面；影响农产品出口的技术性措施类型集中在食品中农兽药残留要求、微生物指标要求、加工厂和仓库注册要求、重金属等有害物质限量要求以及食品添加剂要求五个方面。[①]

下面为大家具体介绍国际贸易中的技术性措施。按联合国贸发会议的分类，国际贸易中的技术性措施包括技术性贸易壁垒、卫生与植物卫生措施以及装船前检验和其他手续。其中在发达国家中前两种措施使用得最为广泛，装船前检验在发展中国家使用较为广泛。

一、技术性贸易壁垒

1. 技术性贸易壁垒的含义

技术性贸易壁垒（technical barriers to trade，TBT），简称技术壁垒，是国际贸易中商品进口国在实施贸易进口管制时，通过颁布法令、条例、规定，建立技术标准、认证制度、检验制度等方式，对外国进口产品制定过分严格的技术标准，卫生检疫标准，商品包装和标签标准，从而提高对进口产品的技术要求，增加进口难度，最终达到限制进口目的的一种非关税壁垒。

技术性贸易壁垒是无形的，是国际贸易中最隐蔽、最难对付的非关税壁垒之一，是目前各国，尤其是发达国家人为设置贸易壁垒，推行贸易保护主义的最有效手段。发达国家往往凭借它们的技术和经济优势，通过制定技术法规、标准和合格评定程序等方式对进口商品提出苛刻的市场准入要求，给其他国家尤其是发展中国家的出口构成很大障碍。技术性贸易壁垒一般都是以保证产品质量、维护消费者安全和人民健康为理由制定，名目繁多，规定复杂，而且经常变化，甚至制定内外有别的双重标准，使外国商品难以符合要求，从而起到直接限制外国商品的作用。此外，技术法规和标准的执行过程也能间接起到设置贸易障碍、限制进口的作用，这是因为在执行技术法规和标准过程中产生的争议常常会导致复杂的、旷日持久的技术检验调查、取证、辩护和裁定等程序，这既可能使商品销售成本大大增加，也可能使交货期延误或让商品错过销售旺季，从而降低外国商品的竞争力或使其失去市场。

2. 技术性贸易壁垒的构成

世贸组织的《技术性贸易壁垒协议》将技术性贸易壁垒分为技术法规、技术标准和合格评定程序三类。

---

① 本段内容主要参考 2013 年 8 月 2 日《中国国门时报》赵宁宁《壁垒阻碍 出口企业如何闯关》一文。

（1）技术法规。技术法规是指由进口国政府制定、颁布的有关技术方面的法律、法令、条例、规则和章程。技术法规具有法律上的约束力。对于出口国厂商来说，向国外出口商品时就必须考虑并严格遵守进口国制定的技术法规，否则，进口国就有权对违反技术法规的商品限制进口，甚至扣留、销毁，直至提起申诉。例如美国农业部制定了一些强制性标准，肉禽必须附有证书，证明符合美国标准方可进入美国市场。

（2）技术标准。技术标准是经公认机构批准的、非强制执行的、规定供通用或反复使用的产品或相关工艺和生产方法的规则、指南或特性的文件。

（3）合格评定程序。合格评定程序是指依据技术法规和标准，对生产、产品、质量、安全、环境等环节以及对整个保障体系进行全面监督、审查和检验，合格后由国家或国外权威机构授予合格证书或合格标志，以证明某项产品或服务符合规定的标准和技术规范。《技术性贸易壁垒协议》附录 I 对"合格评定程序"的定义为：任何用以直接或间接确定是否满足技术法规或标准有关要求的程序，包括：抽样、检测和检验程序；符合性的评价、验证和保证程序；注册、认可和批准程序以及它们的组合。

合格评定程序包括产品认证和体系认证两个方面。产品认证是指确认产品是否符合技术法规或标准的规定；体系认证是指确认生产或管理体系是否符合相应规定。一般来说，许多产品没有取得认证就无法进入发达国家的市场。认证工作涉及生产、流通、消费领域，是一项复杂的系统工程，对大多数发展中国家的企业来说，要获得国际著名机构的认证是相当困难的。目前，国际上著名的认证有质量认证体系 ISO9000 系列、环境管理认证体系 ISO14000 系列、IEC 电气设备安全标准认证、英国劳氏船舶等级社 LR 认证、欧盟 CE 认证和美国 UL 认证等。

3. 技术性贸易壁垒涉及的领域与环节

技术性贸易壁垒涉及到贸易的各个领域和环节：农产品、食品、机电产品、纺织服装、信息产品、家电、化工医药，包括它们的初级产品、中间产品和制成品，涉及加工、包装、运输、储存和信息处理等环节。下面是对包装环节和信息处理环节技术性贸易壁垒的介绍。

包装环节的技术性贸易壁垒主要体现在对包装和标签的要求。

商品包装成为技术性贸易壁垒的主要原因有三，一是有许多包装物易造成环境污染，二是有些包装材料常带有有毒物质、疫虫和病菌，三是有些包装不适用于专用交通工具的运输，不便流通。所以，各国尤其是发达国家对包装材料的检验检疫越来越严格，进口商品必须符合关于包装的规定，否则不准进口或禁止在市场上销售。

对于广大发展中国家的企业来讲，要把本企业的产品打入国际市场，包装是一个不可忽视的问题。包装能否满足环保和尺寸要求，已经成为企业国际营销谈判的一个重要条款和筹码。美国和新西兰禁止用干草、稻草、谷糠等作为包装或填充材料。在某些情况下，这类包装材料只有在提供消毒证明后，才被允许使用。英联邦的许多国家要求提供包装材料的产地证明，德国和法国禁止进口外形尺寸与本国食品罐头不一致的罐头产品。欧盟的《包装和包装垃圾法令》（EU94/62）要求包装材料的最低回收率目标为 60%，最低再循环率为 55%，这样高的环保要求，不要说发展中国家，即使是欧盟的一些国家也有很大负担。

标签是商品上必要的文字、图形和代号。许多国家的进口商为了保护消费者的利益，尽量向消费者提供产品质量和使用方法的信息，对食品、药品等特殊商品，要求生产商必须标出尽可能多的成分和含量，并规定了项数，达不到规定的项数将被扣留。美国是世界上食品标签法规最为完备、严谨的国家。美国食品和药品管理局（FDA）要求大部分的食品必须标明至少14种营养成分的含量，仅在这一领域，处于领先地位的美国制造商每年要为此多支出10.5亿美元，由此可以想象其他落后国家的出口商的成本压力了，尤其是对没条件进行食品成分分析的国家而言这无疑就是禁止进口性措施了。目前在欧盟最为流行的生态标签OKO-Tex Standard100，是纺织品进入欧洲纺织品市场的通行证。

信息处理环节的技术性贸易壁垒，我们简称信息技术壁垒，是指进口国利用信息技术上的优势，通过制定信息技术应用标准、信息技术应用的法规体系以及合格评定程序，对国际贸易的信息传递手段提出要求，从而造成贸易上的障碍，起到贸易保护的目的。常见的信息技术壁垒有电子商务、电子数据交换（EDI）、条码等。

信息技术壁垒是因国际贸易的需要而产生的。一方面，信息革命和互联网的发展促进了电子商务和电子政务的产生与发展，并促使传统的国际贸易向电子化方向转型。互联网和信息技术能够让外贸业务员利用电脑终端甚至智能移动终端就能觅到商业良机，便利了市场交易，简化了国际贸易程序，降低了交易成本，从而推动国际贸易规模迅速扩大。在外贸电子政务领域，很多国家或地区要求采用电子方式（如EDI）报关，以缩短通关时间。但另一方面，电子商务的成功应用大多是在发达国家，尤其是美国和欧洲，而一些发展中国家由于信息技术发展相对落后，计算机软硬件设备、通信设施以及法规建设都不健全，很难达到EDI的硬性要求。这样，由于各国的信息技术水平存在巨大差异，导致某些国家在利用合理的信息技术之外，单方面地提高技术标准，从而构筑起对信息技术相对落后国家的技术壁垒。

现在在国际市场上，特别是发达国家和新兴工业化国家，已经普遍在商品包装上使用条码标签。商品采用符合国际规范的条码就能在世界各国的商场内销售，让出口商及时掌握产品在国际市场的需求情况、价格动态和其他有关信息，有助于出口商不断改进商品的生产和销售，并最终促进国际贸易的发展。很多国家和地区都限定在商品包装上必须印刷条码，否则不准进口。条码在国际包装上的应用已成为包装现代化的一个重要内容。以前中国很多出口欧美的产品虽然质量很好，但因为包装上没有条码，进不了国外超市，只能成为地摊货压价出售，造成了很大损失。因此条码构成了发达国家对发展中国家产品的一种信息技术壁垒。后来，随着中国物品编码中心在1988年成立，中国有了统一组织、协调、管理我国商品条码、物品编码与自动识别技术的专门机构。1991年中国物品编码中心代表中国加入国际物品编码协会，负责推广国际通用的、开放的、跨行业的全球统一编码标识系统GS1（Globe Standard 1）和供应链管理标准。中国企业开始采用GS1国际标准条码来帮助产品打开国际市场。

作为一种比一维码更高级的条码格式，二维码也开始得到广泛应用。美国、德国、日本等国家，不仅已将二维码技术应用于公安、外交、军事等部门对各类证件的管理，也将二维码应用于海关、税务、交通运输和邮政等与国际贸易相关的部门。中国开发和实施自己的二维码技术，并应用于外贸和相关管理领域是中国产品突破欧美最新信息技术壁垒，促进出口，并构筑中国进口产品安全管理体系的重要一步。

苏州太湖出口大闸蟹可二维码溯源①

根据苏州出入境检验检疫局提供的信息，2013 年前三季度，苏州太湖出口大闸蟹 192 吨，货值 731.3 万美元，并通过二维码识读，解决了出口大闸蟹从产地到出境口岸全过程的追溯问题。

苏州太湖大闸蟹养殖面积约 4.5 万亩，出口的大闸蟹主要销往港澳台地区和新加坡、日本等国。目前，出境食用水生动物检验检疫监管中，还存在源头监管难、养殖过程监控难、出口监装封识防伪性差等问题。为此，苏州出入境检验检疫局将二维码移动技术运用到出口螃蟹检验检疫监管工作上，建立了出口螃蟹二维码溯源系统。溯源系统结合了渔业部门的网围养殖管理系统，将渔业部门的供货证明、养殖日志等信息录入溯源管理系统，再结合出口企业的报检信息，生成起溯源作用的二维码打印于防伪标签，并将该标签加贴在专用塑料锁扣上，对出口大闸蟹外包装进行扣封。口岸检验检疫部门只要对二维码进行识读，就能直接获得大闸蟹监装信息和证书等相关内容，追溯大闸蟹的产区来源、中转包装场、注册养殖场等信息。

可见，监管部门应用二维码信息进入溯源管理系统进行核对，能够确保出口螃蟹是来自注册养殖场，通过了检验检疫机构的监督管理，保证了出口螃蟹的质量安全。

4. 《技术性贸易壁垒协议》

技术性贸易壁垒在一定程度上阻碍了国际贸易的发展，国际社会也出现了协调和规范技术性贸易壁垒的组织与机制。目前比较有影响的是国际标准组织（International Standard Organization，ISO）与区域性技术协调组织，国际公约与双边互认协议也日益发挥重要作用。世贸组织的《技术性贸易壁垒协议》对成员方的技术性贸易措施做出了原则规范，并建立了争端解决机制，成为国际范围内协调技术性贸易措施的最重要机制。

《技术性贸易壁垒协议》（Agreement on Technical Barriers to Trade），简称 TBT 协议，是世贸组织管辖的一项多边贸易协议，是在关贸总协定东京回合同名协议进行修改和补充的基础进行的，由前言和 15 个条款及 3 个附件组成。其主要条款有：总则、技术法规和标准、符合技术法规和标准、信息和援助、机构、磋商和争端解决、最后条款。TBT 协议适用于所有产品，包括工业品和农产品，但如涉及卫生与植物卫生措施，由《实施卫生与植物卫生措施协议》进行规范。此外，政府采购实体制定的采购规则不受 TBT 协议的约束。

TBT 协议对成员方中央政府机构、地方政府机构、非政府机构在制定、采用和实施技术法规、标准或合格评定程序方面分别作出了规定。TBT 协议的宗旨是：规范各成员实施技术性贸易法规与措施的行为，指导成员制定、采用和实施合理的技术性贸易措施，鼓励采用国际标准和合格评定程序，保证包括包装、标记和标签在内的各项技术法规、标准和是否符合技术法规和标准的评定程序不会对国际贸易造成不必要的障碍，减少和消除贸易中的技术性贸易壁垒。这里，技术性贸易措施是指为实现合法目标而采取的技术法规、标准、合格评定程序等。合法目标主要包括维护国家基本安全，保护人类生命、健康或安全，保护动植物生命或健康，保护环境，保证出口产品质量，防止欺诈行为等。

根据 TBT 协议，与该协议有关的贸易磋商和争端的解决应在世贸组织技术性贸易壁垒委

---

① 本案例改写自 2013 年 11 月 13 日中国新闻网孙翔鸣、田雯《苏州太湖出口大闸蟹超 730 万美元，可二维码溯源》，原文链接为 http://www.chinanews.com/df/2013/11-13/5499300.shtml。

员会主持下进行。该委员会由世贸组织各成员方代表组成，每年至少召开一次会议就有关问题进行磋商。该委员会还负责每年发布技术性贸易壁垒措施年度报告，根据世贸组织 2013 年度报告[①]，1995—2012 年成员国共向世贸组织提交了 15 736 项技术性贸易壁垒（TBT）通报、2684 项附件和 485 项与 TBT 通报有关的补遗/勘误，其中 2012 年共提交 1550 项 TBT 通报（含修正通报），比 2011 年增长了 27.4%。

5. 绿色贸易壁垒

绿色贸易壁垒（green barriers to trade），又称绿色壁垒，主要是指一国或地区为了保护自然资源、生态环境和人类健康，通过制定一系列复杂苛刻的环保政策、法规、标准或合格评定制度，对来自其他国家和地区的产品及服务设置障碍。发达国家实施贸易保护，谋取经济利益是绿色壁垒产生的主观原因；全球自然资源匮乏、生态环境恶化和社会公众的绿色需求是绿色壁垒形成社会基础；世界各国在技术水平、环保标准和资金投入等方面的差异是绿色壁垒存在的客观因素。从发展趋势看，绿色壁垒将成为技术性贸易壁垒的主流形式。

绿色壁垒的表现形式多种多样，主要涉及国际环保公约、技术法规、技术标准和认证程序等各个方面，目前已经形成了一个比较完备的体系，具体包括：

（1）国际和区域性的环保公约。20 世纪 60 年代以来，有关环境与资源保护的条约已达 100 余个，我国加入的条约就超过 30 个，如《联合国海洋法公约》《气候变化公约》《生物多样性公约》《保护臭氧层维也纳公约》等。

（2）国家环保法规和技术标准。20 世纪 60 年代以来，各国相继发布了环保法规和国家标准，如德国、英国、法国均有几千项与环保有关的法律法规和国家标准，使其绿色要求合法化，并形成完善的绿色规制体系，如德国于 1992 年公布了《德国包装废弃物处理法令》。这些"绿色"法规有利于环境保护，但同时大大增加了出口商的成本，也为这些国家制造"绿色壁垒"提供了借口。

（3）环境标志制度。环境标志制度是由政府部门或公共、私人团体依据一定的环境标准颁发的图形标签，印制或粘贴在合格的商品及包装上，用以表明该产品不仅质量、功能符合要求，而且从生产到使用以及处理全过程都符合环保要求，对环境和人类健康无害或危害极小，有利于资源的再生产和利用。目前已有数十个国家和地区推行了环境标志制度，如德国的"蓝天使"环境标志认证、日本的"生态标志"认证、北欧四国的"白天鹅"生态认证等。出口产品取得了环境标志意味着获得了进入实施环境标志制度国家市场的"通行证"，但由于环境标志认证程序复杂、手续烦琐、标准严格，增加了外国厂商的生产成本和交易成本，成为他国产品进入一国市场的环境壁垒。

此外，绿色壁垒还有绿色包装和标签要求、ISO14000 环境管理体系认证、绿色饲养、加工和生产方法要求、检验和检疫要求以及环境成本内在化要求等表现形式。现阶段，绿色壁垒主要是以非关税壁垒的形式存在。随着形势的发展，绿色壁垒也将以关税壁垒的形式存在，如美国和欧盟正在计划实施的碳关税就属于绿色壁垒的范畴。

6. 蓝色贸易壁垒

蓝色贸易壁垒（blue barriers to trade）又称"蓝色壁垒""劳动壁垒"或"社会责任壁垒"，

---

① WTO. Annual Report 2013，http://www.wto.org/english/res_e/publications_e/anrep13_e.htm。

是指以劳动者的劳动环境和生存权利为借口采取的贸易保护措施。蓝色壁垒是一种新型技术性贸易壁垒，由社会条款而来。社会条款并不是一个单独的法律文件，而是对国际公约中有关社会保障、劳动者待遇、劳工权利、劳动标准等方面规定的总称，与公民权利和政治权利相辅相成。

蓝色壁垒最典型的代表是SA8000社会责任国际标准，它是由美国经济优先权委员会（简称SAI）于1997年最先制定并实施的。SAI由来自11个国家的20个大型商业机构、非政府组织、工会、人权及儿童组织、学术团体、会计师事务所及认证机构组成。SA8000标准在童工、强迫性劳动、组织工会的自由与集体谈判的权利、歧视、惩戒性措施、工作时间、工资、健康与安全、管理系统等领域制定了最低要求，一经产生就得到了西方发达国家的大力支持，成为最重要的认证标准之一，并成为蓝色壁垒的代名词。SA8000标准以尊重人权、保障人类健康和安全为目的，应该说有其合理性的一面，但另一方面，由于它具有很强的操作性，容易被滥用来实施贸易保护，从而影响到贸易的正常秩序并演化为一种新形式的贸易壁垒。

蓝色壁垒主要有6种表现形式：①对违反国际公认劳工标准的国家的产品征收附加税；②限制或禁止严重违反基本劳工标准的产品出口；③以劳工标准为由实施贸易制裁；④跨国公司的工厂审核（客户验厂）；⑤社会责任工厂认证；⑥社会责任产品标志计划。

蓝色壁垒增加了企业成本，削弱了出口产品的国际竞争力。实施SA8000标准对企业成本的影响主要体现在两个方面：一是认证成本，要获取SA8000认证，企业需要承担一笔不菲的认证费用，与ISO系列相比费用更高；二是整顿成本，为了迎接认证，企业必须在改善劳工的工作条件、提高工资等方面投入更多费用。此外，按常规获取SA8000认证一般需要1年时间，证书有效期为3年，每6个月复查一次。因此，争取SA8000认证对出口企业而言要耗费很多时间、精力以及管理费用和成本。

蓝色壁垒是社会、经济、科技发展的产物。在关贸总协定谈判和贸易自由化进程中，传统的贸易壁垒受到了很大的限制，而蓝色壁垒更隐蔽，其包含的道德因素使其更为大众所认同。因此，这种具有复杂性、政治性、不确定性的劳工标准，一出现就成为发达国家实行贸易保护政策的最佳选择之一。蓝色壁垒主要针对的是具有廉价劳动力优势的发展中国家，这些国家以大量廉价产品冲击发达国家市场，使发达国家国内的纺织品、服装、玩具、鞋类等相关行业工人因此失业或工资水平下降。发达国家为了保护国内市场、减轻政治压力，日益加重了对发展中国家劳工条件及劳工环境的批评指责，一些地区性行业乃至全国、全球性行业组织和非政府组织纷纷参与制定相关规则，以求获得贸易自我保护。此外，"血汗工厂"案例的大量涌现，引起了许多发达国家公众的强烈不满与关注，甚至出现了"不买运动"。现在发达国家消费者在购买产品时不仅关注产品的质量与安全性，还开始更多地关注起产品是在哪里生产，是什么人在什么样的劳动环境与劳动条件下生产出来的，以此决定是否购买。这种行为促使政府与企业在进口产品时加强了对劳工标准的审核，这也是发达国家设置蓝色壁垒时不容忽视的一个社会因素。最后，由于全球化的发展中劳工问题全球化，劳工问题与反全球化运动相结合，使得国际组织与非政府组织对劳工待遇日益重视，都急于寻求一个趋同的国际劳工标准，以促进全球化的稳定发展。然而，由于各国经济发展水平不同，很难提出一个适用于全球约200个国际贸易参与国的工资、工时、职业安全和卫生、社会保障等标准，这为大多数发达国家提供了强行推广其劳工标准的借口，堂而皇之地打着保护劳工利益和企业社会责任的幌子实施贸易保护行为。

二、卫生与植物检疫措施

1. 卫生与植物卫生措施的含义

根据《实施卫生与植物卫生措施协议》，卫生与植物卫生措施（sanitary and phytosanitary measures），简称SPS措施，是针对食品安全和动植物健康所采取的，直接或间接影响国际贸易的卫生与动植物检验检疫措施，包括：

（1）保护成员领土内的动物或植物生命健康免于受到病虫害和致病生物传入、定居或传播风险的措施；

（2）保护成员领土内的人类或动物生命健康免于受到食品、饮料或饲料中的添加剂、污染物、毒素或致病生物风险的措施；

（3）保护成员领土内的人类生命健康免于受到由动植物或动植物产品携带的病虫害传入、定居或传播风险的措施；

（4）防止或限制成员领土内因虫害传入、定居或传播所产生的其他损害的措施。

从产品范围看，SPS措施主要与农产品和食品有关。近几十年来，国际上发生的疯牛病、禽流感等食品安全和动植物健康事件造成了国际食品安全信任危机；同时，随着世贸组织谈判的逐步推进，利用关税措施调节农产品贸易的操作空间受到明显挤压，因此各国更加积极地实施和利用SPS措施来调节农产品贸易。

2. 实施卫生与植物卫生措施协议

《实施卫生与植物卫生措施协议》（Agreement on the Application of Sanitary and PhytoSanitary Measures，SPS协议）是在关贸总协定乌拉圭回合达成的一项协议，隶属于世贸组织多边货物贸易协议项下。SPS协议既是单独的协议，又是《农业协议》的第八部分。乌拉圭回合以前，没有独立的SPS协议存在，对SPS措施的规定在很大程度上为东京回合所达成的TBT协议所涵盖。但在乌拉圭回合，SPS协议与TBT协议相分离，成为一个单独的附属协议。

SPS协议由前言、14条正文和3个附件组成，主要条款有：总则，基本权利和义务，协商，等效，风险评估和适当的卫生与植物卫生保护水平的确定，适应地区条件包括适应病虫害非疫区和低度流行区的条件，透明度，控制、检查和批准程序，技术援助，特殊和差别待遇，磋商和争端解决，管理，实施和最后条款。

SPS协议明确承认每个成员制定保护人类生命与健康所必须的法律、规定和要求的主权，但是要保证这种主权不得滥用于保护主义，不能成为贸易壁垒和惩罚措施。协议规定各成员政府有权采用卫生与植物卫生措施，但只能在一个必要范围内实施以保护人类及动植物的生命及健康，而不能在两个成员之间完全一致或相似的情况下，采取不公正的差别待遇。协议还鼓励各成员根据国标标准、指导原则和规范来建立自己的卫生与植物卫生措施。世界贸易组织根据协议规定，设立了卫生与植物卫生措施委员会（简称SPS委员会），负责协议的实施。

3. SPS措施的界定

为维护本国人类和动植物健康、国家安全、经济秩序等，各国实施了大量技术性措施，主要包括TBT措施与SPS措施。为了平衡这些措施的必要性及其对国际贸易形成的阻碍，在世贸组织框架下产生了两个重要的多边协议：TBT 协议与 SPS 协议。

TBT 协议早于 SPS 协议。TBT 协议与 SPS 协议均支持各成员实施为保护人类、动物、植物的生命或健康而采取的必须措施。TBT 协议明确规定了技术法规的制定和实施的根本原则是"不得对国际贸易造成不必要的障碍"，SPS 协议则要求"在风险分析的基础上制定必要的保护人类、动植物的措施，以便使其对贸易的影响降到最低，促进动植物及其产品国际贸易的发展"。两个协议都含有非歧视基本义务、提前通报拟议措施、设立咨询点等规定。

两者的根本区别在于各自的管辖范围不一样。SPS 协议涉及食品安全、动物卫生和植物卫生三个领域，而 TBT 协议涉及范围要广得多，除去与上述领域有关的 SPS 措施外，所有产品的技术法规和标准都受 TBT 协议管辖。由于 SPS 协议的存在，TBT 协议未涉及 SPS 措施问题。例如一项对进口水果进行处理以防止害虫传播的措施与 SPS 协议相关，而处理进口水果质量、等级和标签特性的措施则受 TBT 协议管辖。再如进口瓶装水的制瓶材料应该对人无害，且所装水应保证不受污染等规定属于 SPS 协议管辖，而瓶子标准体积大小及形状是否符合超市货架摆放和展示的规定则归 TBT 协议管辖。

此外，TBT 协议所指的国际标准是由国际标准化组织（ISO）和国际电工委员会（IEC）制定的标准，SPS 协议所指的国际标准是由国际食品法规委员会（CAC）、国际植物保护公约组织（IPPC）和世界动物卫生组织（OIE）制定的标准。两者确定的原则也不同，根据 SPS 协议，在制定 SPS 措施，尤其是与国际标准不一致的 SPS 措施时，要严格遵守科学依据原则，但对于为了维护国家安全、防止欺诈等所制定的 TBT 措施来说，科学就不是唯一依据了。另外，两者非歧视原则的落实不同，TBT 协议要求在最惠国待遇和国民待遇基础上实施 TBT 措施，而 SPS 协议规定，只要不在情形相同或者类似的成员之间构成武断或者不合理的歧视，成员就被允许采取存在差异性的 SPS 措施。最后，SPS 协议规定在病虫害有立即蔓延的危险而缺乏足够的科学证据时，成员可以暂时采取限制进口的措施作为预防，而 TBT 协议没有规定这样的暂时措施条款。

因此，在明晰这两种措施区别的基础上，一些学者倾向于将 SPS 措施认定为是被"特定化"的 TBT 措施，当 SPS 协议可以适用时，TBT 协议不再适用。

4. SPS 贸易壁垒判定标准

当发达国家和部分发展中国家开始越来越频繁地将 SPS 措施作为进出口贸易控制的手段，甚至作为拒绝别国产品进入本国市场的借口时，SPS 措施就构成了贸易壁垒。

从主观原因上分析，实施国可以利用 SPS 措施增加进口产品的成本、削弱进口产品的竞争优势，甚至将进口产品完全排除在本国市场之外，从而给予国内生产者有利的竞争地位，甚至导致其垄断市场。许多学者认为发展中国家与发达国家之间的经济和技术水平差异导致发达国家成为相关贸易谈判的主导方和获利者。一方面，发达国家是国际标准制定进程的主要推动者，在标准制定过程中力求反映本国需求，导致某些国际标准对发展中国家过于严苛；另一方面，发达国家利用 SPS 协议中的暂时措施和"保护水平可以高于国际标准"等例外规定来实施过高标准，增加发展中国家的成本，或者将发展中国家的产品挡在门外。

SPS 贸易壁垒产生的外部客观原因则有：世贸组织谈判推进关税削减进程，一些国家转而利用形式上"合法"的 SPS 措施对进口进行控制；SPS 措施涉及范围广，有些领域国际标准缺位；SPS 措施技术性强且不断发展变化；SPS 措施透明度差；各国 SPS 体系差异明显；利用世贸组织多边框架下的争端解决机制解决 SPS 措施争端历时较长等。

一般认为，判断 SPS 措施是否构成贸易壁垒的标准包括：是否为保护人类或者动植物生命和健康所必须；是否建立在科学依据上并有科学的风险评估过程；是否对国内外企业平等适用；是否有贸易扭曲作用较小的可选替代措施；是否遵守透明度原则和对等原则；是否符合国际标准；是否给发展中国家足够的执行准备时间等。

5. SPS 贸易壁垒作用机制

SPS 措施对农产品贸易的影响主要通过控制进口产品数量和削弱进口产品价格竞争力两种方式体现。控制进口产品数量指进口国规定只有符合本国相关 SPS 措施要求和标准的农产品和食品才能进入本国市场，这样本国 SPS 措施标准的高低和实施的严格程度就起到控制进口数量的作用。削弱进口产品价格竞争力是指进口国以保护本国国民和动植物安全与健康为由，对进入本国的他国农产品和食品的质量、生产加工过程、运输环节、包装标签、检验证书等提出一系列 SPS 措施要求，出口国的生产商为达到这些要求不得不在生产、包装和运输等环节增加投入，从而导致出口成本增加，国际竞争优势被削弱。

此外，SPS 措施还可以通过其他一些途径影响农产品贸易，包括：利用冗长繁复的检验检疫程序影响进口产品的新鲜程度，以削弱其在进口国的质量竞争力；通过 SPS 措施的制定和宣传引导消费者的选择偏好，为本国产品制造竞争优势等。

三、装船前检验和其他手续

装船前检验（pre-shipment inspection，PSI），1995 年之前也被称为"全面进口监管计划"，是指由进口国政府有关部门，如中央银行、财政部、商业部、外贸部、海关等联合颁布法令，指定一家或数家跨国检验机构对本国进口货物实行强制性的装船前检验，将指定检验机构签发的清洁报告书作为银行付汇、海关放行和征税的有效凭证之一。

装船前检验是世贸组织框架下的一种法定进口贸易核查措施。进口国政府实施装船前检验的主要目的是：

（1）防止商业欺诈行为，保证进口产品质量；

（2）防止资本外流和偷逃关税、套汇等不法行为；

（3）防止走私及禁止违禁物品输入；

（4）弥补行政管理机构的不足。

现在世界上有近 30 个国家（地区）实行这一制度，主要是一些比较贫穷落后的亚非拉国家，其中大部分为非洲国家，如安哥拉、孟加拉国、贝宁、布基纳法索、中非共和国、乍得、刚果（金）、刚果（布）、毛里塔尼亚、布隆迪、喀麦隆、科摩罗、科特迪瓦、几内亚（科纳克里）、赤道几内亚、海地、利比亚、马里、莫桑比克、塞内加尔、尼日尔、乌兹别克斯坦、伊朗。

装船前检验的主要内容包括：

（1）检验货物的品质、数量、重量、包装等与检验授权文件的符合性，必要时对经检验合格的货物进行监视装载；

（2）核查货物海关编码（HS Code）；

（3）评估货物价格以便进口国准确征税；

（4）签发检验证书。

未经装船前检验的货物进入实施装船前检验的国家，到港后的后果是进口商被海关处以1～2倍货物 FOB 价值的罚款，或货物被退回出口国，或货物到指定港口卸货实施检验检疫。

装船前检验的检验时间是在货物备齐后发货前，检验地点根据实际情况，可以在生产厂家、仓库、集装箱场站等地，如果有监督装箱要求，则应在装箱地点进行。装船前检验内容根据进口国家的要求有所不同，一般是根据信用证、形式发票、合同等，对货物的品质、规格、数量/重量、包装、唛头进行检查，有的国家要求监装，有的不要求。

装船前检验的检验流程一般是进口商先在进口国的相关部门（如财政和银行部门）及驻进口国的国际检验机构进行申请，然后检验指令会转到国际检验机构在货物出口国的分部，分部会联系出口商，确认检验时间。

实施装船前检验的机构，根据进口国家的规定有所不同，一般都是国际认可的检验鉴定机构，如中国检验认证集团（CCIC）、必维国际检验集团（BV）和瑞士通用公证行（SGS）等。

装船前检验在一定程度上消除了信息的不完全，对国际贸易有积极的促进作用，但同时也可能成为贸易保护主义和贸易歧视的一种手段。比如，某些国家为某些商品的装船前检验规定了过分复杂的手续，进行不必要的拖延，或者针对不同的贸易对象执行差别待遇，导致变相的贸易壁垒，阻碍或扰乱了国际贸易的正常进行。为了消除以上问题，同时解决国际上就装船前检验缺乏统一标准和透明度的作法，关贸总协定乌拉圭回合谈判就削减成员间非关税壁垒达成了一项新的协议，即世贸组织的《装船前检验协议》。

除了装船前检验外，还有部分国家要求进行符合性证书认证、目的港检验、指定商检 CIQ 等强制性检验或认证。

符合性证书（certificate of conformity，COC）是一些国家的强制要求。货物如果要出口到沙特、叙利亚、伊拉克、科威特等中东国家，以及非洲国家肯尼亚、赞比亚、阿尔及利亚、尼日利亚，进口国海关会要求进口商必须提供经承认的国际认证公司对该批货物出具的符合性证书。沙特阿拉伯标准组织（Saudi Arabian Standards organization，SASO）就规定，每一批进口货物必须要有符合性证书。这些国家在要求做符合性证书认证的同时也要求做装船前检验，只不过装船前检验由进口商在进口国申请，得到检验编号后提供给出口商，由出口商联系进口国授权机构安排验货，而符合性证书认证则由出口商于发货前在出口国提出申请，并由出口商付费。

目的港检验（destination inspection，DI），是加纳、多哥、坦桑尼亚、厄瓜多尔等国实施的法定检验。进口货物需要通过进口国目的港的检验，即由进口国国认可的检验机构如 ITS 或 COTECNA，在进口海关处完成检验，才能获准进口。

指定商检 CIQ 是指出口到埃及、埃塞俄比亚和塞拉利昂的货物需要由这些国家政府指定的出口国商检机构在出口国对货物进行检验检疫和监装，并出具检验检疫证书（certificate of inspection and quarantine，CIQ），才可以在进口国海关办理进口清关手续。根据我国与这些国家签订的协议，在我国出具 CIQ 证书的机构是商检局。

卫生与植物卫生措施是指针对食品安全和动植物健康所采取的，直接或间接影响国际贸易的卫生与动植物检验检疫措施，是国际贸易的一种技术性措施。

《实施卫生与植物卫生措施协议》，简称SPS协议，隶属于世贸组织多边货物贸易协议项下，在多边层面统一规范各国与贸易有关的检验检疫措施。由于各国发展水平状况有很大差异，SPS协议从宏观角度对缔约国设定了权利和义务。就协议中"科学依据"、"风险评估"、"适当的保护水平"、"降低对贸易的限制"的规定而言，虽然通过国际社会的努力，国际组织的增多，"国际标准"已经越来越多，起到了很好的指导和协调作用，但是各国不可能有能力采取统一的或相似的技术标准，协议也只是提倡鼓励，并没有要求成员国一定要适用国际标准。事实上，在发生争端的个案中，各国往往有自己的标准，对协议有自己的理解，因此它们采取的SPS措施往往无法满足世贸组织专家小组或上诉机构在理解协定规则时所认定的一些客观标准而被判决违反了协议的规定。

第三节　非技术性措施

综合媒体报道，继美国对我国光伏企业展开"双反"调查之后，欧盟对我国光伏企业也展开了"双反"诉讼。2012年7月24日，以SolarWorld为首新成立的欧洲光伏制造商联盟（EUProSun），针对我国光伏制造商的"倾销"行为向欧盟委员会提起诉讼。9月6日，欧盟委员会发布公告，对从我国进口的光伏板、光伏电池以及其他光伏组件发起反倾销调查。9月25日，EUProSun向欧盟提起申诉，指控我国的光伏企业获得政府补贴，并要求对其产品征收惩罚性进口关税。11月8日，欧盟正式启动对华光伏产品反补贴调查。

2013年5月22日，我国机电产品进出口商会发表声明称，机电商会代表中方业界向欧盟委员会提交价格承诺谈判方案，但欧委会直接回绝了方案，也未回应谈判工作组提出的问题和解释。至此，中欧围绕欧盟对华光伏"双反"的价格承诺问题首轮谈判宣告破裂。5月23日，我国商务部率团紧急赴欧，向欧委会就价格承诺问题再次进行磋商。5月24日，欧盟成员国内部就欧委会对华光伏征税建议案进行书面投票表决。结果，以德国为首的18个国家反对对华光伏"双反"议案，只有法国、意大利、立陶宛和葡萄牙4个国家投了赞成票，另有5国弃权。值得注意的是，最初提起对华光伏反倾销申请的是德国企业，但德国总理默克尔却多次在公开场合表示，将不遗余力阻止欧盟向我国光伏产品征收惩罚性关税。5月26日，国务院总理李克强在访问德国时也强调我国政府坚决反对欧盟对华光伏产品的"双反"调查，希望通过对话磋商妥善解决问题，而不是打贸易战。

尽管大部分欧盟国家表示反对，但欧委会仍执意对华挥起了反倾销大棒。2013年6月4日欧委会宣布，欧盟将从2013年6月6日起对产自我国的光伏产品征收11.8%的临时反倾销税，如果双方未能在8月6日前达成妥协方案，届时反倾销税率将升至47.6%。针对欧委会这一决定，2013年6月5日，我国商务部宣布启动对欧盟葡萄酒反倾销和反补贴调查程序。

2013年8月2日，欧委会宣布中欧光伏贸易争端以"价格承诺"协议的形式达成"友好解决方案"，我国企业每年可向欧盟出口7吉瓦的光伏组件配额，配额内的产品将不征收双反税，但需要承诺价格不低于0.56欧元/瓦。有94家我国光伏企业参与了"价格承诺"，这些企业自8月6日起无需再缴纳双反税。没有参与"价格承诺"的我国光伏企业，将向欧盟缴纳高达47.6%的反倾销税。根据欧盟法律规定，对倾销行为应设置相应的反倾销税，以抵消倾销对欧洲产业造成的损害，但如果最低价格承诺可以达到同样的效果，法规也允许这一方式。

2013年12月5日，欧委会发布欧盟光伏反倾销与反补贴案终裁公告，双反措施和价格承诺自2013年12月6日起正式生效，期限2年，除价格承诺企业外，对我国光伏组件与电池征收47.7%~64.9%不等的双反税。已于8月6日生效的价格承诺继续有效，承诺企业增至121家（新加入27家），占调查期内我国对欧盟出口总额的80%左右。此次价格承诺同时涵盖反倾销与反补贴案件，涉案产品范围排除硅片。如此一来，我国只有两成的光伏企业的光伏组件与电池出口欧盟会被征收双反税。

至此，这场历时一年多，被称为欧盟史上涉案金额最大（超过220亿欧元）的贸易摩擦"和平落幕"。路透社在分析达成价格承诺协议的原因时称"由于担心激怒我国，失去在世界第二大经济体的商机，以德国为首的多数成员国对征税计划表示反对，这才有了现在的妥协方案。"

据了解，我国和欧盟就光伏产品争端达成价格协议后，我国对欧出口量占我国光伏总出口量的比重已从70%下降到不足30%，我国光伏企业则经历了破产、重组、淘汰落后产能，并转为重点开发国内、日本、东南亚、南美、中东等新兴光伏市场。同时，我国向欧盟出口光伏产品的企业从2012年的近300家下降到2013年的100多家，但是现在这些企业出口欧盟的利润比原来要高。0.56欧元/瓦的价格高于此前我国出口欧盟组件价格的10%~15%，而且在价格承诺协议中，欧盟客户将资金到位后，我国企业才发货，也避免了许多企业货款回收的资金压力。

与美国对我国光伏企业征收反倾销税和反补贴税的结果不同，我国与欧盟就光伏双反达成了一定程度的和解，和解方案混合了"价格承诺"、"配额"与"双反税"，请问这些措施分别属于什么性质的贸易壁垒？

一、价格控制措施

价格控制措施（price-contol measwres）是指对进出口的货物或服务强制执行限定价格的措施。价格控制之所以成为非关税贸易壁垒，是因为某一限定的价格把进出口货物或服务的价格提高到足以限制或阻止其进口的水平之上。价格控制措施主要有以下几种。

（1）最低限价（minimum import prices）。指进口国对某些产品如纺织品、服装的进口预先确定一个最低进口价格。低于该价格的进口会被禁止或被要求交纳额外关税或其他额外费用。最低限价也称门槛价格。

（2）参考价（reference prices）。指进口国预先确定一个进口价格作为判定进口价格的参考。例如农产品的参考价就是基于农场交货价格，农场交货价格是农产品离开农场时扣除了营销成本的净价。

（3）自愿出口价格限制（voluntary export-price restraints）。指按照进出口方达成的协议，出口方承担遵守协议所确定的最低价格的义务，以避免与主要进口国间的贸易摩擦。

（4）价格调查（price investigation）。指进口国政府对某些产品的进口价格或出口国不正当贸易行为的指控进行调查，不管调查的结果是否对出口国有利，调查本身已经起到了壁垒作用。

（5）海关额外费用（customs surcharges）。指除关税以外，海关特设的只针对进口产品征收的费用，目的主要是为了增加财政收入或保护本土产业。

（6）与政府服务有关的其他税费（additional taxes and charges levied in connection to services provided by the government）。指除关税和海关额外费用以外，与政府提供的服务有关的对进口产品另外征收的税费，如商品处理或储存费、外币兑换税、印花税、进口许可证费、领事发票费、统计税、船舶吨税等。对国内产品没有相应的类似收费。

（7）专断的海关估价（decreed customs valuations）。是指某些国家的海关为了达到增加进口货的关税负担、阻碍商品进口或征收关税的目的，人为地高估进口货物的完税价格。用专断的海关估价来限制商品的进口，美国最为突出。长期以来，美国海关是按照进口商品的外国价格（进口货在出口国国内销售市场的批发价）和出口价格（进口货在出口国市场供出口用的售价）两者之中较高的一种进行征税。这实际上提高了缴纳关税的税额。

二、数量控制措施

一国实施数量控制措施（quantity control measures）的目的主要是为限制进口产品的数量，而不论进口产品来自何处。数量控制措施可采取非自动进口许可证、配额、禁令等形式。这里的数量控制措施不包含因卫生、检验检疫或技术标准等原因而采取的非自动进口许可证、禁令等措施，它们应归为上一节中的 SPS 措施或 TBT 措施。

关贸总协定在原则上是禁止采用数量控制措施的。关贸总协定规定任何缔约国除征收捐税或其他费用外，不得设立和维持配额、进出口许可证或其他措施以限制或禁止其他缔约国领土产品的输入或本国向其他缔约国领土输出产品。但关贸总协定同时又同意对农渔产品实行必要的数量限制，并对因国际收支和保护幼稚产业而实施的数量限制作了规定，允许成员国为保障其对外金融地位和维持国际收支平衡，以及由于实施旨在提高就业水平和发展本国经济的国内政策，而在外汇储备严重下降的情况下，可以采用数量限制。关贸总协定还规定实施数量限制不得采取歧视性做法，即不能只针对某一特定国家或来源的进口商品实施。

（一）非自动进口许可证

进口许可证制度是指一国为加强对外贸易管制，规定某些商品的进口需由进口商向进口国有关当局提出申请，经过审查批准获得许可证后方可进口的一种制度。进口许可证分为自动进口许可证和非自动进口许可证。

自动进口许可证（automatic import-licensing）是指把进口许可证毫无数量限制地签发给进口商，凡列入许可证项下的商品清单中的货物，进口商只要申请，就可进口。自动进口许可证主要用来进行统计和监督，为政府提供可能损害国内工业的重要产品的进口情况。

非自动进口许可证（non-automatic import-licensing），又称特种进口许可证，是指对列入特种进口许可证项下的商品，进口商必须向有关当局提出申请，经逐笔审核批准并发给许可证后，才得以进口。非自动进口许可证按照其与进口配额的关系分为两种。一种是有定额的进口许可证，即进口国预先规定有关商品的进口配额，然后在配额的限度内，根据进口商的申请对每笔进口货物发给一定数量或金额的进口许可证，配额用完即停止发放。这是一种将进口配额与进口许可证相结合的管理进口的方法，通过进口许可证分配进口配额。另一种是无定额的进口许可证。这种许可证不与进口配额相结合，即预先不公布进口配额，只是在个别考虑的基础上颁发有关商品的进口许可证。由于这种许可证的发放权完全由进口国主管部门掌握，没有公开的标准，因此更具有隐蔽性，给正常的国际贸易带来了困难。

非自动进口许可证是非关税壁垒的一种常见手段。关贸总协定鉴于这种措施的普遍性，并未明文规定予以禁止，但要求其实施应该以公正、透明和可预见的方式进行，且不得在其应发挥作用的贸易限制之外再制造额外的贸易限制或有其他扭曲贸易的作用。

（二）进口配额

进口配额（import quotas）又称进口限额，是一国政府对于某些商品的进口数量或金额加以直接限制，超过配额的商品不许进口，或被征收较高的关税或罚款才能进口。进口配额按不同的标准，有不同的分类法。

1. 按控制的力度和调节手段分

按控制的力度和调节手段，进口配额可分为绝对配额和关税配额。

绝对配额（absolute quotas）是一定时期内对某些商品的进口数量或金额规定一个最高限额，达到这个限额后，便不准进口。

关税配额（tariff quotas）是指在一定时期内，对商品的进口数量或金额规定一个限额，对于限额之内的进口商品给予低关税或免税待遇，对于超过限额的进口商品则征收高关税或附加税或罚款后再允许进口。许多发达国家和发展中国家都对农产品实施关税配额管理。例如商务部规定，中国 2013 年食糖进口关税配额总量为 194.5 万吨，其中 70%为国营贸易配额，配额内的食糖进口实行 15%的最惠国关税税率，配额外的食糖进口实行 50%的最惠国关税税率[①]。

与关税配额相比，绝对配额限制更严，也更容易招致不满和报复。

2. 按商品的进口来源分

按商品的进口来源分，进口配额可分为全球配额、国别配额和进口商配额。

全球配额（global quotas）是属于世界范围的配额，对于来自任何国家或地区的商品一律适用。全球配额对货物来自哪些国家和地区不加限制，其方法是由主管当局按照进口商申请的先后或按以往的实际进口额发放一定的额度，直到总配额发放完为止。

国别配额（country quotas）是将总配额按国别和地区来分配一定的额度。为了区分来自不同国家和地区的商品，在进口时进口商必须提交原产地证明书。与全球配额不同的是，实行国别配额可以很方便地贯彻国别政策，具有很强的选择性和歧视性，进口国可根据其与其他国家的政治经济关系分别给予不同的额度。

进口商配额（importer quotas）是进口国政府把某些商品的配额直接分配给进口商。进口国为了加强垄断资本在对外贸易中的垄断地位和进一步控制某些商品的进口，将某些商品的

① 见商务部 2012 年第 59 号《关于〈2013 年食糖进口关税配额申请和分配细则〉的公告》，http://www.mofcom.gov.cn/aarticle/b/c/201209/20120908362118.html。

进口配额在少数进口商之间进行分配。

3. 按实施的时间分

按实施的时间分，进口配额可分为永久配额、季节配额和临时配额。

永久配额（permanent quotas）是常年实施的，没有确切终止日期的配额，一年中的任何时候都可以申请。

季节配额（seasonal quotas）是常年实施的，没有确切终止日期的配额，但一年中只有给定的一段时间可以申请。

临时配额（temporary quotas）是指配额的实施有明确的时间期限，往往只有 1～2 年的时间。

（三）进口禁令

进口禁令（import prohibition）是一国政府对贸易采取的一种极端措施。为了解决经济贸易困难或因为其他原因，当一国政府感到通过其他方式无法阻止进口时，往往会颁布法令，禁止进口某些商品。一般而言，在正常经贸活动中，禁止进口的极端措施不宜贸然采用，因为这极可能引发别国报复，从而酿成越演越烈的贸易战。

进口禁令可以分为完全进口禁令、季节进口禁令和临时进口禁令。

完全进口禁令（full prohibition）是指没有任何附加条件或资格的对某种商品的进口禁令。

季节进口禁令（seasonal prohibition）是指一年中有某一时段禁止进口某种商品，通常用于农产品，因为禁止进口的这段时间本国同类产品出产丰裕。

临时进口禁令（temporary prohibition）是指由于特殊缘由在给定的时期内禁止进口某种商品，包括暂停发放进口许可证。

进口禁令还有禁止从特定来源国进口、禁止敏感产品进口、禁止旧货和返修货进口、禁止大批量进口等形式。其中禁止大批量进口是指商品不得仅仅装入大型包装容器，而必须装入小型零售包装中才可以进口，此举能增加单位商品的进口成本。

除了经济原因引起的进口禁令，还有宗教、道德、文化和政治原因导致的进口禁令，如禁止色情书刊进口或因为报复某国的核弹试验而禁止从该国进口商品。

（四）自动出口限制

自动出口限制（voluntary export restraints），又称自动出口配额制，是指出口国在某进口国的要求和压力下，"自动"规定某一时期内（一般 3～5 年）某些商品对该进口国的出口限额，在该限额内自行控制出口，超过限额即禁止出口。

自动出口配额制和进口配额制虽然从实质上都是通过数量限制来控制进口，但仍有许多不同，主要表现在：①从配额的控制方面看，进口配额制由进口国直接控制进口配额来限制商品的进口，而自动出口配额制则由出口国直接控制配额，限制一些商品对指定进口国的出口，因此是一种由出口国适时地为保护进口国生产者而设计的贸易政策措施；②从配额表现形式看，自动出口配额制表面上好像是出口国自愿采取措施控制出口，而实际上是在进口国的强大压力下采取的，并非真正出于出口国的自愿；③从配额的影响范围看，进口配额制通常应用于一国进口商品的大多数供给者，而自动出口配额制仅应用于几个甚至一个特定的出口国，具有明显的选择性，那些未包括在自动出口配额制协议中的出口者，可以向进口国继续增加出口。

自动出口配额制有非协议的自动出口配额和协议的自动出口配额两种形式。非协议的自动出口配额是指出口国政府并未受到国家间协议的约束，自动单方面规定对有关国家的出口限额。协议的自动出口配额是指进口国与出口国通过谈判签订自动出口限制协议或有秩序销售协议，规定一定时期内某些商品的出口配额。

三、超关税措施

超关税措施（para-tariff measures）是指以类似于关税的方式来增加进口产品成本的措施，比如征收一定百分比或固定金额的税费。超关税措施中最常见的是国内税。

国内税（internal taxes）是指一国政府对进口商品征收该国国内产品在流通过程中所纳税种的税金，例如对一般产品征收的消费税、营业税、增值税，对特定产品征收的奢侈品税、烟草税、酒类消费税等。此外，一些国家还对敏感产品征收国内税或其他国内费用，如排放费、（敏感）产品税和行政费，例如对汽车产品征收的二氧化碳排放费。一些国家往往采取国内税制度增加进口商品的纳税负担，以保护本国产品的竞争力，抵制进口商品的输入。例如，美国、日本和瑞士对进口酒精饮料征收的消费税都多于本国产品。

虽然关贸总协定（1994）第三条第 1、2 款中规定：国内税和其他国内费用，影响产品的国内销售、兜售、购买、运输、分配或使用的法令、条例和规定，以及对产品的混合、加工或使用须符合特定数量或比例要求的国内数量限制条例，在对进口产品或本国产品实施时，不应用来对国内生产提供保护；一缔约国领土的产品输入到另一缔约国领土时，不应对它直接或间接征收高于对相同的国内产品所直接或间接征收的国内税或其他国内费用，同时缔约国不应对进口产品或国内产品采用其他与本条第一款规定的原则有抵触的办法来实施国内税或其他国内费用。但是，由于国内税的制定和执行属于本国政府或地方行政机构的权限，是一国的内政，因此国内税比关税灵活得多，可以巧立名目，具有一定的伪装性，是一种更隐蔽的贸易限制手段。有时一国对同一种商品，因为由不同国家生产，所征国内税可以差别很大。例如法国曾经对引擎为 5 马力汽车每年征养路税 12 美元，而对于引擎为 16 马力汽车每年征养路税高达 30 美元，当时法国生产的最大型的汽车为 12 马力，而进口汽车多为 16 马力的汽车。

四、金融措施

金融措施（finance measures）是指用来管制进口外汇的获取及外汇成本，或规定付款方式的措施，主要有以下几项。

1. 进口押金制

进口押金制（advance payment requirement）指一国政府要求进口商在收货前，或提交进口申请及开立信用证时，将一定金额的货款或进口关税预存至指定银行，包括：

（1）进口货款押金制（advancing import deposit），又称进口存款制，是指进口商在开立信用证前或收货前，必须预先按进口金额的一定比率，于规定的时间在指定的银行无息存储一笔现金的制度。进口国可按进口商品的种类和性质，或按进口商品所属的国别和地区，来规定押金的收取比例。这种制度无疑加重了进口商的资金负担，其作用是政府可从进口商获得一笔无息贷款，进口商则因周转资金减少并损失利息收入而减少进口，从而达到限制进口的目的。

（2）进口关税押金制（advance payment of customs duties），指政府要求进口商提前预付

全部或部分的进口关税，且对这笔押金不计息。比如在货物到达进口口岸三个月前就预付估算出的全部关税税额。

（4）可返还存款（refundable deposits），指政府针对敏感商品（如冰箱）要求其进口商存一笔款项至指定银行，当已使用的商品或容器被回收时，该笔款项将被返还。

2．多重汇率

多重汇率（multiple exchange rates），又称复汇率，是外汇管制的一种产物，指一种货币（或一个国家）有两种或两种以上汇率，不同的汇率用于不同的国际经贸活动。在不同的历史时期，多重汇率制成为少数工业国和某些发展中国家的经济政策工具。例如德国在20世纪30年代曾对战备物资的进口给予较优惠的汇率，对其他物品的进口则以较高的汇率来兑换。中国在1979年至1984年间经历了从人民币单一汇率到复汇率再到单一汇率的变迁，1985年至1993年人民币外汇官方牌价与外汇调剂价格并存，其实是一种变相的复汇率。1994年1月1日，人民币官方汇率与外汇调剂价格正式并轨。

3．外汇分配管制

外汇分配管制（regulation on official foreign exchange allocation）主要包括：政府禁止为某些商品，如汽车、电视、珠宝的进口提供官方外汇；进口某种商品，如汽车，除了获取进口许可证外，还必须得到进口主管部门（如中央银行）的批准；进口商在海外银行存有外汇时才能得到某种产品（如纺织原料）的进口许可等。

4．进口支付管制

进口支付管制（regulations concerning terms of payment for imports），指规定了进口支付条件及与进口信贷有关的法规。比如政府规定在货物到达进口口岸前，不准提前支付多于50%的货款。

五、影响竞争的措施

影响竞争的措施（measures affecting competition）包括进口的国家垄断和强制性本国服务要求。

进口的国家垄断，是指政府对某些商品的进口实行国家垄断经营，其形式包括国家设立专门的国营贸易公司或把商品的进口委托给某些垄断组织经营。世界各国对进口商品垄断的情况不尽相同，但归纳起来，主要集中在烟、酒、农产品和武器这几类商品上。

强制性本国服务要求，是指一国政府要求本国进口商品必须由本国保险机构承保或由本国运输企业实施国际运输。

六、与贸易有关的投资措施

世贸组织《与贸易有关的投资措施协议》规定：一项投资措施，如果是针对贸易的流向即贸易本身的，引起了对贸易的限制或损害作用，且这种作用是与关贸总协定有关规定不符的，就成为与贸易有关的投资措施（trade-related investment measures，TRIMs）。所以，TRIMs是指对贸易有限制或扭曲作用的投资措施，并不是泛指所有与贸易有关的投资措施。

TRIMs主要包括本地成分要求和进出口平衡措施。《与贸易有关的投资措施协议》明确将这两者列为应予禁止的措施。

（1）本地成分要求（local content measures）指东道国规定外资企业用于生产的投入品中必须有一部分由东道国本国出产。如生产汽车时，本国生产的零部件必须占到全部使用零部件价值的至少 50%。

（2）进出口平衡措施（trade-balancing measures）指一国将外资企业的进口限定在该企业出口量或出口值的一定比例内。如政府规定一家公司只能以上一年度该公司出口收入的 80% 为上限来进口原料或其他产品。

七、流通限制

流通限制（distribution restriction）是指限制进口商品在进口国国内流通，往往是通过要求额外的许可证或证书的方式来进行，包括地理限制和分销限制。

地理限制指在进口国内进口产品的销售被局限在某些区域，比如进口饮料只能在设有饮料包装回收设施的城市进行销售。

分销限制是指进口商品的销售被限制给指定的零售商，例如汽车产品的出口商需要在进口国设立自己的零售点，因为在进口国现有的汽车经销商只能经销本国生产的汽车。

八、售后服务限制

售后服务限制（restrictions on post-sales services）是指限制出口商在进口国为其生产的产品提供售后服务，例如一国规定进口电视机的售后服务只能由本国的服务商来进行。

九、非出口补贴

非出口补贴又称生产补贴，是相对于出口补贴而言的。生产补贴与出口补贴最大的区别是：政府等机构提供出口补贴时，只对生产企业用于出口部分的产品给予补贴，而企业内销部分的产品是不能享受补贴的；但生产补贴则是政府给整个生产企业予以补贴，其产品无论是用于外销还是内销，均可享受政府等机构提供的补贴。

按乌拉圭回合谈判达成的世贸组织《补贴与反补贴措施协议》（以下简称协议）的规定，以下情况应视为存在补贴。

（1）在某一成员的领土内由政府或任何公共机构（在协议中统称“政府”）提供的财政资助，即①涉及资金直接转移的政府行为（如赠予、贷款、投股）、资金或债务潜在的转移（如贷款担保）；②政府本应征收收入的豁免或未予征收（如税额减免之类的财政鼓励）；③政府不是提供一般基础设施而是提供商品或服务，或收购产品；④政府通过向基金机构支付或向私人机构担保或指示后者行使上述所列举的一种或多种通常应由政府执行的功能，这种行为与通常的政府从事的行为没有实质性差别。

（2）存在 1994 年关贸总协定第十六条规定所定义的任何形式的收入或价格支持，和由此而给予的某种利益。

协议还规定，对于一项补贴是否属于对授予当局管辖范围内的企业或产业、或一组企业或产业（协议中称“某些企业”）的专向性补贴，应适用下列原则。

（1）如授予当局或其运作所根据的立法将补贴的获得明确限于特定企业，则此种补贴应属专向性补贴。

（2）如果补贴授予当局据已执行的立法对获得补贴的资格和数额规定了客观的标准或条

件，如能严格遵守这些标准和条件，并且一旦符合资格便能自动获得补贴，该补贴则不具有专向性。有关的标准或条件必须在法律、规章或其官方文件中明确写明，以便能够对其加以核实。

（3）如果尽管因为适用（1）项和（2）项规定的原则而表现为非专向性补贴，但是有理由认为补贴可能事实上属专向性补贴，则可考虑其他因素。此类因素为：有限数量的某些企业使用补贴计划、某些企业主要使用补贴、给予某些企业不成比例的大量补贴以及授予机关在作出给予补贴的决定时行使决定权的方式。任何属本条规定范围内的补贴应被视为专向性补贴。

限于授予当局管辖范围内指定地理区域的某些企业的补贴属专向性补贴。对专向性的确定应依据肯定性证据明确证明。就协议而言，不得将有资格的各级政府所采取的确定或改变普遍适用的税率的行动视为专向性补贴。

补贴可分为出口补贴和非出口补贴，而这两种补贴又都有禁止性补贴、可诉补贴和不可诉补贴之分。

不可诉补贴又称绿灯补贴，是指各成员方在实施这类补贴时，一般不受其他成员方的反对或因此采取反补贴措施。不可诉补贴一类是不具有专向性的补贴，另一类是符合特定要求的专向性补贴。不具有专向性的补贴可普遍获得，不针对特定企业、特定产业和特定地区。符合特定要求的专向性补贴包括基础研究和竞争前开发活动补贴、落后地区援助和环保补贴。基础研究和竞争前开发活动补贴是指对公司进行研究活动的援助，或对高等教育机构或研究机构与公司签约进行研究活动的援助。该类补贴不能超出项目成本的指定比例，且只能用于某些开支。具体来说，高等院校、科研机构在合同基础上进行研究的补贴不超过工业研究费用的 75%，或竞争前开发活动费用的 50%，并且该补贴仅限于人员开支、仪器设备、土地或建筑、咨询服务以及研究活动直接产生的其他费用等。落后地区援助是根据地区发展总体规划，对处于落后地区的非用于特定企业或产业的补贴。该补贴需满足下列条件：第一，清楚表明地理区域以及经济与行政区划；第二，该地区的人均国民生产总值低于该成员方境内人均国民生产总值的 85%，失业率高出该成员方境内失业率的 115%。环保补贴是指为适应新的环保要求扶持企业改造现有设施适应新的环境要求的补贴。这种补贴应是一次性的，并且不得高于采用环保要求所需费用的 20%。

可诉类补贴又称黄灯补贴，指那些不是一律被禁止，但又不能自动免于质疑的补贴。可诉补贴在一定范围内可以实施，但如果使用此类补贴的成员方在实施过程中对其他成员方的经济利益造成不利影响，则受损的成员方可以向使用此类补贴的成员方提起申诉。协议对使用可诉补贴的"度"做出具体界定，即使用可诉补贴不能造成以下任何情况的发生：①取代或阻碍来自另一成员方的产品进口；②取代或阻碍另一成员方对第三成员方的出口；③补贴造成大幅度削价、压价或销售量减少的后果；④实施补贴后的商品在国际市场上的份额增加。

禁止性补贴又称红灯补贴，是协议规定的禁止成员方给予或者予以维持的补贴行为。由于禁止性补贴直接扭曲进出口贸易，协议对此类补贴以及维持此类补贴的行为予以严格禁止。协议明确地将出口补贴和进口替代补贴规定为禁止性补贴。

对于禁止性补贴和可诉补贴，受影响的成员方可以要求与给予或维持补贴的成员方进行磋商，磋商未果则可提交世贸组织争端解决机构进行裁决。根据裁决结果，世贸组织可授权提出申诉的成员方根据认定的具体情况做出相应的反制，如征收反补贴税。

十、政府采购限制

政府采购限制（restriction on government procurement）是指政府采购过程中一国政府限制他国供应商及货物、服务和工程进入本国政府采购市场参与竞标和竞争的各种措施的总称。

政府采购的主体是政府，是一个国家内最大的单一消费者，购买力非常大。政府采购直接关系到国内外供应商的经济利益，它对本国产业发展和对外贸易会产生重大影响。

政府采购限制主要表现为歧视性政府采购政策，又称"购买国货政策"，是指一些国家通过法令或虽无法令明文规定但实际上要求本国政府机构在招标采购时必须优先购买本国产品，从而导致对国外产品歧视与限制的做法。主要发达国家都有相应的歧视性政府采购政策规定，以保护本国生产者和提高国内就业水平。例如，英国规定政府机构使用的通信设备和计算机必须是英国产品；日本规定政府机构用的办公设备、汽车、计算机、电缆、导线、机床等不得采购外国产品；美国则规定，凡是美国联邦政府所要采购的货物，应该是美国制造的，或是用美国原料制造的，只有在美国自己生产的数量不够，或国内价格过高，或不买外国货就会损害美国利益的情况下，才可以购买外国货。为了达到限制进口的目的，美国国防部和财政部甚至往往采购比进口货贵 50% 的国产货。

十一、知识产权措施

这里的知识产权措施指的是贸易中与知识产权有关的措施。知识产权（intellectual property）是指在智力创造性劳动取得成果的条件下，为保护创造者利益，由法律赋予知识产权所有人对其创造性的智力成果所享有的专有权利。各种智力创造比如发明、文学和艺术作品，以及在商业中使用的标志、名称、图像以及外观设计，都可被认为是某一个人或组织所拥有的知识产权。

当知识产权的排他性应用到跨国生产经营当中时，一国的知识产权保护政策就与进出口贸易联系起来了，成为各国重要的贸易政策之一。当知识产权固有的垄断性超出了合理范畴，扭曲了正常的国际贸易时，就成为了知识产权壁垒。

知识产权滥用可妨碍进口，如对平行进口的严格限制。平行进口是指本国的商标权人将自己生产的商品出售给国外经销商或将自己的商标许可给国外生产企业后，这些国外经销商或生产企业将其生产的商品（与商标权人在国内生产的相同）在未经商标权人同意的情况下进口国内市场的行为。这种未经许可的进口往往与正式许可的进口平行，故被称为平行进口。由于市场营销策略（如扩大市场份额和占有率）的需要，商标权人出售给国外经销商的商品及国外被许可生产企业生产的商品价格都比较低，这些产品平行进口后，通常会对商标权人的国内市场造成一定的冲击。故为了保护正常的国内市场秩序，许多国家都采用不同的方法阻止商品的平行进口。平行进口很容易为发达国家的利益、个人的意志所左右，不可避免地产生滥用知识产权的问题。

十二、原产地规则

随着双边、区域性协议的迅速增加，作为这些协议实行前提和基础的原产地规则的重要性日益突出。与此同时，有越来越多的国家利用原产地规则作为新的非关税壁垒。

双边、区域性贸易协议的部分标准高于世贸组织的，因此容易对协议外的国家造成贸易歧视和排斥现象。双边、区域性贸易协议的履行要求一种区分机制来辨别产品是由受惠国还是非受惠国制造。原产地规则就是这样一种区分机制，其核心内容是判定产品原产地的标准。

产品的原产地（the origin of goods）是指产品的来源地，即货物的开采地、提取地、收获地、出产地、生产地、制造地或加工地。在国际贸易中，产品的原产地是指产品的"法定国籍"，即产品属于哪个特定国家（地区）。一个产品只能拥有一个原产国（地），即原产地具有唯一性。随着全球经济一体化进程加深，国际分工、专业化生产和合作成为不可阻挡的趋势。尤其是跨国公司在全球范围内的生产经营，使越来越多的产品在多个国家进行生产加工，使用了多个国家的原材料、配件、元器件。这种使用了多国"生产要素"的产品到底应该属于哪个国家（地区）？这其实就是对国际加工产品原产地的认定问题。

目前国际上的原产地规则和标准主要体现在两个多边国际条约中：一个是海关合作理事会于 1973 年在日本京都通过并于 1974 年生效的《简化并协调海关手续的国际公约》（通称《京都公约》），该公约首次列示"全部产地生产标准"和 3 种"产品实质性改变标准"；另一个是世贸组织成员于 1994 年在乌拉圭回合达成的《原产地规则协议》，该协议仅涉及"非优惠性原产地规则"。

可见，原产地标准一般分为两种：一是"完全获得产品标准"，即"全部产地生产标准"，是指完全使用本国的原材料在本国范围内生产制造的产品以此国为原产地，这个标准比较严格，但是基本被世界各国所认同，在实践中少有争议；二是"实质性改变标准"，其中包括税则归类改变标准、增值百分比标准、生产或加工工序标准。"实质性改变标准"专门用于确定国际加工产品的原产地。其中，税则归类改变标准是指在最后一个国家（地区）生产加工后的产品对比使用的原材料、配件在税则归类目录发生了变动，则认为发生了"实质性改变"，此最后国（地区）为产品的原产地。增值百分比标准是指加工产品只有在某国（地区）加工后的产品增值部分达到一定的百分比或者使用的外国原料（或本国原料）低于（或高于）某个比例，则认为发生了"实质性改变"。生产或加工工序标准是指只要在某国进行了规定的生产或加工工序，则认为发生了"实质性改变"。

由于关于原产地标准的两个国际条约都仅仅是协调方案，无强制性作用，因此各国都根据本国利益制定了自身的原产地规则和标准。各国原产地标准的不同主要体现在"实质性改变标准"。例如，欧盟和日本采取的是税则归类改变标准，而美国、加拿大、澳大利亚采用增值百分比标准，且各国制定的百分比也不同，美国规定本国增值率不能低于 35%，加拿大则规定不能低于 60%。

在经济全球化背景下，原产地规则用作非关税壁垒的趋势日益加强。例如，美国于 1996 年实施纺织品及服装新原产地规则，将成衣的原产地判定标准由"裁剪地"修改为"缝制地"，面料由"染色和印花地"变成了"织造地"等，致使欧盟的布料、围巾和其他平面织物不再被认为原产于欧盟，不能再像原来一样免税进入美国市场。我国输美服装中有相当比重系采取由香港裁剪、内地缝制的加工贸易方式。美国 1996 年"缝制地"原产地规则将原本应视作原产于我国香港的服装记到我国内地出口企业名下，占用了我国本已十分有限的对美纺织品被动出口配额。很明显，该规则的实施直接损害了加工型和转口贸易型欠发达国家和地区的利益，而美国本土的纺织成衣企业则受到了庇护。[①]

① 陈硕颖. 2003. 解读 WTO 原产地规则——其产生、影响及完善. 经济与管理[J], (09).

在中国与欧盟就光伏双反案达成的和解协议中，"价格承诺"实质上就是国际贸易非技术性措施中的价格控制措施——自愿出口价格限制。此外，本案中的价格承诺是在关税配额基础上达成的。关税配额不是关税壁垒的一种，而是属于非关税措施中的数量控制措施。欧盟对关税配额外产品和未参加价格承诺的中国光伏企业的产品在正常关税的基础上另外征收47.7%～64.9%不等的双反税。根据上一章的内容，双反税即反倾销税与反补贴税，属于特别关税。

第四节　出口管制与出口鼓励措施

在国际贸易中，与出口有关的非关税措施主要包括出口管制和出口鼓励两大类。

一、出口管制措施

出口管制（export control）是指国家通过法令和行政措施，对本国出口贸易实行管理和控制。一般而言，世界各国都会努力扩大商品出口，积极参与国际贸易活动。然而，处于某些政治、军事和经济上的考虑，各国都有可能限制和禁止某些战略性商品和其他重要商品输往国外，于是就有了出口管制。

1. 实行出口管制的原因

实行出口管制的原因是多方面的。

（1）政治原因。一些西方发达国家经常对与自己"敌对"或"不友好"的国家实行出口管制，特别是武器、军事设备、高技术和重要战略物资的出口受到了严格的限制。有时，联合国会对实施战争侵略的国家进行制裁。例如，1990年伊拉克入侵科威特后，联合国安理会便通过了对伊拉克的全面禁运决议。

（2）军事原因。为了保证世界的和平和安全，国际社会通过了"核不扩散条约"，各国都有义务对可能用于核武器制造的技术与装置、原料的出口实行出口管制。同样，国际社会也禁止生化武器的研究与使用，有关化学武器及原料的出口也会受到限制。

（3）经济原因。许多国家为了避免本国相对稀缺商品过量流失而造成不利影响，常常会对该类商品实行出口管制，以保证国内需要。此外，当一国的某些商品在国际贸易总额中占有很大比重时，为了控制、稳定国际市场价格及改善本国贸易条件，政府也会对此类商品实行出口管制。另外，一些发达国家为了保持对其他国家的技术领先地位，往往会对高新技术及相关产品出口实行限制。最后，为了缓和与进口国在贸易上的摩擦，在进口国的压力下，出口国会实行"自动"出口限制。

（4）其他原因。有的国家为了保护地球生态环境和濒危特种，会对一些物资进行全球性的贸易禁运。有的国家为了保护历史文物，对一些特殊商品实行出口管制。还有国家为了人权目的，禁止劳改商品的出口。

2. 出口管制的商品

需要实行出口管制的商品主要有以下几类。

（1）战略物资及有关的尖端技术和先进技术资料，如军事设备武器、军舰、军用飞机、先进的电子计算机和通信设备及有关技术等。大多数国家对这类商品及其相关技术实行严格的出口管制，甚至禁止出口。

（2）国内生产所需的原材料、半成品及国内供应明显不足的某些必需品。这些商品在国内本来就比较稀缺，倘若允许其自由流往国外，只能加剧国内的供给不足，从而导致市场供需失衡，严重阻碍经济发展。例如，西方发达国家大多对稀有金属、石油和天然气、煤等物品实行出口管制，乃至禁止出口。2012年，面对日趋严厉的西方制裁，伊朗为保证必需品供给而禁止大约50种基本商品的出口，包括小麦、面粉、糖、牛羊肉、铝、钢锭等。

（3）实行自动出口限制的商品。如日本对出口美国的汽车、钢铁等实行限制，以符合自动出口限制协议的规定。

（4）为了维护正常出口价格秩序而实行主动限制的商品。例如我国为防止出口企业低价竞争，破坏正常市场价格秩序，目前对维生素C、青霉素、工业盐实行出口许可证管理。

（5）本国在国际市场上占主导地位的重要商品和出口额大的商品。对这类商品实行出口管制对发展中国家来说尤为重要。因为许多发展中国家出口商品单一，出口市场相对集中，出口价格容易出现大起大落。当出口价格下跌时，发展中国家会控制该商品的过多出口，从而促使这种商品的国际市场价格回升，提高出口收益。例如石油输出国组织（OPEC）会对其成员国的石油产量和出口量进行控制，以稳定国际市场油价。

（6）某些重要的历史文物以及艺术品、黄金、白银等特殊商品。各国出于保护本国文化艺术遗产和弘扬民族精神的需要，一般都要禁止该类商品输出，即使可以输出的，也实行比较严格的管理。如英国政府规定，古董和艺术品的生产制作年代比出口日期早100年以上者，必须申领出口许可证方能出口。这类出口许可证的申领特别困难，基本上等于禁止出口。

（7）被列入制裁范围的出口商品。如2013年3月，联合国安理会一致通过对朝鲜核试验的制裁决议，除了武器及相关产品，首饰类商品（镶珍珠首饰、珠宝、宝石和半宝石、用贵金属制作或包裹的首饰）及交通类商品（游艇、豪车、箱型车、赛车）也被列入禁止向朝鲜出口的名目。

（8）为保持生态平衡而进行保护的某些珍稀动植物本身及其制品，如象牙、犀牛角、虎骨等。

3. 出口管制的形式

出口管制可分为单方面出口管制和多边出口管制两种形式。

单方面出口管制是指一个国家根据本国的出口管制法案，设立专门的执行机构，对本国某些商品的出口进行数量限制，采取的措施有出口许可证、出口配额、出口禁令。中国由商务部授权配额许可证事务局负责管理全国出口许可证发证机构及出口许可证的签发工作并监督检查。

多边出口管制是指一些国家政府，出于共同的政治和经济目的，通过一定的方式建立国际性的多边出口管制机构，商讨和编制多边出口管制货单和出口管制国别，规定出口管制的办法等，以协调彼此的出口管制政策和措施。然后由参加国依据上述精神，自行办理出口商品的具体管制和出口申报手续。例如，过去的巴黎统筹委员会就是这样一个典型的国际性多边出口管制机构。

巴黎统筹委员会本名为输出管制统筹委员会（Coordinating Committee for Export Control, COCOM），简称"巴统"。它是在美国操纵下，由美国、英国、法国、意大利、加拿大、比利时、卢森堡、荷兰、丹麦、葡萄牙、挪威、联邦德国、日本、希腊、土耳其、西班牙、澳大利亚 17 国组成的常设多国出口管制机构，总部设在巴黎。该机构于 1949 年 11 月成立，其目的就是共同防止战略物资和先进技术输往社会主义国家（主要是前苏联和中国），以遏制社会主义的发展。随着国际政治经济形势的变化和科技水平的提高，西方国家为了自身的经济利益，不断突破"巴统"的禁运限制，"巴统"不得不缩小其管制范围。而后，苏联的解体和冷战的结束使"巴统"逐渐放宽了对社会主义国家的出口管制，其作用日渐减弱。1994 年 4 月 1 日该组织正式解散。

4. 出口管制主要措施

各国实施出口管制的措施主要有以下 5 种。

（1）出口许可证（export license）。出口许可证按出口管理的松紧程度可分为一般许可证和特殊许可证。一般许可证项下的商品，出口管理较松，出口商事先无须向有关机构申请，只要在填写出口报关单时，填明管制货单上该商品的一般许可证编号，经海关核实，就可办妥一般出口许可证手续。特种许可证项下的商品，出口管理很严，出口商必须事先向有关机构申请，还须附上有关证件，经国家有关机构批准后才能办理。

（2）出口配额（export quotas）。出口配额是指一国政府在一定时期内对某些商品的出口数量或金额规定一个最高限额，限额内商品可以出口，限额外商品不准出口或者予以处罚。一国对出口配额的分配可采取出口配额许可证或出口配额招标的方式。出口配额有主动配额和被动配额两种。主动配额指出口国根据国内市场容量和某种情况对某些商品的出口规定限额。如 2010 年俄罗斯森林火灾蔓延期间，时任俄总理普京下令对部分农林产品限制出口。被动配额指一国在某国的要求或压力下，在一定时期内自动限制本国的某些商品对该国的出口数量，超过规定的数额则禁止出口，即前面所讲的"自动出口配额制"。"自动出口配额制"既是一种出口管制措施，也是一种进口非技术性壁垒。

（3）出口禁令（export prohibition）。出口禁令即对某些产品的出口从法规上进行直接的禁止。例如，作为全球镍矿、铁矿、铝土矿等金属矿产的重要出口国，印尼自 2014 年 1 月 12 日起正式实施原矿出口禁令，原矿必须在印尼本土进行冶炼或精炼后方可出口。印尼通过该禁令是为了将更多矿产加工环节限制在本国境内以增加矿产品的出口附加值，并为本国提供更多就业岗位。中国严重依赖从印尼进口矿石生产含镍生铁，印度尼西亚的原矿出口禁令对中国相关行业产生了较大影响①。

（4）出口国家垄断。例如发达国家往往把对农产品的对外垄断销售作为国内农业政策的一部分。

（5）出口国检测和证书要求。出口国检测指出口国对本国出口产品进行质量等方面的监控。例如贵州检验检疫局对茅台酒的生产实施过程监督检验，以保证茅台酒的安全和卫生质量为目的，对茅台酒从原料、生产加工、检验到产品出口实施全过程监督检验。出口国证书要求是指出口国

---

① 见于 2014 年 1 月 13 日《东方早报》《印尼原矿出口禁令生效　中国企业转运澳矿备货》。

要求某些产品的出口必须获得相应的检验证书，如出口活动物必须要获得出口兽医健康证书。

5. 出口管制的程序

一般来说，西方国家出口管制的程序是国家有关机构根据出口管制的有关法案，制定管制货单（commodity control list）和输往国别分组管制表（export control country group），然后采用出口许可证等具体办法来办理出口申报手续。

西方国家的出口管制，不仅是国家管理外贸的一种经济手段，也是对外实行差别待遇和歧视政策的政治工具。20 世纪 70 年代以来，各国的出口管制有所放松，特别是出口管制的政治倾向有所减弱，但它仍作为一种重要的经济手段和政治工具而存在。

二、出口鼓励措施

鼓励出口措施是指出口国家的政府为了促进本国商品的出口，开拓和扩大国外市场，在经济、行政和组织等方面采取的措施，主要包括以下 7 种。

1. 出口信贷

出口信贷（export credit）是出口国的官方金融机构或商业银行为了鼓励本国商品出口，提高商品的竞争能力，以优惠条件向本国出口商、外国进口商或银行提供的贷款。通常将 1 年以内的出口信贷列为短期，1~5 年期限的出口信贷列为中期，5 年以上者列为长期。短期出口信贷主要用于支持消费品、原材料、小型设备的出口；中、长期出口信贷大多用于支持金额大、生产周期长的资本货物，如机器、船舶、飞机、成套设备等的出口。

出口信贷按借贷关系分为两种。

---

① 商务部 2013 年第 100 号《关于公布〈2014 年出口许可证管理货物分级发证目录〉的公告》，http://www.mofcom.gov.cn/article/b/c/201401/20140100448328.shtml。

（1）卖方信贷（supplier's credit），指出口方银行向本国出口商提供的贷款。这种贷款协议由出口商与银行签订。由于机器设备、船舶等商品出口所需的资金额大、时间长，进口商一般都要求采用延期付款的方式。出口商为加速资金周转而向银行贷款，其向银行支付的利息、费用有的通过货价外加价，有的包括在货价中从而转嫁给进口商负担。可见，卖方信贷是银行直接资助本国出口商向外国进口商提供延期付款，以促进商品出口的一种方式。

（2）买方信贷（buyer's credit）是指由出口商国家的银行向进口商或进口商国家的银行提供，用以支付进口货款的一种贷款。其中，由出口方银行直接贷给进口商的，出口方银行通常要求进口方银行提供担保；如由出口方银行贷款给进口方银行，再由进口方银行贷给进口商或使用单位的，则进口方银行要负责向出口方银行清偿贷款。买方信贷是一种约束性贷款，其附带条件是贷款必须用于购买债权国的商品，即贷款的提供与商品的出口是直接相联系的，因此成为一些国家政府推动本国出口的重要贸易策略。

2. 出口信贷国家担保制

出口信贷国家担保制（export credit guarantee system）是一国政府设立专门机构，对本国出口商和商业银行向国外进口商或银行提供的延期付款商业信用或银行信贷进行担保，当国外债务人由于政治原因（如进口国发生政变、革命、暴乱、战争以及政府实行禁运、冻结资金或限制对外支付等）或经济原因（如进口商或借款银行因破产倒闭无力偿付、货币贬值、通货膨胀等）不能付款时，由这个专门机构按承保金额给予补偿。国家通过这项措施来替出口商承担风险，以鼓励出口商扩大出口和争夺国外市场。

对出口信贷进行担保往往要承担很大的风险。由于该措施旨在为扩大出口提供服务以减轻出口商和银行的负担，收费并不高，因此，往往会因保险费收入总额不抵偿付总额而发生亏损。严重的亏损情况使得私人保险公司不愿也无力经营，所以对出口信贷进行担保只能由政府来经营和承担经济责任。

贸易实践

日本政府于 1950 年颁布了《出口信用保险法》（1953 年改为《出口保险法》），相继建立了多种出口保险制度，如普通出口保险、出口贷款保险、出口信贷保险、出口广告保险、出口汇票保险、出口担保保险以及海外投资保险、汇率变动保险等。这些保险由通产省直接管理，其内容是出口商签订了出口合同后因外国实行汇兑和进口限制、发生战争和内乱而蒙受损失时，或者因发生非常危险和买方倒闭等而收不到货款时，国家将按一定比率予以补偿。这一制度成为促进日本战后对外贸易发展的重要动力。

3. 出口补贴

出口补贴（export subsidy）又称出口津贴，是一国政府为了降低出口商品的价格，增加其在国际市场的竞争力，在出口某商品时给予出口商的现金补贴或财政上的优惠待遇。由于出口补贴是政府对市场的一种干预，得到补贴的出口被视为一种不公平竞争，因此在世贸组织中出口补贴受到严格限制，但对农产品的出口补贴除外。政府对出口商品提供出口补贴有以下两种基本方式。

（1）直接补贴。直接补贴（direct subsidy）是指出口某种商品时，直接付给出口商的现金补贴，主要来自财政拨款。其目的是弥补出口商品国内价格高于国际市场价格所带来的亏损，或者补偿出口商所获利润率低于国内利润率所造成的损失。有时候，补贴金额还可能大大超过实际的差价或利差，这已包含出口奖励的成分，同一般的出口补贴不可同日而语。

（2）间接补贴。间接补贴（indirect subsidy）是指政府对某些出口商品给予财政上的优惠，从而间接地推动本国商品的出口，如退还或减免出口商品的销售税、增值税和盈利税等国内税，对进口原料或半成品加工再出口给予暂时免税或退还已缴纳的进口税，对出口商品免征出口税，延期付税以减轻出口商品的税收负担，实行运费优惠以降低出口商品成本等。

对于出口国或地区，从长期、动态的角度看，出口补贴一方面由于补贴支出导致出口国福利的损失，另一方面则可以扩大生产和出口，增加外汇收入。对于进口国而言，一方面可以获得更便宜的供给来源，但另一方面对于国内的进口竞争产业则可能造成伤害，这成为反补贴的一个重要理由。

由于各国都执行"奖出限入"的政策，纷纷采取形形色色的补贴措施以促进本国产品出口，而进口国政府往往采用征收反补贴税的手段来抵制和消除补贴行为对进口国有关产业的损害，因此补贴与反补贴已成为当今国际经贸关系中的一个突出问题。

4. 商品倾销

商品倾销（dumping）是指出口商在国际市场上以低于国内市场的价格，甚至低于商品生产成本的价格抛售商品，打击竞争者以占领市场的行为。根据《反倾销协议》的规定，如果符合以下任何一条，则可以被确认是倾销行为：①低于相同产品在出口国正常情况下用于国内消费时的可比价格；②如果没有这种国内价格，则低于相同产品在正常贸易下向第三国出口的最高可比价格；③低于产品在原产国的生产成本加上合理的管理费、销售费、运输费等费用和利润。

实行商品倾销的具体目的在不同情况下有所不同。有时是为了打击或摧毁竞争对手，以扩大和垄断市场；有时是为了保护国内供求关系平衡，维持产品较高的国内市场价格，将国内市场容纳不下的产品低价出口；有时是为了建立新的销售市场；有时是为了阻碍国外同种产品或类似产品的生产和发展，以继续维持本国在国际市场上的垄断地位；有时是为了推销过剩产品，转嫁经济危机；有时是为了打击发展中国家的民族经济，以达到经济上、政治上的控制目的。

按照倾销的具体目的，商品倾销可以分为三种。

（1）偶然性倾销（sporadic dumping），是指因为某些季节性商品销售旺季已过，或因公司改营其他业务等短期原因，对在国内市场上存积的大量无法销售的剩余货物，在国际市场上以不正常低价进行抛售的倾销。这种倾销对进口国的同类生产当然会造成不利影响，但由于时间短暂，进口国通常较少采用反倾销措施。

（2）掠夺性倾销（predatory dumping），又称为间接性倾销（intermittent dumping），是指以倾销作为打垮国外竞争对手、占领国外市场的手段，在达到目的后提高价格，获得垄断高额利润的倾销。这种倾销严重地损害了进口国的利益，因而许多国家都采取反倾销税等措施进行抵制。

（3）持续性倾销（persistent dumping），又称长期性倾销（long-run dumping），是无限期地、持续地以低于国内市场的价格在国外市场销售商品。它一般由国家的出口补贴作为后盾，或者厂商具有垄断地位，倾销者往往利用规模经济扩大生产以降低成本，有的出口厂商还可以通过获取本国政府的出口补贴来进行这种倾销。

5. 外汇倾销

外汇倾销（exchange dumping）是指一国降低本国货币对外国货币的汇价，使本国货币对外贬值，从而达到提高出口商品价格竞争力和扩大出口的目的。外汇倾销是向外倾销商品和争夺国外市场的一种特殊手段。实行外汇倾销的国家往往也是外汇管制的国家。

在本币贬值的条件下，用外国货币表示的本国出口商品的价格降低，在国外市场对本国出口商的价格弹性较高的条件下，价格的降低会引起对本国出口商品需求的大增，从而增加出口收入。同时因本币贬值，进口商品的价格上涨，削弱了进口商品的竞争力，限制了进口。因此，外汇倾销起到了促进出口和限制进口的双重作用。

6. 促进出口的组织措施

一国行政当局可以通过建立专门机构或组织特定活动来促进出口，如成立专门机构研究和制定出口战略，组织贸易中心或展览会，建立商业情报网，组织贸易代表团出访或接待来访，组织出口商的评奖活动等。

知识链接

为了全面振兴日本贸易，日本政府依据《日本贸易振兴法》于 1958 年成立了日本贸易振兴会。该协会本部设在东京和大阪，在日本各地设有分部和贸易商谈所，在世界各地设置海外事务所和贸易中心，并派遣有市场调查员。日本贸易振兴会的主要活动是进行海外市场调查，进行贸易协商，举办和参加交易会，发表市场白皮书等。1998 年日本贸易振兴会与亚洲经济研究所合并为特殊法人，其工作重心由战后为获得外汇的"振兴出口"，到在贸易盈余扩大、与欧美各国之间产生经济磨擦条件下的"促进进口"，再到"开展针对发展中国家的经济合作与研究"，始终紧扣时代脉搏。

2003 年，日本贸易振兴会通过重组，组建为独立行政法人日本贸易振兴机构（Japan External Trade Organization，JETRO）。JETRO 现拥有 73 个海外办事处，与东京和大阪总部、亚洲经济研究所一起积极致力于促进日本与海外之间的贸易与投资，加强企业之间的以商务合作为目的的工作，其中尤其以加强东亚地区的商务合作为重点。

7. 经济特区

为了扩大出口，许多发达国家和发展中国家都通过采取设立经济特区的方式来促进本国的出口和出口导向型产业的发展。

经济特区（special economic zone）是一国政府为了吸引外资或跨国企业入驻而设立的法律比本国更为宽松或具有优惠经济发展条件的区域，可在对外经济活动中，采取更为开放的政策。经济特区涵盖范围较为广泛，具体可分为出口加工区（export processing zone）、自由港（free port）、自由贸易区（free trade zone）、保税区（bonded zone）、自由边境区（free perimeter）、过境区（transit zone）、工业园区（industrial park）和城市企业区（urban enterprise zone）等。

一国设立经济特区大多是为了使本国能够适应全球化并从中获益，进而改善本国经济生活水平和保护本土文化及产业不至于因受全球化影响而加速流失破坏。在冷战时期，亚洲的台湾地区、香港地区、韩国和新加坡充分运用经济特区策略成就了"亚洲四小龙"的奇迹。苏联解体之后，许多社会主义阵营国家不是跟着崩溃，就是开始采取设立经济特区的政策。经济特区最为著名和成功的例子是中国的深圳。

中外经济特区都具有下列特点：①在国内划出一定地区，一般选择在港口附近、交通方便的地方，以有利于货物流转，节省费用，降低成本；②在对外经济活动中推行开放政策，并采用减免关税的办法以吸引外资；③为外商创造方便安全的投资环境，订立优惠条例和保障制度；④产品以外销为主；⑤集中管理，特区行政管理机构有权制定因地、因时制宜的特区管理条例；⑥区内企业享有相当的自主权。

知识链接

中国（上海）自由贸易试验区，是中国政府设立在上海的区域性自由贸易园区，属中国自由贸易区范畴。

这里的自由贸易区又称对外贸易区（foreign trade zone）或免税贸易区（tax-free trade zone），是一国在其关境以外划出的，对进出口商品全部或大部分免征关税，并且允许港内或区内进行商品的自由储存、展览、加工和制造等业务活动，以促进地区经济和对外贸易发展的一个区域。它一般设在一个港口的港区或邻近港口的地区，实际上是采取自由港政策的关税隔离区。

中国（上海）自由贸易试验区于 2013 年 8 月 22 日经国务院正式批准设立，于 9 月 29 日正式挂牌开张。试验区作为高度开放的外向型经济区域，产业基础雄厚，总面积为 28.78 平方公里，相当于上海市面积的 1/226，范围涵盖上海市外高桥保税区（核心）、外高桥保税物流园区、洋山保税港区和上海浦东机场综合保税区等 4 个海关特殊监管区域。

建设中国（上海）自由贸易试验区，是中国顺应全球经贸发展新趋势，实行更加积极主动开放战略的一项重大举措。其主要任务是要探索我国对外开放的新路径和新模式，推动加快转变政府职能和行政体制改革，促进转变经济增长方式和优化经济结构，实现以开放促发展、促改革、促创新，形成可复制、可推广的经验，服务全国的发展。建设中国（上海）自由贸易试验区有利于培育我国面向全球的竞争新优势，构建与各国合作发展的新平台，拓展经济增长的新空间，打造中国经济"升级版"。

本章小结

非关税措施指的是除关税以外，能够改变国际交易商品的数量或价格或这两者，从而对国际贸易产生经济影响的政策措施。它不仅包含限制贸易的政策与法规，也包含了促进贸易的政策措施。

2013 年联合国贸发会议将非关税措施分成了 16 组：（A）卫生与动植物检疫措施，（B）技术性贸易壁垒，（C）装船前的检验和其他手续，（D）价格控制措施，（E）非自动许可、配额、进口禁令及其他数量控制措施，（F）国内税和其他国内费用等超关税措施，（G）金融措施，（H）影响竞争的措施，（I）与贸易有关的投资措施，（J）流通限制，（K）售后服务限制，（L）非出口补贴，（M）政府采购限制，（N）知识产权，（O）原产地规则，以及（P）出口相关措施，其中前 15 组（A～O）属于进口非关税措施。进口非关税措施又可归为技术性措施（A～C）和非技术性措施（D～O）两大类。

练习题

一、名词解释

非关税措施　技术性贸易壁垒　技术法规　技术标准　合格评定程序　信息技术性壁垒绿色贸易壁垒　蓝色贸易壁垒　卫生与动植物检疫措施　装船前检验　自愿出口价格限制　专断的海关估价进口许可证制度　自动进口许可证制度　非自动进口许可证　进口配额　绝对配额　关税配额　进

口禁令　自动出口限制　国内税　进口押金制　多重汇率　进出口的国家垄断　强制性本国服务要求
本地成分要求　进出口平衡措施　流通限制　售后服务限制　生产补贴　不可诉补贴　禁止性补贴
政府采购限制措施　原产地　出口管制　单方面出口管制　多边出口管制　出口配额　出口信贷　卖
方信贷　买方信贷　出口信贷国家担保制　出口补贴　商品倾销　偶然性倾销　掠夺性倾销　持续性
倾销　外汇倾销　经济特区

二、单选题

1. 进口非关税措施中不能归为技术性措施的是（　　）。
   A. 卫生与植物卫生措施　　　　　　　B. 技术性贸易壁垒
   C. 装船前的检验和其他手续　　　　　D. 政府采购限制

2. 原产地标准中的实质性改变标准不包括（　　）。
   A. 税则归类改变标准　　　　　　　　B. 增值百分比例标准
   C. 生产或加工工序标准　　　　　　　D. 全部产地生产标准

3. 蓝色壁垒最典型的代表是（　　）。
   A. SA8000 社会责任国际标准　　　　B. ISO14000 环境管理认证体系
   C. ISO9000 质量认证体系系列　　　　D. 欧盟 CE 认证

4. 处理进口水果质量、等级和标签特性的措施处在（　　）管辖之下。
   A. SPS 协议　　　　　　　　　　　　B. 补贴与反补贴措施协议
   C. TBT 协定　　　　　　　　　　　　D. 装船前检验协议

5. 进口瓶装水的制瓶材料应该对人无害，且所装水应保证不污染的规定属于（　　）管辖。
   A. SPS 协议　　　　　　　　　　　　B. 补贴与反补贴措施协议
   C. TBT 协定　　　　　　　　　　　　D. 装船前检验协议

6. 瓶子标准体积大小及形状是否符合超市货架摆放和展示属于（　　）协议管辖。
   A. SPS 协议　　　　　　　　　　　　B. TBT 协定
   C. 补贴与反补贴措施协议　　　　　　D. 装船前检验协议

7. 长期以来，美国海关是按照进口商品的外国价格（进口货在出口国国内销售市场的批发价）或出口价格（进口货在出口国市场供出口用的售价）两者之中较高的一种进行征税，这属于进口价格控制措施中的（　　）。
   A. 最低限价　　　　　　　　　　　　B. 专断的海关估价
   C. 自愿出口价格限制　　　　　　　　D. 海关额外费用

8. 出口国家或地区在某进口国的要求和压力下，"自动"规定某一时期内某些商品对该进口国的出口限额，在该限额内自行控制出口，超过限额即禁止出口，这属于（　　）。
   A. 自动出口限制　　B. 进口配额制　　C. 自愿出口价格限制　　D. 关税配额

9. 各种国内税作为一种限制进口的措施，它的特点是（　　）。
   A. 高于关税　　　B. 比关税灵活得多，具有　伪装性
   C. 低于关税　　　D. 可重复征收

10. 下列各种贸易限制措施中，不属于非关税壁垒措施的是（　　）。
    A. 进口押金制　　B. 普通关税　　C. 国内税　　　　D. 政府采购限制

三、多选题

1. 下列属于非关税措施特征的有（　　）。

　　A. 有效性　　　　　　B. 隐蔽性　　　　　　C. 歧视性　　　　　　D. 灵活性

2. 技术性贸易壁垒可分为（　　）。

　　A. 技术法规　　　　　B. 国内税　　　　　　C. 技术标准　　　　　D. 合格评定程序

3. 装船前检验的主要内容包括（　　）。

　　A. 检验货物的品质、数量、重量、包装等与检验授权文件符合性，必要时对经检验合格的货物进行监视装载

　　B. 核查货物海关编码

　　C. 评估货物价格以便进口国准确征税

　　D. 签发检验证书

4. 按商品的进口来源分，进口配额可分为（　　）。

　　A. 关税配额　　　　　B. 全球配额　　　　　C. 国别配额　　　　　D. 进口商配额

5. 按实施的时间分，进口配额可分为（　　）。

　　A. 永久性配额　　　　B. 进口商配额　　　　C. 季节性配额　　　　D. 临时性配额

6. 与贸易有关的投资措施主要包括（　　）。

　　A. 本地成分要求　　　B. 进口的国家垄断　　C. 进出口平衡措施　　D. 多重汇率

7. 影响竞争的措施主要包括（　　）。

　　A. 多重汇率　　　　　B. 进口的国家垄断　　C. 强制性本国服务要求　　D. 进口押金制

8. 出口信贷按借贷关系可分（　　）。

　　A. 无担保信贷　　　　B. 担保信贷　　　　　C. 卖方信贷　　　　　D. 买方信贷

9. 按照倾销的具体目的，商品倾销可以分为（　　）。

　　A. 外汇倾销　　　　　B. 偶然性倾销　　　　C. 掠夺性倾销　　　　D. 持续性倾销

四、简答题

1. 绿色壁垒的表现形式有哪些？

2. 进口国政府实施PSI的主要目的是什么？

3. 自动出口配额制和进口配额制的不同主要表现在哪些方面？

4. 各国实施出口管制的措施主要包括哪些种类？

5. 实行出口管制的商品主要有哪几类？

课外思考实践题

1. 当今世界国际贸易壁垒的发展趋势是什么？并举例说明。

2. 分析西方国家为何要针对中国实行高科技产品的出口管制。

第十章 国际贸易秩序

【学习目标】

学习完本章后，你应该能清楚地知道：

（1）国际贸易条约与协定的含义、主要法律条款和主要类型；

（2）区域经济一体化的含义、分类及相关理论；

（3）世界上主要的区域经济一体化组织及中国参与区域经济一体化的情况；

（4）区域经济一体化对国际贸易的影响和区域经济一体化的最新发展；

（5）世界贸易组织的宗旨、目标、职能和基本原则；

（6）世界贸易组织的组织机构和运行机制。

第一节 贸易条约与协定

案例导入

约翰·比尔公司诉美国海关案

约翰·比尔公司是美国的一家生产自行车的公司。该公司指控美国政府在对德国产自行车零件的关税征收方面违反了1925年10月25日美国与德国之间签订的贸易条约。根据该条约的规定，缔约双方在进口方面无条件地给予对方不低于任何其他第三方的待遇。当时，美国对从其他国家进口的自行车零件征收30%的关税，对从德国进口的同类产品征收50%的关税。诉讼结果为美国法院最后判决美国政府对从德国进口产品实行不平等待遇违反了美德贸易条约的规定。

（佚名）

美国对从德国进口自行车零件征收高于从其他国家进口同类产品的关税，违反了美德贸易条约中的条款，请问该条款属于什么性质的条款？

为了使国家间的贸易关系能够持续稳定发展，各国通过相互签订贸易条约与协定的方式确定相互权利与义务，并以此来进行国际贸易政策方面的协调，形成并维持良好的国际贸易秩序。世贸组织是目前协调各国贸易事务的最大国际组织，为国际贸易的正常运行提供了全球化的规则保证，是现今世界多边贸易体制的基石。但是，随着世界经贸形势的变化及世贸组织成员的增多，多边贸易体制在发展中面临着诸多严峻挑战，多哈回合贸易谈判困难重重，进展迟缓，于是各国开始更多地寻求通过区域性贸易安排来实现贸易自由化的目标。订立区域性贸易协定，乃至进行更高级别的区域性经济合作，成为当今世界经济发展的重要特征。

一、贸易条约与协定的含义

贸易条约与协定（commercial treaties and agreements）是两个或两个以上的国家、地区或贸易集团为了确定彼此的经济贸易关系，规定贸易双方应履行的基本权利与义务而缔结的书面协议。它体现了缔约方对外政策的要求，并为实现缔约方的对外贸易政策服务。贸易条约与协定已成为国际贸易制度的重要内容。

二、贸易条约与协定的发展历史

从历史上看，早在资本主义以前就有了贸易条约与协定。公元前 508 年罗马与迦太基签订的条约中就有贸易方面的条款。10 世纪时，俄罗斯公爵与拜占庭曾缔结过条约，条约中除一般和平条款外，也有贸易方面的条款。到了资本主义生产方式准备时期，一些欧洲国家贯彻重商主义，为了限制进口，鼓励出口，保护本国工场手工业，就利用贸易条约和协定作为争夺市场和保障自己有利条件的手段。如英国在 1654 年与葡萄牙缔结了贸易条约，规定葡萄牙在其海上贸易中只能租用英国船舶。1707 年，英国和葡萄牙又缔结麦图安贸易条约，规定葡萄牙许可英国毛呢进口，而英国降低葡萄牙酒类进口税。

资本主义自由竞争时期，随着国际贸易的发展，各国之间对于关税的税率、船舶往来各口岸的待遇、一国商人在另一国经营贸易的条件等都复杂到必须通过一定的法律形式来加以调整的程度，这样贸易条约的缔结就更为必要。因此在资本主义自由竞争时期，贸易条约不仅在数量上大为增加，在内容上也远比以往复杂。这时的贸易条约与协定从形式上看是平等的，但事实上，由于缔约国在条约或协定中所占的经济利益往往靠缔约国的经济实力作后盾，不同缔约国从条约或协定中获得的好处是有差别的，强者多获利，弱者少获利。

到了帝国主义时期，帝国主义垄断组织为追求高额利润更需要利用贸易条约和协定作为实现对外经济扩张，夺取销售市场、原料来源和投资场所的重要手段。帝国主义国家与经济不发达国家间的不平等贸易条约和协定成为帝国主义国家剥削和奴役落后弱小国家的工具。1840 年英国侵略者为保护所谓的鸦片贸易，依仗其船坚炮利，发动了侵略中国的鸦片战争，并迫使清政府于 1842 年签订了丧权辱国的《南京条约》，中国除了割地赔款外，还开放广州、厦门、福州、宁波、上海为通商口岸，英国商人进出口货物缴纳的税款由两国商定。此外，1844 年清朝与美国签订的第一个不平等条约——《望厦条约》中规定，美国兵船可任意到中国各通商港口巡查贸易。

第二次世界大战后，经济全球化的趋势使得各国经济的相互依赖加深，各国间的贸易条约与协定数量成倍上升，且涉及的经贸内容更加广泛。1947 年美国联合 23 个国家在瑞士日内瓦签订了临时性的，用于调整和规范缔约国之间关税水平和经贸关系方面相互权利和义务的多边国际协定，即关税与贸易总协定。欧洲国家认识到战争给人类造成的破坏，为了和平，也为了在美苏争霸的夹缝中生存，1957 年 3 月 25 日，法国、联邦德国、意大利、荷兰、比利时、卢森堡 6 国在意大利首都罗马签订了《罗马条约》，欧洲联合自强的经济一体化进程由此发端。此后，世界许多国家也效仿欧洲，开始签订各种层次的区域经济一体化协定。战后许多发展中国家为了维护国家主权和保护民族经济的发展，在平等互利的基础上与其他国家签订了一些贸易条约与协定。社会主义国家为了发展同世界各国的经贸关系，促进社会主义经济建设和对外贸易的发展，根据独立自主的原则，在平等互利的基础上与许多国家签订了贸易条约和协定。

三、贸易条约与协定的主要法律条款

在贸易条约与协定中最常见的法律条款有两个。

（一）最惠国待遇条款

1. 最惠国待遇条款的含义与种类

最惠国待遇条款（most-favored nation treatment，MFNT）是指缔约国的一方现在或将来给予任何第三方的特权、优惠或豁免，也同样给予缔约对方。

最惠国待遇可分为无条件最惠国待遇和有条件最惠国待遇两种。前者是指缔约国现在和将来给予任何第三方的优惠和豁免应立即自动地、无条件地给予缔约对方；后者则是指如果缔约国一方给予第三方的优惠和豁免是有条件的，缔约的另一方必须提供同等条件才能享受这种优惠和豁免。目前，较为常用的是无条件最惠国待遇。

最惠国待遇应当是平等的、相互的。但历史上，帝国主义国家同殖民地半殖民地国家签订的贸易条约中最惠国待遇往往是片面的、不平等的。帝国主义国家要求殖民地给予其最惠国待遇，而殖民地则不能享有帝国主义宗主国提供的最惠国待遇。例如1843年中英《虎门条约》规定：中国今后如有"新恩施及各国，亦准英人一体均沾"，即为中国近代给予外国侵略者片面最惠国待遇的开始。第二次世界大战后，随着民族独立和解放运动的高涨，国际形势发生了深刻变化，发达资本主义国家无法像过去那样把片面的、不平等的最惠国待遇条款强加于人，在与发展中国家签订贸易条约与协定时一般都规定相互提供最惠国待遇条款。

2. 最惠国待遇条款的适用范围

最惠国待遇条款最早出现于17世纪末的双边国际条约中，后来1947年关贸总协定突破了这一传统的双边互惠形式，采用了多边互惠形式。世贸组织的成立，又使得这一多边贸易规则的适用领域由传统的货物贸易向知识产权和服务贸易领域延伸。

最惠国待遇条款的适用范围很广，通常包括以下几个方面：

（1）一切与进出口商品有关的关税和费用；

（2）与进口商品有关的国际支付转账所征收的关税和费用；

（3）征收上述税费的方法，例如，在征收关税过程中在对进口商品进行评估时，评估的标准、程序和方法均应在所有成员间一律平等；

（4）与进出口相关的所有规章和手续方法；

（5）与进出口商品有关的国内税或其他国内费用的征收；

（6）任何影响进口商品在进口国内销售、购买、提供、运输、分销等方面的法律、规章及要求等。

3. 最惠国待遇条款的限制和例外

在贸易条约与协定中，一般都规定有适用最惠国待遇的限制或例外条款。

最惠国待遇的限制是指将最惠国待遇的适用范围限制在若干具体的经济和贸易方面。例如，在关税上的最惠国待遇只限于某些商品，或最惠国条款只包括缔约国的某些地区等。最惠国待遇适用的限制可分为两种。一是直接限制，即在贸易条约或协定中明确规定最惠国待遇适用范围的限制，通常是从商品范围上、地区上和商品来源上加以限制；二是间接限制，即未在条约或协定中明确规定，而采用其他办法，如将税则精细分类等以达到限制缔约国的某些商品适用最惠国待遇。

最惠国待遇的例外是指某些具体的经济和贸易事项不适用于最惠国待遇。世贸组织协定中就规定有最惠国待遇的几种例外。

（1）边境贸易。一些国家往往规定边界两边15000米以内的小额贸易在关税、海关通关手续上的减免等优待不适用于任何缔结有正式贸易关系的享有最惠国待遇的国家。

（2）区域一体化组织内部贸易优惠。已结成自由贸易区、关税同盟等区域一体化组织的成员在关税等领域给予组织内部成员的优惠待遇应作为最惠国待遇的例外。

（3）一些国内法令和规章的规定。即一国为了维护社会秩序、国家安全、人民健康，防止动植物病害、死亡等而制定的法令和规章，在执行的过程中缔约国有权对这类商品的输入或输出加以限制或禁止，可以不履行最惠国待遇。

（4）沿海贸易和内河航行。在航行问题上，对于缔约国一方在沿海贸易和内河航行方面给予他国的优惠视为例外。

（5）对发展中国家的单方面优惠安排。如发达国家给予发展中国家出口产品的普惠制待遇不适用最惠国待遇。

（6）反倾销、反补贴及在争端解决机制下授权采取的报复措施，不受最惠国待遇的约束。

（7）政府采购不受世贸组织管辖，所以不受最惠国待遇的约束。

（8）《民用航空器贸易协定》和《政府采购协定》是世贸组织的诸边协定。参加诸边协定的世贸组织成员受其约束，没有参加的则不受其约束。诸边协定中规定的最惠国待遇条款不适用于未参加协定的世贸组织成员。

（二）国民待遇条款

1. 国民待遇条款的含义

国民待遇条款（national treatment）是指缔约国一方保证缔约另一方的公民、企业和船舶在本国境内享受与本国公民、企业和船舶同等的待遇。

20世纪初，国民待遇以国民待遇条款的形式出现在英国与其他国家签订的双边商业条约中。后来关贸总协定将国民待遇由双边贸易关系准则上升为多边贸易关系准则，世贸组织的成立又使得国民待遇的适用领域由货物贸易向服务贸易和知识产权领域延伸。

世贸组织规定的国民待遇是指对其他成员方的产品、服务或服务提供者及知识产权所有者和持有者所提供的待遇不低于本国同类产品、服务或服务提供者及知识产权所有者和持有者所享有的待遇。国民待遇中"不低于"是指其他成员方的产品、服务或服务提供者及知识产权所有者和持有者应与进口成员方同类产品、服务或服务提供者及知识产权所有者和持有者享有同等待遇。若一国给予前者更高的待遇，即超国民待遇，并不违背国民待遇原则。

实行国民待遇的目的是为了保证外国进口产品在进口国市场上获得与该进口国本国产品同等的地位、条件和待遇，防止进口国利用国内有关法律作为贸易保护的手段。

2. 国民待遇原则的适用范围

第二次世界大战前，国民待遇条款通常是以保护诉讼权和保障人身等作为其主要对象，而且往往在双边通商航海条约中出现。第二次世界大战后，国民待遇的范围扩大了，除上述事项外，还延伸到了社会保险、财产保护、经营活动、工业所有权、税收、金融证券的转移、交通运输等领域。

在关贸总协定第 3 条中，第 1 款规定了缔约国实施国民待遇义务的一般原则，即各缔约国应避免使用各种国内措施来保护国内生产；第 2 款规定了在国内税方面给进口产品以国民待遇的原则；第 4 款规定了在实施政府法令、规章方面给进口产品以国民待遇的原则。

3. 国民待遇的例外条款

国民待遇原则的例外除关贸总协定第 21 条、第 22 条规定的一般例外与安全例外，以及各项子协定有关国民待遇在特定领域的一些具体例外之外，国民待遇义务还有两项专门的例外领域：政府采购和有关电影的管制。

四、贸易条约与协定的主要类型

1. 贸易条约

贸易条约（commercial treaty）是全面规定缔约国之间经济、贸易关系的条约，往往又称为通商条约、友好通商条约、通商航海条约。贸易条约的内容涉及缔约国之间经贸关系的各个方面，包括关税的征收、海关手续、船舶航行、使用港口、一国公民与企业在对方国家所享受的待遇、知识产权的保护、进口商品征收国内税、过境、铁路、争端仲裁，甚至移民等。由于贸易条约的内容关系到国家的主权与经济权益，因此是由国家元首或他的特派全权代表以国家的名义签订的，双方代表在贸易条约上签字后，还需按有关缔约国的法律程序完成批准手续，缔约国间互相换文后方能生效。贸易条约有效期一般较长，往往为 5 年或 10 年，到期后还可以讨论延长。

2. 贸易协定和贸易议定书

贸易协定（trade agreement）是缔约国间为调整和发展相互间经贸关系而签订的书面协议。其特点是，与通商航海条约相比，所涉及的面比较窄，对缔约国间的贸易关系往往规定得比较具体，有效期短，签订程序也较简单，一般只需经缔约国的行政首脑或其代表签署即可生效。贸易协定的内容通常包括：贸易额、各方出口货单、作价办法、使用货币、支付方式、关税优惠等。未签订通商航海条约的国家间，在签订贸易协定时，通常把最惠国待遇条款列入。贸易协定贸易额和各方出口货单的规定往往不是硬性的，在具体执行时还可以通过协商加以调整。

贸易议定书（trade protocol）是缔约国就发展贸易关系中某项具体问题所达成的书面协议。这种议定书往往是作为贸易协定的补充、解释或修改而签订的，内容较为简单，如用来规定有关贸易方面的专门技术问题或个别贸易协定中的某些条款，有时也用来规定延长贸易条约或协定的有效期。在签订长期贸易协定时，关于年度贸易的具体事项往往通过议定书的方式加以规定。也有在两国尚未达成贸易协定时，先签订议定书，暂时作为进行贸易的依据。贸易议定书有的是作为贸易协定的附件而存在，有的则是独立文件，具有与条约、协定相同的法律效力。贸易议定书的签订程序比贸易协定更简单，一般经缔约国有关行政部门的代表签署后即可生效。

3. 支付协定

支付协定（payment agreement），大多为双边支付协定，是规定两国间关于贸易和其他方面债权债务结算方法的书面协议。其主要内容包括：清算机构的确定、清算账户的设立、清算项目与范围、清算货币、清算办法、差额结算办法的规定等。支付协定是外汇管制的产物。在实行外汇管制的条件下，一种货币不能自由兑换另一种货币，对一国所具有的债权不能用来抵偿对第三国的债务，结算只能在双边基础上进行，因而需要通过缔结支付协定来规定两国间的债权债务结算方法。这种通过相互抵账来清算两国间的债权债务的办法，既有助于克服外汇短缺的困难，又有利于双边贸易的发展。自 1958 年以来，西方一些主要资本主义国家相继实行货币自由兑换，双边支付清算逐渐为多边现汇支付清算所代替。但一些目前仍实行外汇管制的发展中国家往往还签订有支付协定。

4. 国际商品协定

国际商品协定（international commodity agreement）是指某种商品的主要出口国之间，或者主要出口国与主要进口国之间为了稳定或者操纵该种商品的国际市场价格，获得足够的垄断利润，保证世界范围内的供求基本平衡而签订的多边国际协议。国际商品协定主要适用于一些初级产品，这些初级产品的出口国大多是发展中国家，主要进口国大多是发达国家。签订国际商品协定的目的主要有两种：一种是垄断某种初级产品的出口供给，联合提价，取得垄断利润；另一种是防止初级产品国际市场价格的大幅波动，保证重要初级产品的合理分配，这不仅是发展中国家，同时也是发达国家的期望。

国际商品协定主要通过经济条款来稳定价格。这些经济条款主要采取以下形式。

（1）缓冲存货（buffer stock）规定。协定的执行机构建立缓冲库存（包括存货与现金），并规定最高、最低限价。当市场价格涨到最高限价时，就利用缓冲库存抛出存货；当市场价格跌至最低限价时，则用现金在市场上收购，以达到稳定价格的目的。这种规定要求协定成员国提供大量资金和存货，否则难以起到应有的调节作用。采用此种规定的协定主要有国际锡协定和国际天然胶协定。

（2）多边合同（multilateral contracts）规定。这种条款规定，进口国在协定规定的价格幅度内，向各出口国购买一定数量的有关商品；出口国在规定的价格幅度内，向各进口国出售一定数量的有关商品。它实际上是一种多边性的商品合同。采用这种规定的协定主要有国际小麦协定。

（3）出口配额规定。这种条款会先规定一个基本的出口配额，再根据市场需求和价格变动情况作相应的增减来确定当年平均的年度出口配额。规定了这种条款的协定有国际咖啡、糖的协定。

（4）出口配额和缓冲存货相结合的规定。协定会规定最高和最低限价，然后通过出口配额和缓冲存货来调节价格，使价格恢复到最高和最低限价之间。国际可可协定采用了此办法。除了价格的原因，采用这种条款往往是进口国为了保护国内市场，要求对某一时期某种商品的进出口数量作出安排，如国际多种纤维协定就是在多边的基础上对纺织品和服装的出口进行管理，并限制这些商品的市场准入。

5. 关税与贸易总协定

关税与贸易总协定（General Agreement on Tariff and Trade，GATT），简称关贸总协定，

是 1947 年 10 月 30 日由美、英、法等 23 国在瑞士日内瓦签订，1948 年 1 月 1 日生效的关于关税与贸易政策的多边国际条约。它于 1995 年 1 月 1 日被新成立的世界贸易组织所取代。关贸总协定存续了 47 年。截至 1994 年年底，关贸总协定共有 128 个缔约方。尽管关贸总协定具有相当多的临时性特征，但作为当时国际贸易领域唯一的多边国际协定，一直是管理和协调国际贸易事务的中心，其主要原则和规定得到世界上大多数国家的认可，并在世界贸易中得到广泛运用。

关贸总协定以促进贸易自由化、发展商品生产交换、扩大世界资源和提高缔约国人民生活为宗旨，要求各成员方大幅度削减关税和其他贸易壁垒以实现贸易的自由化。关贸总协定自成立以来，47 年间共主持了八轮多边贸易谈判，在国际经贸领域取得了一系列重大成果。就每轮谈判所解决的实际问题来看，关贸总协定的八轮谈判大致可分为 3 个阶段：第一轮至第六轮谈判主要集中解决关税减让问题；第七轮主要针对取消非关税壁垒问题；第八轮即乌拉圭回合则进一步深入探讨了多边贸易体制问题，从更广泛的角度取得了一揽子解决贸易问题的成果。乌拉圭回合取得的最突出成果就是达成了《建立世界贸易组织协定》，从而结束了关贸总协定作为"临时适用议定书"的历史使命。

关贸总协定对第二次世界大战后世界经济的恢复与发展起到了重要作用。它促使各国降低关税，实现国际贸易的自由化，使关税不再成为国际贸易的主要障碍，形成了一个多边贸易体制；将传统条约基础上的最惠国待遇和国民待遇原则升华为全球性贸易的多边准则，确立了一系列围绕贸易自由化、公平贸易和市场准入的新原则和新规则；建立并逐渐完善了许多部门法律制度；创建了争端解决机制，为缔约国间的经贸纠纷提供裁判。但是，关贸总协定存在一些不尽合理的地方，如传统的关税保护通过多轮关税减业的谈判，已不构成自由贸易的主要威胁，但关贸总协定对于非关税壁垒没能进行有效遏制；关贸总协定仅适用于货物贸易，不适用于在国际贸易中越来越重要的服务贸易、知识产权和跨国投资等领域；关贸总协定的争端解决机制有固有缺陷，使得大量国际经贸纠纷得不到解决。

本节导入案例解析

本案例中，美国与德国1925年签订的贸易条约中规定，缔约双方在进口方面无条件地给予对方不低于任何其他第三方的待遇。该条款属于最惠国待遇条款性质。最惠国待遇条款是指缔约国的一方现在或将来给予任何第三方的特权、优惠或豁免，也同样给予缔约对方。

第二节　区域经济一体化

案例导入

中国与智利自由贸易协定

综合媒体报道，2004年11月，中智两国正式启动了自由贸易谈判，并在五轮磋商后于2005年11月18日正式签订《中华人民共和国与智利共和国自由贸易协定》（以下简称中智自贸协定）。由此智利成为拉美国家中第一个和中国签订双边自由贸易协定的国家，中智自贸协定也是继中国－东盟自贸协定之后中国对外签署的第二个自贸协定。2006年10月1日中智自贸协定开始实施。

中智自贸协定项下的智利给惠产品清单涉及范围广泛，包括HS编码96个章7902个子目项下的产品。从2006年10月1日起，智利对原产于我国的5891种产品，中国对原产于智利的2806种产品均实行零关税。自2007年1月1日起，中国对另外1947种原产于智利的产品实行零关税。

中智自由贸易协定生效以来，智利对华出口以年均20.7%的速度增长。2007年中国超越美国成为智利最大的出口目的地。2007年智利出口总额为654.84亿美元，其中对中国的出口额达到101.72亿美元，占智利出口总额的15.5%。此外，中国还超越阿根廷和巴西，成为仅次于美国的对智利出口最多的国家。2009年，中国超越美国成为智利最大的贸易伙伴。2013年，智利与中国的贸易总额达到340.47亿美元，其中智利从中国进口总额达148.28亿美元。智利企业界人士普遍认为，中智自贸协定是两国贸易迅速增长的主要原因。

2009年4月，中国与智利签订了《中华人民共和国政府和智利共和国政府自由贸易协定关于服务贸易的补充协定》，开放包括管理咨询和体育等在内的诸多服务行业，并放宽投资环境。2010年8月，该协定正式生效。2012年9月，中国和智利又正式签署了《中智自由贸易协定关于投资的补充协定》，该协定于2014年4月正式生效，标志着中智自由贸易区全面建成。

智利已与61个国家签订了23个自由贸易协定，其中包括欧盟、中国、美国、韩国、日本、加拿大、墨西哥和南方共同市场等。智利出口贸易的90%以上都是面向与其有贸易合作协议的国家、经济体或地区。

智利为何要与这么多国家，包括中国签订自由贸易协定呢？中智自贸协定为两国经贸发展带来哪些好处？

一、区域经济一体化的含义

区域经济一体化是指两个或两个以上的国家或地区，通过协商并缔结经济条约或协定，实施统一的经济政策和措施，消除商品、要素、金融等市场的人为分割和限制，以国际分工为基础来提高经济效率和获得更大经济效果，把区域内各国或各地区的经济融合起来形成一个区域性经济联合体的过程。

区域经济一体化要求成员国之间在经济政策上实现一定程度的统一，实质上是成员国经济主权一定程度的限制和让渡。对成员国经济主权限制和让渡出来的部分，需要有一个组织机构来管理及行使，因而在较高层次的区域经济一体化中，一般都有一个根据条约或协定组成的超国家机构。这种超国家机构被赋予一定的权力和职能。随着经济一体化水平的提高，各成员国逐步向超国家机构让渡更多的经济主权，由该机构行使更多的共同内部经济政策和一致的对外经济政策。

二、区域经济一体化的分类

（一）按成员国间经济结合程度分

按经济主权限制和让渡程度的不同，也即成员国之间经济结合程度的不同，我们可以将区域经济一体化划分为6个层次（见表10.1）。

表 10.1　区域经济一体化不同层次间的比较

区域经济 一体化形式	优惠关税	商品 自由流动	统一 对外关税	生产要素 自由流动	经济 政策协调	统一 经济政策
优惠贸易安排	√					
自由贸易区	√	√				
关税同盟	√	√	√			
共同市场	√	√	√	√		
经济联盟	√	√	√	√	√	
完全经济一体化	√	√	√	√	√	√

1. 优惠贸易安排

优惠贸易安排（preferential trade arrangements），是指成员国之间通过签订协定，对相互之间全部或部分商品的进口规定特别的关税优惠。它是一体化程度最低、组织最松散的一体化形式。1932 年英国与其帝国成员建立的"帝国特惠制"以及《亚太贸易协定》各成员国之间达成的优惠贸易安排就是典型例子。

知识链接

《亚太贸易协定》的前身为《曼谷协定》。《曼谷协定》签订于 1975 年，是在联合国亚太经济社会委员会主持下，在亚洲几个发展中国家之间达成的一项优惠贸易安排。2001 年 5 月 23 日，中国正式成为《曼谷协定》成员。作为中国参加的第一个区域性多边贸易组织，《曼谷协定》在中国关税史上具有重要地位。2005 年 11 月《曼谷协定》第一次部长级理事会在北京举行，《曼谷协定》正式更名为《亚太贸易协定》。《亚太贸易协定》现有成员国为中国、孟加拉、印度、老挝、韩国和斯里兰卡。

2. 自由贸易区

自由贸易区（free trade area），简称自贸区，是指两个或两个以上成员国之间通过签订自由贸易协定（free trade agreement），在最惠国待遇的基础上，相互进一步开放市场，分阶段取消绝大部分货物的关税和非关税壁垒，改善服务和投资准入条件，从而形成贸易和投资自由化的特定区域。这里的自由贸易区和第九章中的自由贸易区（free trade zone）不是一个概念。

自由贸易区的基本特征是成员国之间彼此取消关税与非关税壁垒，对外不实行统一的共同关税，因此不同成员的对外关税差别很大，这就为非成员国的出口避税提供了可能。因为原产自非成员国的商品可以通过先进入自由贸易区中关税较低的成员国，然后再转入关税较高的成员国的办法来逃避高关税，所以，自由贸易区需要制定统一的原产地规则。自由贸易区的原产地规则非常严格，如一般规定，只有商品在自由贸易区内增值 50%以上才能享受免税待遇。目前，北美自由贸易区是世界上规模最大的自贸区，中国－东盟自由贸易区是中国参与的最大规模的自贸区。

3. 关税同盟

关税同盟（customs union），是指成员国之间在完全取消关税和非关税壁垒的基础上，同时实行对外统一的关税税率而结成的同盟。关税同盟意味着撤除了成员国各自原有的关境，组成了共同的对外关境，实现了成员国关税政策的统一。关税同盟开始具有超国家性质，是比自贸区更高层次的经济一体化组织。早期的欧共体 6 国自 1967 年开始对外实行统一关税税率，并于 1968 年 7 月相互之间取消商品关税和限额，建立起关税同盟，成为欧洲国家经济一体化的起点标志。

4. 共同市场

共同市场（common market），是指成员国之间完全取消关税与非关税壁垒，建立对非成员国的统一关税，在实现商品自由流通的同时，还允许资本、劳动力等生产要素在区域内自由流动，形成一个统一的大市场，并力图实现成员国在若干重要经济领域的协调和制定共同的经济政策。共同市场通常还要求成员国之间在自愿协议基础上让渡部分主权，建立协调和制定共同政策及管理该组织共同事务的权利机构。欧共体从一开始就被称为共同市场，但实际上欧共体直到 1985 年才开始逐步建立真正的统一市场，并于 1993 年 1 月 1 日起正式实现商品、人员、资本和劳务的自由流通，欧共体的统一大市场才基本建成。南方共同市场目前也较为接近组建共同市场的目标。

知识链接

1991 年 3 月 26 日，阿根廷、巴西、巴拉圭和乌拉圭四国总统在巴拉圭首都签署《亚松森条约》，宣布建立南方共同市场（MERCOSUR），简称"南共市"。该条约于 1991 年 11 月 29 日正式生效。1995 年 1 月 1 日南共市正式运行，关税同盟开始生效，实行统一对外关税税率。2012 年 7 月，委内瑞拉正式加入南共市。目前，南共市大体实现了人员的自由流动，拥有 3.3 万亿美元的国内生产总值，占整个南美地区的 83.2%；领土面积占南美洲面积的 72%；拥有人口 2.7 亿，占地区全部人口的 70%。

南共市的宗旨是通过有效利用资源、保护环境、协调宏观经济政策、加强经济互补来促进成员国科技进步和实现经济现代化，进而改善人民生活条件，推动拉美区域经济一体化进程。

5. 经济联盟

经济联盟（economic union），是指成员国之间不仅实现商品、生产要素的自由流动，建立共同的对外关税，还制定和执行一些共同的经济政策和社会政策，逐步取消各国在政策方面的差异，使一体化从商品交换扩展到生产、分配以至整个国民经济而形成的一个有机的经济实体。应在多大的经济政策范围内实现统一才能称为经济联盟，理论上尚无明确界定，但货币政策的统一作为一个重要标志是具有共识的，即成员国之间有统一的中央银行、单一的货币和共同的外汇储备。目前的欧盟是唯一达到该标准的区域性经济集团。

知识链接

2010 年 1 月 1 日俄罗斯、白俄罗斯和哈萨克斯坦三国组成的俄白哈关税同盟正式启动，三国对外实行统一进口关税税率。同年 7 月 6 日，关税同盟海关法正式生效。2011 年 7 月 1 日三国间建立起了统一海关空间。2014 年 5 月 29 日，三国签署了《欧亚经济联盟条约》。根据该条约，欧亚经济联盟将于 2015 年 1 月 1 日正式启动，到 2025 年俄白哈三国将实现商品、服务、资金和劳动力的自由流动，终极目标是建立类似于欧盟的经济联盟，形成一个拥有 1.7 亿人口的统一市场。

6. 完全经济一体化

完全经济一体化（complete economic integration），是区域经济一体化发展的最高阶段。在这一阶段，各成员国在经济、金融和财政等方面均实现完全统一，在经济上形成单一的经济实体；国家（或地区）的经济权力全部让渡给一体化组织的共同机构，该机构拥有全部的经济政策制定和管理权，而各成员国不再单独执行经济职能。目前世界上尚无此类经济一体化组织，只有欧盟在为实现该目标而努力。然而欧盟要真正实现该目标还有很多困难，随着欧盟成员国的不断增加，成员国间经济实力的差距越来越大，实现该目标的难度也将加大。

（二）按参加国经济发展水平的差异分

按参加国经济发展水平的差异，区域经济一体化可分为水平一体化和垂直一体化。水平一体化是指经济发展水平相近的国家间结成的经济一体化组织，即成员国都是发达国家或都是发展中国家的一体化组织，如欧盟、南方共同体和东南亚国家联盟等；垂直一体化则是指经济发展水平差距较大的国家间结成的经济一体化组织，即发达国家与发展中国家之间结成的一体化组织，如北美自由贸易区、亚太经济合作组织等。

（三）按区域经济一体化的范围分

按区域经济一体化的范围，区域经济一体化可分为部门经济一体化和全盘经济一体化。部门经济一体化是指区域内各成员国的一个或几个部门（或商品，或产业）达成共同的经济联合协定而产生的区域经济一体化组织。全盘经济一体化是指区域内各成员国的所有经济部门均加以一体化的形态。1952年成立的欧洲煤钢共同体就属于部门经济一体化组织，该共同体设立了一个超国家机构负责协调各成员国煤钢产品的生产、投资、价格、原料分配，并保证共同体内部的有效竞争，同时成员国毋须交纳关税即可直接取得煤和钢的生产资料。

三、区域经济一体化理论

区域经济一体化的主要理论有关税同盟理论、协议性国际分工理论、大市场理论和国家需要理论。

（一）关税同盟理论

对关税同盟的理论研究中，最有影响的是美国经济学家范纳（1950）[1]和李普西（1960）[2]的关税同盟理论。

1. 关税同盟的特征

按照关税同盟理论，完全形态的关税同盟应具备以下三个特征：

（1）完全取消各成员国间的关税；

（2）对来自成员国以外的国家和地区的进口设置统一关税；

（3）通过协商方式在成员国间分配关税收入。

① Jacok Viner. 1950. The customs union issue[M]. New York: Carnegie Endowment for International Peace.
② R. G. Lipsey. 1960. The theory of customs unions: a general survey[J]. Economic Journal: 496-513.

2. 关税同盟的静态效应

所谓关税同盟的静态效应，是指假定在经济资源总量不变、技术条件没有改进的情况下，关税同盟对集团内外国家经济发展以及物质福利的影响。关税同盟的静态效应主要是指贸易创造效应和贸易转移效应。

（1）贸易创造效应是指一国加入关税同盟后，由于同盟内实行自由贸易，一些原本在本国国内生产的产品现在被同盟内其他成员国更低成本的进口产品所替代，从而使同盟内部贸易规模扩大，生产效率提高，成员国福利增进。

（2）贸易转移效应是指由于关税同盟取消了成员国之间的关税但保留了对非同盟国的关税，从而引发了同盟成员的低效率（高成本）生产取代非同盟成员的高效率（低成本）生产，即在差别待遇的影响下，某一同盟成员把原来从非成员国的低成本进口转向同盟成员国的高成本进口，导致进口国福利损失。另外从全世界的角度看，这种生产资源的重新配置导致了生产效率的降低、生产成本的提高，不能有效地分配和利用资源，从而使世界的福利水平降低。

除此之外，关税同盟的静态效应还包括：①关税同盟使得各成员国的海关人员、边境巡逻人员等减少而导致行政费用减少；②贸易转移型关税同盟通过减少对同盟成员之外的世界上其他国家的进口需求和出口供给，有可能使同盟成员国共同的贸易条件得到改善；③任何一个关税同盟，在国际贸易投票中以一个整体来行动，较之任何一个独立行动的国家来说，可能具有更强大的讨价还价能力；④关税同盟建立后，商品可在同盟成员国之间自由流通，在同盟内消除了走私产生的根源，不仅可以减少查禁走私的费用支出，还有助于提高全社会的道德水平。

3. 关税同盟的动态效应

所谓关税同盟的动态效应，是指关税同盟对成员国贸易以及经济增长的推动作用。关税同盟的动态效应表现在以下三个方面：

（1）关税同盟的建立使成员国间的市场竞争加剧，专业化分工向广度和深度拓展，使生产要素和资源配置更加优化；

（2）关税同盟建立后，成员国国内市场向统一的市场转换，自由市场扩大，从而获取规模经济效益；

（3）关税同盟的建立、市场的扩大、投资环境的大大改善，会吸引成员国厂商扩大投资，也能吸引非成员国的资本向同盟内转移。

（二）大市场理论

大市场理论是从动态角度来分析区域经济一体化所取得的经济效应，是针对共同市场提出的，其代表人物为西托夫斯基（1958）[①]和德纽（1960）[②]。大市场理论认为：

（1）以前各国之间推行狭隘的只顾本国利益的贸易保护政策，把市场分割得狭小而又缺乏适度的弹性，这样只能为本国生产厂商提供狭窄的市场，无法实现规模经济和大批量生产的利益。

---

① Tibor Scitovsky. 1958. Economic Theory and Western European Integration[M]. Stanford: Stanford University Press.

② Jean-François Deniau. 1960. The common market[M]. London: Barrie & Rockcliff and Pall Mall Press.

（2）当经济一体化演进到共同市场之后，区内不仅实现了贸易自由化，其要素也可以在区内自由流动，从而形成一种超越国界的大市场。大市场将比较分散的生产集中起来进行规模化的大生产，这样机器得到充分利用，生产更加专业化、社会化，高新科技得到更广泛的利用，竞争更加激烈，一些经营不善的小企业被淘汰，一些具有技术优势的企业则最终在竞争中获胜并扩大经营规模，从而实现规模经济。

（3）专业化生产和规模经济使得生产成本下降，加之取消了关税及其他一些费用，导致销售价格下降。这必将导致购买力的增强与生活水平的提高，消费也会增加，消费的增加又促进投资的增加，从而形成良性循环。

（三）协议性国际分工理论

协议性国际分工理论是由日本著名教授小岛清于 20 世纪 70 年代在其代表作《对外贸易论》[①]中提出的。

所谓协议性国际分工，是指一国放弃某种商品的生产并把国内市场提供给另一国，而另一国则放弃另一种商品的生产并把国内市场提供给对方，即两国达成相互提供市场的协议，实行协议性国际分工。协议性分工不能指望通过价格机制自动实现，而必须通过当事国间的协议加以实现，也就是通过经济一体化的制度把协议性分工组织化。区域内成员国之间如果地缘相近，生产力发展水平接近，且文化和社会制度相似，比较容易达成分工协议。

（四）国家需要理论

国家需要理论认为在国际社会中任何国家都要捍卫或增进本国的经济利益。这种愿望和追求可以概括为三种经济需要，即最低层次的经济安全需要，较高层次的经济实力和竞争力需要，以及最高层次的经济霸权需要。一国通过经济一体化可以更好地实现和满足自身的经济需要。因此，经济一体化形成和发展的内在动因是这三个层次的经济需要，如果世界经济环境变化增强了各国的经济需要或提高了它们经济需要的层次，经济一体化就会走向高潮，否则就会走向低落。经济一体化形成后能否巩固和发展取决于成员国经济需要的层次和经济需要得到满足的程度。

四、世界主要区域经济一体化组织

第二次世界大战后，随着生产力的发展和科学技术的进步，区域经济一体化组织发展迅速，数量急剧增加。据世贸组织的统计，区域贸易协定（regional trade agreements，RTAs）的实施数量在 20 世纪 50 年代有 3 个，60 年代有 19 个，70 年代上升到 39 个，80 年代减少到 14 个，90 年代则又开始迅速增加，截至 2014 年 4 月 25 日，正在实施中的区域经济一体化协定总计达到 259 个[②]，世界上绝大部分国家都从自身的现实利益和未来的区域竞争格局出发，积极参与双边或多边区域经济一体化组织。世界上主要的区域经济一体化组织有欧洲联盟、北美自由贸易区、东南亚国家联盟和亚太经济与合作组织等。

---

① 本书中译本 1987 年由南开大学出版社出版，周宝廉译。
② 根据世界贸易组织（WTO）网站的区域贸易协定信息系统（Regional Trade Agreements Information System，RTA-IS）提供的"实施中的区域贸易协定清单"（List of all RTAs in force）统计。

国际贸易理论与政策

（一）欧洲联盟

1951 年 4 月，法国、联邦德国、意大利、比利时、荷兰和卢森堡 6 国在巴黎签订了为期 50 年的《欧洲煤钢联营条约》，决定于 1952 年 7 月建立欧洲煤钢共同体。1957 年 3 月 25 日，上述 6 国又在罗马签订了《欧洲经济共同体》和《欧洲原子能联营》两个条约，总称《罗马条约》。《罗马条约》于 1958 年 1 月 1 日生效，标志着欧洲经济共同体的正式建立。到 1967 年，欧洲经济共同体与欧洲原子能共同体、欧洲煤钢共同体的主要机构合并，统称为欧洲共同体，简称欧共体。1991 年 12 月，欧共体在马斯特里赫特首脑会议上通过了《欧洲联盟条约》，通称《马斯特里赫特条约》（简称《马约》）。1993 年 11 月 1 日，《马约》正式生效，欧共体更名为欧洲联盟（European Union，EU），简称欧盟。

欧洲经济共同体最初只有 6 个成员国，1973 年 1 月 1 日，英国、爱尔兰和丹麦正式加入。1981 年 1 月 1 日，希腊加入。1986 年 1 月 1 日，葡萄牙和西班牙加入。1995 年 1 月 1 日，芬兰、奥地利和瑞典加入。2004 年 5 月 1 日，波兰、捷克、斯洛伐克、匈牙利、罗马尼亚和保加利亚等 10 个中东欧国家同时加入欧盟。2007 年 1 月 1 日保加利亚和罗马尼亚加入。2013 年 7 月 1 日克罗地亚正式加入欧盟。欧盟目前已成为一个拥有 28 个成员国，人口超过 5 亿的超级区域经济一体化组织。2013 年，欧盟国内生产总值超 17 万亿美元，进口和出口总量均排名世界第一。

欧共体/欧盟实行一系列经济领域的共同政策和措施。1967 年起欧共体对外实行统一的关税税率，1968 年 7 月 1 日起成员国之间取消商品的关税和限额，建立起关税同盟。1973 年，欧共体实现了统一的外贸政策。《马约》生效后，为进一步确立欧盟单一市场的共同贸易制度，欧盟各国外长于 1994 年 2 月 8 日一致同意取消此前由各国实行的 6400 多种进口配额，而代之以一些旨在保护低科技产业的措施。欧共体 1962 年 7 月 1 日开始实行共同农业政策，1968 年 8 月开始实行农产品统一价格，1969 年取消农产品内部关税，1971 年起对农产品贸易实施货币补贴制度。1985 年 6 月，欧共体首脑会议批准了建设内部统一大市场的白皮书。1986 年 2 月，各成员国正式签署了为建成统一大市场而对《罗马条约》进行修改的《欧洲单一文件》。统一大市场的目标是逐步取消各种非关税壁垒，包括有形障碍（海关关卡、过境手续、卫生检疫标准等）、技术障碍（法规、技术标准）和财政障碍（税别、税率差别），并于 1993 年 1 月 1 日起实现商品、人员、资本和劳务自由流通。1993 年 1 月 1 日，欧共体宣布其统一大市场基本建成。此外，1979 年欧共体还建立了欧洲货币体系，1999 年 1 月 1 日，欧元正式诞生，作为非现金交易的货币进入流通领域。2002 年 1 月 1 日，欧元现金开始正式登台，同年 7 月 1 日，欧元区 11 国（奥地利、比利时、法国、德国、芬兰、荷兰、卢森堡、爱尔兰、意大利、葡萄牙和西班牙）各自原本的货币停止使用。至 2014 年 1 月 1 日，欧元区已扩大到 18 国，新增 7 国为希腊、斯洛文尼亚、塞浦路斯、马耳他、斯洛伐克、爱沙尼亚和拉脱维亚。

欧洲一体化的进程促进了欧盟国家经济的发展，1995—2000 年欧盟国家经济增速平均达到 3%。进入 2000 年以来，虽然受伊拉克战争和由美国次贷危机引发的全球金融危机的影响，欧盟经济发展时有起伏，但欧盟的经济总量已超美国居世界第一，是世界上最大的资本输出国家集团和商品与服务出口国家集团。欧盟相对宽容的对外技术交流与发展合作政策，对世界其他地区的经济发展特别是包括中国在内的发展中国家至关重要。

（二）北美自由贸易区

美国和加拿大于 1965 年签订了《美加汽车贸易协定》，对两国间的小汽车、卡车、公共汽车和汽车零部件贸易完全实行免税。1986 年 5 月双方就签订《美加自由贸易协定》进行正式谈判，并于 1988 年签署了该协定。1989 年协定正式生效。《美加自由贸易协定》不仅涉及关税减让问题，也对非关税壁垒的撤除、服务贸易自由化、投资、能源、知识产权和争端解决机制等都做了规定。自协定生效以来，两国间经贸依存关系不断加深，双边贸易额从 1987 —1988 年的 1420 亿美元增加到 1989—1990 年的 1710 亿美元。

《美加自由贸易协定》的签订与顺利实施，使得美国与墨西哥产生了开展双边自由贸易的愿望，并于 1990 年正式开始就签订自由贸易协定。问题进行接触，之后加拿大提出参加，三边谈判于 1991 年 6 月正式开始。1992 年 8 月三方达成《北美自由贸易协定》，协定于 1994 年 1 月 1 日生效，北美自由贸易区（North American Free Trade Area，NAFTA），简称北美自贸区正式成立。

《北美自由贸易协定》阐述了北美自贸区成立的宗旨，即取消贸易障碍，创造公平竞争的条件，增加投资机会，对知识产权提供适当的保护，建立执行协定和解决争端的有效程序，以及促进三边的、地区以及多边的合作。三个成员国彼此必须遵守协定规定的原则和规则，如国民待遇、最惠国待遇及程序上的透明化等来实现其宗旨，藉以消除贸易障碍。在权利方面，自贸区内的国家间货物可以互相流通并减免关税，但对自贸区以外的国家，仍然维持原关税及障碍。

北美自贸区取得了显著成效。根据世贸组织提供的数据，2012 年北美自贸区国内生产总值为 18.7 万亿美元，囊括了 4.7 亿人口，是世界上最大的自由贸易区。自 1994 年成立 20 年来，美、加、墨三国由于取消贸易壁垒和开放市场，实现了经济增长和生产力的提高，尤其是墨西哥的加入，使得北美自贸区成为南北区域经济合作的成功典范。1993—2012 年，美国与墨西哥的贸易额增长了 5.06 倍，相比之下，美国与非北美自贸区国家的贸易额仅增长了 2.79 倍。2011 年，美国与加拿大、墨西哥的贸易额之和相当于美国与金砖四国（巴西、俄罗斯、印度、中国）及日本、韩国这 6 个国家贸易额之和。在北美自贸区三成员中，加拿大的人均国内生产总值在过去 20 年增长最快；但是，作为新兴市场，墨西哥与两个规模更大、更富裕的市场联手，成为了北美自由贸易协定的最大受益者。来自进口商品的竞争提升了墨西哥制造业的生产力，外国直接投资也大幅增加，更重要的是北美自由贸易协定的成员身份为墨西哥国内政客致力于市场开放提供了有力支持，并为墨西哥的其他自由贸易协定提供了模板。虽然《北美自由贸易协定》并未帮助墨西哥弥补与加拿大和美国在收入层面上的巨大差距，但它帮助墨西哥变得更加稳定和繁荣[①]。

（三）东南亚国家联盟

东南亚国家联盟（Association of Southeast Asian Nations，ASEAN），以下简称东盟，成立于 1967 年 8 月 8 日。东盟最初的成员国为印度尼西亚、泰国、马来西亚、新加坡和菲律宾，1984 年文莱加入。越南于 1995 年，老挝和缅甸于 1997 年，柬埔寨于 1999 年相继加入。东

---

① 本段主要整理自 2014 年 1 月 9 日《人民日报（海外版）》郝伟凡编译《北美自贸协定走过 20 年，墨西哥是最大受益者》一文。

盟秘书处设在印度尼西亚雅加达。

东盟的成立主要是出于政治与安全目的，因而直到 20 世纪 90 年代以前，东盟在推动区域贸易合作方面没有太大进展。1992 年 1 月，马来西亚、新加坡等早期的东盟 6 国通过了《加强东盟经济合作框架协议》，决定建立东南亚自由贸易区。该协议的主要内容包括关税减让、最惠国待遇、取消数量限制和非关税壁垒、开放服务贸易、东盟工业合作计划、东盟一体化优惠制度等。1999 年 11 月，东盟确定了东南亚自由贸易区的最终建成计划：6 个老成员印度尼西亚、泰国、马来西亚、新加坡、菲律宾和文莱实现零关税的目标提前到 2010 年，4 个新成员实现零关税的目标提前到 2015 年（允许部分敏感产品的例外）。2010 年 1 月 1 日，6 个老成员 7881 种进出口商品税目关税降为零，东盟自由贸易区共同有效关税税目达 54 457 种，占总关税税目的 99.11%。经过关税削减之后，这些国家的平均关税由 2009 年的 0.79%降低至 2010 年的 0.05%，落实了东盟内部取消关税和建立开放市场的承诺，也是完成东盟经济共同体建立单一市场和生产基地蓝图的重要推动力。

除了加强经济合作外，东盟还在努力加速地区一体化。2003 年 10 月，东盟十国领导人签署了一份旨在 2020 年成立类似于欧盟的"东盟共同体"宣言，包括"东盟安全共同体"、"东盟经济共同体"和"东盟社会与文化共同体"三个部分。确立上述三大支柱，成为东盟走向一体化发展的新的里程碑，标志着东盟国家政治、经济、文化全面合作将进入历史新时期。2007 年东盟首脑峰会又决定将建成东盟共同体的时间提前到 2015 年。2007 年 11 月 20 日，东盟各国领导人在新加坡签署了《东盟宪章》，使东盟向着全面一体化和更加制度化的组织又迈进了一步。

此外东盟还积极推动东亚合作，作为东盟"10+3"（指东盟十国加中、日、韩）和"10+1"（指东盟十国分别与中、日、韩三国）会议的组织者和协调者，东盟迄今为止在东亚合作中发挥着主导作用。2010 年 1 月 1 日，作为中国—东盟"10+1"合作的成果，中国—东盟自由贸易区正式启动，这是我国与周边国家建成的第一个自由贸易区，也是目前世界人口最多的自贸区，发展中国家间最大的自贸区。

（四）亚太经济合作组织

1989 年 1 月，澳大利亚总理霍克访问韩国时提出"汉城倡议"，建议召开部长级会议，以讨论加强亚太经济合作的问题。经与有关国家磋商，首届亚太经济合作会议部长会议于 1989 年 11 月在澳大利亚首都堪培拉举行，标志着亚太经济合作会议的成立。1993 年 6 月亚太经济合作会议改名为亚太经济合作组织（Asia-Pacific Economic Cooperation，简称 APEC）。亚太经济合作组织是亚太地区级别最高、影响最大的经济合作官方论坛。中国于 1991 年 3 月正式成为亚太经济合作组织成员。

1998 年亚太经济合作组织已有 21 个经济体成员（截至 2014 年 7 月尚未接纳新成员），它们分别是澳大利亚、文莱、加拿大、智利、中华人民共和国、中国香港、印度尼西亚、日本、韩国、马来西亚、墨西哥、新西兰、巴布亚新几内亚、秘鲁、菲律宾、俄罗斯、新加坡、中国台北、泰国、美国和越南。亚太经济合作组织成员拥有大约 40%的世界人口，约 53%的全球国内生产总值，以及大约 44%的世界贸易额。亚太经济合作组织是世界上幅员最广阔、情况最复杂的区域经济一体化组织，其成员既有发达国家也有发展中国家，成员间社会经济制度、政治趋向差异很大。亚太经济合作组织主席的职位由成员轮流承担。亚太经济合作组织的运作管理是通过贯穿一年的一系列部长会议和领导人非正式会议来进行。亚太经济合作组织的第一届领导人非正式会议于 1993 年在美国西雅图召开。

亚太经济合作组织的目标是"支持亚太地区经济的可持续增长和繁荣",其宗旨是"推动贸易和投资的自由与开放,促进和加快地区经济一体化,鼓励经济技术合作,增强地区安全,营造良好商业环境"。亚太经济合作组织具有如下特点。

（1）开放性。成员之间达成的优惠措施也适用于非成员。

（2）灵活性。不一味地追求统一性,具体体现在贸易和投资自由化的时间表上。

（3）多层次性。次一级区域经济一体化广泛开展。

（4）渐进性。先易后难,先初期后高级,渐进长期发展。

亚太经济合作组织致力于推动实现成员间的贸易和投资自由化、贸易和投资便利化以及经济技术合作三个方面。

在贸易和投资自由化方面,亚太经济合作组织于 1994 年 11 月在印尼茂物会议上通过了标志着地区贸易和投资自由化重要成果的《茂物宣言》。宣言提出了实现亚太经济合作组织贸易和投资自由化的时间表,即发达成员不晚于 2010 年,发展中成员不晚于 2020 年完全实现这一目标。茂物会议还通过了《APEC 非约束性投资原则》。遗憾的是,到 2013 年年底,第一阶段的目标,即发达成员不晚于 2010 年实现贸易和投资自由化并没有实现。

在贸易和投资便利化方面,亚太经济合作组织在 1994 年的茂物会议上,批准了授权在贸易和投资委员会下设立标准与合格认证分委会以及海关手续分委会,以求建立亚太经济合作组织海关数据信息联网系统,规范和简化成员间通关程序,促进商品技术标准和规定的统一化。目前亚太经济合作组织在改善海关程序方面进展很快。亚太经济合作组织的各个成员就商务便利化在改善海关程序、促进商品技术标准化、简化投资手续、协调商业法规和竞争政策、方便国际旅行等方面做出了不少单边努力。

经济技术合作方面,亚太经济合作组织于 1995 年 11 月在日本大阪会议上通过了落实《茂物宣言》的《大阪行动议程》。该议程分为两个部分:第一部分为自由化和便利化,第二部分为经济和技术合作。议程还列出了实施合作的 13 个具体领域,把经济技术合作放在与自由化并行和同等重要的位置。1996 年 11 月亚太经济合作组织马尼拉会议发表了《APEC 加强经济合作与发展框架宣言》,确立了亚太经济合作组织经济技术合作的目标、指导原则、特点、主题及优先领域,为 21 世纪亚太经济技术合作奠定了基础。2001 年亚太经济合作组织在中国上海举行了第 13 届部长级会议及第 9 届领导人非正式会议,就进一步推动亚太地区的贸易投资自由化和便利化的进程,加强亚太经济合作组织在经济技术方面的合作,以保证本地区的人民从全球化和新经济中均衡受益进行了讨论,并决定通过宏观经济对话与合作,努力为亚太地区经济的可持续增长创造条件。

2013 年 10 月 7 日,亚太经济合作组织领导人第 21 次非正式会议在印尼巴厘岛举行。与会领导人同意继续为实现"茂物目标"而努力,并在贸易与投资自由化、区域互联互通、实现公平增长以及粮食安全等领域达成多项共识。会议同意加强内部贸易往来及与亚太其他国家的贸易往来,支持区内现存和正在建设的多边贸易体系。会议还同意加强各经济体间基础设施的互联互通,以减少生产和运输环节成本,增强地区经贸联系,带来更多就业机会。会议还同意加强区内经济和贸易规则的趋同与协调,以及人员往来的便利化。

五、区域经济一体化与中国

20 世纪 90 年代以来，中国对区域经济一体化的认识有了显著发展，积极投身参与区域一体化合作，并做出了重要贡献。近年来，中国在深化现有自贸协定合作的基础上进一步加强了与其他国家或地区自贸区的建设。截至 2014 年 1 月，中国对外商谈自由贸易协定的总体情况为：已签署自贸协定 12 个，涉及 20 个国家和地区，分别是中国与东盟、新加坡、巴基斯坦、新西兰、智利、秘鲁、哥斯达黎加、冰岛和瑞士的自贸协定，内地与香港、澳门的更紧密经贸关系安排（CEPA），以及大陆与台湾的海峡两岸经济合作框架协议（ECFA）；正在谈判的自贸协定 6 个，涉及 22 个国家，分别是中国与韩国、海湾合作委员会、澳大利亚和挪威的自贸谈判，以及中日韩自贸区和区域全面经济伙伴关系谈判[①]。2013 年，我国同东盟、瑞士等 11 个自贸协定伙伴（不包括冰岛）共实现进出口额 11 857.1 亿美元，较 2012 年增长 16.8%，比我国外贸整体增速高出 9.1 个百分点，占我国外贸总额的 28.5%，与 2012 年相比提升了 2.2 个百分点[②]。

（一）中国与亚太经济合作组织

在过去的 20 年中，亚太经济合作组织成为中国与亚太地区其他经济体开展互利合作和多边外交，展示中国国家形象的重要舞台。中国通过参与亚太经济合作组织合作促进了自身发展，同时也为推动亚太经济合作组织合作、推动亚太地区经济发展作出了突出贡献。中国在亚太经济合作组织中扮演着日益重要的角色，尤其在推动贸易投资自由化、经济技术合作、区域互联互通以及人文交流等领域作出了重要贡献。

1991 年，中国加入亚太经济合作组织，并参与了亚太经济合作组织基本原则的制定。亚太地区各成员内部情况、经济发展程度、经济实力等差异很大，所以中国和其他一些成员通过讨论推出了自愿协商的亚太经济合作组织方式，这一理念得到了大家的认同。所谓"亚太经济合作组织方式"，就是承认多样性，强调灵活性、渐进性和开放性，相互尊重，平等互处，协商一致，单边行动与集体行动相结合。

中国积极参与亚太经济合作组织的贸易投资自由化行动。尽管作为发展中国家，推行贸易投资自由化对于国内产业将造成较大冲击，但中国在加入亚太经济合作组织后还是积极参与了主要贸易投资自由化行动。1995 年，在大阪会议上，中国领导人宣布了中国对亚太经济合作组织贸易投资自由化的"首次投入"，包括从 1996 年起大幅度降低进口关税等内容。1996 年 11 月，中国与其他亚太经济合作组织成员一道提交了贸易投资自由化单边行动计划。该计划载明了中国在关税、非关税措施、服务、投资、标准一致化、海关程序、知识产权、竞争政策、政府采购、放松管制、原产地规则、争端调解、商业人员流动、乌拉圭回合结果执行和信息收集分析 15 个领域的近期（1997—2000 年）、中期（2001—2010 年）和远期的自由化计划。

中国还积极推动亚太经济合作组织的经济技术合作。在 1995 年的大阪会议上，中国领导

---

① 商务部《中国对外商谈自由贸易协定总体情况》，见于中华人民共和国商务部中国自由贸易区服务网（http://fta.mofcom.gov.cn/）首页。

② 资料来源：海关信息网（http://www.haiguan.info/）"分析报告——推荐报告"栏目《2013 年经济形势综述及我国进出口贸易形势分析报告》。

人提出要加强亚太经济合作组织产业合作。在 1996 年的苏比克会议上，中国积极推动亚太经济合作组织经济技术合作计划的制定。中国政府还专门援款 1000 万美元，设立"中国亚太经济合作组织科技产业合作基金"，用于资助中国同其他成员在科技产业等领域的合作。为促进企业参与亚太经济合作组织活动，中国还成立了"APEC 企业联席会议"。此外，中国选定北京、合肥、苏州、西安和烟台五个高新技术开发区作为面向亚太经济合作组织开放的五个高科技工业区。

2001 年 10 月，中国成功举办了亚太经济合作组织第 9 次领导人非正式会议和第 13 届部长会议。会议发表了《亚太经济合作组织领导人宣言》，通过了《上海共识》《数字亚太经合组织战略》《反恐声明》和《经济技术合作计划》等一系列文件，为亚太经济合作组织确立了一个面向新世纪的政策框架，成为亚太经济合作组织历史上继西雅图会议、茂物会议和大阪会议之后的又一个里程碑。

2013 年，在亚太经济合作组织巴厘会议上，中国积极倡导区域内的互联互通。对于推进亚太经济合作组织茂物目标提出的贸易便利化和经济一体化，促进区域内贸易繁荣和经济增长，互联互通既是手段也是目的。巴厘会议在基础设施、制度、人员这三大互联互通领域确立了新的总体目标和任务，并针对基础设施互联互通的开发和投资制订了未来三年的行动计划。亚太经济合作组织政策支持组在巴厘会议期间发布了区域内互联互通最新研究报告，全面分析了亚太经济合作组织区域内互联互通三大领域的进展和可提升空间，并建议今后加强在交通设施建设、海关间合作、单一通关窗口、海上交通服务、官民基础设施投资、签证便利化等领域取得进展。

（二）中国-东盟自由贸易区

中国-东盟自由贸易区，简称中国-东盟自贸区，是中国对外商谈的第一个自贸区，也是东盟作为整体对外商谈的第一个自贸区。

2000 年 11 月，时任中国国务院总理朱镕基提出建立中国-东盟自贸区构想，得到东盟各国领导人积极响应。2001 年 11 月，双方正式宣布将在十年内建成中国-东盟自贸区。2002 年 11 月，中国与东盟签署《中国-东盟全面经济合作框架协议》，中国-东盟自贸区建设正式启动。2004 年 1 月，自贸区建设先期成果"早期收获计划"开始实施。根据该计划，中国与东盟在签订货物贸易协定前，先削减近 600 种农副产品关税，以提前享受自由贸易的好处。2004 年 11 月，中国与东盟签订了《中国-东盟自由贸易区货物贸易协议》，并于 2005 年 7 月开始相互实施全面降税。2007 年 1 月，双方签署了《中国-东盟自由贸易区服务贸易协议》，并于当年 7 月开始实施。2009 年 8 月，双方就相互开放投资市场签署了《中国-东盟自由贸易区投资协议》。至此，围绕中国-东盟自贸区展开的主要谈判全部完成。2010 年 1 月 1 日，作为中国-东盟"10+1"合作的成果，中国-东盟自贸区建成，大大促进了东亚经济一体化。中国-东盟自贸区是目前世界上人口最多的自贸区及发展中国家间最大的自贸区。

中国-东盟自贸区建立以来，东亚区域融合进一步加深，经贸合作硕果累累。2010 年 1 月 1 日中国对东盟 93%的产品的关税降为零，对东盟平均关税降至 0.1%，而同期中国对外贸易的平均关税水平为 9.8%；东盟 6 个老成员国对中国的平均关税则从 12.8%降至 0.6%；4 个新成员国越南、老挝、柬埔寨和缅甸对中国的平均关税则降至 5.6%，并将于 2015 年实现 90%

商品零关税的目标。尽管遭遇全球金融危机，但受益于中国-东盟自贸区，中国与东盟的贸易额仍然保持了快速增长。中国已是东盟第一大贸易伙伴，东盟则是中国第三大贸易伙伴，2013年双方贸易额达 4436 亿美元，是 10 年前的 5.7 倍[①]。

不仅在贸易上表现出色，一向被认为"短板"的投资合作也逐渐成为东亚区域发展新引擎。2002 年东盟对华实际投资 32.6 亿美元，2012 年则达到 71 亿美元，增长 1 倍以上。截至 2013年 6 月底，东盟对华投资累计超过 800 亿美元，占中国吸引外资总额的 6.6%，东盟已成为中国第三大外资来源地。另一方面，中国-东盟自贸区建成后，中国对东盟的投资年均增长超过50%。截至 2013 年 6 月底，中国对东盟直接投资累计近 300 亿美元，约占中国对外直接投资的 5.1%，东盟已经超过澳大利亚、美国、俄罗斯，成为中国对外直接投资的第四大经济体。[②]

2013 年 9 月中国国务院总理李克强在第十届中国-东盟博览会上，提出打造中国-东盟自由贸易区升级版，力争到 2020 年双边贸易额达到 1 万亿美元。中国将进一步向东盟开放市场，并与东盟讨论次区域合作、贸易便利化、基础设施对接、进一步降低关税、减少非关税壁垒，推动服务贸易领域和投资领域的实质性开放。其中贸易便利化是升级版自贸区谈判的核心内容。现有的中国-东盟自由贸易区协议，其优惠政策被企业利用的水平最高只能达到 20%左右，主要障碍就是一些便利化措施如通关便利化落实不到位。[②]

在中国-东盟自贸区框架内，次区域经济合作变得日益活跃。为实现 2015 年建成东盟共同体的目标，东盟国家正在积极加强东盟东部经济增长区、湄公河区域、印尼—马来西亚—泰国增长三角等次区域经济合作，以缩小东盟内部经济发展差距。中国政府正积极鼓励企业参与东盟框架内的次区域经济合作，同时正在与东盟有关国家积极推动大湄公河次区域经济合作和泛北部湾经济区建设。次区域经济合作将越来越成为中国与东盟经贸合作的热点与亮点。

（三）关于建立更紧密经贸关系的安排

《关于建立更紧密经贸关系的安排》（Closer Economic Partnership Arrangement），简称CEPA，包括中国内地与香港特别行政区 CEPA 协议和中国内地与澳门特别行政区 CEPA 协议。

CEPA 是"一国两制"原则的成功实践，是内地与港澳制度性合作的新路径，也是内地与港澳经贸交流与合作的重要里程碑。CEPA 是中国国家主体与香港特别行政区、澳门特别行政区单独关税区之间签署的自由贸易协议性质的经贸安排，带有明显的自由贸易区特征。

1. 内地与香港 CEPA 协议

为促进中国内地与香港经济共同繁荣与发展，2003 年 6 月 29 日，中央政府与香港特别行政区签署《内地与香港关于建立更紧密经贸关系的安排》，主要内容包括三方面。

（1）两地实现货物贸易零关税。从 2004 年 1 月 1 日起，273 个内地税目涵盖的香港产品（涉及食品、药品、纺织品、电子产品等），符合原产地规则进入内地时，可享受零关税优惠。

（2）扩大服务贸易市场准入。内地对香港扩大服务贸易市场准入，涉及的行业包括管理咨询服务、会展服务、广告服务、会计服务、建筑及房地产、医疗及牙医、分销服务、物流

---

① 见于 2014 年 4 月 8 日《中国贸易报》栾鹤《中国-东盟自贸区升级版谈判：力推贸易自由化。印尼回应不积极》一文。

② 本段内容主要引自中国新闻网 2013 年 7 月 23 日董冠洋《东盟成中国对外投资第四大经济体》一文，http://finance.chinanews.com/cj/2013/07-23/5075747.shtml.

7个部门。

（3）实行贸易投资便利化。规定内地将在通关及电子商务等7个领域简化手续以便香港资金更加自由地进入内地。

2003年内地与香港签订CEPA协议后，2004—2013年，双方以每年一个的速度签署相关补充协议。2014年1月1日，《补充协议十》正式生效。通过不断补充和完善，内地与香港CEPA协议及其10个补充协议已形成对香港较为系统的开放体系。

内地自2006年1月1日起对原产于香港的产品全部实行零关税。按世贸组织的标准，内地与香港在货物贸易领域已全面实现自由化。2013年，内地与香港贸易额为4 010.1亿美元，比2012年上升17.5%，占内地对外贸易总额的9.6%。2013年，内地进口香港CEPA项下零关税货物达12.2亿美元，关税优惠额为6.3亿元人民币[①]。截至2013年12月底，内地累计进口香港CEPA项下受惠货物71.6亿美元，关税优惠额共计39.8亿元人民币[①]。

服务业占香港经济的比重超过九成，CEPA为香港提供的最大机遇就在服务业。在服务贸易领域，内地对香港共采取了403项开放措施，对港服务贸易开放部门已达149个，占世贸组织160个服务贸易部门分类的93.1%[①]。十年来，两地服务贸易取得较快发展，其中金融、旅游、物流、影视、医疗、建筑等服务部门均有所突破。截至2013年年底，香港的银行在内地营业性机构总数为422家（含总、分、支行），占内地外资银行营业性机构总数的44.56%[②]。十年来，内地访港"个人游"旅客达1.2亿人次，年均增幅高达18%。香港电影业也从CEPA得到巨大好处，通过每年生产超过30部香港—内地合拍片，得以接触内地观众。未来，CEPA补充协议将侧重提高服务贸易自由化，进一步提高服务贸易领域开放程度。中国政府计划到2015年年底，通过CEPA，基本实现香港与内地服务贸易自由化。

中国内地与香港CEPA协议是一个高标准的自由贸易协议，是内地迄今为止商签的内容最全面、开放幅度最大的自由贸易协议，也是香港实际参与的唯一的自由贸易协议。中国内地与香港CEPA协议内容质量高，覆盖面广，在短时间内结束谈判并付诸实施，为内地参与其他双边自贸区谈判积累了丰富的经验，起到了开创性的作用。CEPA在货物贸易和服务贸易中实行的开放措施完全符合世贸组织规则。CEPA签署后，香港特别行政区仍维持其自由港的地位，也完全遵循了"一国两制"的方针。同时，CEPA通过各项开放措施，逐步减少和消除两地经贸交流中的制度性障碍，促进了内地与香港之间经济要素的自由流动和经济的融合，也符合内地与香港经贸发展的实际情况。此外，CEPA并没有限制资金来源，在香港经营的海外公司也可享受CEPA优惠。据香港特别行政区的香港投资推广署介绍，约有1/4外国投资企业表示，CEPA是他们决定到香港发展的重要因素[③]。

2. 内地与澳门特别行政区CEPA协议

2003年10月17日，我国中央政府和澳门特别行政区在澳门签署了《内地与澳门关于建立更紧密经贸关系的安排》。

内地与澳门特别行政区CEPA协议在原则和内容上与内地与香港特别行政区CEPA协议基本一致。同时，考虑到澳门特别行政区与香港特别行政区经济的差异，内地与澳门特别行

---

① 2014年1月25日《人民日报》02版，成慧《商务部：内地十年优惠香港CEPA货物关税40亿元》。
② 赵博《香港服务业借政策东风大举进军内地》，http://news.xinhuanet.com/gangao/2014-01/23/c_119103833.htm。
③ 丁文蕾《内地与香港增设联络小组以解决CEPA落实难题》，http://www.chinanews.com/ga/2013/09-03/5237303.shtml。

政区 CEPA 协议在部分领域按照澳门的实际情况做了不同规定。如在货物贸易中，2004 年 1 月 1 日澳门出口内地的第一批实行零关税的 273 种产品中，有 150 种与香港不同。由于澳门没有深水港，许多货品必须经香港转运，不给澳门产品转运权澳门享受 CEPA 的权利会打折扣，所以内地给予澳门产品特殊的宽容，澳门的原产货物除直接运输到内地外，可经香港向内地转运。但是，内地与香港 CEPA 协议则规定，香港的原产货物必须直接运往内地。在服务贸易领域，法律服务、医疗服务、证券服务、运输服务的有关内容也根据澳门的实际情况，有针对性地做了调整。此外，澳门作为葡萄牙的前殖民地，在投资贸易便利化的部分有通过澳门加强中国与葡语国家经贸关系的内容，这是澳门的独特作用。

随着 CEPA 零关税措施的不断拓宽拓深，可以享受零关税待遇的澳门产品由 2004 年的 274 个 8 位级税号扩大到 2013 年的 1283 个 8 位级税号，几乎涵盖了所有澳门原产产品，为澳门经济结构的转型升级和产业结构的多元化提供了机遇和动力。十年来，内地与澳门 CEPA 协议的主体文件及其后的 10 个补充协议，促进了内地与澳门经贸合作全方位、多层次、宽领域的开展，为两地贸易自由化开辟了新的篇章。2012 年内地与澳门间贸易总额达到 29.8 亿美元，较 CEPA 实施前一年的 2003 年翻了一番[①]。2012 年内地已是澳门的最大贸易伙伴和进口来源地，内地也仅次于香港成为澳门的第二大出口市场[①]。自内地与澳门 CEPA 实施以来，澳门零关税进口至内地的受惠货物的货值近 6000 万美元，关税优惠金额近 3500 万元人民币[①]。

六、区域经济一体化对国际贸易的影响

1. 促进区域内部贸易迅速增长

区域经济一体化组织成立后，通过消除关税和非关税壁垒，形成区域性的统一市场，加强了地区内商品、劳务、技术、资本和劳动力的自由流动，从而大大加深了区内成员国的相互依赖程度。这就使成员国之间的内部贸易往来迅速增长。由于一体化组织内部的优惠并不提供给区域外国家，从而使贸易表现出排他性的特征。在一体化组织内部贸易迅速增加的同时，成员国减少了与区外国家间的贸易，因此区域经济一体化改变了国际贸易的地区分布。

从表 10.2 中我们可以看出，世界主要一体化组织的内部贸易增长迅速，发展势头强劲，且各一体化组织内部贸易占其全部贸易的比重都呈现上升趋势，尤其是在欧盟和北美自贸区，内部贸易的比重在 1995 年时就已超过了 85%。

表 10.2　世界主要经济一体化组织的内部贸易

贸易集团	集团内部出口（百万美元）				集团内部出口占集团各国总出口的比重（%）			
	1980 年	1995 年	2000 年	2005 年	1980 年	1995 年	2000 年	2005 年
欧盟	483 141	1 412 159	1 607 617	2 725 265	85.1	91.0	92.4	91.0
北美自由贸易区	102 218	392 902	681 263	824 515	79	87.2	90.8	90.4
安第斯共同体	1161	1804	2039	4574	5.7	14.5	11.2	12.5
南美共同市场	3 424	14 451	17 724	21 118	31.8	42.9	38.4	26.6
南部非洲发展共同体	108	4124	6428	9484	54.9	82	83.6	75.0
东盟	12 413	80 081	98 189	165 401	29	41.9	39.1	39.4

资料来源：联合国贸易与发展会议《2005年统计手册》表1.4和《2012年统计手册》表1.4。

---

① 2013 年 10 月 17 日《南方日报》，林群贤、陈晓《澳门 CEPA 签署 10 年内澳外贸总值迭创新高》，本文也可见于 http://epaper.nfdaily.cn/html/2013-10/17/content_7234625.htm。

2. 促进区域内部的国际分工和技术合作

区域经济一体化内部贸易的迅速增长，一方面得益于内部贸易自由化的加强和扩大，另一方面又是一体化内部各成员方生产专业化和国际分工深化的表现。一体化组织取消关税和非关税壁垒，使内部市场得以扩大，于是各成员国的资源配置发生变化，各自生产在一体化区域内具有优势的产品，促进生产格局以至国际分工的格局发生变化，使国际分工更为密切和精细。此外，区域经济一体化还推动了区域内部的技术合作，例如在欧共体共同机构的推动和组织下，成员国在许多单纯依靠本国力量难以胜任的重大科研项目中，如原子能利用、航空航天技术、大型电子计算机等高精尖技术领域进行合作。

区域内生产专业化和国际分工必然影响到世界范围国际分工的格局。例如，如果按照国际分工的原则，欧共体应该向外出口工业制成品，而从国际市场进口低廉的农产品。可实际上，欧共体在实行共同农业政策后，不顾其农产品高昂的生产成本，仍用补贴的办法到世界各地争夺市场，致使以农产品为主的发展中国家蒙受损失。

3. 有利于区域内各成员整体贸易地位的提高

区域经济一体化使得原来一些经济力量比较薄弱的国家以整体集团形象出现在国际经济舞台上，其经济地位明显提高。整体地位的上升和竞争能力的增强加强了这些国家在国际贸易谈判中的话语权，在一定程度上维护了各成员的贸易利益。以欧共体为例，1958 年6 个成员国工业生产不及美国的一半，出口贸易额与美国相近。但到 1979 年时，欧共体 9国国内生产总值已达 23 800 亿美元，超过了美国的 23 480 亿美元，出口贸易额更是美国的2 倍以上。同时，在关贸总协定多边谈判中，欧共体以统一的声音同其他缔约方谈判，不仅大大增强了自己的谈判实力，也敢于同任何一个大国或贸易集团抗衡，达到维护自己贸易利益的目的。

4. 增强以发达国家为中心的区域经济的影响力

在贸易自由化进程中，以发达国家为中心的区域经济组织的贸易自由化在深度和广度上都大大超过了以发展中国家为主的区域经济组织，使得发达国家区域经济组织对多边贸易体制影响加大，在一定程度上决定了多边贸易谈判的进程。在关贸总协定乌拉圭回合中，欧盟和美国在农产品贸易谈判中的杯葛，将回合结束期从 1990 年一直拖到 1993 年。

5. 对多边贸易体制的影响

虽然区域经济一体化组织不可避免地会影响到区域外国家的利益，在一定程度上偏离作为世贸组织基石的最惠国待遇和非歧视原则，但到现在为止还不至于对世贸组织多边体系构成非常严重的威胁。这是因为关贸总协定和服务贸易总协定对区域自由贸易协定有一些约束，其中最重要的一点就是自由贸易区的建立不能降低区域外成员的待遇。也就是说，对区域外世贸组织成员征收的关税或施加的条件不能比建立自由贸易区之前更高或更严格。所以，总体而言，区域经济一体化组织的存在对全球经济是有益的，虽然它会使国际市场上的区域色彩越来越浓。

七、区域经济一体化的最新发展

2008 年以来，在金融危机与欧债危机相互交织背景下，世界经济增长乏力，新贸易保护主义不断升温，进一步加剧了世贸组织多边贸易体制建设取得进展的难度。这加速了以区域贸易协定为主要形式的区域经济合作的发展，全球区域经济一体化也因此进入了新一轮快速发展时期，而美国和欧盟等发达经济体也更加重视区域经济一体化的建设。以跨太平洋伙伴关系协定和跨大西洋贸易与投资伙伴关系协定为代表的"美国自贸区网络"和以区域全面经济伙伴关系协定为代表的"亚洲自贸区网络"是全球区域经济一体化中最重要的两条发展路径，正折射出全球贸易格局的变化，并对全球现有贸易格局产生深远影响。

在新一轮的自贸区协定谈判热潮中，跨太平洋伙伴关系协定、跨大西洋贸易与投资伙伴关系协定、区域全面经济伙伴关系协定、中日韩自由贸易区、欧日自贸区以及中欧自贸区等正在进行积极的谈判和酝酿，有逐渐取代现有的世贸组织和亚太经济合作组织等平台的趋势。这些正在酝酿的自由贸易协定规模巨大，集聚了全球多个主要经济体，将对世界经济的发展和格局产生深远影响，折射出当今世界贸易格局的变化——一个以自由贸易协定为主体的国际贸易新格局正在逐步形成，而发达国家处于优势地位，并且亚太地区是重要的利益争夺点。

跨太平洋伙伴关系协定（Trans-Pacific Partnership Agreement，简称TPP）的前身是跨太平洋战略经济伙伴关系协定，是由亚太经济合作组织成员中的新西兰、新加坡、智利和文莱四国发起，从2002年开始酝酿的一组多边自由贸易协定，原名亚太自由贸易区，旨在促进亚太地区的贸易自由化。由于各种东亚经济一体化方案，包括东亚自由贸易区（东盟"10+3"）和东亚全面经济伙伴关系（东盟"10+6"）都没有将美国包括进来，随着亚洲内部区域整合的加快以及中国在亚太地区影响力的增强，美国深感不安。加入跨太平洋伙伴关系协定谈判是美国为保证其在亚太地区的主导权与影响力所做出的反应。这一举措改变了亚太经济合作组织体系内的权力结构，使美国重新赢得亚太区域合作的主导权。2008年2月，美国正式宣布加入跨太平洋伙伴关系协定谈判。2011年11月10日，日本正式决定加入跨太平洋伙伴关系协定谈判。2013年9月10日，韩国宣布加入跨太平洋伙伴关系协定谈判。中国则没有被邀请参与谈判。跨太平洋伙伴关系协定协定将整合亚太地区的区域合作组织，意图发展成为涵盖APEC大多数成员在内的亚太自由贸易区，对亚太经济一体化进程产生重要影响。不同于APEC是一个没有约束力、自愿执行的组织，跨太平洋伙伴关系协定是一个高标准、高质量的贸易协定，参与谈判的各个成员都面临高门槛，不仅包含传统的货物贸易、投资、服务议题，还涉及知识产权、环境和劳工标准等更广泛的议题。跨太平洋伙伴关系协定谈判要求参与各方就这些议题做出明确而具体的承诺，并严格按照时间表进行实施。此外，跨太平洋伙伴关系协定谈判还提出2015年实现零关税的目标，并采取一刀切的自由化原则。

利用2013年6月八国集团峰会，美国总统奥巴马和欧盟领导人又宣布共同计划启动跨大西洋贸易与投资伙伴关系协定（TTIP）谈判。2013年7月8日，跨大西洋贸易与投资伙伴关系协定首轮谈判在华盛顿正式启动。跨大西洋贸易与投资伙伴关系协定突破了传统的自由贸易协定模式，期望达成包括所有商品和服务在内的综合性自由贸易协议。如果谈判成功，跨大西洋贸易与投资伙伴关系协定将创建世界上最大的自由贸易区。无论是跨太平洋伙伴关系协定还是跨大西洋贸易与投资伙伴关系协定，其涵盖国家之多、经济总量之大，无疑会对全球贸易格局和贸易投资自由化进程产生重大影响。

除了以美国为主导的跨太平洋伙伴关系协定、跨大西洋贸易与投资伙伴关系协定，发展中国家自由贸易协定的合作程度也在逐渐加深。2012 年 11 月柬埔寨东亚领导人峰会期间，东盟十国与中国、日本、韩国、澳大利亚、新西兰、印度共 16 个亚太国家宣布开启区域全面经济伙伴关系（Regional Comprehensive Economic Partnership Agreement，RCEP）谈判。谈判预计在 2015 年底完成。区域全面经济伙伴关系协定不仅包括消除内部贸易壁垒、创造和完善自由投资环境、扩大服务贸易，还涉及竞争政策和知识产权保护等多个领域，涵盖了当今最有活力的几个经济体。

〜〜 本节导入案例解析 〜〜

自 20 世纪 70 年代起，智利开始实行对内改革、对外开放的经贸政策。多年来，经过危机—调整—再危机—再调整的过程，智利的经济政策和贸易政策不断成熟，形成了比较完善的自由市场经济体制。与此同时，通过与多个国家和区域组织商签自贸协定，智利形成了一个广泛的自由贸易网络，使智利成为连接亚洲、欧洲和美洲大陆的桥梁。

随着全球化的进程，智利政府认识到单方面开放智利市场，如单方面调低智利进口关税水平不足以使智利广泛地进入国际市场，也不能使智利的对外贸易政策取得更大成效，实施全方位的对外开放和贸易政策才能使智利获得更多市场，因此智利政府积极参与世界经济和贸易自由化进程。为此，智利不仅与拉美国家建立不同程度的自由贸易关系，而且积极发展与欧洲、美洲和亚洲国家的经贸关系，主动开拓"世界级"的大国市场；不仅立足多边贸易协定和条款，而且着眼签署双边自贸协定；不仅开放贸易市场，而且开放服务和资本市场，从而全方位并以更有利的条件融入全球经济，通过对外开放带动本国经济的持续发展。

亚洲是智利重要的贸易伙伴。中国近几十年来经济快速发展，对以出口原材料为经济主要支柱的智利有着直接的利害关系，与中国签订自贸协定，建立中智自贸区可以使智利以优惠的关税条件进入庞大的中国市场，而且智利也以同样优惠的关税条件向中国敞开了大门，创造了中国与智利间良好且互动的进出口环境。

第三节　世界贸易组织

世界贸易组织（World Trade Organization，简称世贸组织或 WTO）是一个独立于联合国的永久性国际组织，其前身是 1947 年订立的关贸总协定（General Agreement on Tariffs and Trade，GATT）。1994 年 4 月 15 日，在摩洛哥的马拉喀什举行的关贸总协定乌拉圭回合部长会议上，各参加方通过了《建立 WTO 的协定》。1995 年 1 月 1 日世界贸易组织正式开始运作，负责管理世界经济和贸易秩序，总部设在瑞士日内瓦。与关贸总协定并行一年后，1996 年 1 月 1 日，世界贸易组织正式取代关贸总协定临时机构。与关贸总协定相比，世界贸易组织管辖的范围除传统的货物贸易外，还包括长期游离于关贸总协定之外的知识产权、投资措施和服务贸易等。世界贸易组织具有法人地位，它在调解成员争端方面具有更高的权威性和有效性。世界贸易组织与世界银行、国际货币基金组织一起，并称为当今世界经济体制的"三大支柱"。2001 年 11 月 10 日，世界贸易组织第四届部长级会议在卡塔尔首都多哈以全体协商一致的方式，审议并通过了中国加入世界贸易组织的决定。2001 年 12 月 11 日，中国正式加入世界贸易组织，成为其第 143 个成员。在这之前，中国香港与中国澳门已经作为单独关税区成为世界贸易组织成员。2002 年 1 月 1 日，中国台湾以"台、澎、金、马单独关税区"（简称"中国台北"）的名义加入世界贸易组织。截至 2013 年 12 月底，世界贸易组织共拥有 160 个成员，各成员的贸易总额达到世界贸易总额的 97%。

一、世界贸易组织的宗旨、目标和职能

世界贸易组织的宗旨是：在提高生活水平和保证充分就业的前提下，扩大货物和服务的生产与贸易，按照可持续发展的原则实现全球资源的最佳配置；努力确保发展中国家，尤其是最不发达国家在国际贸易增长中的份额与其经济需要相称；保护和维护环境。

世界贸易组织的目标是建立一个完整的、更具有活力和永久性的多边贸易体制。

世界贸易组织主要肩负五种职能。

（1）管理和监督职能。管理和监督各成员方所达成的协议与安排的贯彻实施，为各项协议提供统一体制框架，以保证世界贸易组织宗旨和目标的实现。

（2）谈判职能。作为多边谈判的场所和论坛，并作为多边谈判成果的执行机构。

（3）解决贸易争端职能。通过争端解决机制来解决各成员方间的贸易争端。

（4）监督和审议职能。监督和审议成员的贸易政策和规章，促进贸易体制一体化。

（5）协调职能。协调与其他世界组织如世界银行和国际货币基金组织的关系，并与它们合作，保证全球经济决策的一致性。

二、世界贸易组织的基本原则

世界贸易组织的基本原则是对关贸总协定基本原则的继承与发展，主要包括以下内容。

1. 非歧视原则

非歧视原则也称无差别待遇原则，是指在世界贸易组织管辖的领域内，各成员在实施某种限制或禁止措施时，不得实施歧视待遇，应公平公正，平等地、一视同仁地对待其他成员的与贸易有关的主体和客体，包括货物、服务、服务提供者或企业、知识产权所有者或持有者等。非歧视原则是世界贸易组织的首要原则，主要由最惠国待遇条款和国民待遇条款来体现。非歧视原则主要来自关贸总协定、服务贸易总协定以及历次多边贸易谈判，特别是"乌拉圭回合"谈判达成的一系列协议。

2. 贸易自由化原则

世界贸易组织的贸易自由化原则是指各成员方通过多边贸易谈判，进行实质性关税减让和减少非关税壁垒，扩大成员方之间的货物和服务贸易。贸易自由化以共同规则为基础，以多边谈判为手段，以争端解决机制为保障，以贸易救济措施为"安全阀"，以过渡期方式体现差别待遇。世界贸易组织承认不同成员间经济发展水平的差异，通常允许发展中成员履行义务有更长的过渡期。

贸易自由化原则在货物贸易方面主要体现为关税减让和取消数量限制，在服务贸易方面则更多地体现为不断增加开放的服务部门，减少对服务提供方式的限制。

（1）关税减让。关税减让是指各成员通过多边谈判，相互让步，承担减少和降低关税的任务。关税减让以互惠互利为基础，旨在降低进出口关税的总体水平，尤其是降低阻碍商品进口的高关税，由此促进国际贸易的发展。在关贸总协定的前5轮回合中，关税减让一直是唯一的谈判议题。各参加方就产品有选择地、逐项地进行谈判。谈判在双方提交"索要清单"及"提供清单"之后列出减税产品项目表，在互惠互利基础上达成一致并形成关税减让表，通过最惠国待遇原则无条件地、自动地适用于全体缔约方。自第6轮肯尼迪回合后，关税减让原则主要通过公式减让、有选择的和逐项的产品谈判两种方式来具体体现。公式减让是指从第7轮东京回合开始，用了一个比肯尼迪回合更复杂的公式来计算应减关税。此外，成员方在谈判中将关税减让与消除或减少非关税壁垒问题挂钩，以期取得更满意的效果。经过成员方的不懈努力，8轮回合的谈判过后，各成员的加权平均关税已降至很低水平，不再成为各成员间商品贸易的主要障碍，但关税减让仍将在相当长时间内发挥其作用。关税减让也存在一些例外，例如《关贸总协定》第18条第7款允许发展中缔约国以促进经济发展为由，修改或撤销有关减让表中所列的减让；第28条允许缔约国因特殊情况修改或撤销有关减让表中所列的减让。

（2）一般取消数量限制。数量限制是指一国政府通过法令规定在特定时期内（通常为1年）对某类产品只能进口一定的数量或价值，主要表现形式有配额、许可证、自动出口限制、进口禁令等。数量限制是国际贸易中常见的非关税壁垒。关贸总协定自创始起即提出一般取消数量限制原则。关贸总协定第11条规定："任何缔约方除征收捐税或其他费用以外，不得设立或维持配额、进出口许可证或其他措施以限制或禁止其他缔约方领土的产品的输入，或向其他缔约方领土输出或销售产品。"根据该规定，关贸总协定原则上一般禁止以配额、许可证或其他数量限制措施来限制进出口。关贸总协定第13条也规定，如果确有必要实施数量限制，应在非歧视的最惠国待遇基础上实施，实施方式有以下4种：①如有可能，应采用全球配额，即不对特定国家或公司分配具体数量；②如有可能，避免采用许可证要求；③如果采用许可证，许可证应是全球性的；④如果全球性原则不可能实行且配额在供货国之间进行分配，应就分配达成协议，或按前一代表性时期该产品进口总额或总值中各缔约方的供货比例进行分配。

3. 公平贸易原则

公平贸易原则直接体现世界贸易组织反对不正当竞争，主张市场公平交易与公平竞争的精神。公平贸易原则具体体现为互惠原则和公平竞争原则。

互惠原则是指成员方在互惠互利的基础上达成关税减让，相互给予特权和利益等开放市场的承诺。该原则的基本目的就是维持成员方之间权利与义务的综合平衡，谋求贸易自由化的实现。互惠包括双边互惠和多边互惠。

公平竞争原则是指各成员方的出口贸易经营者不得采取不公正的贸易手段，进行或扭曲国际贸易竞争，尤其不能采取倾销和补贴的方式在他国销售产品，要在货物贸易、服务贸易和与贸易有关的知识产权领域，创造和维护公开、公平、公正的市场环境。世界贸易组织强调，以倾销或补贴方式出口本国产品，给进口方国内工业造成实质性损害或有实质性损害威胁时，进口方可根据受损的国内工业的指控，采取反倾销和反补贴措施。同时，世界贸易组织也反对成员滥用反倾销和反补贴措施以达到贸易保护的目的。

4. 透明度原则

透明度原则要求各成员正式实施的有关进出口贸易的所有法律、法规、条例以及与其他成员方达成的所有影响贸易政策的条约与协定等，都必须事先以统一、公正和合理的方式正式公布，不公布就不得实施。以上措施和协定的变化情况，如修改、增补或废除等，也应及时公布。透明度原则的目的在于保证各成员方在货物贸易、服务贸易、投资、知识产权领域的贸易政策实现最大限度的透明。但是，透明度原则不要求成员方公布那些可能会防碍法令的贯彻执行，或违反公共利益，或会损害某一公私企业正当商业利益的机密资料。世界贸易组织有一个贸易政策的定期审议机制，以确保透明度原则的实施。

5. 鼓励发展和经济改革原则

世界贸易组织认为，发达成员方有必要认识到促进发展中成员方的出口贸易和经济发展，从而带动整个世界贸易和经济的健康发展。因此，在各项协议中允许发展中成员方在相关的贸易领域，在非对等的基础上承担义务。

超过 3/4 的世界贸易组织成员是发展中国家或正处于对非市场经济体系进行改革的国家。世界贸易组织给予了这些国家实施世界贸易组织协议的灵活性，以适应其较不熟悉和较为困难的世界贸易组织条款，允许发展中成员方用较长的时间履行义务，或有较长的过渡期。如在农产品关税消减上，发达国家在 6 年内使关税降低 36%，而发展中成员方在 10 年内使关税降低 24% 即可，最不发达国家被免除降税义务。在世界贸易组织的《与贸易有关的投资措施协议》中，对外资企业不可采用"当地成分"和"外汇平衡"措施，发达国家成员在 2 年内取消，发展中国家成员可有 5 年的过渡期，最不发达国家成员则有 7 年的过渡期。

三、世界贸易组织的组织机构与运行机制

（一）世界贸易组织的组织机构

不同于关贸总协定，世界贸易组织是一个世界性的法人组织，根据《建立 WTO 的协定》，WTO 建立了一整套组织机构（见图 10.1），以协调和管理全球贸易事务。

（1）部长会议。部长会议是由各成员方的部长参加的联席会议。确切来说，是由各成员方主管经济、贸易事务的最高官员组成。部长会议是世界贸易组织最高权力机构和决策机构。部长会议至少每两年召开一次。

（2）总理事会。总理事会是部长会议下设机构，由各成员方政府委派的代表或长驻世界贸易组织总部的大使组成，在部长会议休会期间代行部长会议的职能，负责世界贸易组织的日常事务，监督和指导下设机构的各项工作，处理世界贸易组织的重要、紧急事务，可视具体情况召开会议。总理事会还兼任争端解决机构和贸易政策审议机构。

（3）理事会。总理事会下设三个理事会，即货物贸易理事会、服务贸易理事会、与贸易有关的知识产权理事会，分别负责监督相应协议的实施，行使协议规定的职能，以及总理事会赋予的其他职能。货物贸易理事会负责监督货物贸易多边协议的实施。世界贸易组织关于货物贸易的协议非常多，主要有《1994 年关税与贸易总协定》及其他与货物贸易相关的协议，因此货物贸易理事会下设有 11 个委员会，分别处理市场准入、农业、卫生与动植物检疫、技术性贸易壁垒、补贴与反补贴、反倾销、海关估价、原产地和进口许可证等

领域和相关协议事务。服务贸易理事会负责监督实施《服务贸易总协定》，由于服务贸易涉及面广，因此下设了金融服务贸易委员会和具体承诺委员会，分别负责处理金融服务和具体承诺事务。与贸易有关的知识产权理事会负责监督实施《与贸易有关的知识产权协定》，目前还没有下设机构。

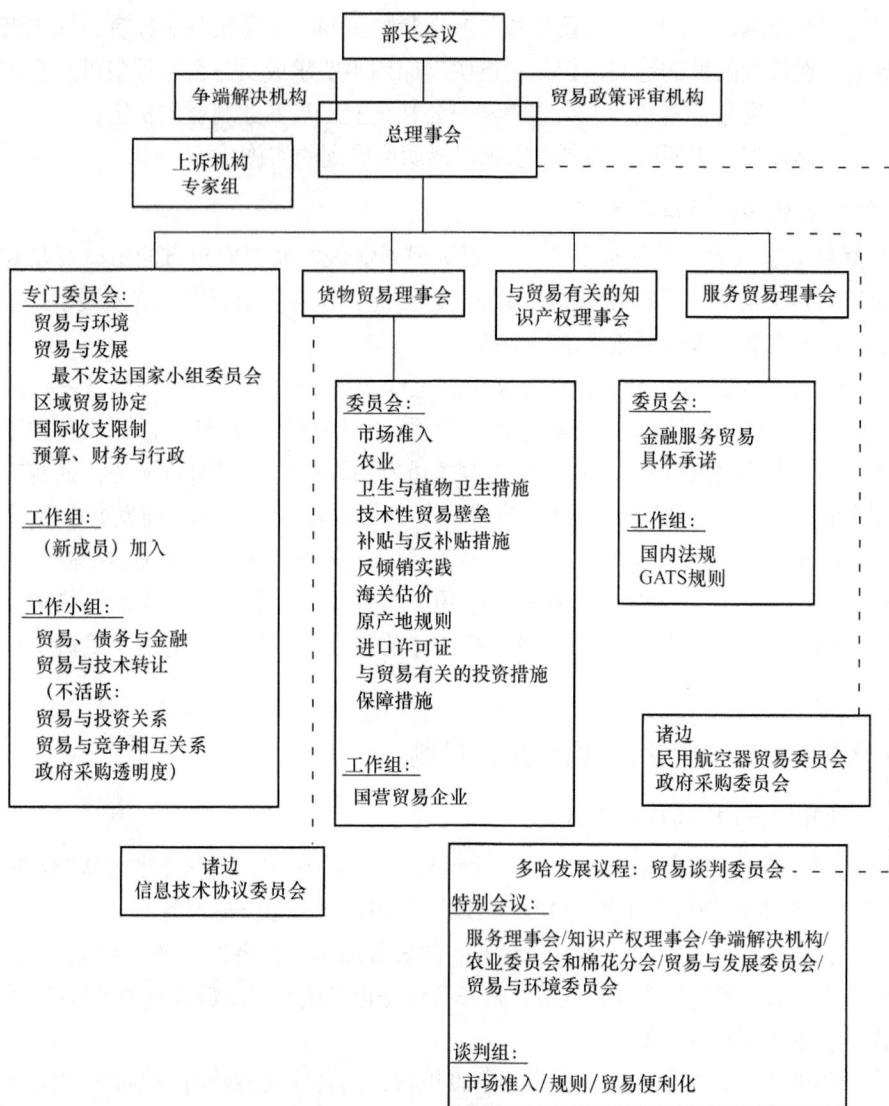

图 10.1　世界贸易组织组织机构图①

资料来源：WTO. WTO organization chart. http://www.wto.org

（4）专门委员会。根据《建立 WTO 的协定》，部长会议设立各专门委员会，负责处理三大理事会的共性事务以及三大理事会管辖范围以外的事务。各专门委员会向总理事会直接负责。世界贸易组织现有的专门委员会包括：贸易与环境委员会、贸易与发展委员会、区域贸易协定委员会、国际收支限制委员会，以及预算、财务与行政委员会。

（5）秘书处。秘书处为世界贸易组织日常办事机构，设在瑞士日内瓦的世界贸易组织总

① 本图英文原图网址为 http://www.wto.org/english/thewto_e/whatis_e/tif_e/org2_e.htm。

部。秘书处不具有决策权力，主要职责是给部长会议、各理事会以及各专门委员会提供专业性服务。秘书处由部长会议任命的总干事领导。总干事按照部长会议通过的有关规定任命秘书处其他官员并规定其职责。2013年9月巴西人罗伯托-阿泽维多接替法国人帕斯卡尔-拉米，成为世界贸易组织第二位总干事。

（6）工作组。工作组是世界贸易组织建立的一些临时性的机构，任务是研究和报告有关事项，并最终提交理事会做决策，有些工作组还承担贸易谈判的组织工作。

（7）贸易谈判委员会。2001年11月在卡塔尔首都多哈召开的世界贸易组织第四届部长会议上通过了《多哈宣言》，正式发起新一轮的全球贸易谈判，称为多哈回合谈判，又称多哈发展议程。部长会议授权总理事会于2002年2月建立贸易谈判委员会这个专门机构，负责多哈回合谈判工作的执行，并向总理事会报告。

知识链接

贸易谈判委员会与多哈回合[①]

贸易谈判委员会以两种方式进行多哈回合谈判工作。

一是特别会议。贸易谈判委员会在服务贸易理事会、与贸易有关的知识产权理事会、争端解决机构、货物贸易理事会下属的农业委员会、贸易与发展委员会以及贸易与环境委员会下成立特别会议，负责谈判工作的进行。

二是工作组。贸易谈判委员会成立市场进入、世界贸易组织规则和贸易便利化三个工作组负责相关谈判的执行。其中世界贸易组织规则工作组负责反倾销措施、补贴及平衡措施、区域贸易协定领域的谈判。

多哈回合的宗旨是促进世界贸易组织成员削减贸易壁垒，通过更公平的贸易环境来促进全球特别是较贫穷国家的经济发展，所以多哈回合又称发展回合。多哈回合谈判涵盖大约20个议题，包括农业、非农产品市场准入、服务业、规则、贸易便利化等。其中农业和非农产品市场准入被认为是最关键也是世界贸易组织成员分歧最集中的两个议题。这两个议题不解决，其他议题的谈判便无法取得进展。

多哈回合虽是多边谈判，但真正的谈判主角是美国、欧盟和由巴西、印度、中国等发展中国家组成的"20国协调组"。

市场准入议题非常复杂，基本上归为三大方面：农业补贴、农产品关税和工业品关税。长期以来，世界贸易组织成员无法在农业补贴、农产品关税和工业品关税的削减幅度、削减公式和削减方法上达成一致。值得注意的是，虽然各方分歧非常复杂，但主要分歧还是发达成员和发展中成员之间的分歧，主要原因是各方发展水平不同，因此利益和需求也不同。美欧等发达成员的主要目标是进一步打开发展中成员的工业品和服务市场，而发展中成员则希望美欧降低农业补贴并开放农业市场。如何达成一项平衡的协议，使各方均得到好处而又尽量避免损失就成了谈判中的最大难题。

2013年12月7日，在印尼巴厘岛举行的世界贸易组织第九届部长级会议上，《巴厘一揽子协议》获159个成员方全数通过，成为多哈回合"零的突破"。《巴厘一揽子协议》是世界贸易组织

① 本资料主要参考以下两个文献：

高路，陈雍容《综述：世贸组织巴厘会议成果盘点》，http://news.xinhuanet.com/world/2013-12/07/c_118461718.htm。

新华网《背景资料：多哈回合谈判及争议问题》，http://news.xinhuanet.com/newscenter/2008-07/30/content_8849517.htm。

成立以来第一个多边贸易协议，包括 10 份文件。在贸易便利化方面，协议决定建立更加先进的关税分类规则，引进货物到达前的通关措施，增加海关管理的透明度，引进"单一窗口"的做法，让货物通关手续只需向一个监管部门报送以简化清关手续。在农业方面，协议同意为发展中国家提供一系列与农业相关的服务，并在一定条件下同意发展中国家为保障粮食安全进行公共储粮。在棉花贸易方面，协议同意向最不发达国家进一步开放市场，并为这些国家提高棉花产量提供协助。在发展议题方面，协议同意为最不发达国家出口到富裕国家的商品实现免税免配额制，进一步简化最不发达国家出口产品的认证程序，允许最不发达国家的服务优先进入富裕国家市场，同意建立监督机制，对最不发达国家享受的优先待遇进行监督。

此外，与会成员还规划了"后巴厘工作计划"框架，表示将协助世界贸易组织贸易谈判委员会在未来一年内就多哈发展议程遗留议题建立清晰的工作计划。这些工作首要关注农业和最不发达国家的发展问题，并以本届会议所达成协议为基础。

（8）诸边协议委员会。世界贸易组织框架内的协议按成员方接受程度可分为两类，一类是世界贸易组织成员必须全部参加并接受的多边贸易协议，另一类是由世界贸易组织成员选择性参加的诸边贸易协议。现今世界贸易组织框架内有 3 个诸边贸易协议，分别是民用航空器贸易协议、政府采购协议和信息技术协议。其中，中国自愿加入了信息技术协议。世界贸易组织根据这三个协议成立了三个委员会。民用航空器贸易委员会和政府采购委员会负责监督实施相应的诸边贸易协议，它们不是总理事会的附属机构，但在世界贸易组织框架内运作，并定期向总理事会通报其活动。信息技术协议委员会负责监督实施信息技术协议，并定期向货物贸易理事会通报活动。

（二）世界贸易组织的主要运行机制

1. 决策机制

世界贸易组织的决策机制采取"协商一致"优先、"诉诸表决"其次的程序。

协商一致是指出席会议的成员方对拟通过的决议不表示反对，就视为同意。保持沉默、弃权或进行一般的评论等都不构成反对意见。除非世界贸易组织管辖的协定、协议另有规定，所有规则的制定应采取协商一致通过的方法。对于一个有 160 个成员的国际组织来说，要通过协商一致来达成一项决定的做法是很困难的，但以这样的方式形成的决定往往比较好地考虑了各方的利益，一旦形成一项决定，容易为成员方所接受。事实上，世界贸易组织的决定通常是经协商一致后做出的。

当协商一致不能做出决定时，该议题应由所有成员方投票表决。部长会议和总理事会的表决实行一个成员方一票的办法，其中欧盟的表决权数与其成员中已经是世界贸易组织成员的数目相同。一般情况下，部长会议和总理事会依据各成员方所投的简单多数做出决定。对于某些重大问题，则须按绝对多数原则表决，如关于世界贸易组织多边贸易协定条款解释的表决，以及关于义务豁免权的表决须获 3/4 以上的多数方能通过。

此外，世界贸易组织对于某些重要协定条款的修正，还奉行一致赞同方式，即必须获得全体成员的一致同意方为有效。例如世界贸易组织规定对《1994 年 GATT》第一条"最惠国待遇"和第二条"减让表"条款的修正须获一致赞同方可实施。

2. 争端解决机制

世界贸易组织争端解决机制的目的主要是使争端得到积极有效的解决，避免引发贸易战。世界贸易组织争端解决机制是从《1947 年关税与贸易总协定》有关条款及其 40 多年争端解决的实践发展而来的。世界贸易组织总理事会作为负责争端解决的机构，履行成员间争端解决的职责。

世界贸易组织争端解决机制的基本原则是平等、迅速、有效、双方接受，这些原则是经全体世界贸易组织的成员同意的。如果有成员认为其他成员正在违反贸易规则，受到贸易侵害的成员将使用多边争端解决机制，而不是采取单边行动。这意味着所有世界贸易组织的成员将遵守议定的程序和尊重裁决，不管是申诉方还是被诉方。

世界贸易组织争端解决机制鼓励各方首先通过外交途径的友好磋商解决争议，寻求均可接受并与世界贸易组织有关协定或协议相一致的解决办法。如果通过磋商未能达成各方满意的解决办法，在适用司法手段解决争端时，也保证是在政治和外交的框架内进行。

世界贸易组织争端解决机制建立了争端解决机构（Dispute Settlement Body，DSB）来负责监督争端解决机制的有效顺利运行。这是世界贸易组织的一个创新，可以说是争端解决机制的基石。争端解决机构由所有成员方参加，与总理事会组成人员一致。应争端一方的请求，争端解决机构可以成立专家组，对成员方的某一违法行为进行裁决，任务完成后即解散。专家组一般由 3 名或 5 名独立人员组成，秘书处负责任命专家组成员。专家组根据被授予的职权范围，在规定时间内，形成专家组报告，提交争端解决机构会议批准。争端解决机构还建立了常设的上诉机构。上诉机构的主要目的是保证判例的和谐性，负责处理争端各方对专家组报告的上诉，但上诉仅限于专家组报告中有关法律问题和专家组详述的法律解释。上诉机构可以维持、修改或撤销专家组的法律调查结果和结论，而且上诉机构的报告一经争端解决机构通过，争端各方就必须无条件接受。上诉机构有 7 名成员，任期为 4 年，对某一案件由其中的 3 名进行审议。争端解决机构要确保成员撤销被认定违反世界贸易组织有关协定或协议的措施。如该措施暂时未能撤销，应申诉方要求，被诉方应与之进行补偿谈判，但补偿只能作为一项临时性措施加以援用。如在规定时间内未能达成满意的补偿方案，经争端解决机构授权，申诉方可采取报复措施。世界贸易组织争端解决机制基本程序如下。

（1）磋商。世界贸易组织的《关于争端解决规则与程序的谅解协定》规定，一成员方向另一成员方提出磋商要求后，被要求方应在接到请求后的 10 天内做出答复。如同意举行磋商，则磋商应在接到请求后 30 天内开始；如果被要求方在接到请求后 10 天内没有做出反应，或在 30 天内或相互同意的其他时间内未进行磋商，则要求进行磋商的成员方可直接向争端解决机构要求成立专家组；如果在接到磋商请求之日后 60 天内磋商未能解决争端，要求方（申诉方）可以请求成立专家组。在紧急情况下，如涉及容易变质的货物，各成员方应在接到请求之日后 10 天内进行磋商，如在接到请求之日后 20 天内磋商未能解决争端，则申诉方可以请求成立专家组。

（2）专家组审理争端。专家组通常由 3 人组成，除非争端当事方在专家组设立之日起 10 天内同意设立 5 人专家组。在案件的审理过程中，专家组要调查案件的相关事实，对引起争议的措施是否违反相关协定或协议做出客观评价，就争端的解决办法提出建议。专家组一旦设立，一般应在 6 个月内（紧急情况下 3 个月内）完成全部工作，并提交最终报告。

（3）专家组报告的通过。为使各成员有足够时间审议专家组最终报告，只有在报告散发给各成员方 20 天后，争端解决机构方可考虑审议通过。对报告有反对意见的成员方，应至少在召开审议报告会议 10 天前，提交供散发的书面反对理由。在最终报告散发给各成员方的 60 天内，除非争端当事方正式通知争端解决机构他们的上诉决定，或争端解决机构经协商一致决定不通过该报告，否则该报告应在争端解决机构会议上予以通过。

（4）上诉机构审理。上诉机构受理对专家组最终报告的上诉。上诉机构对案件的审议，自争端一方提起上诉之日起到上诉机构散发其报告之日为止，一般不得超过 60 天。争端解决机构应在上诉机构报告散发后的 30 天内通过该报告，除非争端解决机构经过协商一致决定不予通过。

此外，争端也可以通过仲裁、斡旋、调解或调停的方式解决。如果争端当事方同意以仲裁方式解决，则可在共同指定仲裁员并议定相应的程序后，由仲裁员审理当事方提出的争端。斡旋是指第三方促成争端当事方开始谈判或重开谈判的行为。在整个过程中，进行斡旋的一方可以提出建议或转达争端一方的建议，但不直接参加当事方的谈判。调解是指争端当事方将争端提交一个由若干人组成的委员会，该委员会通过查明事实，提出解决争端的建议，促成当事方达成和解。调停是指第三方以调停者的身份主持或参加谈判，提出谈判的基础方案，调和、折中争端当事方的分歧，促使争端当事方达成协议。在世界贸易组织争端解决中，斡旋、调解或调停是争端当事方经协商自愿采用的方式。争端的任何一方均可随时请求进行斡旋、调解或调停。斡旋、调解或调停程序可以随时开始，随时终止。世界贸易组织总干事可以以他所任职务身份进行斡旋、调解或调停，以协助成员方解决争端。

本章小结

贸易条约与协定是两个或两个以上的国家、地区或贸易集团为了确定彼此经济贸易关系，规定贸易双方应履行的基本权利与义务，而缔结的书面协议。其主要形式有贸易条约、贸易协定、贸易议定书、国际商品协定、关税与贸易总协定。在贸易条约与协定中最常见的法律条款有最惠国待遇条款和国民待遇条款。

区域经济一体化是指两个或两个以上的国家或地区，通过协商并缔结经济条约或协定，实施统一的经济政策和措施，消除商品、要素、金融等市场的人为分割和限制，以国际分工为基础来提高经济效率和获得更大经济效果，把区域内各国或各地区的经济融合起来形成一个区域性经济联合体的过程。按成员间经济结合程度的不同，我们可以将区域经济一体化划分为 6 个层次：优惠贸易安排、自由贸易区、关税同盟、共同市场、经济联盟、完全经济一体化。区域经济一体化的主要理论有关税同盟理论、协议性国际分工理论、大市场理论和国家需要理论。世界上主要的区域经济一体化组织有欧洲联盟、北美自由贸易区、东南亚国家联盟和亚太经济与合作组织等。

1994 年 4 月 15 日，在关贸总协定乌拉圭回合部长会议上，各参加方通过了《建立 WTO 的协定》。1995 年 1 月 1 日世界贸易组织正式开始运作，负责管理世界经济和贸易秩序，总部设在瑞士日内瓦。2001 年 12 月 11 日，中国正式加入世界贸易组织。

世界贸易组织的基本原则有非歧视原则、贸易自由化原则、公平贸易原则、透明度原则、鼓励发展和经济改革原则。世界贸易组织主要的组织机构包括部长会议、总理事会、理事会、专门委员会、秘书处、工作组、贸易谈判委员会和诸边协议委员会。世界贸易组织的决策机制采取"协商一致"优先、"诉诸表决"其次的程序，对于某些重要协定条款的修正，还奉行一致赞同方式。世界贸易组织建立了争端解决机构来负责监督争端解决机制的有效顺利运行，由所有成员方参加，与总理事会组成人员一致。应争端一方的请求，争端解决机构可以成立专家组，对成员的某一违法行为进行裁决。争端解决机构还建立了常设的上诉机构，负责处理争端各方对专家组报告的上诉。

练习题

一、名词解释

贸易条约与协定　最惠国待遇条款　国民待遇条款　贸易条约　贸易协定　贸易议定书　支付协定　国际商品协定　关税与贸易总协定　区域经济一体化　优惠贸易安排　自由贸易区　关税同盟　共同市场　经济联盟　完全经济一体化　水平一体化　垂直一体化　部门经济一体化　全盘经济一体化　贸易创造效应　贸易转移效应　世界贸易组织　非歧视原则　贸易自由化原则　公平贸易原则　互惠原则　透明度原则　鼓励发展和经济改革原则　公平竞争原则

二、单选题

1.（　　）是指某种商品的主要出口国之间，或者主要出口国与主要进口国之间为了稳定或者操纵该种商品的世界市场价格，获得足够的垄断利润，保证世界范围内的供求基本平衡而签订的多边国际协议。

　　A．支付协定　　　　　B．贸易条约　　　　　C．国际商品协定　　　　　D．贸易议定书

2.（　　）是我国与周边国家和地区建成的第一个自由贸易区。

　　A．中国—东盟自由贸易区　　　　　　　　B．中国—智利自由贸易区

　　C．中国—新加坡自由贸易区　　　　　　　D．中国—秘鲁自由贸易区

3.《亚太贸易协定》属于（　　）。

　　A．共同市场　　　　　B．优惠贸易安排　　　　　C．自由贸易区　　　　　D．关税同盟

4.（　　）是部长会议下设机构，由各成员国政策委派的代表或长驻 WTO 总部的大使组成，在部长会议休会期间代行其职能，负责 WTO 的日常事务，监督和指导下设机构的各项工作，处理 WTO 的重要、紧急事务。

　　A．部长会议　　　　　B．总理事会　　　　　C．专门委员会　　　　　D．秘书处

5.（　　）兼任争端解决机构和贸易政策审议机构。

　　A．部长会议　　　　　B．贸易谈判委员会　　　　C．总理事会　　　　　D．货物贸易理事会

三、多选题

1. 实现了对外统一关税税率的区域经济一体化组织形式有（　　　）。

　　A．优惠贸易安排　　B．自由贸易区　　　C．关税同盟

　　D．共同市场　　　　E．经济联盟

2. 非歧视原则主要由（　　）体现出来。

　　A．一般取消数量限制　B．最惠国待遇条款　C．关税减让

　　D．反倾销条款　　　　E．国民待遇

3. 以下属于世界贸易组织的职能有（　　　）。

　　A．管理和监督职能　B．解决贸易争端职能　C．协调职能

　　D．谈判职能　　　　E．监督和审议职能

4. 以下对世界贸易组织决策机制说明正确的有（　　　）。

    A. "协商一致"优先、"诉诸表决"其次

    B. "诉诸表决"优先、"协商一致"其次

    C. 对于某些重要协定条款的修正，奉行一致赞同方式

    D. 只能协商一致

    E. 全部都诉诸表决

5. WTO 争端解决机制的基本原则是（　　　）。

    A. 平等　　　　　　B. 迅速　　　　　　C. 有效

    D. 双方接受　　　　E. 可以只有一方接受

6. 以下属于世界贸易组织常设机构的是（　　　）。

    A. 部长会议　　　　B. 总理事会　　　　C. 专门委员会

    D. 秘书处　　　　　E. 工作组

7. 以下属于 WTO 框架内诸边贸易协议的是（　　　）。

    A. GATT 协议　　　　　　　　　　　B. 民用航空器贸易协议

    C. 补贴与反补贴措施协议　　　　　D. 政府采购协议

    E. 信息技术协议

四、简答题

1. 最惠国待遇的种类有哪些？

2. 区域经济一体化有几种形式？

3. 大市场理论的主要内容是什么？

4. 协议性国际分工的主要内容是什么？

5. 国家需要理论的主要内容是什么？

6. 亚太经济合作组织的特点有哪些？

7. 内地对港澳《关于建立更紧密经贸关系的安排》协议有什么意义？

8. 区域经济一体化对国际贸易有什么影响？

9. 世界贸易组织的宗旨和目标是什么？

10. 世界贸易组织的基本原则有哪些？

11. 世界贸易组织主要有哪些组织机构？

12. 世界贸易组织的决策机制是怎样的？

课外思考实践题

我国如何应对区域经济一体化的最新发展？

主要参考文献

一、网络数据库及网络资料类

[1] Alessandro Nicita, Julien Gourdon. 2013. A preliminary analysis on newly collected data on non-tariff measures. http://unctad.org/en/PublicationsLibrary/itcdtab54_en.pdf[2014-4-5].

[2] UNCTAD. 2005. Handbook of Statistics 2005. http://unctad.org/en/Docs/ tdstat30_enfr. pdf[2014-4-28].

[3] UNCTAD. 2005. World Investment Report. http://unctad.org/en/Docs/wir2005ch1_en.pdf[2014-6-20].

[4] UNCTAD. 2012. Handbook of Statistics 2012 . http://unctad.org/en/PublicationsLibrary/tdstat37_ en.pdf[2014-4-28].

[5] UNCTAD. 2013. Classification of Non-tariff Measures: 2012 version. http://unctad.org/en/ PublicationsLibrary/ditctab20122_en.pdf[2014-3-1].

[6] UNCTAD. 2014. UNCTAD Statistics. http://unctad.org/en/Pages/Statistics.aspx[2014-4-28].

[7] WTO. 2012. International Trade Statistics 2012. http://www.wto.org/english/ res_e/statis_e/ its2012_e/its12_toc_e.htm[2014-4-2].

[8] WTO. 2012. World Trade Report 2012 - Trade and public policies:A closer look at non-tariff measures in the 21st century. http://www.wto.org/english/res_e/publications_e/wtr12_e.htm[2013-12-28].

[9] WTO. 2013. Annual Report 2013. http://www.wto.org/english/res_e/ publications_e/anrep13_e.htm[2014-4-5].

[10] WTO. 2013. International Trade Statistics 2013. http://www.wto.org/english/res_e/statis_ e/its2013_e/ its13_toc_e.htm[2014-4-2].

[11] 国家质量监督检验总局国际合作司. 2006. 实施卫生与植物卫生措施协议（中文版）. http://gjhzs.aqsiq.gov.cn/wto/WTOgz/200610/t20061026_4821.htm[2014-1-25].

[12] 海关信息网. 2013. 2012 年经济形势综述及我国进出口贸易形势分析报告. http://www.haiguan. info/ report/ReportInfoList.aspx[2014-2-20].

[13] 海关信息网. 2014. 2013 年经济形势综述及我国进出口贸易形势分析报告. http://www.haiguan. info/ report/ReportInfoList.aspx[2014-2-20].

[14] 李明. 2013. 两大国际组织发布全球贸易测算新方法. http://news.xinhuanet.com/world/ 2013-01/ 16/c_114394228.htm[2014-6-25].

[15] 帕特里克·米瑟兰, 王京徽. 2008. 欧盟对华贸易政策. http://www.ecipe.org/media/ publication_pdfs/ Messerlin_wang_EUchina_CH20022008.pdf[2008-2-20].

[16] 商务部海关总署. 2013. 公告 2013 年第 96 号 公布 2014 年出口许可证管理货物目录. http://cys. mofcom.gov.cn/ article/h/201312/20131200446975.shtml[2013-12-31].

二、期刊杂志

[1] Bowen, Harry P, Edward E Leamer, Leo Sveikauskas. 1987. Multifactor, Multicountry Tests of the Factor Abundance Theory. American Economic Review, 77(December)：791-809.

[2] C L Barber. 1955. Canadian Tariff. Policy. Canadian Journal of Economics and Political Science, XXI(Nov.).

[3]　D F Wahl. 1961. Capital and Labor Requirements for Canada's Foreign Trade. Canadian Journal of Economics and Political Science, August(27): 349-358.

[4]　Dixit A K, Stiglitz J E. 1977. Monopolistic competition and optimum product diversity. American Economic Review, 67: 297-308.

[5]　Donald B Keesing. 1965. Labor skills and international trade: Evaluating many trade flows with a single measuring device. Review of Economics and Statistics, 47(3): 287-294.

[6]　Donald B Keesing. 1966. Labor Skills and Comparative Advantage. American Economic Review, May: 249-258.

[7]　Donald B Keesing. 1967. The Impact of Research and Development on United States trade. Journal of Political Economy, 75(1): 38-48.

[8]　Elhanan Helpman, Marc J Melitz, Stephen R Yeaple. 2004. Export Versus FDI with Heterogeneous Firms. American Economic Review, American Economic Association, 94(1): 300-316.

[9]　G Grossman, E Helpman. 1989. Product Development and International Trade. Journal of Political Economy, 97(1): 1261-83.

[10]　G Grossman, E Helpman. 1990. Comparative Advantage and Long-Run Growth. American Economic Review, 80(4): 796-815.

[11]　Gordon H Hanson. 1998. North American Economic Integration and Industry Location. Oxford Review of Economic Policy, 14(2): 30-44.

[12]　Irving B Kravis. 1956. Wages and Foreign Trade. Published in: The review of economics and statistics. Cambridge, Mass : MIT Press, 38.

[13]　Krugman Paul, Elizondo R Livas. 1996. Trade policy and the third world metropolis. Journal of Development Economics, 49: 137-150.

[14]　Krugman Paul, Venables Anthony. 1995. Globalization and the Inequality of Nations. Quarterly Journal of Economics, 60: 857-880.

[15]　Krugman Paul. 1980. Scale economies, product differentiation, and the pattern of trade. American Economic Review, 70: 950-959.

[16]　Krugman, Paul. 1991. Increasing Returns and Economic Geography. Journal of Political Economy, 99: 483-499.

[17]　Louis T Wells. 1968. A Product Life Cycle for International Trade. The Journal of Marketing, 32(3) July: 1-6.

[18]　M C Kemp. 1960. The Mill-Bastable Infant-Industry Dogma. Journal of Political Economy, 68: 65-67.

[19]　M Hodd. An empirical investigation of the Heckscher-Ohlin theory. Economica (London), 47(133): 20-29.

[20]　M J Melitz. 2003. The Impact of Trade on Intra-Industry Reallocations and Aggregate Industry Productivity. Econometrica, 71: 1695 1725.

[21]　M Tatemoto, S Ichimura. 1959. Factor proportions and the foreign trade. The case of Japan. Review of Economics and Statistics, 41: 442-8.

[22]　M V Posner. 1961. International Trade and Technical Change. Oxford Economic Papers, 13(3): 323-341.

[23] Mordechai E Kreinin. 1965. Comparative Labor Effectiveness and the Leontief Scarce Factor Paradox. American Economic Review, March(35): 131-140

[24] P B Kenen. 1965. Nature, Capital and Trade. Journal of Political Economy, October: 437-460.

[25] Paul Krugman. 1980. Scale Economies, Product Differentiation, and the Pattern of Trade. The American Economic Review, 70(Dec)No.5: 950-959.

[26] Paul M Romer. 1990. Endogenous technological change. Journal of Political Economy, 98: 71-102.

[27] Pol Antràs, Elhanan Helpman. 2004. Global Sourcing. The Journal of Political Economy, 112(3): 552-580.

[28] Pol Antràs. 2003. Firms, Contracts and Trade Structure. Quarterly Journal of Economics, (118): 1054-1073.

[29] Pol Antràs. 2005. Property Rights and the International Organization of Production. American Economic Review Papers and Proceedings: 25-32.

[30] Puga D, Venables A J. 1996. The Spread of Industry: Spatial Agglomeration in Economic Development. Journal of the Japanese and International Economies, 10: 440-464.

[31] R Bharadwaj. 1962. Factor Proportions and the Structure of India-U.S. Trade. Indian Economic Journal, 10(2): 105-116.

[32] R E Baldwin. 1971. Determinants of the Commodity Structure in U.S. Trade. American Economic Review, 61: 126-146.

[33] R E Baldwin. 1999. Agglomeration and Endogenous Capital. European Economic Review, 43: 253-80.

[34] R E Falvey, H Kierzkowski. 1987. Product Quality, Intra-industry Trade and Imperfect competition. In H. Kierzkowski(ed.), Protection and Competition in International Trade: Essay in Honour of W. M. Corden, Basil Blackwell.

[35] R E Falvey. 1981. Commercial Policy and Intra-Industry Trade. Journal of International Economics: 495-511.

[36] R F Kahn. 1931. The Relation of Home Investment to Unemploymen. The Economic Journal, 41(162): 173 198.

[37] R G Lipsey. 1960. The theory of customs unions: a general survey. Economic Journal: 496-513.

[38] R Jones. 1956. Factor proportions and the Heckscher-Ohlin theorem. Review of Economic Studies, 24: 1-10.

[39] R Vernon. 1966. International Investment and International Trade in the Product Cycle. Quarterly Journal of Economics, May: 197-207.

[40] Robert Mundell. 1957. International trade and factor mobility. American Economic review, 47: 321-335.

[41] S Naya. Natural resources, factor mix, and factor reversal in international trade. Amer. Econ. R. 57(2), May 67 Pap. And Proc: 561-570.

[42] W Ethier. 1982. National and International Returns to Scale in the Modern Theory of International Trade. American Economic Review, 72: 389-405.

[43] W Gruber, D Mehta, R Vernon. 1967. The R&D Factor in International Trade and International

Investment of United States Industries. Journal of Political Economy, February: 20-37.

[44] Wassily Leontief. 1953. Domestic Production and Foreign Trade: The American Capital Position Re-Examined. Proceedings of the American Philosophical Society, 97: 331-349.

[45] Wassily Leontief. 1956. Factor Proportions and the Structure of American Trade: Further Theoretical and Empirical Analysis. Review of Economics and Statistics, 38: 386 407.

[46] Wassily Leontief. 1964. International Factor Costs and Factor Use: Comment. American Economic Review, LIV(June): 335-345.

[47] 毕克新, 杨绍宇. 高巍. 2010. 信息技术壁垒对中小企业技术创新的影响研究. 技术经济, (06).

[48] 陈敏怡. 2009. 美国战略性贸易政策的成效与启示. 中国集体经济, (07上).

[49] 陈敏怡. 2009. 美国战略性贸易政策的成效与启示. 中国集体经济, 07(上).

[50] 陈硕颖. 2003. 解读WTO原产地规则——其产生、影响及完善. 经济与管理, (09).

[51] 程大中. 2008. 保罗·克鲁格曼与新贸易理论. 世界经济情况, (10).

[52] 崔征. 2004. SPS最新案例：美国诉日本苹果案. WTO经济导刊, (04).

[53] 邓翔, 路征. 2010. 新新贸易理论的思想脉络及其发展. 财经科学, (02).

[54] 董平均. 2006. 李斯特贸易保护主义理论管窥. 河北经贸大学学报, (01).

[55] 郭德琳. 2006 从中国与智利签署自贸协定中吸取智利建立开放的对外贸易体系的经验. 拉丁美洲研究, (06).

[56] 金泽虎. 2009. 析金融危机催生的新贸易保护主义特色与危害. 对外经贸实务, (03).

[57] 李金玲, 刘国慧. 2006. 李斯特贸易保护理论对中国的启示. 前沿, (12).

[58] 林发勤, 崔凡. 2008. 克鲁格曼新贸易理论及其发展评析. 经济学动态. (12).

[59] 裴瑱, 陆剑. 2008. 规模报酬递增和新贸易理论的发展. 世界经济研究, (01).

[60] 商务部台港澳司. 2007. CEPA的背景和意义. 中国外资, (07).

[61] 盛斌, 王岚. 2009. 多样性偏好、规模经济和运输成本：保罗·克鲁格曼的世界——新贸易理论与新经济地理学评述. 经济科学, (03).

[62] 汤二子, 邵莹, 刘海洋. 2012. 生产率对企业出口的影响研究——兼论新新贸易理论在中国的适用性. 世界经济研究, (01).

[63] 王佃凯. 2008. 新贸易保护主义发展的特点、原因与趋势. 首都经贸大学学报, (04).

[64] 王海军. 2009. 新新贸易理论综述、发展与启示. 经济问题探索, (01). 第12期.

[65] 余章宝. 2002. 李斯特的经济理论及其贡献. 厦门大学学报：哲学社会科学版, (03).

[66] 俞海山. 2003. 李斯特生产力学说的理论意义和实践价值研究. 生产力研究, (02).

[67] 张锦, 杨湘江, 李增欣. 2008. 新经济地理与国际贸易. 当代经济, 6(上).

[68] 张宁军. 2005. 新贸易保护主义的特征演变及其理论依据. 当代财经, (01).

[69] 张昕宇. 2010. 美对华贸易政策制定中利益集团的影响研究. 商业时代, (21).

[70] 张昕宇. 2010. 美对华贸易政策制定中利益集团的影响研究. 商业时代, (21).

[71] 张智革, 吴薇. 2011. 中国对外贸易依存度的动态分析. 国际贸易, (10).

[72] 赵海斌. 2011. 贸易自由化视角下新新贸易理论的再审视. 国际经贸探索, (03).

[73] 赵俊平, 邵强, 魏景柱, 周政国. 2001. 对外贸易乘数及其作用. 大庆石油学院学报, (02).

[74] 周冠武. 2012. 俄罗斯加入WTO, 原木关税税率出现变化. 国际木业, (11).

三、图书著作

[1] A Lösch. 1954. The Economics of Location. New Haven, CT：Yale University Press. .

[2] A Pred. 1966. The Spatial Dynamics of US Urban-Industrial Growth, 1800-1914. Cambridge, MA：MIT Press.

[3] B S Minhas. 1963. An International Comparison of Costs and Factor Use. Amsterdam：North-Holland Publishing Co..

[4] C F Bastable. 1903. The Theory of International Trade. 4th ed. London：Macmillan Co.,：140.

[5] Elhanan Helpman，Paul Krugman. 1985. Market Structure and Foreign Trade. Cambridge, MA：MIT Press.

[6] Frederick Harris Harbison, Ibrahim Abdelkader Ibrahim. 1958. Human resources for Egyptian enterprise. New York：McGraw-Hill.

[7] G Grossman，E Helpman. 1991. Innovation and Growth in the Globe Economy. Cambridge：the MIT Press.

[8] Gary Clyde Hufbauer. 1966. Synthetic materials and the theory of international trade. Cambridge, MA：Harvard University Press.

[9] Grossman G，Helpman E. 1991. Innovation and Growth in the World Economy. Cambridge, MA：MIT Press.

[10] H J Habakkuk. 1962. American and British technology in the Nineteenth Century. Cambridge, MA：Cambridge University Press.

[11] Harrod R. 1933. International Economics. Cambridge：Cambridge University Press.

[12] Jacok Viner. 1950. The customs union issue. New York：Carnegie Endowment for International Peace.

[13] Jaroslav Vanek. 1963. The Natural Resource Content of the United States Foreign Trade 1870-1955. Cambridge, MA：MIT Press.

[14] Jean-François Deniau. 1960. The common market. London：Barrie & Rockcliff and Pall Mall Press.

[15] Krugman Paul. 1991. Geography and Trade. Cambridge, MA：MIT Press.

[16] Lang Tim Hines Colin. 1994. The New Protectionism. London：Earthscan Publication Ltd.

[17] Michel E Porter. 1990. The Competitive Advantage of Nations. New York：Free Press.

[18] S Hirsch. 1967. Location of Industry and International Competitiveness. Oxford：Clarendon Press.

[19] S·布雷克曼，H·盖瑞森，C·范·马勒惠克. 2004. 地理经济学（中译本）. 成都：西南财经大学出版社.

[20] Tibor Scitovsky. 1958. Economic Theory and Western European Integration. Stanford：Stanford University Press.

[21] 白树强. 2000. 全球竞争论——经济全球化下国际竞争理论与政策研究. 北京：中国社会科学出版社.

[22] 保罗·克鲁格曼. 2000. 发展、地理学和经济理论（中译本）. 北京：中国人民大学出版社.

[23] 保罗·克鲁格曼. 2002. 国际经济学. 海闻，蔡荣等译. 北京：中国人民大学出版社.

[24] 彼得·林德特，查尔斯·金德尔伯格. 1985. 国际经济学. 上海：上海译文出版社.

[25] 查尔斯·希尔著，孙建秋等译. 1999. 今日全球商务. 北京：机械工业出版社.

[26] 多米尼克·索尔韦托瑞. 1998. 国际经济学. 北京：清华大学出版社，第101页.

[27] 冯跃，夏辉. 2012. 国际贸易理论、政策与案例分析. 北京：北京大学出版社.

[28] 格里高利·曼昆著. 1999. 经济学原理（上册）. 1 版. 梁小民译. 北京：北京大学出版社.

[29] 海闻，P·林德特，王新奎. 2003. 国际贸易. 上海：上海人民出版社.

[30] 胡东宁. 2011. 国际贸易理论与政策. 北京：中国铁道出版社.

[31] 康灿华，刘海云. 2005. 国家贸易. 武汉：武汉理工大学出版社.

[32] 罗伯特·J·凯伯. 2002. 国际经济学. 北京：机械工业出版社.

[33] 迈克尔·波特. 2002.国际竞争优势. 北京：华夏出版社.

[34] 小岛清. 1977. 日本的海外直接投资. 文真堂.

[35] 张梅. 2010. 国际贸易理论与实务. 北京：中国铁道出版社.

四、学位论文、年会论文、报告和其他类

[1] Andrew B Bernard， Stephen Redding，Peter K Schott. 2004. Comparative Advantage and Heterogeneous Firms. NBER Working Paper No. 10668 , August.

[2] C Harris. 1954. The Market as a Factor in the Localization of Industry in the UnitedStates. Annals of the Association of American Geographers，64：315-348.

[3] Gordon H Hanson. 1996. U.S.-Mexico Integration and Regional Economies: Evidence from Bordercity Pairs. NBER Working Paper No. 5425, January.

[4] James A. Brander. Panl Krugmm, 1983, A 'Reeiprocal Dumping' Modcl of International Trade. NBER Working Paper No.1 1914, Auaust.

[5] R E Baldwin，R Forslid. 1997. The core-periphery model and endogenous growth. CEPR Working Paper No.1749.

[6] Stephen P Magee，Norman I Robins. 1978. The Raw Material Product Cycle, in Mineral Resources in the Pacific Area. Working paper of University of Texas at Austin, Graduate School of Business, 78.

[7] W Christaller. 1933. Central Place in Southern German. in Jena Fisher.

[8] 李湘君. 2012. 中国对外贸易中幼稚产业的选择及保护. 北京：首都经济贸易大学.

[9] 毛在丽. 2006. 全球化下的中国产业集聚研究——从新经济地理角度的分析. 武汉:武汉大学.

[10] 张晓兰. 2014-1-7. 世贸组织或被边缘化，区域经济合作成新趋势. 中国经济导报，B01.

配套资料索取说明

购买本书的读者可在 www.ptpedu.com.cn 注册后下载配套学习资料。

采用本书授课的教师，可发邮件至 13051901888@163.com 或 education_book@163.com 索取配套教学资料。

姓　　名：＿＿＿＿＿　性　　别：＿＿＿　职　　称：＿＿＿＿＿　职　　务：＿＿＿＿＿

办公电话：＿＿＿＿＿　手　　机：＿＿＿＿＿＿　电子邮箱：＿＿＿＿＿＿＿＿＿

学　　校：＿＿＿＿＿＿＿＿＿＿　院　　系：＿＿＿＿＿＿＿＿＿

通信地址：＿＿＿＿＿＿＿＿＿＿＿＿＿　邮　　编：＿＿＿＿＿＿＿＿＿

本课程开设于＿＿＿学年＿＿＿学期，原采用＿＿＿＿＿出版社出版＿＿＿＿＿主编的《＿＿＿＿＿》为本课程教材，＿＿＿＿＿专业＿＿个班共＿＿＿＿＿人使用该教材。

证　明　人：＿＿＿＿＿　办公电话：＿＿＿＿＿　手机：＿＿＿＿＿＿　电子邮箱：＿＿＿＿＿

21 世纪高等院校经济管理类规划教材

已出版教材

书　　名	主编	书　号	编 辑 推 荐
管理学——原理与实务（第 2 版）	李海峰	978-7-115-35395-5	2013 年陕西普通高校优秀教材二等奖；提供课件、教案、实训说明、教学体会、案例分析集、习题集及参考答案、补充阅读，作者开通有教学博客
企业战略管理	舒　辉	978-7-115-24542-7	江西省第五届全省普通高等学校优秀教材二等奖；理论、案例和实践相结合，实用性强；提供课件、教案、习题库及答案、案例库及案例分析
人力资源管理	乔　瑞	978-7-115-23955-6	注重案例分析，强调实训与实践对读者能力的培养；提供课件、教案、实训资料、习题答案、案例分析
政治经济学原理	张　莹 李海峰	978-7-115-24306-5	形式活泼、简明扼要，题型丰富题量充足；提供课件、教学大纲、习题集及参考答案
西方经济学	陈喜强	978-7-115-23789-7	形式活泼、简明易懂，案例丰富；提供课件、教案、习题答案
微观经济学	胡金荣	978-7-115-23443-8	简明易懂，关注热点问题，吸收前沿理论；提供课件、教案、习题答案、案例分析
劳动经济学	杨爱元	978-7-115-33309-4	80%以上案例取自中国 2010 年至 2013 年社会现实事件；提供教案、课件、参考答案、补充教学素材、模拟试卷
会计学	胡华夏	978-7-115-28927-8	从培养会计信息使用者的角度出发，不追求会计核算方法和技术细节介绍；提供课件、教案、习题答案和模拟试卷
财务管理	王积田	978-7-115-28482-2	吸收相关学科的最新成果，与企业财务管理实践接轨；提供课件、习题答案、试卷
中级财务会计（第 2 版）	吴学斌	978-7-115-33887-7	四川省"十二五"普通高等教育本科规划教材；涉及营改增等最新知识点；章后设置大量习题并提供电子版习题集；提供课件、教案、案例库、试卷等资料
中级财务会计教程	裴永浩	978-7-115-35981-0	提供课件、答案、试卷，《财务会计实训教程》为本书配套实训教材
财务会计实训教程（上、下册）	裴永浩	978-7-115-32580-8	上册包括实训常用知识和实训要求，下册提供实训用账簿、凭证、报表等；提供答案、部分电子稿、课件、教案

书　名	主编	书　号	编辑推荐
审计理论与实务	崔飚	978-7-115-31064-4	紧扣资格考试大纲，注重案例解读；提供课件、教学大纲、习题集及参考答案、模拟试卷
应用统计学	潘鸿	978-7-115-24982-1	精品课程配套教材，突出统计方法和技术的应用；有教学支持网站，提供课件、实训资料、上机操作用数据、习题答案、电子教案、常用数表、补充阅读资料
国际贸易理论与实务	朱金生	978-7-115-25875-5	包括蓝色贸易壁垒、《2010通则》等新内容；提供课件、教案、实训资料、习题答案、试卷、案例分析、视频资料
国际贸易理论与政策	毛在丽	978-7-115-37138-6	包括新新贸易理论等新内容，将非关税措施分为技术性和非技术性两类，提供课件、教案、答案、试卷和教学案例等
国际贸易实务	吕杜	2014年11月出版	提供课件、答案、单证样本、习题集、模拟试卷、模拟操作训练材料和常用规则文本等
报关实务	朱占峰	978-7-115-28352-8	提供上百个课件用视频和课件、教案、习题答案、模拟试卷等资料；内容紧跟《报关员资格考试大纲》，侧重实务
电子商务概论（第2版）	白东蕊	978-7-115-32117-6	2013年度山西省省级资源共享课程配套教材；强调实践与实训；提供课件、教案、实训资料、习题库、案例集（含视频案例）
商品学	陈文汉	978-7-115-35374-0	将服务商品纳入研究范围；大量采用2013年的现实案例；提供电子课件、教学大纲、习题答案、模拟试卷
金融法	李良雄 王琳雯	978-7-115-30980-8	吸收截至2012年12月的最新法律法规，高度融合职业资格考试要求，提供课件、教案、习题答案、补充练习题
现代金融学	刘伟	978-7-115-36897-3	提供教学大纲、课件、答案、习题库和试卷等
保险学	刘永刚	978-7-115-31048-4	以大量案例解读相关内容，提供课件、教案、习题答案、教学补充案例和模拟试卷
证券投资学（第2版）	杨兆廷 刘颖	978-7-115-34302-4	河北省省级精品课程配套教材；根据2013年证券业变化调整相应内容，集合证券业从业资格考试重点，提供多媒体课件、电子教案、习题答案等
证券投资学	陈文汉	978-7-115-28271-2	针对非金融类读者，内容紧跟时代；提供课件、教案、案例分析、习题答案、模拟试卷
外汇交易原理与实务	刘金波	978-7-115-26077-2	新颖实用，实践内容丰富；提供课件、教案、答案、试卷、习题册、实训指导；2015年1月出版第2版
国际金融理论与实务（第2版）	孟昊	978-7-115-34697-1	新增国际资本流动管理等内容；素材根据2014年2月前信息全面更新；提供课件、大纲、教案、习题库、试卷库、案例库
投资银行学	郭红	978-7-115-26112-0	知识与技能并重，注重能力培养；提供课件、习题库及答案、试卷、案例库及案例分析
财政学	谭建立	978-7-115-23630-2	山西省省级精品课程配套教材；提供课件、教案、习题答案、案例分析
财政学	唐祥来	978-7-115-31521-2	以丰富的案例提升学习兴趣，提供课件、教案、习题答案、补充教学案例和模拟试卷
商务礼仪	王玉苓	978-7-115-36091-5	图文并茂，追求学以致胜；提供教案、课件、答案、补充教学案例、课外阅读资料等
现代社交礼仪	闫秀荣	978-7-115-23572-5	图文并茂；提供课件、小短片影视资料、教案（包括实训资料）、习题集（包括案例分析）、试卷及参考答案
商务沟通与谈判	张守刚	978-7-115-23786-6	能实现学生课堂教学与课外学习的统一，提供配套教学网站、教案、课件
组织行为学	丁敏	978-7-115-27265-2	精品课程配套教材，注重实用性；提供课件、教案、模拟试卷
生产运作管理	程国平	978-7-115-28840-0	内容全面、注重实务、案例丰富；提供课件、教案、习题答案、模拟试卷和教学案例集
公司文化管理	吴柏林	2014年12月出版	专题学习网站同步展示授课视频、电子课件和教学大纲；提供课件、大纲、教学方案、答案、教学视频案例、试卷等